21 世纪财务管理系列教材

财务管理基础

傅元略　主　编
史继坤　副主编

厦门大学出版社

前 言

财务管理是以资本市场为背景，以现代公司制企业现金流为对象，着重研究企业的融资决策、投资决策、营运资金管理、利润分配、财务风险管理和财务预算控制等主要问题的一门管理科学。本教材的定位是：为财务管理、会计、物流管理、企业管理、市场营销和旅游等专业的学生提供投资决策、融资决策、营运资金管理、利润分配和财务预算控制的专业知识基础。通过本教材的学习，使学生掌握财务管理基础知识、基本程序、基本方法和管理的基本技能，并能灵活运用其基本理论和方法，解决企业筹资、投资和利润分配等管理活动的实际基本问题，为学生进一步深入学习财务管理理论打下基础。

本教材力求吸收最新财务理论、财务管理实务的新技术和方法，并与传统的财务管理理论、概念和技术相融合，以便使读者能够在学习新理论、新技术和方法的同时了解传统的财务管理理论和方法。本教材的目的是：通过理解财务理论（如：财务目标理论、资本结构理论、市场有效性理论、企业价值估计理论、股利理论等），掌握企业财务目标选择、企业价值估计、财务资源优化配置等财务决策和管理的具体技术。

我们在总结多年财务管理教学和实践的基础上，在本教材中充分展示了财务管理的核心内涵和研究分析的方法，反映了理论和实践的最新发展，并提供了一些经典案例和习题。全书共有十八章，内容涉及公司财务管理概述、价值与风险、长期投资决策、资本结构和股利政策、长期融资决策、财务分析和长期预测、营运资金计划与管理。

本教材以企业投资决策、融资决策、股利分配和营运资本管理为主线，立足于我国理财实践，同时充分吸收西方成熟市场经济条件下的理财理论与方法，着重讨论了如何将财务管理的理论和模型转换为可用于分析和解决公司财务管理实务问题的有效工具。具体体现在以下三个方面：

1. 通过财务管理基本理论介绍，让读者了解现代财务管理的全貌和逻辑起点。(1)通过解释什么是财务管理和财务管理对象，让读者熟悉财务决策与现金流管理的关系;(2)阐述企业财务目标理论,提倡将权衡条件下的股东财富最大化作为企业财务目标,以此目标作为财务管理实践和理论学习的一个逻辑起点;(3)介绍企业管理学科的发展、财务管理中的基本原则、财务管理的环境(包括企业组织形式、金融市场、宏观管理政策等),使读者了解现代财务管理的全貌和环境;(4)阐述企业财务决策的基本原则和财务管理流程的总貌,为读者掌握财务决策的系统知识提供清晰的理论基础。

2. 强调财务理论与财务决策实务的融合。每一章以一个简要案例为引导,让读者从案例中悟出该解决的主要问题,并在该章中尽量围绕着这些要解决的主要问题来组织教学的内容。

3. 注重教和学的一体化过程。根据我国大学教学改革的需要,把教学课件、学生练习、货币时间价值表 Excel 文档和教师教学手册(含习题答案和案例)集成为本教材的教学配套资料,以便于教师在备课时集中于培养创造性和更多地结合实际案例上,以提高本教材的使用效果。

上面简要阐述了本教材的特点,教师和学生可以根据学习需要,按书中提出的范例适当地扩展和补充,并大胆在企业财务管理实践中应用,这样可帮助其进一步熟悉理论和课本方法转换成财务管理实务技术的基本过程,这也是本教材所要强调的另一重要方面。

本教材可作高等院校财务管理专业、会计专业、企业管理专业、注册会计师专业和其他有关专业的本科生教材,也可作为财会、管理人员和其他有关人员自学、培训的参考用书。

本教材由傅元略教授(博士)任主编,主编负责全书的总体框架设计、统纂和定稿。具体编著分工如下:

傅元略:第 1 章、第 2 章;

史继坤、傅元略:第 3 章至第 5 章、第 11 章至第 15 章;

方宗:第 8 章、第 9 章;

朱爱萍:第 17 章、第 18 章;

覃予:第 10 章、第 16 章;

黄莲琴:第 6 章、第 7 章。

最后,我们希望广大读者能为完善本教材多提宝贵意见。

编者

2008 年 8 月于厦门大学

目录

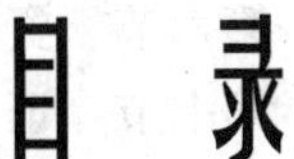

前 言

第一章 财务管理绪论

学习目的

通过本章的学习，你可以：

1. 辨清企业财务管理的职能。
2. 理解财务管理与其他学科的关系。
3. 学会如何选择企业财务管理目标模式。
4. 把握战略性财务管理的几个基本原则。
5. 初步掌握财务管理总流程和本教材强调的几个理论要点。

小案例导引

新兴公司2005年新上任的财务经理，了解了该企业五年前提出打造“三高”（质量、效率、效益）、“五一流”（职工素质、企业文化、技术、管理、产品）的战略目标，今年进一步明确提出了“成为全球最具竞争力的500强企业之一”的战略目标。

为了让财务管理在实现战略目标中发挥更大的作用，新任财务经理需要对传统财务经理的职责进行审视，从战略目标的需求出发，分析并制定财务管理部门的职责，这些职责应与业务部门和企业的治理机构职责相集成，将财务经理的职责进行扩展，使其适应于：(1)资金管理与各业务部门管理的融合；(2)战略管理职责与财务职责的结合；(3)协调相关利益人的利益；(4)新形势下的财务管理基本原则；(5)网络化环境下的理财。

新任财务经理的重点问题在于，如何以战略管理目标和需求来改进传统的财务管理职责和基本原则，以提高财务管理的效率和效益。

首先，从什么是财务管理的问题出发，讨论财务管理的含义、职能，以及财务经理在企业中的作用。其次，探讨企业财务管理的对象、利益冲突与代理成本、企业管理学科的发展及其与其他管理科学的关系。最后，介绍财务管理中的基本原则，理解这些基本原则有利于对财务管理理论和实务的学习及其有关问题的深入思考。

第一节　什么是财务管理

什么是企业财务管理？从传统的观点来看，财务管理就是对企业财务活动过程的管理，其目的是用最少的企业资金为股东创造最大的财富。但从现代的企业财务目标——权衡相关利益者利益的条件下股东财富最大化[①]来看，财务管理除了为股东创造财富而对财务活动进行管理外，还需要对企业利益相关者的利益进行协调管理。下面从财务管理职能、CFO(Chief Financial Officer——首席财务官)与财务经理的作用，以及财务管理学科的构成来探讨财务管理的含义。

一、财务管理职能

什么是财务管理职能？财务管理职能就是对企业筹资、投资、利润分配进行管理。从实际工作上看，与财务管理相联系的职业有：公司CFO、财务经理、银行家、证券经纪商、金融分析家、投资家、投资银行家和财务顾问等。其中，公司CFO和财务经理是最典型的职业。因此，财务管理职能可用CFO和财务经理的职能和责任来确定其含义。

尽管企业组织间具体情况各有不同，但主要的财务管理职能是对企业筹资、投资和利润分配进行管理。

第一，资金从不同的渠道筹集，并运用于不同的投资项目。资金在企业运转中要受到监控，通过利润、偿付、产品和服务等形式表现出使用资金的利得。这一财务职能不仅在股份制企业中如此，而且在所有组织机构中，即从公司到政府部门，或博物馆、医院和剧院等其他非营利机构都必须履行这一管理职能。因此，财务经理的主要职能是筹措和使用资金，使企业的价值最大化。

第二，财务经理必须考虑投资和筹资决策以及二者的联系。一个成功的企

---

① 傅元略主编：《中级财务管理》，复旦大学出版社2005年版。

业要达到销售额上的较高增长率，必然需要资金来支持。财务经理必须确定明确稳妥的销售增长率，列出不同的投资可能性，决定具体的投资量和不同的资金来源。例如：是使用内部资金还是使用外部资金，是使用贷款还是使用所有者资金，是采用长期筹资还是采用短期资金，财务经理必须在它们之间作出取舍。因为采用不同的方案，可能会对企业未来的发展产生不同的影响。以美国 Eastern 和 Delta 航空公司（以下简称 E 公司和 D 公司）为例，在 20 世纪 60 年代，E 公司的股票价格每股在 60 美元以上，而 D 公司的股票价格只有 10 美元。但是，到 1990 年，D 公司已成为世界上最强的航空公司之一，股票价格每股超过 50 美元，而这时 E 公司已破产，不复存在了。虽然有很多因素使得两家航空公司有不同的结局，但财务决策的不同是其中一个主要的因素。因为 E 公司传统上有较多的债务，而 D 公司则没有；进入 20 世纪 80 年代，当利率提高时，E 公司的成本迅速提高，而利润下降，但高利率对 D 公司影响不大；进而，当燃料价格上升迫使航空公司购买新的高效燃料飞机时，D 公司可以做到，而 E 公司则不行；当航空公司进行重新组合调整时，D 公司有足够的实力去开拓市场，购买倒闭了的航空公司资产，降价吸引客户，而这时 E 则已不行了。

第三，财务经理与企业经理们相互联系，以帮助企业尽可能提高运营效率。企业所有决策都涉及财务活动，所有经理都需要注意到这一点。例如，影响销售增长的营销决策必然会改变投资需求，因此，必须考虑对可用资金的影响；考虑资金管理政策对库存政策的影响，对工厂生产能力利用的影响等等。

第四，货币市场和资本市场的利用。财务经理必须把企业与筹集资金和买卖企业证券的金融市场联系起来。有关详细内容，我们将在第 3 章加以讨论。

总之，财务经理的中心职责与投资决策和筹资行为相关，在发挥这些职能作用方面，财务经理对影响企业价值的关键决策负有直接的责任。

二、CFO（首席财务官）与财务经理在企业中的地位

由于财务在决策中的核心作用，CFO 在企业组织层中占有较高的位置，被誉为企业的“财神爷”，如图 1-1 所示。该图描述了具有代表性的股份制企业的组织结构。董事会由股东大会选出的董事组成，它是公司的常设机构，也是公司管理、决策的最高业务执行机构，对内是组织管理的领导机构，对外是经营活动的全权代表。总经理（CEO，首席执行官）由董事会委任或招聘，对董事会负责。总经理既要代表公司从事日常业务活动，又要对业务活动的效率及结果负全责。副总经理由总经理提请聘任或解聘。在这些主要副总经理中，有一个 CFO（首

席财务官)，他负责制定企业的主要财务政策，也与其他副总经理联系，提出在别的领域里主要决策中的财务问题，确定应向他报告的财务负责人的职责，并对会计经理和财务经理进行直接领导。

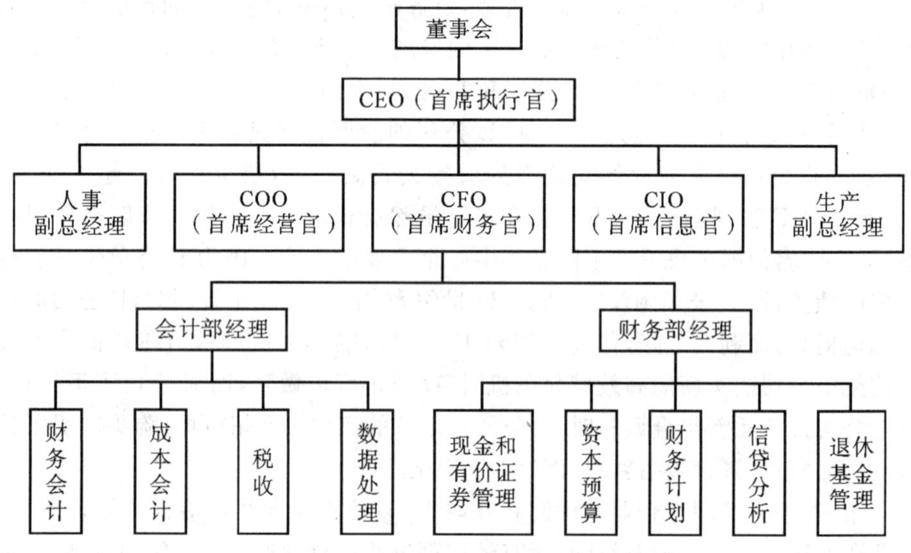

图 1-1 财务经理在组织机构中的位置

具体的财务管理职能主要在两个经理——财务经理和会计经理之间划分。如图 1-1 所示。财务经理一般对现金的获得负责，因此，他要负责与商业银行和投资银行联系。他可以就企业的日常现金状况和营运资本状况提交报告，同时负责制订现金预算等。会计经理一般负责财务会计、成本会计、税收有关数据的处理和信息的提供，没有直接参与财务决策。

在小型企业组织中，CFO(副总经理)可能同时履行财务经理和会计经理的两个职能，或财务经理在 CFO 领导下执行财务和会计两个方面的职责。而大型企业则在董事会中设有财务委员会的形式，因为筹资和投资决策需要较宽的知识面和一定的平衡判断能力，委员会集合了不同背景和能力的人制定政策和决策，他们能提供颇有价值的决策意见。

财务管理职能与企业组织结构中的最高层紧密联系，财务决策对于企业生存和成功至关重要。例如：增加某项新产品线或削减旧生产线上的人员，扩大或增加一个工厂或改变布局，出售库藏股票或新增发股票，租赁安排，支付股利及股票回购等，这些决策对于企业长期的赢利能力具有持久的影响。

第二节 财务管理决策及其现金流

在市场经济条件下，企业财务管理对象是现金流。因为现金流贯穿于企业财务管理决策的全过程中，同时也被公认为是企业系统的“血液”。如果企业的“血液”循环系统出现毛病，意味着企业财务管理出现大问题。因此如何管理现金流成为企业财务管理的重要内容，它同时也涵盖了财务管理决策（融资决策、投资决策和股利分配决策）的全过程。图1-2描述了企业现金流与财务管理决策的关系。

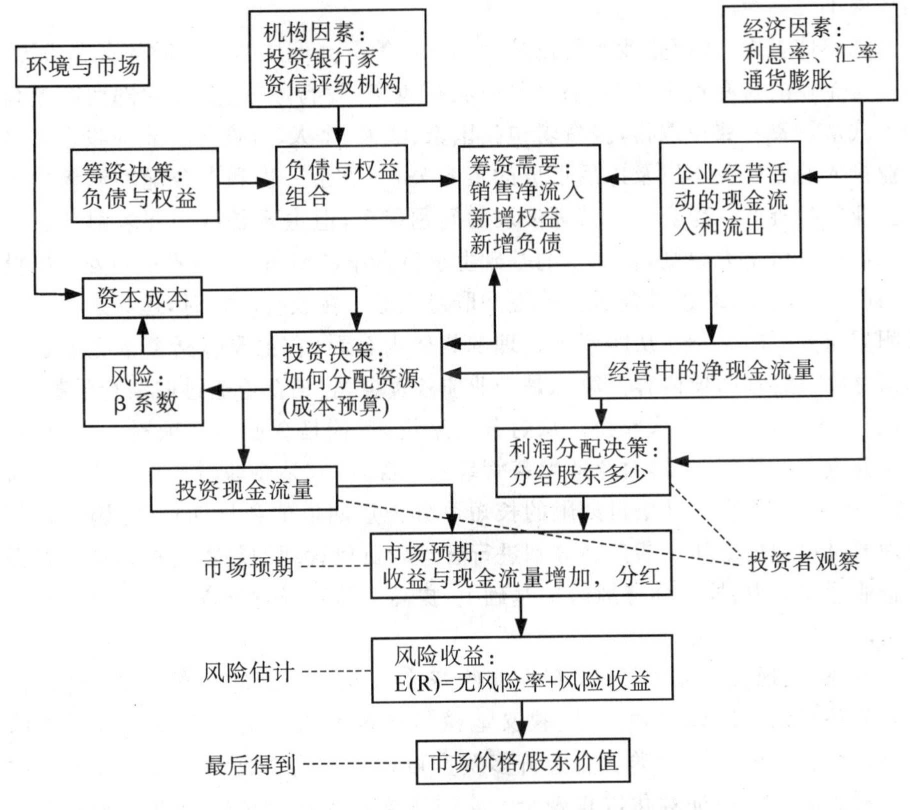

图1-2 现金流与财务管理决策的关系流程

一、筹资决策中的现金流

筹资是维持经营活动正常开展和现金正常支付的基本前提。在筹资决策中，需要考虑的现金流从现金流量表上可看到，企业要保证有正常的现金支付的现金存量，除了管理好经营活动所产生的现金流外，还需要借助筹资工具对投资和经营的非货币性资产转化为现金的过程进行必要的调节，也就是说企业从各种渠道以各种形式筹集资金来满足投资和经营现金流调节的需要。在筹资过程中，企业一方面要确定筹资的总规模，以保证投资所需要的资金；另一方面要通过筹资渠道和筹资方式或工具的选择，确定合理的筹资结构，使筹资的代价降低而风险不变甚至降低。

从整体上看，任何企业都可以从不同方面筹资并形成两种性质的资金来源：第一是企业的自有资金，它是通过吸收直接投资、发行股票、企业内部留存盈余等方式从投资者那里取得，投资者包括国家、法人、个人、外商等。企业投资者对企业投入的原始资本以及以后形成的资本公积、盈余公积和未分配利润等构成了企业的净资产。净资产的管理涉及的问题很多，但主要是：(1)要求财务管理必须以资本保全为原则，在保全的基础上求得资本的增值。(2)要正确处理好投资与收益的关系，通过投资承担风险并取得收益。在收益取得时，还必须注意收益积累与分配的关系。从净资产管理的具体内容看，它主要包括资本金的管理和留存收益管理两项内容。第二是企业债务资金，它是企业通过向银行借款、发行债券、应付款项等方式取得。从财务上来说，负债是企业的一项资金来源，作为企业重要的筹资手段，对企业财务管理意义深远，它是企业财务管理的重点对象之一。由于负债按其偿付期限的长短可分为短期负债和长期负债，因此负债管理要对短期负债和长期负债分别进行管理。负债管理的基本目标是如何在提高企业偿债能力、控制债务风险的基础上，提高负债筹资对于资本收益率的杠杆作用。

另外，在现代企业中，不仅存在实物资产与现金不断转换的过程，也存在金融商品运动。所谓金融商品，狭义地说是指各种能在金融市场反复买卖的并有市场价格的有价证券。企业许多资产可以证券化，如应收账款、分期收款的出售商品可采用证券化取得现金。金融证券产品运动也经历买与卖的两个阶段：购买金融商品的过程，同时也是货币资金向金融产品资金转化的过程；而出售金融产品的过程，同时也是金融产品资金向货币资金转化的过程。所以，在金融商品的运动过程中，伴随着金融商品的运动相应也产生了资金运动，它表现为货币资金向金融商品资金的转化以及金融商品资金向货币资金的转化，这里以货币资金为出发点，并以货币资金的收回为终点，收回的货币资金大于投出的货币资金，从而形成证券的现金流动循环。企业买卖金融商品的过程是不断进行的，周而复始地买卖金融商品所形成的现金流动构成资产证券化的现金流。

二、投资决策中的现金流

投资决策（资本支出预算）需要评估资金的成本和投资项目的现金流和收益，同时也要考虑资金筹措的渠道，其目标是能合理筹措到所需资金，并能谋求取得最大的经济效益。否则，筹资就失去了目的和依据。所谓投资可以分为广义的投资和狭义的投资。广义的投资是指企业将筹集的资金投入使用的过程，包括企业内部使用资金的过程（如购置流动资产、固定资产、无形资产等），以及对外投放资金的过程（如投资购买其他企业的股票、债券或与其他企业联营）。狭义的投资仅指对外投资。无论企业购买内部所需资产，还是购买各种证券，都需要支付资金。而当企业变卖其对内投资的各种资产或收回其对外投资时，则会产生资金的收入。这种因企业投资而产生的资金的收付，便是由投资而引起的财务活动。投资活动为企业带来各种资产，如各种实物资产、债权和无形资产。它们是企业从事生产经营的物质基础，并以各种具体形态分布或占用在生产经营过程的各个方面。从资产的流动性分析，它具体包括流动资产、长期投资、固定资产、无形资产、递延资产和其他资产等。由此而来的资产管理就是指对上述各项资产进行规划、控制与分析，资产管理的基本目标是在满足企业生产经营需要的前提下，尽可能少地占用各项资产，加速资金周转，提高使用效率，实现资产的保值和不断增值。

三、利润分配决策中的现金流

企业通过投资过程（包括对内投资和对外投资）必然会取得收入，并相应取得了资金的增值。分配总是作为投资的结果而出现的，它是对投资成果的分配。投资成果表现为取得各种收入，并在扣除各种成本费用后获得利润。所以，广义地说，分配是指对投资收入（如销售收入）和利润进行分割和分派的过程；而狭义的分配仅指对利润的分配。

企业通过投资创造的现金流入如销售收入，首先要用以弥补生产经营耗费，缴纳流转税，其余部分为企业的营业利润，营业利润和投资净收益、营业外收支净额构成企业的利润总额。利润总额首先要按国家规定缴纳所得税，税后利润要提取公积金和公益金，分别用于扩大积累、弥补亏损和改善职工集体福利设施，其余利润作为投资收益分配给投资者或暂时留存企业或作为投资者的追加投资。值得说明的是，企业筹集的资金归结为所有者权益和负债两个方面，在对这两种资金分配报酬时，前者是通过利润分配的形式进行的，后者是通过将利息等计入成本费用的形式进行分配的。两者有一点相同，就是它们被分配后，就从企业的资金运动中退出。可以看出，这种因分配而产生的财务收支就是分配中的财务活动。另外，随着分配过程的进行，资金或者退出或者留存企业，它必然会影响企业的资金运动，这不仅表现在资金运动的规模上，而且表现在资金运动的结构上，如筹资结构。为此，在依据一定的法律原则下，企业应合理确定分配的规模和分配的方式，以使企业的长期利益最大。所有这些分配活动都是财务管理的内容。

第三节　财务目标模式

现实世界中做任何一件事都需要目标，财务管理也不例外，它需要一个财务目标，这个财务目标模式如何确定和选择是一个重要的财务理论问题。传统财务管理有个财务目标的假设：经理人会以企业股东财富最大化为财务目标。这一假设引发许多争议，而且并不是在所有场合这些假设都适用。特别地对于财务目标假设密切相关几个主要问题总是存在很多争议，诸如，经理会把股东利益置于他们自己的利益之上吗？债权人能避免股东从他们身上牟取利益吗？我们能否假设企业所有的信息可以自由流入金融市场，同时金融市场对这些信息作出恰当的反映吗？这些问题的答案肯定存在着争议。

一、公司财务目标的演进

如果企业没有一个统一的财务目标，财务管理理论就不可能不断连续发展。公司财务理论的发展可以追溯到它的单一利润目标，以及围绕该利润目标而形成的财务管理体系。早期(1960年以前)公司财务理论的目标是公司利润最大化，从而，任何增加公司利润的决策(投资、筹资和股利)都被认为是“好”的决策；而减少公司利润的决策被认为是“坏”的决策。虽然，单一利润目标选择使公司财务具有统一的主题和内部一致性，但也要为此付出代价。如果达到购买目标的程度，那么，大部分公司财务理论所陈述的观点都是合理的。然而，如果目标有缺陷，那么可以认为基于财务目标的理论也是有缺陷的。大部分公司财务理论工作者和其他一些人(学术界和实际工作者)的分歧可以追溯到正确的公司财务目标看法的根本差异。例如,有人认为公司应有多重目标,这样可以满足不同利益的需要(股东、雇员和顾客);而另一些人则认为公司应建立简单明了的目标,如市场占有额或盈利能力。因此,在实务界和理论界,对财务目标理论的研究颇多,但未形成一个统一的财务目标模式。下面就财务目标的几种流行模式作一些简要的描述。

第一种目标模式:在财务理论界,最流行的观点是企业经理应当以股东财富最大化作为企业的财务目标;在我国财务实务界,有时把它看作所有者权益最大化。这种观点被称为股东财富最大化模式(Shareholder Wealth Maximization)。在这一目标模式下,企业接受的所有投资项目的收益应当高于资本成本,更复杂的资本成本是从资本资产定价模型中导出边际成本,从而能处理多变的风险投资项目。由于权益资本融资的成本的波动性和股利的个人所得税,股东似乎很少将保留利润当作股本来计算资本成本,经理更喜好通过保留利润来融资而不想发行新股票。在考虑股东财富增长率时,经理也会多利用财务杠杆以增加股东的收益。如果用更多的净利润发放股利,公司的财富成长就会受到限制。因此,企业经理一般是希望保留足够多的保留利润,这也是股东财富最大化的重要财务策略。如果单纯要求股利最大化,则会引起过度的利润分配,这样可能引起追求短期利益和过度利用财务杠杆。

第二种目标模式:财务经济学理论文章最经常采用的目标是企业价值最大化目标,这一目标也被实务界广泛接受。这一目标的起源是著名经济学家莫狄格利尼和米勒(Modigliani & Miller,1958,1963)提出的MM定理:在无企业所得税的完善的市场条件下,企业价值是与企业资本结构无关的。在考虑有企业所得税的条件下,MM的结论(MM定理2)是:企业价值V是举债量D的线性函数:$V=Vu+T\times D$,其中,Vu是无举债时的企业价值,T是企业所得税率。继对MM定理的进一步研究,产生了许多成果,如詹森和麦克林(Jensen & Meckling,1976)、瓦纳(Warner,1977)和梅耶斯(Myers,1977)等人研究了破产成本和代理成本与资本结构的关系。他们都是以企业价值最大化为目标,证明了在权衡破产成本的条件下,企业存在一个最优的资本结构使企业价值最大化。他们证明了企业最优债务比(看作资本结构的量化代表)的存在,但也导出企业是被看作一个以设定了企业价值最大化目标的经济实体,它的经营和财务是朝着企业价值最大化的目标运动。企业价值最大化兼顾了债权人和股东的利益。在一定的条件下,企业价值最大化与企业股东财富最大化是等价的(在第三节将给出有关命题和证明),所以这一目标模式的性质和特征与股东财富最大化基本上是相同的。

第三种目标模式:在股份制公司中,投资人往往以股票价格最大化作为公司的财务目标。在这一目标模式下,上市的股份公司接受的所有投资项目的收益率应当高于投资人所期望的投资报酬率,股市上的投资人用股票的前后期价格差额来衡量他的投资回报,它能被用来判断一家公开上市公司的表现,而且,与不经常更新的收益和销售额不同,股票价格不断地更新以反映来自该公司的最新消息。其次,在一个理性的市场中,股票价格趋向于反映公司决策所带来的长期影响。与会计的衡量指标不同,例如收入或销售指标,再比如市场份额,这些指标只是着眼于公司决策对当前运作所产生的影响,而股票的价值则是公司前景与长期状况的函数。在有效的市场下,就理性的投资者而言,股票的价格趋向于反映它本身的价值。最后,选择股票价格最大化作为一种财务目标,对于在二级市场进行投资的人们,能够以明确的方式选择股票同时能够作出明确的说明。

第四种目标模式:在财务理论界也有许多人提出企业的经理是以经理的效用(利益)最大化的目标来经营企业。这种目标模式被称为经理利益最大化(MWM: Managerial Welfare Maximization)模式。这一模式的提出,是根据贝洛和米恩斯(Berle & Means,1932)在《现代公司和私有资产》提出经营者实质上控制了股份制企业。30多年过后(1966年),勒纳(Lerner,1966)运用贝洛和米恩斯方法,调查美国1963年200家最大的非金融企业的控制类型,并与1929年这200家的控制类型相比照,发现经理控制型占85%多,由此产生经理效用最大化目标模式。虽然经理们可从企业取得薪水、奖金和非货币的利益(如精神上奖励和社会地位的提高等),但这些利益毕竟是有限的,在大公司和成长的企业里,这些奖赏似乎更容易被掩盖。大部分股东财富最大化目标模式的倡导者认为经营管理部门(经理们)是为销售或资产、公司成长率或经理效用最大化而努力。因此,这一目标模式主要考虑对管理目标有贡献,对股东的利益考虑较少;而且隐含着过度投资或投资不足,甚至追求短期利润,尽量多保留利润少发股利,以致损害股东的利益。另外,企业经理还倾向保持公司净资产价值的较低可接受界限(企业资本保值)和保持较低的负债率。这一模式正在改革之中,最终回归到有条件限制的股东财富最大化或企业总价值最大化。

第五种目标模式:此模式提出了经理为相关利益者利益最大化服务,相关利益者包括股东、债权人、企业职工、顾客和供应商以及其他相关的利益者,这一种模式在90年代初在美国已得到29个州的立法支持(崔之元,1996),传统的公司法规定,经理仅仅对股东财富最大化负责,但是美国修改后的公司法,突出公司经理对公司的长远发展和全部利益相关者实行负责。我国对企业早就提出"国家、个人和集体兼顾"的目标,这类似于相关利益者利益最大化。因此,在我国理论界,有些学者提倡使用这种财务目标模式。

第六种财务目标模式：在权衡相关利益者利益的条件下的公司股东财富最大化。在21世纪初，许多企业都在关注相关利益者的利益，如何与股东财富最大化的财务目标相融合，是财务学界的重要问题之一。这种模式，在中国推行似乎更加适合，因为许多股份制企业是从国有企业改制而成，国有企业的管理模式中渗透着原国有企业的管理文化（如强调“个人、企业、国家三者利益兼顾”），这可看作在实施权衡相关利益者利益的条件下股东财富最大化的基础。在一些等价的条件下，这种目标模式可视为权衡相关利益者利益的企业价值最大化。

除了上述六种目标模式外，还可提出更一般的行为模式，它把公司的活动看作 N 人对策的连续过程。对策人可以是企业组织中的各部门、职工、经理和企业主人（或股东）等，每一个对策人都想从企业组织得到自己的利益，但受到一定规则的约束（各种有关法律、契约、企业制度等）。在某种程度上，企业存在着某些团体（对策人），他们想得到更多的比较利益驱动力。他们各自支配和操纵某些要素，都想达到支配人（或操纵人）本身利益最大化的目标。如果各对策人的联合需求是不可协调或严重冲突的，对策问题就无解。若没有办法对这些冲突进行调解，则企业就要终止或破产。但这种一般行为模型没有可操作性的实际范本，它还有待于进一步研讨。

三、企业财务目标模式选择

由于传统股东财富最大化存在着诸多不足之处，有人认为要抛弃股东财富最大化这个目标模式，另外确立新的目标模式。但如何确立新的目标模式是一件困难的事，因为前面所介绍的目标模式都有它们自身的一些问题。另外还要考虑到新财务目标模式是否满足四个标准：(1)目标能否被清楚和准确地描述；(2)用它可以既简便又快速地对企业的成功或失败作出评估；(3)它所创造的股东财富价值肯定超过全部的附加成本；(4)财务目标与公司长期稳定和战略目标一致。目前，有的公司没有选择股东财富最大化作为财务目标，而是选择其他目标，诸如把增加销售收入、增加利润或加快成长作为目标，因为它们与股东权益价值的联系比较紧密，在企业经营中可以实施，但也会存在一些弊病。当这种联系还存在许多其他关键变量的干扰时，这些目标就可能具有严重的缺陷性。就拿市场份额最大化的目标来说，在20世纪80年代，这个目标由企业战略家提出，并且把日本的公司作为其成功的范例。但这种策略是作为一把双刃剑出现的。成功地增加了市场份额的公司发现，较高的市场份额并不总是能带来较高的定价权力和利润。目前有些公司，尤其是政府所有的公司，将社会福利功能作为目标。例如，一家以就业最大化为宗旨的公司将会就此相应地作出决策，即公司在其运作的所在地尽可能提供就业机会，即使这个目标对于公司的长期稳定来说可能是致命的。一个不太极端的例子就是非营利公司，比如说医院，它的使命可能就是以最小负担成本提供合理的保健。

四、我们所倡导的财务目标模式

我们的观点是，股东财富最大化模式作为描述现实和研究企业的财务问题虽有其不足之处，但由于它导出的一套比较完整的理论体系已经在财务实务和研究中形成比较坚固的基础，因而它可以作为进一步研究的一个基本出发点。

我们倡导：企业应当采用权衡相关利益者利益条件下的股东财富最大化作为财务目标。这样做，不仅更有利于利用原来财务理论和相关的研究成果，而且能导出有现实意义和实用价值的财务理论和方法。

五、倡导的基本理由

我们倡导将公司理财的目标定为：权衡相关利益者利益条件下的股东财富最大化。其基本理由为：

(1)股东财富的增加，关键在于企业经理和员工通过努力，充分有效利用企业资产资源为委托人(股东)创造价值。它可表现为现在和未来能为企业创造的利润(利润＝收入－成本费用－税收)，也就是说未来多期利润可用贴现值总和表示。这里成本费用与经理和员工的工资(利益)有密切关系。因此，若不考虑对他们的利益的权衡，往往会造成利润目标无法完成，也就是无法达到预定的股东财富最大化。

(2)在经营权和所有权分离的情况下，无条件权衡的股东财富最大化，会损害除股东之外的相关利益者的利益，而且对公司高层经理和职工有一定的负面影响。这种利益损害可以直接用会计的衡量指标来度量，例如收入或销售指标可能萎缩(由于员工不努力造成的)；再比如经理可能通过在职消费，增加代理成本，从而减少利润以减少股东财富。

(3)传统财务管理理论基本上都是基于股东财富最大化这一目标而建立的，以我们所倡导的目标模式来研究财务管理理论，过去大量的理论成果可以继续引用或容易进行拓展。

(4)公司财务管理需要这种权衡的股东财富最大化目标模式，而且它可确切地在企业财务预算中得到落实(请参看傅元略主编的《中级财务管理》第四、五章)。

公司的财务目标既是制定财务政策和编制财务预算的目标，也是战略目标在财务管理中的落实和体现。如何应用权衡相关利益者利益下的股东财富最大化这一财务目标，经理人有两方面的体会：一方面，除股东以外的相关利益者（包括企业经理人、企业职工、政府机构、顾客、供应商、投资合作伙伴等）在企业中都在考虑追求自己的利益，因此需要考虑权衡这些相关者的利益；另一方面，全球所有国家的公司法都强调保护股东的利益，在财务管理中体现为股东财富最大化。CFO想协调好两方面的利益，本章所倡导的目标模式是最适合于实际应用的。

第四节 财务管理学科的发展及其与其他学科的关系

现代公司管理学是企业管理的七大分支之一，其他六大分支是会计学、市场学、管理策略、行为科学、生产管理和国际企业管理。从它的发展历程与其他学科的关系来看，现代财务管理学在管理科学中占有重要的地位。

一、财务管理学科的发展

财务管理作为一门独立的学科是在20世纪初形成的，当时主要强调兼并、新企业的成立和企业为筹集资金而发行各类证券等问题。当时的资本市场相对来说是初级的，资金从盈余部门或个人向赤字部门的转移较为困难，而企业的有关会计报表又不可靠，知情者和操纵者造成价格波动很大，结果投资者不太愿意购买股票和债券。为了给投资人和融资人提供可靠的理论解析，研究证券的投资融资的发展规律和理论的企业财务学开始从经济学中分离出来，成为一门独立的学科，它的发展分为四个阶段：

1. 传统财务管理阶段

20世纪初，资本主义国家的新科学、新技术、新发明导致了新兴工业的发展。这种发展变化引起了企业资金需要量的急剧增长，企业金融活动面临的首要问题是为企业扩张筹集资金。这一时期，发达国家的金融市场已初具规模，投资银行、商业银行、储蓄银行、保险公司和信托贷款公司等已成为企业外部经营环境的重要因素，但由于当时的市场还很原始，法规也不健全，缺乏可靠的财务信息，股票买卖经常被少数知情者控制，股价常常大起大落，使投资者裹足不前，个人储蓄转化为企业投资还存在一些障碍。因此，这一时期，企业财务重点研究分析与公司成立、证券发行以及公司兼并、合并等相关的法律性事务，为企业筹资服务。这一阶段又被称作“融资管理”阶段。从1897年美国著名学者格林的《公司财务》这一最早的财务学著作问世，到20世纪30年代经济危机时期，财务学基本是以描述金融市场和各种股票债券的交易为主。阿瑟·S.大明于1920年出版的《公司财务理论》较全面地反映了这一时期公司理财的各种观点，是“传统财务管理学”的代表作。

2.综合理财阶段

由于“传统财务管理”过分注重资金的筹措，相对忽视了对企业资金使用的控制和管理，不讲求资金的使用效果，所以即使筹集到足够的资金，也不一定能促使企业经营持续发展。20世纪30年代西方经济大萧条期间，企业倒闭致使财务管理集中于破产和重组、公司清算和证券市场的政府调节，这时的财务管理仍然是描述性、法律性的学科，但重点转移到生存问题而不是扩展问题。在这一时期，西方国家政府加强了对企业的管制，对财务管理学科的发展起到了很大的推动作用。如美国政府于1933年和1934年分别颁布了《证券法》和《证券交易法》，要求企业公布财务信息，为以后公司财务状况的系统性分析打下了基础，也使人们认识到在激烈的竞争中要维持企业的生存与发展，企业财务的主要问题不仅是筹措资金，同时还必须采用科学的方法促使所筹集的资金在企业内部得到最经济、最有效的运用，以最大限度地提高资金使用的效果。从30年代到50年代，公司理财理论发生了几个重要变化：一是在30—40年代，由于经济大萧条的影响，公司理财集中于破产法和公司重组以及政府管制等有关问题的研究上。二是公司理财分析扩展到资产负债表的左侧，即公司资产一侧，亦即注意到公司的资产投资。另外，研究资本成本测量以及为金融资产定价的技术也取得重大突破，而且对资本成本、资本预算以及金融资产定价问题的研究一直持续至今，并成为人们所关注的重要领域。以上的变化，使强调筹资的“传统理财论”实现了向更高层次的“综合理财论”的转变。1951年乔尔·递安出版的《资本预算的编制》以及同年F.卢茨和V.卢茨合著的《厂商投资理论》都对资本预算起了重要的先导作用，是这一阶段的代表之作。

3.现代理财阶段

20世纪50年代是理财学说的一个重要分水岭，是近代理财学和现代理财学衔接之处，同时也是现代理财学形成和发展的起始点。从历史文献看，从50年代开始，理财学开始从“传统财务管理”和“综合理财”阶段向“现代理财阶段”转变，标志着这种转变的显著特征有三：其一，50年代出现了一批以后在财务学说史上有重要影响的代表人物，他们连续发表了一批在财务学术领域里有重大贡献的研究成果，如马克维茨1952年发表的《组合选择》和1959年发表的《证券组合选择：有效的分散化》，还有1958年米勒和莫迪里亚尼发表的《资本成本、公司理财和投资理论》以及之后的《股利政策、公司增长和股票估价》等。50年代末这批代表人物及其研究成果深刻地影响了整个理财学说以后的发展。其二，财务学的中心议题在50年代开始从“传统财务管理”的“资金筹集”和“综合理财”的“资金内部控制”转为探讨“个人、企业乃至整个社会如何在风险资产合理估价的基础上就稀缺资源的有效分配作出正确的决策”。其三，宏观经济分析方法开始被导入理财领域的微观分析中，这标志着财务学研究方法“走出了从微观分析到金融资产价格形成的市场分析的一步”。在这一转折时期，财务管理学从单纯的微观分析走向微观分析与宏观分析相结合，从一门简单的技术性学科逐步发展成一门包含有丰富的理论与方法的完整学科，并成为现代管理理论的重要组成部分之一。

实际上，50年代之后整个财务学的主要理论、方法及实证分析大体上都是在50年代所建立的基础上继续沿着几条主线展开的，主要是：以不确定性经济学为主要基石的金融市场均衡模型，包括资本资产定价模型、套利定价模型、金融衍生工具的定价模型和有效市场模型等；以马科维茨1952年的理论为基础的现代投资组合理论；由米勒和莫迪里亚尼在1956年提出的“MM”理论；由詹森、法玛和麦克林提出的委托—代理理论。代理理论是在产权理论和企业理论的基础上发展起来的，它和产权理论、企业理论一道，对公司财务理论的发展，包括理财目标理论、投资理论、资本结构理论、股息分配理论等产生极大的影响，已经把财务理论研究推向一个更新、更高的阶段。

4.新财务理论与网络理财阶段

20世纪70年代正是西方经济理论产生另一次革命的时期。各种花样的经济观点和看法不断翻新，新的分析技术和方法相继出现。例如理性预期理论、不对称信息理论、产权理论、期权理论和公共选择理论在这一时期先后登上学术界的主要舞台。这批新经济理论一方面为财务学家进一步深入研究财务问题开阔了思路，拓宽了视野，提高了分析层次；另一方面也给他们武装了工具，提供了一系列新的分析方法与技术。

80年代以来，由于财务管理理论的日益丰富，财务管理业务范围的不断拓展和理财环境的变化，使财务管理在现金流转方面的分析更加具体化，并且也突破了现金流转的范围，已经涉及许多“非”财务领域的问题。(1)随着资本市场的发展，财务管理不仅注重现金流转问题，而且也重视企业控制权及其运动。专门研究控制权取得与流动的内容包括企业并购、分离、剥离、控股公司、接管防御等问题。(2)公司税收和个人税收对企业财务决策的不同作用已经是财务研究的新课题。尤其是有增无减的、世界普遍性的通货膨胀对公司财务管理产生多方面的影响。物价上涨造成信贷资金利率不断上升，提高了企业资金成本，并致使企业利润虚增，也加剧了公司的不确定性，增大了投资和融资风险。为此，通货膨胀财务的提出已经成为必然的事实。研究通货膨胀对财务活动的影响和加强财务融资、投资、营运资金运作等内部管理方面的反通货膨胀的财务策略，以实现企业的长盛不衰，是通货膨胀财务的基本任务。

近几年来信息技术的飞速发展，带来了新的商务模式，更拓展了企业财务管理范围与管理方式。财务管理重点越来越从外部者的观点转到内部者的观点上来，财务管理集中转向财务决策，以使权衡利益相关者利益条件下的股东财富最大化，这一问题在20世纪90年代后期得到更加深入的研究。世纪之交，全世界的人们都猛然发现，伴随电子信息技术的发展，电脑、Internet、新兴网络技术的应用已经渗入了生活的每一个角落，电子商务将是新世纪经济贸易活动的最主要方式。网络应用技术，如电子货币系统、无纸贸易、电子结算系统、电子商务系统、ERP（企业资源管理系统）等大量新技术在企业中已普遍得到应用。因此，财务管理理论界已开始研究网络财务管理、电子商务对财务活动的影响以及相应的财务策略，逐步形成新的财务管理分支——网络财务学。

总之，从财务管理学科和财务管理实务的演进来看，财务管理已经从财务的单项研究发展到财务管理的系统考察；从满足于外部分析，到注重财务内部条件和外部环境变化的综合研究。这些转变的产生和财务管理对象的扩展决非偶然，它有着深刻的内在原因和广泛的现实基础，至少表明财务管理理论和实践都逐步走向成熟，开始向高层次发展。同时，财务管理学科所研究的领域越来越广阔，它包括：财务管理理论与实务、投资学、资本预算、资本市场、风险管理与保险业务、高级理财学、资产选择理论、流动资本管理、资本经营管理、企业并购管理、代理成本控制与管理、企业治理与财务监控、网络化财务管理等分支。

二、与会计学的关系

应该说，现代企业财务管理学与会计学是两门不同的管理科学。其中，财务学是对企业财务活动及其所体现的关系进行反映、监督，而会计学则是利用价值形式通过对企业资金运动的全过程进行反映、监督。两门不同的学科在以下方面存在一定的差别。

1. 学科的具体目标不同。财务学的根本目标在于实现协调相关利益者的利益冲突和股东权益的最大化，它是管理者目标的综合体现。而会计目标只在于如何定期、完整、准确地提供投资者、企业管理者及其他利益相关主体所需要的会计报表，即对外提供报表和对内提供内部决策报表。

2. 学科的假设前提不同。一门学科的假设前提是具有一定事实依据的假定或设想，是进一步研究这门学科理论和实践问题的基本前提。会计学的基本假设包括会计主体假设、持续经营假设、会计分期假设与货币计量假设等。而财务管理学的基本假设包括财务主体假设、货币时间价值假设、财务理性假设、有效市场假设、竞争市场均衡假设和风险收益对称假设等。

3.学科的内容与管理方法不同。会计学主要把会计作为信息系统，以会计要素的确认、计量、报告作为主要内容，侧重于对事后经济事项进行反映和监督，它以设置会计科目和账户、复式记账、填制凭证、登记账簿、成本核算和编制报表为主要方法。财务管理以现金流为管理对象，侧重于事前的预测、决策、计划和事中的财务控制与监督，财务计划、财务控制和财务分析是其主要方法。

4.两者的行为意识不同。会计强调以会计准则、统一会计制度作为行为依据，注重于会计数据处理与会计报告。财务管理在法律背景下，本着经济求利原则开展财务活动，注重于资金的筹集、运用管理和企业收益的协调分配。

5.工作机构不同。会计机构不因企业的大小而变动，换言之，只要是企业都应当设置会计部门，以加强企业的会计核算；与之相对应，作为管理部门的财务管理机构，则因企业规模大小不同，只决定机构存在的必要性和规模。比如现代西方的小型企业，一般不单独设立财务管理组织。在大型企业，一般则设置专门的财务管理机构来负责企业财务和会计工作。企业财务部门的主要负责人必须是CFO（首席财务官，在中国有时称副总经理），他直接对总经理负责。在CFO领导之下，有两位主要管理人员：财务长和主计长（也有人译为司库和总会计师）。其中财务长负责资金筹措、使用和股利分配；主计长主要负责会计和税务方面的工作。

6.工作内容不同。财务人员主要负责以下工作：(1)筹集资金。预测好资金的需要量并保证企业生产经营对资金的需求。(2)投资管理。即负责企业投资并协调好与投资者之间的关系。(3)利润分配。即协助董事会处理好股利分配问题，尽力满足股东对其财富的利益要求。(4)银行与保险。即对企业现金收入和支出、有价证券的买卖及其财务交易、保险事项进行管理。(5)信用和收款。即制定信用政策，催收企业的应收账款等。而企业的会计，则主要负责以下工作：(1)提供对外会计报告。即按公认会计准则、会计程序和会计方法准确地记录经济事项，及时地向有关利益主体提供相关的财务信息。(2)对内报告。即收集和整理与企业有关的各种经济信息，并编制成管理报告，提供给企业内部管理当局，便于当局作出正确的决策。(3)计划和控制。即制定企业生产经营中的各项计划，并将计划与实际情况进行比较，监控企业经济活动。(4)经济评价。即评价企业生产经营、财务收支和经济效益状况。(5)保护企业财产。即通过内部控制、内部审计等方式来保护企业资产的完整性。(6)税务管理。即企业要制定必要的税务政策，负责申报纳税数额，并对所纳税款有重大影响的经济事项进行控制，在法律的范围内，进行合理避税。

但是，作为价值管理的两种主要形式，财务管理与会计管理密不可分，其联系主要表现在以下两方面：第一，会计所提供的会计数据主要为财务管理所用；或者说，会计核算是财务管理的基础，如果没有会计核算所提供的真实可靠的资料和数据，财务管理也就无从谈起。第二，财务管理制度是会计核算的基本依据，没有财务管理制度，会计核算就失去了据以生成资料可靠性的前提。

三、财务学与金融学

在英语中，财务与金融都用同一单词“finance”表达。可见这两者之间水乳交融，这是因为企业财务管理学的对象——现金流，其现金运动的轨迹都是置于市场环境之中的。股票、债券、衍生金融工具、利率、股价等概念我们不能区别是属于财务还是金融学的范畴，尽管财务更多是企业的概念，用“corporation finance”来表达。然而，金融学所研究的内容偏重于金融市场和银行运作管理，企业财务管理偏重企业的资金筹划和投资管理。

但是从实际分析，金融市场是指资金供应者和资金需求者双方通过金融工具，在金融交易所进行交易而融通资金的市场。从广义上讲，是实现货币信贷和资金融通、办理各种票据和有价证券交易活动的市场。金融市场对于企业财务管理来说，具有“媒介器”、“调节器”、“润滑剂”的功能。它既是企业融资的重要场所，成为企业向社会筹集资金，尤其是直接融资的必不可少的条件；也是进行投资的主要领域，如金融投资或买卖各种金融工具，在这一过程中必然会发生资金运动，它也构成企业的财务活动之一；它还是评价企业财务业绩的工具，因为企业融资工具发行顺畅与否，股票价格走势、债券交易价格高低等都是企业财务表现、能力的“信号”；最后，金融市场的各种信息，又是企业财务决策的主要依据。所以，从企业财务管理角度来看，财务管理人员必须熟悉金融市场的各种类型和管理规则，有效地利用金融市场来组织资金的供应和进行资本投资等活动。

四、与计算机技术应用的关系

20 世纪 90 年代，计算机和通讯技术不断改进，先进技术的使用使得作出财务决策的方法也随之改进，公司建立计算机网络，特别是国际互联网，使公司与客户、供应商之间的交易联系更为容易和便捷，因此，财务经理能获得更多的信息和有关数据，计算机的应用使得财务分析更为方便。由此，数量分析方法应用更广泛。新一代的CFO和财务经理，更应该具备较强的计算机网络应用基本能力和数量分析技能。

过去，销售部经理设计规划销售，工程师及生产部门人员决定生产所需原料等，而财务经理的任务只是筹集资金，购买所需厂房、设备和支付股利或股息给投资者。现在，这种条块分割的管理状况将不再存在了。决策是许多相互联系的行为，CFO和财务经理直接负责并控制开发、生产和销售全过程。事实上，财务管理对销售、会计、生产和人事等其他部门的人员也显得十分重要，他们了解财务是为了把自己领域内的工作做得更好。例如，销售人员必须明白，销售决策是怎样影响资金的回收和企业利润的含金量(就是今后坏账的比率)，是怎样受到资金可用性的影响，怎样受到库存水平、生产能力影响等等。衡量推销人员的业绩不仅仅是看他推销出多少产品，而且要看他推销出产品的同时收回多少钱。同样，会计人员必须明白在公司规划中，会计数据的使用以及投资者的看法。

因此，企业财务管理人员只有充分地应用计算机网络技术处理企业的财务管理综合业务和获取所需的信息，才能在现代企业管理中立于不败之地。

第五节　财务管理的基本原则

财务管理的基本原则是企业财务管理工作必须遵循的基本准则。企业财务管理的基本原则是从企业理财实践中抽象出来的、并在实践中证明是正确的行为规范，它反映了理财活动的内在要求。企业财务管理的原则一般包括如下几项。

一、现金流转平衡原则

现金流转平衡可以通过企业编制的预测现金流量表和实际现金流量表得以实现。

现金流转动态的平衡公式简化为：

目前现金余额＋预计现金流入－预计现金流出＝预计现金余额

如果预计的现金余额远远低于理想的现金余额，则应积极筹措资金，以弥补现金的不足；如果预计的现金余额远远大于理想的现金余额，应积极组织还款或进行投资，以保持现金流入流出的动态平衡，确保企业经营上各种现金收支平衡。

现金流转平衡原则是财务管理的一项基本原则，财务管理的过程就是追求平衡的过程。如果不需要平衡，也就不需要财务管理。只有实现了现金的动态平衡，才能更好地实现财务管理目标。在财务管理实践中，企业日常经营的现金收支计划、企业证券投资决策、企业筹资决策，都必须在这一原则指导下进行。

二、资金占用最小化原则

财务管理过程是一个不断地追求最小资金占用的过程，也就是用最小的资金投入获取既定的收益目标。

在财务管理中寻求资金占用和资金成本最小原则，主要包括如下几方面内容：

1. 同等的收益情况下，每一项投资均要考虑怎样预算和控制可达到用最小的资金投入获取预期的收益目标。

2. 最小营运资本占用的确定问题。这种情况主要是研究在各种因素基本确定的情况下，如何确定流动资产和流动负债占用最小。例如，理想最小的现金余额、最小存货（或零存货），最小的应收账款（零应收账款）、最小的短期借款额等最小化问题，都应当遵循以最小的营运资本占用达到同样的财务目标。

3. 最小资金成本的确定问题。在资金需求总量确定后，还需要确立各种不同资金来源之间的比例关系，以便确定最小的资金成本。如资本结构（含流动负债、长期负债和股权结构等比率）的确定、利润分配比例的确定等都属于此类问题。

最小化原则是财务管理的重要原则之一。如果在资金营运和资金成本管理方面不考虑最小化原则，就谈不上财务管理的效率和效果，财务管理目标更是无法实现。

三、集成化原则

企业是由若干个相互作用、互相依存的部分有机结合而成的整体。财务管理从资金筹集开始，到利润分配，经历了资金筹集、资金投放、资金收回与资金分配等几个阶段，这几个阶段互相联系、互相作用，组成一个整体。在计算机网络化的环境下，如何充分利用网络化的企业信息系统的集成优势，已成为财务管理的热点问题。为此，做好财务信息的共享和财务管理业务的集成，必须从企业内部的业务管理和财务管理的融合集成开始，再进一步延伸到企业外部的供应商和销售商。在财务管理中应用集成化原则，中心在于体现集成化管理的财务效应和业务与财务目标的协调效应。

1. 业务目标与财务目标的协调效应。任何企业的经营业务的目标有时与财务目标产生矛盾和冲突。财务管理的集成化原则是,利用网络化信息系统,借助于财务信息和业务信息共享、财务预算与业务管理预算一体化,实现财务适时监控和业务管理控制一体化,以提高企业的财务管理与业务管理协调效应,最终实现企业的财务目标。

2. 集成化的财务效应。财务管理系统可以从不同角度分解成不同的子系统,各个子系统从总体上来说目标是一致的,但有时也会产生矛盾。根据系统原则,必须把财务管理系统作为一个整体来进行分析,只有整体的目标才是系统的最高目标,只有整体功能最佳才是最佳的管理系统,这便是系统的整体性。例如,财务管理在实行分权管理时就不能只强调各责任单位的利益,而必须对各责任单位的利益进行协调,使整体效益达到最优。

3. 不同层次的财务管理的向上集成原则。财务管理系统是由若干不同层次组成的,每个层次都有自己的财务管理重点。例如,按管理的层次可把财务管理系统分解成四个层次:(1)董事会和监事会;(2)CEO 与 CFO;(3)财务管理部门与业务管理部门;(4)基层管理部门。每一层次的财务管理都表现为从最基本业务活动所产生的财务活动管理向高一层的财务管理集成。财务管理系统的不同层次有不同的职能,同时也有不同的权、责、利关系,打乱了合理的层次界限就会导致系统的无序状态。我国财务管理中的董事会与监事会的管理职责还未完全明确,但这一层次可认为是最高层次的财务管理,同时对 CEO 和 CFO 实行财务监控和业绩评价,促使他们如期完成企业财务目标。相应地,CEO 和 CFO 对其属下部门的财务管理进行集成化监控和管理,由此类推不断延伸到业务执行的过程中,从而形成从下而上的集成化管理系统。

集成化原则是财务管理集中企业资源发挥整体财务效应的基本原则,在财务管理实践中,应利用网络信息系统的集成化优势来引导企业各部门现金流的集成和充分利用,以发挥资金集成的财务效应。

四、相关利益者的利益协调原则

在财务管理中,要力求企业相关利益者的利益分配均衡,也就是减少各相关利益者之间因利益冲突而导致总体收益下降。利益分配在数量上和时间上达到动态的协调平衡,这就是财务管理的利益协调原则。

企业的财务收益意味着企业创造的可供企业相关利益者分配的利润。企业分配其收益给相关利益者,则意味着为这些相关利益者提供必要的回报,这种回报是维系企业持续经营和发展的必要手段。要保证企业顺利地发展，就要求企业收益的分配不仅在分配数额上而且在时间上要保持协调平衡。如果在相关利益者中某一方得不到公正的待遇（收益分配），必然会导致企业利益冲突加剧、代理成本攀升，最终导致企业破裂和企业破产，如 2001 年的美国安然公司破产案和 2002 年世界电讯（Worldcom）破产案。

五、风险与收益匹配原则

财务管理应努力实现风险与收益的匹配原则。在财务管理中，必须考虑企业所承担的各种风险并对各种不同的风险实施不同的风险管理，以追求财务目标的实现。

在财务管理中，之所以要合理承担风险并与相应收益相匹配，主要是因为以下几个方面的原因：(1)财务管理的环境是复杂多变的，企业对许多风险缺乏完全的控制能力；(2)企业财务管理人员的素质和能力也不可能达到理想的境界，因而，在风险管理中可能会出现失误；(3)预先采取风险规避（如各种的保险措施）措施，只能对少数几种风险可行，对多数风险，企业要依靠自身的风险承受能力和风险管理能力，这种能力主要表现为企业盈利能力。因此，在风险管理的各个方面，特别强调承担风险必须保持相应的收益能力，也就说收益能力要高于所承担风险造成的成本或损失。

贯彻财务管理风险收益匹配原则的关键是防止冒过大风险，因为冒过大风险会造成企业财务危机。然而，企业不敢冒风险，造成企业失去很多的投资机会，从而导致企业没有发展生机。所以，确定合理的风险收益匹配必须考虑如下几个问题：

1.适应环境的盈利能力。企业适应环境的盈利能力越强，企业承担风险的能力也越强；反之，企业承担风险的能力就越弱。

2.风险损失事件出现的概率分析与防范。不利事件出现的概率越小，风险也就越小。对于不利事件出现的概率进行分析，其目的是对风险采取相应的防范措施。

3.企业承担风险的胆略和能力。如果企业承担较大风险的胆略越大，则越应具备对风险管理的能力和一定的盈利能力。如果企业仅具有承担风险的胆略，但没有风险管理的能力，一旦风险损失的事件出现，企业必定出现财务危机或破产。因此，企业承担风险的胆略与风险管理能力和盈利（收益）能力也应当相匹配。

第六节 财务管理总流程和本书强调的基本论点

“公司财务管理总流程图”将本章提到过的所有决策方法和工具都概括在内。图1-3便是公司财务管理总流程图。请注意，投资、筹资和股利决策处于公司决策者的控制之中，并服从于市场的限制条件；这些决策只有通过投资者的预期作用才能影响公司的价值。在本书以后章节里将会不断回顾“公司财务管理总流程图”的内容和本书强调的基本论点。

一、财务管理总流程图

从财务管理的角度来透视企业，可以说是在价值的基础上从资产负债表的资产和负债权益双重科目结构框架来解析企业所处的财务状况，从损益表的单向顺序来审视企业的经营业绩。而现金流量表则印证了价值背后的资金链条的可持续性。

资产负债表的双重结构反映了企业所拥有的资源和其所承担的责任之间的平衡。由产权界定和商业合同关系所确认的企业资源是企业资产。亦即企业拥有的权利，列示于资产负债表的左侧；而企业通过其设立和一系列后续融资行为所确定的对股权和债权资本投入者所承担的责任则列示于资产负债表的右侧。资产负债表的平衡，表明企业权责平衡。其平衡机制是权益资本（所有者即股东）对企业资产索取权的排序位于一切由合同确认的其他索取权之后。这一平衡能力的极限是权益资本的市场价值（非账面价值）跌至零。

损益表是按照财务报告周期累计的经营业绩结果。其最后一项（净利润）表明在这一报告期间内股东权益资本价值的累积变化额。

因此，资产负债表和损益表是企业作为一个利益实体的责权利三者统一的状况反映。图1-3是按照资产负债—损益的责权利统一关系建立的企业模型。这一模型又可以称为企业的资源—责任关系模型。

资产负债表左侧反映的是企业权利，主要可以按照企业战略、生产管理、市场营销、人力资源、研制开发、管理会计等功能关系线索来理解；而资产负债表右侧反映的是企业责任，则要按照公司治理、内部控制、财务会计、外部审计等责任关系线索来理解。广义而言，资产负债表左侧体现了企业战略问题，上述生产管理等其他方面都可纳入到企业战略总体框架之中来理解；资产负债表右侧体现了公司治理问题，上述内部控制等其他方面都可纳入到公司治理总体框架之中

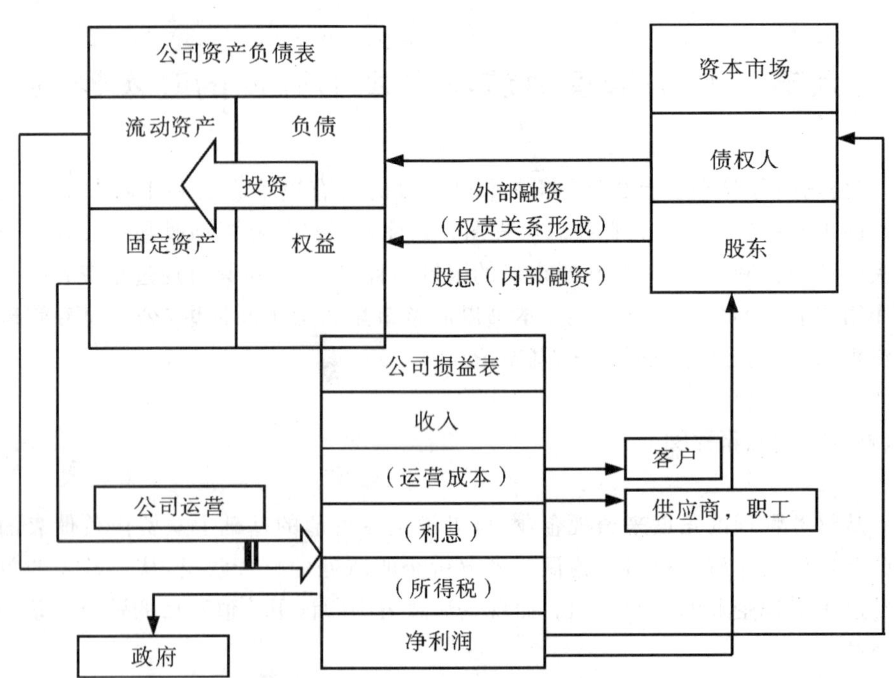

图 1-3 企业财务管理总流程图

来理解。资本市场的发展要求财务管理横跨两边,同时与企业战略和公司治理相配合,这是与企业资产负债表的基本特征相一致的。就资产负债表左右两边分别而言,财务管理既要置于企业战略的框架之下,又要置于公司治理的框架之下,它起到了贯通企业外、内的功能。从企业战略的角度来说,财务管理要解决好资源配置的问题,它是资源关系的调节阀,此时财务管理的功能表现为争夺资源、使用资源和创造资源。它的目的是实现企业资源配置的有效性,只考虑资源怎么使用,而不考虑企业为此需要承担的责任。从公司治理的角度来说,财务管理要解决好收益配置的问题,它是权责利关系的调节阀,此时财务管理的功能表现为对企业经营活动创造的收益的协调和分配。它的目的是实现企业各利益相关方的利益平衡,只考虑企业对各利益相关方应当承担的责任,而不考虑资源的使用问题。

财务管理、企业控制、风险管理等职能就其狭义的概念来看,可以理解为企业运营的单纯功能性领域。但随着资本市场的发展,公司治理方面的要求在不断强化,上述功能领域跨越资产负债表的两侧,成为既发挥业务功能作用,又履行受托责任平衡各方利益的职能。

因此,对财务管理职能的分析,要同时置于企业的治理结构和战略管理之下。财务管理概念的拓展使得企业财务的最高负责人有必要进入董事会，成为企业最高决策和监管机构的成员。

二、本书中反复强调的一些基本论点

1. 公司财务管理具有内在的一致性。因为公司财务把权衡条件下的股东财富最大化作为财务目标，并依赖于前一节所阐述的五个基本原则。把握好现金流量比会计收益指标更重要，市场对公司所发生的业务会及时作出反应，公司所作出的每一项决策都对其价值有影响。

2. 公司财务管理必须被视为一个整体而非一些决策方法的堆积。投资决策会影响筹资决策，筹资决策反过来也会影响投资决策；筹资决策影响股利决策，股利决策也会影响筹资决策。各项决策之间相互独立的现象极少出现。因此，如果公司在处理问题的时候没有从整体的角度出发，很难取得实效。例如，一个公司如果在解决股利问题时仅偏重于股利决策，将可能影响到筹资决策或投资决策的正常运行。

3. 公司财务管理具有广泛的影响力。企业的每一项决策几乎都与公司财务有关。也许不是人人都会用到所有的公司财务知识，但是他们将至少受益于其中的某一部分内容。

4. 公司财务管理富有趣味性。这似乎显得过于夸张。毕竟大多数人会将公司财务与枯燥乏味的数据、财务报表或冷静的分析联系起来。虽然公司财务具有本质上的数量性，但是在解决公司所遇到的各种各样问题的过程中也存在许多创造性成分。因此金融市场仍然是培育革新与变化的摇篮。

5. 将本书的模型和理论应用到实际解决财务管理问题，是学习财务管理的最佳途径。尽管公司财务理论在最近三十年发展很快，但是任何理论都要受到实践的检验。尽管本书中有些假设和理论，但公司财务理论的所有内容几乎都可以应用于解决企业的实际财务管理问题。在学习过程中，读者应注意结合案例分析和实际财务管理问题进行训练，以提高自己的学习兴趣和解决实际问题的技能。

本章小结

本章阐述了公司财务管理的功能与财务经理的职责，强调 CFO 或财务经理应从传统的财务管理模式中跳出，对新环境和企业管理新需求进行深入研究，从战略目标的需要分析并制定财务管理部门的职责，这些职责应与业务部门和企业的治理机构职责相集成。通过本章的学习，提出如下建议：

(1)与企业其他业务部门经理建立互动联系，把资金流的控制和管理贯穿于各业务过程，促使所有部门经理都来关注资金管理与业务管理的融合。

(2)CFO应当从传统的财务管理转向战略性财务管理，围绕企业战略目标对资金的运作建立实时监控和管理系统。

(3)建立完善的激励制度及其监督保障机制，密切结合我国现阶段企业的实际，创造出行之有效的代理成本控制新方法，协调相关利益人的利益。

(4)采用财务管理的几条新基本原则：战略目标实施过程中的现金流转平衡原则，资金占用最小化原则，集成化原则，风险收益配比原则，利益相关人的利益协调原则。

目前，公司财务经理职责开始从传统的融资、投资和利润分配的职责过渡到与战略管理相融合的财务管理，强调企业不同时期的不同战略对应于不同的战略财务政策和管理模式。在网络化环境下，我们所倡导的CFO职责重构，相应地考虑对财务管理决策的基本原则作了必要调整和补充，使财务经理明确了在新环境下应当如何改进传统的财务管理技术和方法以解决财务管理过程的新问题。

此外，本章概括了本书将要论述的内容和所依据的思想基础。我们把公司财务管理定义为由公司所制定的，可以影响公司财务状况的所有决策；并把这些决策广义地分为投资决策、筹资决策、股利决策。而且，本章还强调了公司财务目标是权衡相关利益者利益条件下的公司财富价值最大化，同时给出了公司财务的总流程图和财务管理基本论点。

复习思考题

1. 在新经济环境下，企业财务经理的职责还会发生哪些演变？
2. 财务管理科学的发展，对财务经理职责的进化作出哪些贡献？
3. 在现实中，CFO如何协调董事会治理与CEO的财务决策？
4. 财务管理的对象是什么？它对财务决策产生怎样的影响？
5. 现金流平衡与风险—收益权衡的原则怎样与战略目标整合？
6. 如果你是新兴公司的CFO，你打算如何打造新兴公司的财务优势？
7. 财务经理如何来协调相关利益者的利益冲突？
8. 阐述财务管理的基本原则。
9. 本章所强调的基本论点，对企业财务管理有哪些指导意义？

本章习题

1.众所周知,“中国改革十大风云人物”之一的巨人集团统帅史玉柱以广告开路,走出了一条一年成为百万富翁、两年成为千万富翁、三年成为亿万富翁的捷径,创立了名噪一时的巨人集团。史玉柱成功的主要原因在于他成功地把握住了市场机遇,实施营销战略。轰轰烈烈过后,巨人集团经历了惨败的过程。分析其失败的原因,一是其管理体制跟不上企业的发展,二是企业的理财问题。巨人集团投资决策存在众多失误,资金运用不当,资金结构明显不合理。其中典型的“巨人大厦”可以说是史玉柱个人狂热的经典之作。为了建设这座大厦,史玉柱以小搏大,以仅有的3个亿的资产规模投资12亿元兴建巨人大厦,其资金来源主要是出售楼花以及从巨人集团支柱产业中拆借资金,而未申请过一分钱的银行贷款。最终巨人大厦未能如期完工,整个集团资金紧张,债主纷纷上门而无力应付,只能宣告破产。

假定你是巨人集团的财务经理,利用本章提供的财务管理理论基础回答如下的问题:

(1)从现金流与财务管理决策的关系流程图简要剖析巨人集团倒闭的主要原因;

(2)依据企业财务管理的基本原则对上述原因提出防范巨人集团倒闭的建议。

2.公司的所有者以企业财富最大化为财务目标。为了激励管理者为这一目标作出努力,公司常常依据管理的绩效来给予管理人员股票期权和奖金。由于将管理者的个人财富与企业的财务绩效联系起来,管理者使股价最大化的工作做得越好,他们得到的报酬也就越多。

《商业周刊》在有关高级经理人员报酬情况的2000年度调查报告中指出,1990年公司CEO的平均报酬为200多万美元,可是到1999年增至1 240万美元。这种快速的增长归因于越来越多的CEO接受的报酬大部分是以股票和期权的形式支付的,特别是20世纪90年代由于股市的坚挺,使这些股票和股票期权的价值暴涨。

许多专家认为,CEO的报酬方式与股价绩效之间的关系是相当不确定性的;同时也认为,1990年以来,美国相当一部分上市企业的CEO绩效激励报酬过高。请尝试用本章所提倡的权衡条件下的财务目标理论来解析如下的问题:

(1)CEO绩效激励报酬过高在财务目标上会怎样表现?会出现哪些矛盾?有哪些协调措施?

(2)股票价格与经理人激励薪酬挂钩是否为一种有效激励制度?可否产生损害股东的利益?采取哪些措施可改进不合理的激励制度?

第二章 财务管理环境与金融市场

通过本章的学习，你可以：

1. 认清企业财务管理环境。
2. 理解财务管理与企业组织的关系。
3. 学会充分运用金融市场来进行融资和投资。
4. 理解公司治理的若干要素，掌握公司治理的需求。
5. 把握公司治理层面的财务监控。
6. 了解财务信息披露与公司财务管理的关系。

小案例导引

新兴股份公司2005年新上任的财务经理正在分析公司财务管理的环境，思考怎样打造公司内部环境和充分利用外部环境的有利条件去实现企业的预期目标（或战略目标）。

财务经理面临的问题有：(1)如何建立一套财务监控制度与公司治理相融合；(2)宏观经济政策和资本市场会怎样影响公司的财务策略和高层管理人的决策；(3)激励机制对公司财务决策（如融资决策和投资决策）会产生什么影响；(4)宏观金融政策对企业财务政策制定的影响。

财务经理的重点问题在于，如何将打造公司财务管理的良好内部环境（包括公司治理）和充分利用财务管理的外部环境结合，并根据战略管理目标和需求来改进传统的财务管理职责和基本原则，以提高财务管理的效率和效益。

企业的经营活动离不开它的环境，同样，公司财务管理也需要考虑其环境。本章主要讨论公司理财的环境和市场，包括企业外部环境、企业组织形式、企业利益相关者、企业治理、金融市场和宏观金融政策等。

第一节　财务管理环境

这里的一般财务管理环境是指企业治理契约或公司治理结构以外的其他影响财务主体财务机制运行的外部条件和因素，主要包括政治环境、法律环境、经济环境、社会文化环境、科技教育环境等等。其中，影响最大的是政治环境、法律环境、经济环境。

1.政治环境

一个国家的政治环境会对企业的财务管理决策产生至关重要的影响，和平稳定的政治环境有利于企业的中、长期财务规划和资金安排。政治环境主要包括：社会安定程度、政府制定的各种经济政策的稳定性以及政府机构的管理水平、办事效率等。

2.法律环境

财务管理的法律环境是指企业发生经济关系时所应遵守的各种法律、法规和规章。国家管理企业经济活动和经济关系的手段包括行政手段、经济手段和法律手段三种。随着经济体制改革的不断深化，行政手段逐步减少，而经济手段，特别是法律手段日益增多，越来越多的经济关系和经济活动的准则通过法律的形式固定下来。与企业财务管理活动有关的法律规范主要有以下几个方面：(1)企业组织法规；(2)税收法规；(3)财务法规等。这些法规是影响财务主体的财务机制运行的重要约束条件。

3.经济环境

经济环境是指企业在进行财务活动时所面临的宏观经济状况。主要包括以下几个方面：(1)经济发展状况；(2)政府的经济政策；(3)通货膨胀和通货紧缩；(4)金融市场；(5)产品市场；(6)经理和劳动力市场等。其中，金融市场的影响最为显著。

金融市场可分为货币市场和资本市场。货币市场也称短期资金借贷市场，主要是一年期以内的短期资金借贷市场。资本市场又称长期资金融通市场，主要是指长期债券和股票市场。

金融市场与企业财务管理具有十分紧密的关系，金融市场的作用主要表现在以下几个方面：(1)金融市场是企业筹资和投资的场所。企业需要资金时，可以到金融市场选择适合自己需要的方式筹资，如银行贷款、融资租赁、发行股票和债券。企业有了剩余资金，也可以灵活选择投资方式，为其资金寻找出路，如银行存款、投资国债和购买股票。(2)企业可以通过金融市场使长短期资金互相转化。企业作为战略投资者持有的上市公司股票可以在规定的持有期到期后在证券市场上卖出；持有的可上市流通债券可以随时转手变现，成为短期资金；远期票据可以通过贴现变为现金；大额可转让定期存单也可以在金融市场卖出，成为短期资金。与此相反，短期资金也可以在金融市场上转变为股票、债券等长期资产。(3)金融市场可以为企业财务管理提供有意义的信息。金融市场的利率变动，反映了资金的供求状况；有价证券的市价波动反映了投资者对企业的经营状况和盈利水平的客观评价。因此它们是企业经营和投资、筹资的重要依据。

第二节　企业组织形式

企业究竟采取什么样的形式来管理自身的财务活动，直接关系到企业的生存和发展。不同类型的企业，其财务的组织形式和财务的分层管理形式是不同的。

企业是市场经济的主体，企业组织形式的不同类型决定着企业的财务结构、财务关系、财务风险和所采用的财务管理方式的差异。企业财务管理必须立足于企业的组织形式。企业组织形式可按照不同的类型进行分类，本章着重讲述按投资组合形式进行的分类。

一、个体业主企业

个体业主企业是指由单个自然人独自出资、独自经营、独自享受权益、独自承担经营责任的企业。个体业主企业的规模一般都很小，其组织结构也十分简单，几乎没有任何内部管理机构。它的财务优势是：(1)由于企业主个人对企业的债务承担无限责任，法律对这类企业的管理就比较松，设立企业的条件不高，程序简单、方便。(2)企业所有权和经营权是一致的。(3)所有者与经营者合为一体，经营方式灵活，一切财务管理决策直接为业主服务。

个体业主企业的财务劣势则是：(1)企业规模小，企业主个人由于财力有限，并由于受到还债能力的限制，筹资较困难，对债权人缺少吸引力，它取得贷款的能力也比较差，因而难以投资经营一些资金密集、适合于规模生产经营的行业。(2)企业存续期短。一旦企业主死亡、丧失民事行为能力或不愿意继续经营，企业的生产经营活动就只能中止。(3)企业所有权不容易转让。(4)由于受到业主数量、人员素质、资金规模的影响，独资企业抵御财务经营风险的能力低下。

二、合伙企业

合作企业是由两人或两人以上合资经营的企业。除业主不止一个人以外，合伙企业其他方面均类同于独资企业。特别是当合伙企业破产时，一个合伙人无能力偿还他分担的债务，那么其他合伙人就要负连带责任。

与独资企业相比较，合伙企业的财务优势是：(1)由于每个合伙人既是合伙企业的所有者，又是合伙企业的经营者，这就可以发挥每个合伙人的专长，提高合伙企业的决策水平和管理水平。(2)由于可以由众多的人共同筹措资金，提高了筹资能力，扩大了企业规模。同时，也由于各合伙人共同负责偿还债务，这就降低了向合伙企业提供贷款的机构的风险。(3)由于合伙人对合伙企业的债务承担无限连带责任，因而有助于增强合伙人的责任心，提高合伙企业的信誉。

合伙企业注定了自身的财务劣势：(1)合伙企业财务不稳定性比较大。由于合伙企业以人身相互信任为基础，合伙企业中任何一个合伙人发生变化(如原合伙人丧失民事行为能力、死亡、退出合伙，或者新合伙人加入等)都将改变原合伙关系，建立新的合伙企业。因而，合伙企业的存续期限是很不稳定的。(2)合伙企业投资风险大。由于各合伙人对合伙企业债务负连带责任，因此，合伙人承担的经营风险极大，使合伙企业难以发展壮大。(3)合伙企业由于在重大财务决策问题上必须要经过全体合伙人一致同意后才能行动，因此，合伙企业的财务管理机制就不能适应快速多变的社会的要求。

三、公司制企业

公司制企业是指以营利为目的，依法登记成立的社团法人。这种社团法人是一种具有人格的社会组织体，也就是由法律赋予权利能力的组织体。公司企业可以分为无限公司、有限责任公司、两合公司、股份有限公司等。本书重点讲述有限责任公司和股份有限公司。

1. 股份有限公司

股份有限公司是指全部注册资本由等额股份构成并通过发行股票筹集资本的企业法人。股份有限公司一般简称为股份公司，在英国、美国称为公开公司，在日本称为株式会社。

股份公司具有下列一些特征：(1)股份公司是最典型的合资公司。在股份公司中股东的人身性质没有任何意义。股东仅仅是股票的持有者，他的所有权利都体现在股票上并随股票的转移而转移，任何持有股票的人便是股东。股份公司必须预先确定资本总额，然后再着手募集资本。任何愿意出资的人都可以成为股东，没有资格限制。(2)股份公司将其资本总额分为等额股份。资本平均分为股份，每股金额相等，这是股份公司的一个突出特点。出资人的股东只是占有股数多，但不能增大股份的金额。(3)股份公司的股东人数有最低人数要求。与有限公司不同，法律一般对股份公司股东人数只有下限要求，没有上限要求。这是指，股份公司的股东人数不能低于一定的数目。我国《公司法》规定，股份公司的股东人数一般不能少于5人。法国、日本、英国和美国等都规定股份公司的股东人数不得少于7人。(4)股份公司设立程序复杂，法律要求严格。我国《公司法》规定，股份公司的设立，要经过国务院授权的部门或者省级人民政府批准，不得自行设立。股份公司的重要文件，如公司章程、股东名录、股东大会会议记录、财务会计报告必须公开，以供股东和债权人查询。股份公司每年还必须公布公司的财务报表。

股份公司在财务上有许多优势。(1)它通过向社会发行股票，可以广泛吸收社会资本，迅速扩大企业规模，提高企业的市场竞争能力。(2)大股东可以通过股份公司控制更多的社会资本，增强企业在市场中的有利地位。(3)由于股票可以在市场上自由流动，所以，股东流动性极大。在企业经营不善、面临亏损或破产危险时，股东可以迅速出售股票，转而投资到有利的企业中去。同时，这也能对企业经理人员形成压力，迫使其提高经营管理水平。

当然，股份公司也有一些劣势。这主要是股东的流动性太大，不易控制掌握。股东对于公司缺乏责任感，因为股东购买股票的目的就是为了取得红利，而不是为了办好企业。往往公司经营业绩一欠佳，股东就转让、出售股票。

2.有限责任公司

有限责任公司是指由两个以上股东共同出资，每个股东以其所认缴的出资对公司承担有限责任，公司以其全部资产对其债务承担责任的企业法人。有限责任公司一般简称为有限公司，它具有下列一些特征：(1)它的设立程序要比股份公司简便得多。在我国，设立股份有限公司要经过国务院授权的部门或省级人民政府批准，而设立有限公司，除法律、法规另有规定外，不需要任何政府部门的批准，可以直接向公司登记机关申请登记。有限公司不必发布公告，也不必公开其账目，尤其是公司的资产负债表一般不予公开。(2)有限公司不公开发行股票。有限公司的股东虽然也有各自的份额以及股份的权利证书，但它只是一种证明证券，而不是像股票那样属于有价证券。而且，各股东的股份由股东协商确定，并不要求等额，可以有多有少。(3)有限公司的股东人数有限额。大多数国家的公司法都对有限公司的股东人数有上限规定，即最多不得超过多少人。我国《公司法》规定，有限公司的股东人数为2人以上50人以下。其他国家，如日本、英国，也都规定有限公司的股东人数最多不得超过50人。(4)有限公司的股份不能自由买卖。由于有限公司股东持有的股权证书不是股票，所以这种股权证书只能在股东之间相互转让。在向股东以外的人转让股份时，必须经过全体股东过半数同意，并且，经同意转让的股份，其他股东在同等条件下可以优先购买。(5)有限公司的内部管理机构设置灵活。股东人数较少和规模较小的有限公司，可以不设立董事会，只设1名执行董事，执行董事可以兼任公司经理。而且，这类公司也可以不设立监事会，只设1～2名监事，执行监督的权利。

3.独资有限责任公司

独资有限责任公司一般称为独资公司，是有限责任公司的一种特殊形式。它是指只有一个股东的有限责任公司。从所有者个数来看，个体业主制独资企业与独资公司是一样的，即只有一个所有者。但独资公司与独资企业有本质的不同。(1)独资企业不是法人，而独资公司是法人。(2)独资企业的所有者只能是自然人，不能是法人，而独资公司的所有者可以是自然人也可以是法人。(3)从承担责任的形式来看，独资企业的所有者对企业债务承担无限责任，因为这类企业的财产与所有者的财产是混在一起的，没有区分。独资公司的所有者则承担有限责任，即只以投入企业运营的资本承担责任。依据我国《公司法》的规定，不是任何机构都可以设立只有一个股东的独资公司，而只能是国家授权投资机构或者国家授权的部门才能承担有限责任的独资公司。《公司法》还规定，国务院确定的生产特殊产品的公司或者属于特定行业的公司，应当采取国有独资公司形式。国有独资公司在治理结构上，不设立股东会，授权董事会行使股东会的部分职权。董事会成员中要有由公司职工民主选举产生的公司职工代表，董事长、副董事长并不由董事会选举产生，而是由国家授权投资机构或者国家授权的部门从董事会成员中指定。国有独资公司也不设立监事会。经营管理制度健全、经营状况较好的大型国有独资公司，可以由国务院授权行使资产所有者的权利。

企业组织形式的差异导致财务管理组织形式的差异。在独资和合伙的企业组织形式下，企业的所有权和经营权合二为一，或者说企业的所有者同时也是企业的经营者，他们享有财务管理的所有权利，并与其所享有的财务管理的权利相适应，这两种企业的所有者必须承担一切财务风险或责任。而当企业一旦采取公司的组织形式，所有权主体和经营权主体就发生分离，这时，公司的财务管理权也相应分属于所有者和经营者两个方面。通常情况下企业的所有者不直接对企业的生产经营活动进行决策或参与决策，他们参与和作出的财务决策是企业的重大决策。归结起来，一般是有关所有者权益或资本权益变动的财务决策。而经营者则是对企业的日常生产经营活动作出决策，包括企业一般的财务决策。因此，在公司这种企业组织形式中，所有者不像独资和合伙那样承担无限责任，他们只以自己的出资额为限承担有限责任，即只要他们对公司缴足了注册资本的份额，对公司或公司的债权人就不需再更多地支付。

第三节 企业利益相关者与企业治理

具体财务管理环境是指对财务主体的财务机制运行有直接影响的那部分外部条件和因素。具体财务管理环境的主要内容可以用企业治理契约或公司治理结构来概括。当以所有者和经营者作为财务主体进行分析时，具体财务管理环境的构成要素主要有以下几方面：

一、企业利益相关者

1.债权人

债权人是企业资金的重要提供者，他们的利益要求决定了企业筹集和使用资金成本的高低。除此之外，债权人还对企业的筹资决策、投资决策和利润分配决策有直接的影响。他们通过与企业签订具有保护性条款的契约的方式，对企业所有者和经营者的财务决策施加影响，以促使企业保持较强的偿债能力、变现能力。在企业无力偿还债务时，债权人还可取得对企业的财务控制权。

一般财务管理环境中金融市场环境的作用主要通过该要素得以体现。

2.供应商和顾客

供应商包括原材料、机器设备等生产资料的提供者，顾客则是吸收本企业产出的主体。与供应商和顾客的良好关系是企业增加价值的重要源泉，其对企业降低成本、赢得竞争起着举足轻重的作用，是企业最重要的经济资源。与供应商和顾客的不同关系所导致的成本、利润、存货、应收账款、现金流量等有显著的差异。因此，供应商和顾客是企业营运资金管理、成本管理、利润管理及战略财务管理等需要考虑的最重要环境因素。20世纪90以来，风靡全球的业务流程再造、供应链管理、客户关系管理等管理理论和方法的出现，则是企业管理主动营造良好财务管理环境的典型例证。一般来说，产品市场、通货膨胀及经济周期等一般财务管理环境的作用主要通过该具体财务管理环境因素得以体现。

3.政府

政府对企业财务机制运行的直接影响主要体现在两个方面：一是作为社会管理者所制定的政策法规、管理制度，直接限定了企业作为财务主体开展财务活动的范围；二是作为征税者的政府运用税收手段直接参与企业的利益分配，取得税收收入。我们认为，作为征税者的政府，与投资者、供应商、顾客等一样，其对企业管理的目的是为了足额征收企业应交的税金，满足作为征税者的政府自身的利益。从这一意义上说，作为征税者的政府也是企业的利益相关者之一，是公司治理的重要参与主体，是企业具体财务环境中一个非常重要的组成部分。政治环境、法律环境、税收环境等一般财务管理环境的作用主要通过该要素得以体现。

4.职工

职工是企业经营的主体，他们是企业治理契约或公司治理结构的重要组成部分。对于所有者、经营者来说，他们相互之间及各自与职工在财权和利益分配等方面进行博弈，始终是其财务管理的重要内容，对职工的财务激励和约束也始终是财务管理的难题之一。除此之外，企业职工的素质和精神风貌也直接影响着企业财务管理的目标，而且对企业财务目标的实现程度有着直接的影响，因此在财务决策时必须认真考虑企业职工这一环境因素。教育、科技、文化及经理和劳动力市场等一般财务管理环境的作用主要通过该要素体现出来。

财务管理活动总是依存于特定的财务管理环境。但是，不论是一般财务管理环境，还是具体财务管理环境，都不是一成不变的。恰恰相反，不断发生变化是它们的基本特点。因此，每一个财务主体必须随时关注其具体财务管理环境的变化，并注意一般财务管理环境可能发生的变化及其所产生的潜在影响，以便尽快适应财务管理环境的变化。只有这样，才能做到在变幻莫测的财务管理环境中得心应手，运营自如。当然，财务管理活动对财务管理环境特别是对具体财务管理环境也有一定的反作用。科学的财务管理应当使财务管理环境不断改善，从而更有利于财务主体财务目标的实现。

二、企业治理

公司治理是一整套制度设计安排，使参与企业的各利益相关方的利益得到合理的保证。在这一整套系统的制度设计中，决策机制、监督机制和激励机制这三套制度的设计和安排，应当是公司治理机制的灵魂和核心。

1.公司治理的决策机制

公司治理的权力系统由股东会、董事会、监事会和经理层构成。决策机制解决的就是公司权力在上述机构中如何科学、合理地分配的格局。决策机制是公司治理机制的核心。

(1)股东会的决策权

从股东会决策权的基本内容看。股东会是公司的最高权力机关，拥有选择经营者、重大经营管理和资产受益等终极的决策权。

从股东会的决策程序看，股东会行使决策权，是通过不同种类和类别的股东会来实现的。一般地说，股东会主要分为普通年会和特别会议两类。此外，根据公司发行股票类别的不同，还有类别股东会议。

从多数国家的公司立法规定来看，股东年会的决策权主要内容为：①定股息分配方案；②批准公司年度报告、资产负债表、损益表以及其他财务报表；③决定公司重要的人事任免；④增减公司的资本；⑤修改公司章程；⑥讨论并通过公司股东提出的各种决议草案。

从股东会的决策方式看，股东会的决策是以投票表决的方式来实现的，表决的基础是按资分配，所有投票者一律平等，每股一票。具体的表决方式有直接投票、累积投票、分类投票、偶尔投票和不按比例投票等五种。

(2)董事会的决策

从董事会的决策权看。在股东会闭会期间，董事会是公司的最高决策机关，是公司的法定代表。除了股东会拥有或授予其他机构拥有的权力以外，公司的一切权力由董事会行使或授权行使。董事会的重大决策权，不同国家的立法有一些区别，但主要的或者类似的决策权包括：①制定公司的经营目标、重大方针和管理原则；②挑选、聘任和监督经理层人员，并决定高级经理人员的报酬与奖惩；③提出盈利分配方案供股东会审议；④修改和撤销公司内部的规章制度；⑤决定公司的财务原则和资金的周转；⑥决定公司的产品和服务价格、工资、劳资关系；⑦代表公司签订各种合同；⑧决定公司的整个福利待遇；⑨召集股东会。

从董事会的决策程序看，董事会的决策权是以召开董事会并形成会议决议的方式来行使的。如果董事会决议与股东会的决议发生冲突，应以股东会决议为准，股东会有权否决董事会决议，甚至改造董事会。董事会会议又分为普通会议和特殊会议。参加董事会会议的人数必须符合法定人数要求，只要由出席会议的董事法定人数中的多数通过的决议，就应当视为整个董事会的决议，但是公司章程中有特别规定的除外。

从董事会的决策方式看。董事会会议决议是以投票表决的方式作出的，表决采取每人一票的方式，在投票时万一出现僵局，董事长往往有权行使裁决权，即投决定性的一票。

从公司治理的决策机制看，公司决策是一个从分歧、磋商、妥协到形成统一认识的过程。除了上述决策权的分配外，按照程序来决策是所有层面决策有序进行的前提和先决条件。决策程序一般可以分为决策准备、决策方案的产生、决策方案的讨论和最终决定(形成决议)四个相互衔接的阶段。

2.公司治理的监督机制

监督机制是指公司的利益相关者针对公司经营者的经营结果、经营行为或决策所进行的一系列客观而及时的审核、监察与督导等行动。公司内部权力的分立与制衡原理是设计和安排公司内部监督机制的一般原理。公司内部的监督机制包括股东会和董事会对经理人员的监督和制约,也包括他们之间权力的相互制衡与监督。

(1)股东与股东会的监督机制

①股东的监督。股东的监督表现为"用手投票"和"用脚投票"两种形式。用手投票,即在股东会上通过投票否决董事会的提案或其他决议案,或者通过决议替换不称职的或对现有亏损承担责任的董事会成员,从而促使经理层人员的更换。用脚投票,即是在预期收益下降时,通过股票市场或其他方式抛售或者转让股票/股权。

②股东会的监督。股东会是公司的最高权力机构,股东会的监督是公司最高权力机构的监督,理论上说具有最高的权威性和最大的约束性,但是,股东会不是常设机关,其监督权的行使往往交给专事监督职能的监事会或者部分地交给董事会,仅保留对公司经营结果的审查权和决定权。具体地说,股东会对公司经营活动及董事、经理的监督表现为:A. 选举和罢免公司的董事和监事;B. 对玩忽职守、未能尽到受托责任的董事提起诉讼;C. 对公司董事会经理人员的经营活动及有关的账目文件具有阅览权,以了解和监督公司的经营,此即知情权和监察权;D. 通过公司的监事会对董事会和经理层进行监督。

(2)董事会的监督机制

董事会的监督表现为董事会对经理层的监督。董事会对经理层的监督表现为一种制衡关系,它通过行使聘任或者解雇经理层人员、制定重大和长期战略来约束经理层人员的行为,以监督其决议是否得到贯彻执行以及经理人员是否称职。

(3)监事会的监督机制

监事会是公司专事监督职能的机构,监事会对股东会负责,以出资人代表的身份行使监督权。监事会以董事会和经理层人员为监督对象。监事会可以进行会计监督和业务监督,可以进行事前、事中和事后监督。多数国家公司法规定,监事会列席董事会议,以便了解决策情况,同时对业务活动进行全面的监督。

一般认为,监事会的监督具体表现在以下方面:①通知经营管理机构停止违法或越权行为;②随时调查公司的财务情况,审查文件账册,并有权要求董事会提供情况;③审核董事会编制的提供给股东会的各种报表,并把审核意见向股东会报告;④当监事会认为有必要时,一般是在公司出现重大问题时,可以提议召开股东会。

从理论上说(也有国家在立法上如此规定),在以下特殊情况下,监事会有代表公司的权力:①当公司与董事之间发生诉讼时,除法律另有规定外,由监事会代表公司作为诉讼一方处理有关法律事宜;②当董事自己或者他人与本公司有交涉时,由监事会代表公司与董事进行交涉；③当监事调查公司业务和财务状况及审核账册报表时，代表公司委托律师、会计师等中介机构，所发生的费用由公司承担。

此外，公司职工和工会在公司治理的监督机制中也可以发挥监督作用。职工是公司的利害相关者，有维护自身利益、关注公司利益、对公司经营进行监督的权力，其行使监督权的途径和方式，一是推选职工监事进入公司监事会，二是通过公司工会行使监督权。

3.公司治理的激励机制

公司治理机制，实质上是一系列委托代理合同的组合。从委托—代理关系的角度分析，公司治理的激励机制，解决的是委托人与代理人之间的代理成本（包括代理人道德风险成本）与代理人动力问题，是关于公司所有者（股东）与经营者如何分享公司经营成果的一种契约安排。

（1）激励机制的目标

公司治理的激励机制，旨在使经营者获取其经营一个企业所付出的努力与承担的风险相对应的利益，同时也使其承担相应的风险和约束。其终极目标就是激励机制将企业财务目标与高管人员的个人效用目标紧密地联系在一起。也就是，最大限度地挖掘经营者的潜力和效能，实现公司利润，即股东利益的最大化，通过股东与经营者利益的博弈，最终实现股东与经营者“双赢”的利益格局。

（2）公司治理激励机制的主要内容

国际公司治理研究人员通过实证研究和总结，基本上认为，对经营者行之有效的激励机制包括：

①对经营者的报酬激励。如固定薪金、股票与股票期权、退休金计划等。西方公司聘用的高中层经理（包括总经理、事业部或子公司经理），一般采用激励性合同的形式，将固定薪金、奖金、股票等短期激励与延期支付奖金、分成、股票期权、退休金计划等长期激励进行结合。在美国公司中，按照长期业绩付给的激励性报酬所占的比例很大。总经理的固定薪金比重并不高，奖金等报酬形式同公司效益挂钩的部分比重较大，长期激励性的报酬可达其总收入的40％～60％，综合计算下来，有的年收入甚至可达几千万美元。

A.固定薪金。固定薪金起着基本的保障作用。优点是稳定性好，没有风险。缺点是缺乏足够的灵活性和刺激性。

B.奖金和股票。奖金和股票与经营者业绩密切相连，对于经营者来说，有一定的风险，也有较强的激励作用，但容易引发短期行为。

C.股票期权。股票期权是指允许经营者在一定时期内，以接受期权时的价格购买股票，如果股票价格上涨，经营者的收益就会增加。这种方式在激励经营者长期化行为时作用显著，但风险很大，时间越长，经营者面临的不确定因素就越多。

D. 退休金计划。有利于激励经营者的长期行为，以解除其后顾之忧。

②剩余支配权与经营控制权激励机制。剩余支配权激励机制，通俗地说，就是公司股东与经营者约定分享公司经营利润的一种激励方式。经营控制权激励机制，经营控制权使得经营者具有职位特权，享受职位消费，能够给经营者带来正规报酬激励之外的物质利益满足。如豪华的办公室、汽车、合意的雇员、到风景名胜地公务旅行等等。

经理是公司事务和业务的执行机构，它由包括总经理、副总经理、财务负责人等在内的高级管理人员组成。这些高级管理人员受聘于董事会，在董事会授权范围内拥有公司事务的管理权，负责处理公司的日常经营事务。其中，总经理是负责公司日常业务活动的最重要的管理人员。总经理的职权有：①主持公司日常经营工作，组织实施董事会决议；②组织实施公司年度经营计划和投资方案；③）拟定公司内部管理机构设置方案；④拟订公司的基本管理制度；⑤提请聘任或解聘公司副经理、财务负责人；⑥任命除应由董事会聘任以外的负责管理人员；⑦列席董事会会议以及公司章程、董事会授予的其他职权。

监事会是对董事会和经理执行业务的活动实行监督的机构。监事会作为公司的监察机构，其职责是对董事会和经理的活动实施监督。其内容包括一般业务上的监察，也包括会计事务上的，但对内它一般不能参与公司的业务决策和管理，对外一般无权代表公司。有的国家情况有所例外，如德国和法国规定，监事除了负有监察的职责外，还享有一定的参加公司管理的权力，可以参与公司经营决策的制定。我国《公司法》规定的监事会的职权主要是：①检查公司的财务；②对董事、经理执行公司职务时是否违反法律、法规或者公司章程的行为进行监督；③当董事和经理的行为损害公司的利益时，要对其予以纠正；④提议召开临时股东大会。

法人治理结构的根本任务在于明确划分股东、董事会、经理人员和监事会各自的权力、责任和利益，形成相互之间的制衡关系，最终保证公司制度的有效运行。

第四节 金融市场

所有企业在经营活动中均在不同程度上与金融中介和金融市场发生往来。企业与金融中介和金融市场的联系，使得企业能够随时获取所需的资金，并将其临时性盈余资金投资在各种金融资产上。

在发达的经济社会中，资金盈余部门和资金赤字部门的资金往来是通过金融中介和金融市场来转移的，它们共同形成了一个资金网络，资金从盈余部门转向赤字部门是通过两种渠道，即一是通过中间人，二是通过中介机构。这也说明企业融资包括两种融资方式：直接融资和间接融资。在直接融资条件下，企业获取资金是通过中间人，中间人通过向客户提供服务收取佣金或手续费来获利。而在间接融资条件下，企业获取资金是通过中介机构，金融中介机构吸收经济部门和个人储蓄，然后贷放给企业或从事投资。此外，金融中介机构还可以通过全部买进企业所发行的有价证券，然后重新定价销售，金融机构通过向客户提供服务的利差和价差来获利。

一、金融资产

金融资产是在金融市场中资金转移所产生的信用凭证和投资证券，它的实质是一种索偿权（要求权），即提供资金一方对于接受资金一方的未来收入和资产的一种“要求权”。货币是最明显的金融资产。除此之外，金融资产还包括债务证券、权益证券和信用凭证。

债务证券包括政府债券、公司债券以及由商业银行发行的可流通存单。权益证券即为普通股股票和优先股股票。信用凭证如储蓄者将货币存入金融机构取得的存款凭证，该凭证代表储户对接受存款的金融机构的一种“要求权”。债务证券和权益证券是企业所拥有的金融资产，在公司的资产负债表上，表现为负债及股东权益部分。

二、金融市场

金融市场是金融资产买卖或交易的一种媒介。金融市场主要分为货币市场和资本市场、初级市场和二级市场。

1. 货币市场和资本市场

货币市场经营一年以内到期的短期证券。其资金融通用于短期周转，融资期限短，是公司短期资金筹集的主要场所。由于这些短期证券变现能力强，因而投资风险也相对较小。货币市场包括银行短期信贷市场、短期证券市场、贴现市场和同业拆借市场。

资本市场经营一年以上到期的长期证券。主要融通长期资金，是企业筹集长期资金的主要场所。资本市场包括银行长期信贷市场和长期有价证券市场。

2. 初级市场和二级市场

初级市场即为发行市场，或一级市场。它是指新证券在发行者与购买者即投资者之间进行交易而形成的市场。它包括证券发行的规划、承购、销售等一系列活动过程。这一市场的特点是，它是新证券的市场，是一个抽象的无形市场。

二级市场也称次级市场或流通市场。它是指已发行在外的证券在投资者相互之间进行转让、买卖而形成的市场。在这个市场上，买卖对象是已发行在外的证券，这一市场的主要功能是为投资者提供证券的流通变现。二级市场在其结构上又可分为以下三类：

(1)交易所市场。交易所市场即是在证券交易所内部进行集中证券交易的市场。它是高度组织化、有固定场所、有规定营业时间、有一套严密管理制度的证券交易市场，是整个证券二级市场的中心。有价证券一旦被允许进入交易所市场，即为上市证券。为确保证券交易的顺利进行和维护投资者的利益及交易所的信誉，证券交易所对证券上市的企业要严格审查，只有达到规定要求才允许上市交易。

(2)场外交易市场。场外交易市场又称柜台交易或店头市场，即在证券交易所之外进行证券交易的市场。它是一种组织相对松散、无固定交易场所和较难管理的市场，是有组织的交易所市场的补充。它是一个无形市场，没有一个固定的集中交易场所，实际上是一个由遍布各地的电话、电报、电传等电讯系统构成的无形交易网络。场外交易由于手续简便，适于小规模的分散证券交易，因此，它一方面为一些暂时达不到上市条件，但又有发展前途的企业开辟了筹资途径，另一方面也为投资者提供了有吸引力的投资对象。但是，受市场条件的限制，其交易的效率和公平性要低于证券交易所市场。

(3)第三市场和第四市场。第三市场是指已在正式的证交所上市，却在证交所之外进行交易的证券买卖市场。该市场的交易主体主要是一些从事大宗交易的机构投资者，如银行信托部、保险公司、互助储蓄机构等，因而证券交易也主要发生在证券经纪人和上述机构投资者之间。第四市场是指完全撇开交易所和经纪人，由买卖双方通过电讯网络直接进行交易的市场。在这个市场上，一个全国联网的证券交易计算机网络起了关键的作用。如美国在20世纪70年代就建立了全美证券商协会自动报价系统，又称纳斯达克(NASDAQ)。会员客户直接通过该系统电脑终端寻找交易对手，议价成交，从而大大降低交易成本，同时也有利于保守秘密。

第五节 宏观金融政策

一、利率政策

企业在融资过程中，必须要考虑使用资金的成本，这一成本就是利率。有人称利率是“企业发展速度和国家繁荣的重要的调节器”。这就说明利率是有变化的，它的变化不仅影响个人和企业，而且影响整个国民经济。从 1995 年到 1999 年我国利率的升降变化，就可以说明这一点（详见前一章）。那么，利率水平是怎样确定的呢？

通常我们所说的利率是指名义利率，银行的挂牌利率就是名义利率。一般来讲，它是由实际利率加通货膨胀率来确定的。但在实践中，利率与投资者所承担的风险大小有关，风险越大，投资者要求的收益率就越高，企业支付的资金成本就越高。因此，在金融市场上，利率是通货膨胀、违约风险、到期日的长短以及变现能力的函数，即：

利率＝f(通货膨胀，违约风险，到期日，变现能力)

在这些风险因素中，政府债券由于有充分的信用保证，均视为无违约风险，因此，我们将政府债券的收益率视为无风险收益率，其他证券的收益率均高于政府债券。如图 2-1 所示。

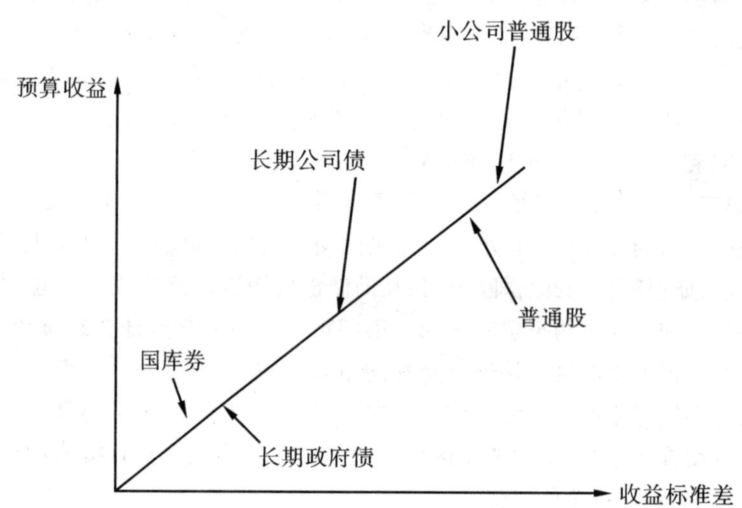

图 2-1　证券收益率与风险权衡

从图 2-1 可看出，债务证券收益率与到期日的长短有关，如国库券与长期政府债券的收益率就取决于到期日，到期日越长，收益率就越高，到期日与利率之间的关系称为收益曲线，又称利率期限结构。

在大多数情况下，利率水平是随到期日的长短而提高或下降，因此收益曲线是一条向上倾斜的曲线，即利率期限结构的斜率向上，如图 2-2 所示。有时，利率期限结构也有向下倾斜的，见图 2-3 所示，这是一种少见的结构图。但是它们有一个共同的特点，由于利率与较长到期日之间的差异越来越不重要了，因此，随着到期日的增长，曲线变得平坦了。

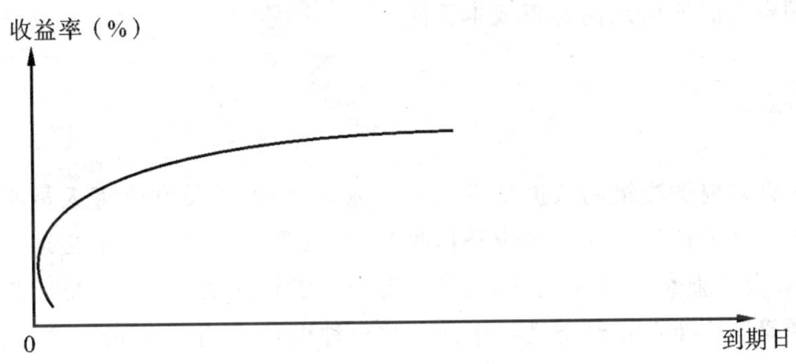

图 2-2　一种典型的向上倾斜的利率期限结构图

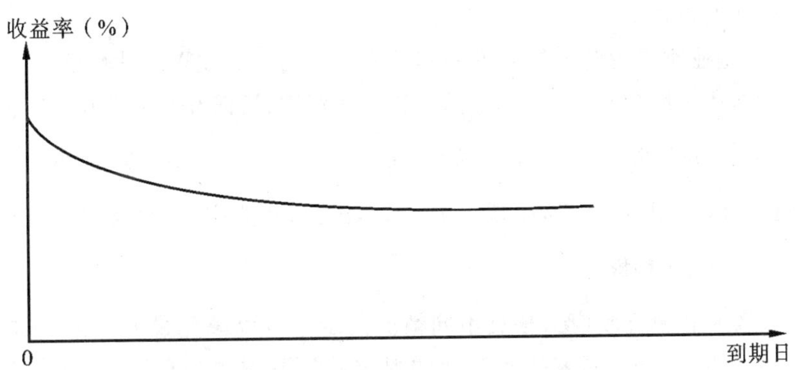

图 2-3　一种少见的向下倾斜的利率期限结构图

在大多数情况下，由于投资者因特殊需要用钱而选择一种满意的到期日，因此投资者可能投资于与他需要相匹配的到期日，较短到期日提供了较强的流动性和较强的财务变现能力。

另外，到期日较长的证券风险较大，这种风险依赖于预期的通货膨胀，因此，如果其他条件相同，根据风险和收益权衡原理，投资者要求要有较高的利率以补偿承担的额外风险。这就是期限结构形成向上倾斜的基本思想。

最后，投资者也要考虑将来预期利率的情况，即如果投资者相信未来长期利率将走高，他们将等待进行长期投资。当然，投资者并不会把钱放在钱包里，而是将钱进行短期投资，如投资于货币市场的证券。这种"等待"增加了短期资金的供应，同时使长期资金供应减少。

这种资金的流动又使得短期利率下降，而长期利率上升，期限结构曲线向上倾斜。反过来，若投资者相信未来长期利率将走低，这就形成期限结构曲线向下倾斜。由此，我们可以理解为什么证券与证券之间收益率不同，即企业在筹集不同期限的资金时所付出的筹资成本不同。

二、税收政策

由于许多财务决策的依据是税后现金流量，财务人员和管理人员必须对税收要有个基本的认识。税收影响公司决策，税收是企业在决策中必须要考虑的问题，它涉及企业组织形式的选择、发行证券种类的选择、购买设备还是租赁设备的选择等等。企业在经济活动中涉及的税种很多，处于不同的国家和地区，税法又有所不同，本节提供的主要是财务管理中需要了解的一些税收知识，而并不是要让读者成为税务专家。这里主要介绍我国有关税收的情况。

1. 企业所得税

通常，企业所得税是依据收入中扣除经营费用后的收入来计算的，可抵扣税收的经营费用一般包括销售成本、销售和管理费用、折旧和利息费用等，即：

应纳税所得额＝营业收入－(成本＋费用＋损失)－税法允许的其他扣除

我国税法中规定企业所得税率为28%，因此，企业应交所得税为：

所得税＝应纳税所得额×28%

中央政府和地方政府又根据不同情况制定了可以减免税的政策，如国家产业政策倾斜的减免税，国家扶持行业的财政性补贴或减免税，开发区内的减免税。但是，有关这些减免税的政策，会随着经济情况的不同作一些调整。因此在财务决策时，应注意这些政策的变化，或征求税务专家的意见。

公司除了所得税外，还有流转税，即按公司的营业收入额按比率计算纳税额。流转税主要是增值税和营业税，公司某一个特定的经营项目只缴纳增值税或营业税。

2. 资本利得与损失

企业应纳税额由两类组成：资本资产出售的利润和各种其他所得(表述为日常所得)。资本资产在税法中定义为企业业务的日常过程中不做买卖的资产，即证券投资，如股票、债券等。资本资产出售的所得和亏损称为资本利得和损失。当卖出的价格高于买进的价格时，那么增加的价值就叫资本利得；反之，当卖出的价格低于买进的价格时，那么减少的价值就叫资本损失。对于企业来讲，资本利得或损失将并入企业利润总额中计算所得税。而目前在我国，个人在这种交易中只征收印花税，按比例计征。

3.股息和利息收入

企业除了正常的营业收入和出售的资本利得外，它还会由于持有其他公司股票或持有政府债券、公司债券而有股息或利息收入。各国对股息和利息如何征税有不同的规定。在我国，股息是企业税后收益做了多项扣除后，还有剩余的那部分利润的分配。为了避免公司所得税的重复征税，目前阶段暂不交纳企业所得税。企业持有的国库券和国家银行金融债券的利息收入免征所得税。公司债券利息收入计入公司收入总额，计算交缴所得税。而在我国个人所得税法中规定，个人运用资产投资所得的股息和利息收入需交纳20%的个人所得税，国库券和国家债券利息免征个人所得税。

4.股息和利息的可扣性

企业的利息支出在我国的损益表中没有单列，而是混在“财务费用”中，是一种税前可扣除的开支，但企业向股东支付的股息则是在税后，因此，股息是不能抵扣公司所得税的。这样，对股息和利息支付的差别待遇对企业的融资方式将产生重要的影响，这将在后面的章节中进行讨论。

5.税收对财务经理的影响

公司所得税的存在，对财务经理有着重要的影响，这主要表现为以下几点：

(1)由于债务融资中，利息是可抵扣所得税的，而普通股的股息和优先股的股息则不能抵扣所得税，因此，债务融资是与较大的税收好处相联系的，并且这种债务税收好处是杠杆收购和财务重组的主要理由。

(2)公司所得税对股利政策也产生影响。当支付股息给普通股股东时，股东则必须立刻交纳所得税。如果公司不支付股息，而将利润留存用于企业的再投资，股票价格可能预期增长，股票持有者的赋税将递延到股票的出售。这种留存收益递延税的能力影响了投资者对持有股票获得资本收益还是获得股息产生不同的偏好，而投资者的偏好对公司的股利政策会产生影响。

(3)资本支出决策同样受到公司所得税的影响。为了获得所需资产，资本支出需要税后资金的支出。预期资产所产生的经营收益易受税收的影响。折旧是许多与资本支出有关的、可抵扣所得税的费用。折旧所提供的税收抵扣额等于可折旧资产，如机器设备、厂房等的原始成本的一部分。税收条款对资产提取折旧的方法有详细的规定。由于提取的折旧额是非现金费用(当购买资产时，现金支出就发生了)，使应纳税额减少，因此，也减少了必须支付的税额。税收条款关于折旧率的加快(降低)的变化，直接影响投资项目所产生的现金流量的现值的增加(减少)，使得项目更具(减少)吸引力。所以，财务经理必须密切注意税法的变化。

(4)作出租赁资产或是购买资产的决策也常常受到税收的影响。由于租金和利息均可抵扣所得税，如果支付的租金大于提取的折旧，那么租赁资产比购买资产更为合算。有关它们的详细讨论，将放在租赁一章加以讨论。

由此可见，税收对财务决策的影响在财务管理中随处可见，也贯穿于本教材之中。

本章小结

本章阐述了公司财务管理的环境，强调CFO或财务经理从企业组织形式和公司治理的角度来考虑，如何充分利用市场，对新环境和企业管理新需求进行深入的研究。

传统的财务管理教科书比较强调关注企业投资、融资和股利分配的技术性层面，没有考虑资金管理的环境对财务管理的影响。现代财务管理开始从传统的融资、投资和利润分配的职责过渡到与战略管理相融合的财务管理，强调公司财务决策时要考虑公司治理、组织形式、金融市场、宏观金融政策等环境因素。通过本章学习，建议财务经理应该抓好如下的工作：

(1)建立一套财务监控制度与公司治理相融合的治理系统。我们认为，公司董事会对财务的监控，在行使职权方面是代表股东，而在承担责任方面是代表公司代理人。从网络化两层级的适时财务监控的简要阐述，我们对适时财务监控机制的结构具有较明晰的层次性描述，同时在一定程度上也建立了公司治理与适时财务监控的密切联系，为建立支持公司治理的财务监控系统提供了基本框架。

(2)在财务决策中充分考虑经济政策和资本市场的作用。

(3)制定符合本企业的激励制度，将企业财务目标与高管人员的个人效用目标紧密地联系在一起。

(4)在市场环境下，财务经理应当高度关注股东和潜在投资人对市场的反应，财务决策应当权衡相关利益人的利益条件下的股东财富最大化的理财目标，展现对股东负责的具体落实。在融资的方式选择上，应充分利用信息反映股票价格及其有关信息不对称的特性来评价融资方式，合理估计权益资本。

复习思考题

1. 在网络化环境下，企业财务管理的方法会发生哪些演变？
2. 在理财中，财务经理应当如何把握市场的有利条件？
3. 在现实中，财务经理如何建立与现代公司治理相融合的财务控制制度？
4. 阐述不同组织形式的财务管理的特点。

5.如果你是某公司的财务经理，你打算如何打造该公司的内部环境以适应公司快速发展的需要？

6.分析公司治理的激励机制。

7.宏观金融政策如何影响企业财务管理？

本章习题

1.这是一个日本和英美国家融资渠道的案例。在日本经济发展过程中，主银行深深涉足于其关联公司的经营事务中，形成了颇具特色的主银行体系。主银行体系就是公司与一两家银行保持着密切的长期关系，它们成为主银行。主银行通常为公司提供债务资本，双方长期保持综合往来关系。主要原因在于日本在战后经济发展初期，工业公司依靠自身储蓄满足公司投资需求的能力低下，加上较之英美国家，日本证券市场长期滞后，各个企业不得不依靠银行间接融资，银行信贷在公司资本来源中占主导地位，主银行是公司最大的债权人，借贷资金是日本公司发展的主要资金来源。同期的英美国家资本市场不断完善发展起来，资本市场较为发达，企业融资大多是通过向资本市场直接融资，而非间接融资。这样，日本公司资本结构中债务融资占有较大的比例，而英美国家公司的资本结构中股权融资比例更大。资本结构的不同引发了公司治理方面的不同，日本公司中的公司治理主要依靠的是内部公司治理机制，通过在公司内部建立一整套公司治理的相关制度，据以合理地确定股东会、董事会、监事会和经理层之间的权责利关系，以完成有效的激励和约束的作用，实现公司内部的高效运作。具体来说，就是建立内部股东会、董事会、经理层、监事会相互之间的激励约束制度。而英美等国家则更多的是依靠资本市场的外部治理机制，主要通过公司外部力量对公司内部的管理行为进行监督，以缓解公司治理中的信息不对称现象，实现有效的公司治理。

根据以上资料，结合本教材内容，回答下面问题：

(1)资本市场的发展是如何影响资本结构的？

(2)宏观金融政策对企业融资选择有何影响？

2.林先生拥有一家经营十分成功的工艺品经销商店——荣盛商店。数年来，他一直坚持独资经营，身兼所有者和管理者二职。由于年龄的原因，他打算从管理岗位上退下来，因此，想转化企业的组织形式。但是他希望商店仍能掌握在家族手中，长远目标是将这份产业留给自己的儿孙。

林先生正在考虑将其商店改组为公司制或者合伙制。改组为公司制后，他可以给自己的每一位儿孙留下数目合适的股份，他可以将商店整个留给儿孙们，让他们进行合伙经营。为了能够选择正确的企业组织形式，林先生制定了如下的目标：(1)所有权上，林先生希望他的两个儿子各拥有25%的股份，五个孙子各拥有10%的股份。(2)存续能力上，林先生希望即使发生儿孙死亡或者放弃所有权的情况也不会影响经营的持续性。(3)管理上，当林先生退休后，他希望将产业交给一位长期服务于商店的雇员老李来管理。虽然林先生希望家族保持产业的所有权，但他并不相信他的家族成员有足够的时间和经验来完成日常的管理工作。事实上，他认为有两个孙子根本不具有经济头脑，所以他并不希望他们参与管理工作。(4)所得税上，林先生希望产业采取的组织形式可以尽可能减少他的儿孙们应缴纳的所得税，希望每年的经营所得都尽可能多地分配给商店的所有人。(5)所有者的债务上，林先生希望能够确保在商店发生损失时，他的儿孙们的个人财产不受任何影响。

结合本案例资料和本章的企业组织形式，回答如下问题：

(1)根据你掌握的知识，你认为该企业应采用公司制还是合伙制？

(2)公司制或合伙制对企业财务管理会产生哪些影响？

第三章 未来现金流价值确定

学习目的

通过本章的学习，你可以：

1. 理解货币时间价值的概念和作用；
2. 掌握复利终值和现值的概念及计算方法；
3. 掌握零存整取的价值确定方法；
4. 掌握等值现金流的价值确定方法；
5. 理解名义利率和实际利率的区别与联系；
6. 运用时间价值理论，进行国库券投资和购房按揭实例分析。

小案例导引

钱谦每月有较稳定的收入 5 000 元，目前有存款 5 万元，手头还有 2 处房产，一处自住，一处出租。自住房市价 30 万元左右，出租房 2002 年 8 月购买，总价 35 万元，首付 8 万元，现在每月偿还贷款 1 900 元(已还 48 个月)。目前该房产市价 45 万元，租金 1 500 元。钱谦打算在两年内结婚，但是这两处房产都偏小。请大家帮他出出主意：在两年内如何进行价值、风险与收益的权衡，以尽快实现住大房娶新娘的梦想呢？

任何经济行为在其发生之前都应该在价值、风险与收益之间进行权衡，以期冒较低的风险获得较高的收益，实现较大的价值与效用。对于任何一个经济实体而言，现金犹如其日常运作的血液。获得足够的现金是公司创建优良业绩的有力支撑，一个企业的账面利润再高，如果没有相应的现金流量，依然无法进行正常的经营活动，甚至会使财务状况恶化，最终导致公司破产。现金流量因而成为评价企业综合财务质量的重要指标，未来现金流量的价值确定在财务管理中显得非常重要。

第一节　价值的几种基本概念

是什么因素影响公司的市场价值？投资者看重的到底是什么？是收益、股利、增长、回报，还是现金流？作为财务管理的目标，我们追求企业价值最大化，企业的价值是如何描述的呢？

资产的价值有账面价值（成本价值）和经济价值（内在价值）之分。资产的账面价值是指资产的交换价格，即购进或取得资产时付出的代价。会计学中所讲的价值，主要是指账面价值，是按币值不变假设和历史成本原则对过去交易或事项反映的结果。资产的经济价值是指资产预期能给企业带来的未来经济利益（现金净流量）的现值。它与资产的账面价值、清算价值和市场价值既联系又区别。财务管理学中讲的价值，是指经济价值，是未来现金净流量的现值之和。明确这一点，对于理解和掌握财务管理学中的风险价值、股票和债券的价值、企业价值等重点与难点十分重要。

一、清算价值与内在价值

清算价值（Liquidation Value）是指一项资产或一组资产（如一个企业）从正在运营的组织中分离出来单独出售所能获得的货币额。它是在清算的前提下，“迫售”状态下预计的现金流入，它通常会低于正常的交易价格。内在价值（Intrinsic Value）是在持续经营的前提下，在正常交易的状态下预计的现金流入。清算价值的估计，总是针对每一项资产单独进行的，即使涉及多项资产，也要分别进行估价；而内在价值的估计，在涉及相互关联的多项资产时，需要从整体上估计其现金流量再进行估价。一般而言，这两种价值是不相等的。

二、账面价值与市场价值

账面价值（Book Value）包括两个方面：(1)资产的账面价值：在会计核算采用历史成本法下，资产的入账价值，即资产的成本减去累计折旧、摊销和减值后的价值；(2)公司的账面价值：资产负债表上所列示的资产总额减去负债与优先股之和。资产负债表上列示的资产，不包括商誉等没有交易基础的资产价值，也没有包括企业的预期价值，所以它经常与市场价值有较大的差别。

市场价值(Market Value)是指资产交易时的市场价格,它是买卖双方竞价后产生的双方都能接受的价格。一般情况下,一项资产的市场价值是该资产(或类似资产)在公开市场上进行交易时的市场价格。对一个公司而言,市场价值是清算价值和持续经营价值二者中较大者。

三、市场价值与内在价值

根据市场价值的一般定义,证券的市场价值是证券的市场价格。对于一种交易活跃的证券,其市场价值是证券交易的最后一个报价。对于一种交易不活跃的证券,就必须去估计其市场价值。

证券的内在价值是指在对所有影响价值的因素——资产、收益、预期和管理等都正确估价后,该证券应得的价格。简而言之,证券的内在价值是它的经济价值。如果市场是有效率的,信息是完全的,资产的内在价值与市场价值应当相等,证券的时价(Current Market Price)应围绕其内在价值上下波动。如果市场价值低于内在价值,该资产具有投资价值,投资者可以买进。

第二节 货币的时间价值

一、货币时间价值的概念

在理财过程中,经常会面临不同方案的比较和决策,以权衡利弊。为了正确地进行比较和决策,必须正确理解和运用货币时间价值的概念。货币时间价值(Time Value)是什么?货币为什么会有时间价值呢?在金融体系的运作下,利率的存在使得今天的1元钱可在未来产生额外的价值。也就是说,今天的1元钱由于利息的存在会比明年的1元钱具有更大的价值。一定量的货币资金在不同的时点上具有不同的价值,今天所持有的货币其时间价值是最大的,时点距离今天越远,该货币的时间价值越小。

由于不同时点单位货币的价值不相等,不同时点的货币收入不宜直接进行比较。为了更好地将时间价值观念贯彻到财务管理的实践中去,常常需要对时间价值进行量化,需要把它们换算到相同的时间基础上,然后才能进行大小的比较和比率的计算。货币时间价值是指没有风险和通货膨胀条件下的社会平均资金利润率。它与银行存款利率、贷款利率、各种债券利率、股票的股息率是有区别的。只有在没有通货膨胀和没有风险的情况下，时间价值才与上述各报酬率相等。

二、货币时间价值的计算

在货币时间价值的量化过程中，常采用两种方法：单利与复利。采用两种价值：终值与现值。

（一）单利的计算方法

单利是我国银行用于计算利息的一种方法。按照这种方法，不管存款时间多长，只对本金部分计息，滚存在银行里的利息不再加入本金计息。

在单利计息的条件下，有两种价值需要计算：终值与现值。

在单利计算中，经常使用以下符号：p——本金，又称期初金额或现值；i——利率，通常指每年利息与本金之比；I——利息；s——本金与利息之和，又称本利和或终值；t——时间，通常以年为单位。

单利利息的计算公式为：

$$I=p\cdot i\cdot t$$

【例 3-1】假设某投资者年初存入银行 1 000 元，按 5%的利率单利计息，存期 5 年，第 5 年末到期时的利息是多少？

$$I=p\cdot i\cdot t=1\ 000\times5\%\times5=250(\text{元})$$

注意：在计算利息时，除非特别指明，给出的利率是指年利率。

1. 单利终值的计算

单利终值的计算公式为：

$$s=p+p\cdot i\cdot t=p\cdot(1+i\cdot t)$$

【例 3-2】假设该投资者 5 年内一直没取这笔存款，在第 5 年末该笔存款到期时，会从银行取出多少钱？

$$s=p\cdot(1+i\cdot t)=1\ 000\times(1+5\%\times5)=1\ 250(\text{元})$$

2. 单利现值的计算

在现实经济生活中，有时需要根据终值来确定其现在的价值，即现值。例如，在使用未到期的期票向银行融资时，银行按一定的利率从票据的到期值中扣除自借款日至票据到期日的应计利息，将余额付给持票人，该票据则转归银行所有。这种融通资金的办法称“票据贴现”，或简称“贴现”。贴现时使用的利率称贴现率，计算出来的利息称贴现息，扣除贴现息后的余额称为贴现值。

单利现值的计算公式为：

$$p=s-I=s\cdot(1-i\cdot t)$$

【例3-3】假设某企业持有一张面额为1 000元的带息票据，票面利率4%，出票日为7月1日，票据期限90天。凭该期票于9月1日到银行办理贴现，银行规定的贴现率为10%。因该期票10月1日到期，贴现期为30天。银行付给企业的金额是多少？

$$S=p\cdot(1+i\cdot t)=1\ 000\times(1+4\%\times90\div360)=1\ 010(\text{元})$$

$$p=1\ 010\times(1-10\%\times\frac{30}{360})=1\ 010\times0.992=1\ 001.92(\text{元})$$

（二）复利的计算方法

复利是计算利息时应用更为普遍的一种方法。按照这种方法，每经过一个计息期，本金要计息，本金所生的利息再计利息，逐期滚算，俗称“利滚利”。这里所说的计息期，是指相邻两次计息的时间间隔，如年、月、日等。除非特别指明，计息期为1年。

1.复利终值的计算

【例3-4】某人投资10 000元于一项基金，年报酬率为10%，按复利计息，经过1年时间的本利和为：

$$s=p+p\cdot i=P(1+i)=10\ 000\times(1+10\%)=11\ 000(\text{元})$$

若此人并不提走现金，将11 000元继续投资于该基金，则第二年本利和为：

$$s=[p\cdot(1+i)](1+i)=p\cdot(1+i)^2=10\ 000\times(1+10\%)^2=10\ 000\times1.21=12\ 100(\text{元})$$

同理，第三年的期终金额为：

$$s=p\times(1+i)^3=10\ 000\times(1+10\%)^3=10\ 000\times1.331=13\ 310(\text{元})$$

第 n 年的期终金额为：

$$s=p(1+i)^n$$

上式是计算复利终值的一般公式，其中的 $(1+i)^n$ 被称为复利终值系数或1元的复利终值，用符号 $(s/p,i,n)$ 表示。例如，$(s/p,10\%,3)$ 表示利率为10%、3期复利终值的系数。为了便于计算，可编制“复利终值系数表”备用。该表第一行是利率 i，第一列是计息期数 n，相应的 $(1+i)^n$ 值在其纵横相交处。

通过该表查出，$(s/p,10\%,3)=1.331$。在时间价值为10%的情况下，现在的1元和3年后的1.331元在经济上是等效的，根据这个系数可以把现值换算成终值。

该表的作用不仅在于已知 i 和 n 时查找1元的复利终值，而且可在已知1元复利终值和 n 时查找 i，或已知1元复利终值和 i 时查找 n。

图3-1为期初存入银行1 000元，利率分别为0%、5%、10%的条件下，按复利计算的未来值。

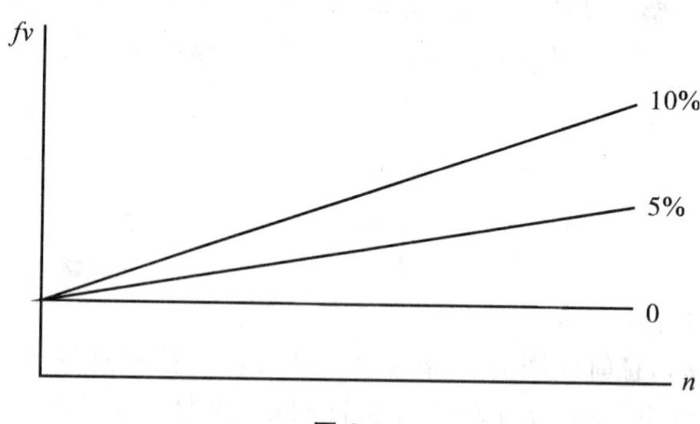

图 3-1

【例3-5】如某人有1 000元，拟投入报酬率为9%的投资机会，经过多少年才可使现有货币增加1倍？

$(1+9\%)^n=2$

$(s/p,9\%,n)=2$

查"复利终值系数表"，在 $i=9\%$ 的项下寻找2，最接近的值为：

$(s/p,9\%,8)=1.993\approx2$

所以 $n=8$

即8年后可使现有货币增加1倍。

【例3-6】现有1 000元，欲在20年后使其达到原来的4倍，选择投资机会时最低可接受的报酬率为多少？

$(1+i)^{20}=4$

$(s/p,i,20)=4$

查"复利终值系数表"，在 $n=20$ 的行中寻找4，最接近的值为：

$(s/p,9\%,20)=3.970\approx4$，最低报酬率为9%。

2.复利现值

复利现值是指未来特定时点的资金按复利计算的现在价值，或者说是为了取得将来一定的本利和现在所需的本金，它是未来值的逆运算。未来值是将初始投资按复利率向未来计算若干年限，而现值是用贴现率把未来值贴现到当前。贴现率可以定义为投资的机会成本——与被贴现的未来值具有相同风险的投资的预期收益率。

图 3-2 为 1 000 元的未来值分别按 0%、5%、10%的贴现率计算的现值。

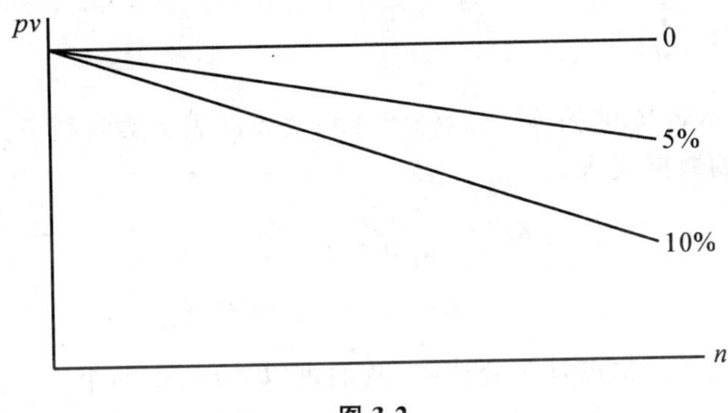

图 3-2

复利现值的计算，实际上就是在已知 s、i、n 的情况下，求 p。

因为复利终值的公式 $s=p(1+i)^n$，所以 $p=\frac{s}{(1+i)^n}=s(1+i)^{-n}$。

上式中的 $(1+i)^{-n}$ 是把终值折算为现值的系数，称为复利现值系数，或称为 1 元的复利现值，用符号 $(p/s,i,n)$ 表示。例如 $(p/s,10\%,5)$ 表示利率为 10% 时，5 期的复利现值系数。为了便于计算，同样可使用“复利现值系数表”。

【例 3-7】某人拟在 5 年后获得本利和 1 000 元，假设投资报酬率为 10%，他现在应该投入多少元？

$$p=s\times(p/s,10\%,5)=1\ 000\times0.621=621(\text{元})$$

3. 名义利率与实际利率

复利的计息期不一定总是一年，有可能是季度、月或日。当利息在一年内要计算复利几次时，给出的年利率叫做名义利率。在计算时间价值时要作相应的换算。

【例 3-8】本金 1 000 元，投资 5 年，年利率为 8%。

若每年计息一次：

$$s=p\times(s/p,8\%,5)=1\ 000\times1.469=1\ 469(\text{元})$$

若每季度计息一次：

每季度利率 $=8\%\div4=2\%$

复利次数 $=5\times4=20$

$$s=p\times(s/p,2\%,20)=1\ 000\times1.486=1\ 486(\text{元})$$

计算出来的终值比前例多 17 元(1 486－1 469)，因此我们可以知道，如果按每季度计息一次计算的话，年实际利率高于 8%。

实际年利率和名义利率之间的关系是：

$$1+i=(1+\frac{r}{M})^{M}$$

式中：r 表示名义利率，M 表示每年复利次数，i 表示实际利率。

将例 3-8 的数据代入：

$$i=(1+\frac{r}{M})^{M}-1=(1+\frac{8\%}{4})^{4}-1=1.082\ 4-1=8.24\%$$

$$s=1\ 000\times(1+8.24\%)^{5}=1\ 000\times1.486=1\ 486(\text{元})$$

从复利终值与现值的计算公式中，我们可以看出：这四个相互关联的因素，每当知道其中的三个，就会通过数学的方法求出第四个。但是细心的读者可能会发现，要是我们所知的复利终值系数不在复利终值系数表上时，又该怎么办呢？我们可以使用 Excel 中的 *FV* 函数和 *PV* 函数来计算复利的终值与现值。

第三节　零存整取的价值确定

零存整取，就是每月存入固定额度的款项，一般 5 元起存，存期分 1 年、3 年、5 年，存款金额由储户自定，每月存入一次，到期支取本息。其利息计算方法与整存整取定期储蓄存款计息方法一致。中途如有漏存，应在次月补齐，未补存者，到期支取时按实存金额和实际存期，以支取日人民银行公告的活期利率计算利息。

零存整取可以说是一种强制存款的方法，每月固定存入相同金额的钱，想不做“月光族”者可以通过这种方法养成“节流”的好习惯。

零存整取定期储蓄计息方法有几种，一般家庭采用“月积数计息”方法。其公式是：

利息＝月存金额×累计月积数×月利率

其中：

累计月积数＝(存入次数＋1)÷2×存入次数

据此推算 1 年期的累计月积数为(12＋1)÷2×12＝78 元。以此类推，3 年期、5 年期的累计月积数分别为 666 元和 1 830 元。储户只需记住这几个常数就可按公式计算出零存整取的储蓄利息。

【例 3-9】假设某储户 2006 年 3 月 1 日开立零存整取户，约定每月存入 100 元，定期 1 年，开户日该储种利率为月息 4.5‰，按月存入至期满，其应获利息为：

应获利息＝100×78×4.5‰＝35.1(元)

第四节 等值现金流的价值确定

等值现金流是指在一个特定时期内,每期等额的现金流入或流出,即在一定年限内发生的年等额现金流系列,又称为年金。它可分为两种基本类型:普通年金和即付年金。普通年金是指从第一期开始,支付额发生在每个期间的期末;而即付年金是指从第一期开始,支付额发生在每个期间的期初。由于即付年金的收付期比普通年金早,其现值应比普通年金的现值高。

现实生活中的分期付款赊购、分期偿还贷款、发放养老金、分期支付工程款、每年相同的销售收入等,都表现为年金的形式。年金按照收付次数和收付的时间划分,可分为:普通年金(或后付年金)、预付年金(或即付年金)、递延年金和永续年金。

一、普通年金

普通年金又称为后付年金,是指从第一期起每期期末都有等额的收付款项的年金。在现实生活中,这种年金的形式最常见,所以称为普通年金。普通年金的收付形式见图 3-3。横线代表时间的延续,用数字标出各期的顺序号;竖线的位置表示支付的时刻,竖线下端数字表示支付的金额。

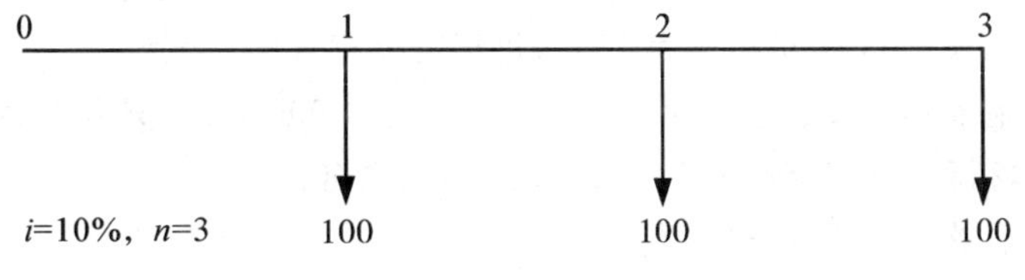

图 3-3 普通年金收付形式

1. 普通年金终值

普通年金终值是指最后一次支付时的本利和。由于它是一连串的定期等额的现金收支,因此,我们不难理解它是这一串等额现金收付的"个别终值之和"。当你想每年等额存入银行一笔钱,以便将来购买新车、购买新房或为子女支付学费时,你就会考虑这种存款的未来值会是多少,是否够用。

按图 3-3 的数据,其第三期末普通年金终值的计算如图 3-4 所示。

设每年的支付金额为 A,利率为 i,期数为 n,则按复利计算的年金终值 s 计算如下:

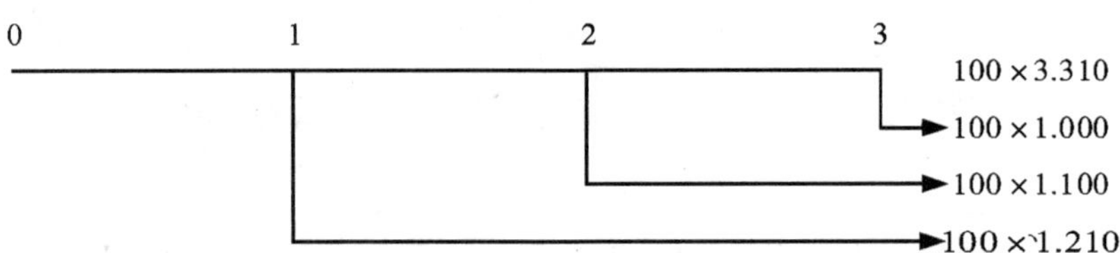

图 3-4 普通年金终值计算

$$s=A+A(1+i)+A(1+i)^2+\cdots+A(1+i)^{n-1}$$

等式两边同乘以(1+i)：

$$(1+i)s=A(1+i)+A(1+i)^2+A(1+i)^3+\cdots+A(1+i)^n$$

上述两式相减：

$$(1+i)s-s=A(1+i)^n-A$$

$$s=A\frac{(1+i)^n-1}{i}$$

式中的$\frac{(1+i)^n-1}{i}$是普通年金为1元、利率为i、经过n期的年金终值，记做$(s/A,i,n)$，可据通过查“年金终值系数表”获得。

2. 偿债基金

偿债基金是指为使年金终值达到既定金额每年应支付的年金数额。

【例3-10】某人拟在5年后还清10 000元债务，从现在起每年等额存入银行一笔款项。假设银行存款利率为10%，每年需要存入多少元？

由于有利息因素，不必每年存入2 000元(10 000÷5)，只要存入较少的金额，5年后本利和即可达到10 000元，用以清偿债务。

根据年金终值计算公式：

$$s=A\frac{(1+i)^{n-1}}{i}$$

可知：

$$A=s\frac{i}{(1+i)^{n-1}}$$

式中的$\frac{i}{(1+i)^{n-1}}$是年金终值系数的倒数，称为偿债基金系数，记做$(A/s,i,n)$。它可以把年金终值折算成每年需要支付的金额。偿债基金系数可以制成表格备查，也可以根据年金系数求倒数确定。

将例3-10有关数据代入上式：

$$A=10\ 000\times\frac{1}{(s/A,10\%,5)}=10\ 000\times\frac{1}{6.105}=10\ 000\times0.163\ 8=1\ 638(\text{元})$$

因此，在银行利率为10%时，每年存入1 638元，5年后可得10 000元，用来清偿债务。

3. 普通年金现值

普通年金现值，是指为了能在每期期末取得相等金额的款项，现在需要投入的金额。

【例3-11】某人欲在银行存一笔钱，使得其在今后3年每年都可以领取1 000元，银行利率为10%，他应该存入多少钱？

设年金现值为 p，则计算如图3-5所示。

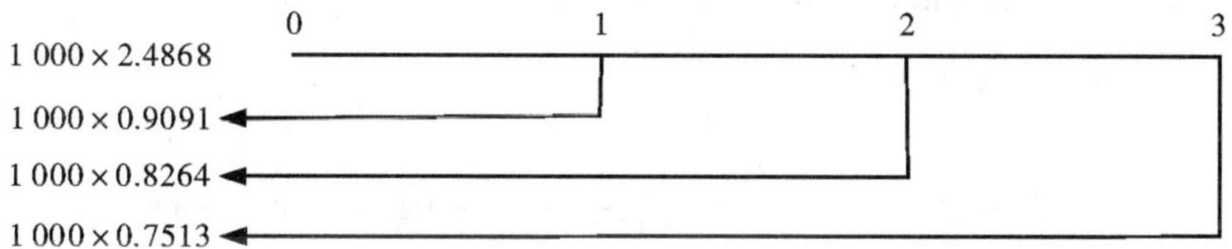

图3-5　普通年金现值计算

$$\begin{aligned}p&=1\ 000\times(1+10\%)^{-1}+1\ 000\times(1+10\%)^{-2}+1\ 000\times(1+10\%)^{-3}\\&=1\ 000\times0.909\ 1+1\ 000\times0.826\ 4+1\ 000\times0.751\ 3\\&=1\ 000\times2.486\ 8\\&=2\ 486.80(\text{元})\end{aligned}$$

设每年的支付金额为 A，利率为 i，期数为 n，则按复利计算的年金现值 p 计算如下：

$$p=A(1+i)^{-1}+A(1+i)^{-2}+\cdots+A(1+i)^{-n}$$

等式两边同乘以 $(1+i)$：

$$(1+i)p=A+A(1+i)^{-1}+A(1+i)^{-2}+\cdots+A(1+i)^{-n+1}$$

后式减去前式得到：

$$(1+i)p-p=A-A(1+i)^{-n}$$

$$p\times i=A[1-(1+i)^{-n}]$$

$$p=A\cdot\frac{1-(1+i)^{-n}}{i}$$

式中的$\frac{1-(1+i)^{-n}}{i}$是普通年金为1元、利率为i、经过n期的年金现值，记做$(p/A,i,n)$，可据此编制“年金现值系数表”，以供查阅。

根据【例3-11】数据计算：

$$p=A\times(p/A,i,n)=1\ 000\times(p/A,10\%,3)$$

查表：$(p/A,10\%,3)=2.487$

$$p=1\ 000\times2.487=2\ 487(\text{元})$$

4. 投资回收系数

【例3-12】某人以10%的利率（复利）借款10 000元，投资于某个寿命为10年的项目，每年至少要收回多少现金才是有利的？

根据普通年金现值的计算公式可知：

$$p=A\times(p/A,i,n)=A\cdot\frac{1-(1+i)^{-n}}{i}$$

$$A=p\cdot\frac{i}{1-(1+i)^{-n}}=10\ 000\times\frac{10\%}{1-(1+10\%)^{-10}}=10\ 000\times0.162\ 7=1\ 627(\text{元})$$

因此，每年至少要回收现金1 627元，才能还清贷款本利。

上述计算过程中的$\frac{i}{1-(1+i)^{-n}}$是普通年金现值系数的倒数，它可以把现值折算成年金，称为投资回收系数。

二、预付年金

预付年金是指在每期期初支付的年金，又称为即付年金或先付年金。预付年金的支付方式如图3-6所示。

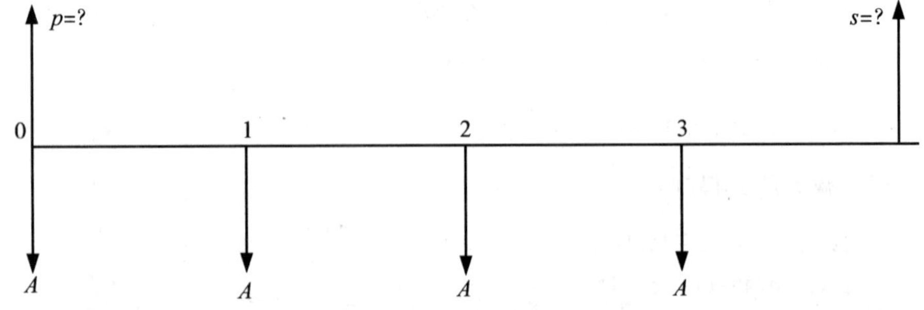

图3-6 预付年金的收付形式

1. 预付年金终值

预付年金终值的计算公式如下，

设每年的支付金额为 A，利率为 i，期数为 n，则按复利计算的年金终值 s 为：

$$s=A(1+i)+A(1+i)^2+\cdots+A(1+i)^n$$

等式两边同乘以 $(1+i)$：

$$(1+i)s=A(1+i)^2+A(1+i)^3+\cdots+A(1+i)^{n+1}$$

上述两式相减：

$$(1+i)s-s=A(1+i)^{n+1}-A(1+i)$$

$$s=A\frac{(1+i)^n-(1+i)}{i}$$

$$=A\left[\frac{(1+i)^{n+1}-1}{i}-1\right]$$

上式中的 $\frac{(1+i)^{n+1}-1}{i}-1$ 是 1 元的预付年金终值，或称为预付年金终值系数。它和普通年金终值系数 $\frac{(1+i)^{n-1}}{i}$ 相比，期数加 1，而系数减 1，可记做 $[(s/A,i,n+1)-1]$，并可利用“年金终值系数表”查得 $(n+1)$ 期的值，减去 1 后得出预付年金终值系数。

2. 预付年金现值

预付年金现值的计算公式如下：

设每年的支付金额为 A，利率为 i，期数为 n，则按复利计算的年金现值 p 为：

$$p=A+A(1+i)^{-1}+A(1+i)^{-2}+\cdots+A(1+i)^{-n+1}$$

等式两边同乘以 $(1+i)$：

$$(1+i)p=A(1+i)+A+A(1+i)^{-1}+A(1+i)^{-2}+\cdots+A(1+i)^{-n+2}$$

后式减去前式得到：

$$(1+i)p-p=A(1+i)-A(1+i)^{-n+1}$$

$$p\times i=A[(1+i)-(1+i)^{-n+1}]$$

$$p=A\cdot\frac{(1+i)-(1+i)^{-(n-1)}}{i}$$

$$=A\cdot\left[\frac{1-(1+i)^{-(n-1)}}{i}+1\right]$$

式中的是 1 元预付年金现值，或称为预付年金现值系数。它和普通年金现值相比，期数减 1，而系数加 1，可记做 $[(p/A,i,n-1)+1]$，并可利用“年金现值系数表”查得 $(n-1)$ 期的值，然后加上 1 后得出预付年金现值系数。

三、递延年金

递延年金是指第一次支付发生在第二期或第二期以后的年金。递延年金的收付形式如图 3-7 所示：

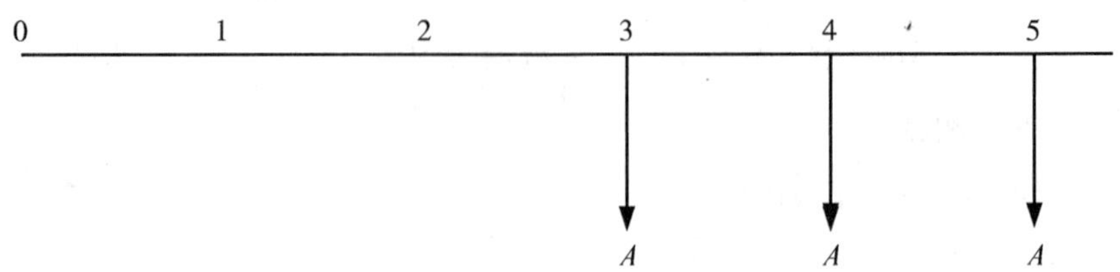

图 3-7　递延年金的收付形式

在递延年金的计算中，要增加一个新的参数 m，表示递延的期数，其他的参数与前面所述的相同。

1. 递延年金终值

递延年金终值的计算方法与普通年金终值的计算方法类似：

递延年金终值的计算中，只有发生支付的 n 期对终值有影响，前面所递延的 m 期对终值计算是没有影响的，因此递延年金终值等于与其同期数、同折现率、同年金的普通年金终值系数。

2. 递延年金现值

递延年金现值的计算方法有两种：

第一种方法，是把递延年金视为 n 期普通年金，求出递延期末的现值，然后再用复利现值的计算方法将前面所计算出的现值调整到期初。

第二种方法，是假设递延期中也进行支付，先求出 $m+n$ 期的年金现值，然后，扣除实际并未支付的递延期(m)的年金现值，即可求出最终的结果。

四、永续年金

无限期定期支付的年金，称为永续年金。现实中存本取息，可视为永续年金的一个例子。永续年金没有终止的时间，也就没有终值。永续年金的现值可以通过普通年金现值得计算公式导出：

$$p=A\cdot\frac{1-(1+i)^{-n}}{i}$$

当 $n\rightarrow\infty$时，$(1+i)^{-n}$的极限为零，故上式可写成：

$$p=A\cdot\frac{1}{i}$$

上述关于时间价值计算的方法，在财务管理中有广泛用途，在存货管理、养老金决策、租赁决策、长期投资决策等。细心的读者，是否已经感到年金的计算公式比较烦琐？我们当然还可以利用 Excel 中的 *FV* 函数和 *PV* 函数来很方便地进行年金的终值与现值计算。

第五节　投资国库券和购房按揭实例分析

一、投资国库券

国库券是指国家为了筹措财政资金，而向投资者出具的承诺在一定时期支付利息和到期还本的债务凭证。世界上许多国家的政府都发行过国库券和政府债券。购买国库券是一种投资行为，国库券的年利率比同期银行存款略高一些。我国政府为鼓励单位和个人投资国债，支持国家建设，对投资国债的利息收益给予税收上的优惠——免征所得税。

我国自 1981 年发行"中华人民共和国国库券"实物券开始，至取消实物券，代之以凭证式和记账式债券的 1998 年为止，前后经历 17 年，共发行了 80 多个品种，金额高达数千亿元人民币。国库券面值有 1 元、5 元、10 元、50 元、100 元、1 000 元、1 万元、10 万元、100 万元等。国库券当年虽然发行量很大，但一旦到期，绝大部分都兑付了，真正留存下来的十分稀少，因此它受到了众多收藏爱好者的青睐。据业内人士介绍，早期的国库券图案精美、用纸考究、存世稀少、时代特色鲜明，具有较高的欣赏价值和收藏价值。

国库券的年利率和利息计算公式如下：

利息＝本金(元)×年利率%×1 年(360 天)

【例 3-13】假如你在 1985 年认购了 100 元国库券，年利率 9%，期限 5 年，计算 1990 年 7 月 1 日到期利息。代入公式：

5 年利息＝100 元×9%×5(年)＝45 元

这样，偿还您的全部本金利息应该是 145 元。

1988 年 4 月 21 日起，全国率先有七个城市开办了国库券转让买卖业务，允许 1985 年、1986 年发行的国库券在证券市场上流通，但国库券买卖较低，对卖出者来讲，利息有所损失；对购入者来讲，却带来了较大的收益。如您有一笔资金，在一两年内不需购置贵重物品，投资国库券是较为合适的。如：工商银行信托投资公司静安证券业务部1989年12月15日的1986年国库券卖出价为118元，到期还剩556天(1989年12月15日到1991年7月1日)，到期还剩32元(150元－118元)，如果您在这一天购买了1986年国库券，那它的利率是多少呢？代入公式：

32元＝118元×年利率％×556/360(年)

年利率％＝32元/(118元×556/360)(年)＝17.56％

这样，您购买1986年国库券，它的年利率是17.56％。

二、购房按揭实例分析

按揭是指楼宇预售合同中的买方支付部分购楼款项后，将其依合同取得楼宇的期房产权让与银行作为取得银行贷款的担保。买方还清所有贷款的本息及相关的费用后，可将期房产权赎回，取得房屋产权。如果买方未能依约履行还本付息、及时支付有关费用的义务，银行有权处分按揭楼宇并优先取得偿还。

(一)购房按揭贷款与房产抵押贷款的区别

1.设立的方式不同

抵押权的设立，一般通过限制抵押人所有权，将房地产标的物的价值支配权转留给被抵押人，即在抵押标的物上以设立担保物权的方式设立。而按揭权人对设定按揭权之楼宇享有的是一种债权而非物权，无法像一般的抵押权那样通过限制所有权的方式设立，必须以转让房地产期权给按揭权人亦即银行作为条件，获得银行的贷款。

2.法律关系的主体不同

抵押关系中，若债务人即抵押人，则只有两个法律关系主体即抵押权人和抵押人。而按揭关系中，最少应有三个法律关系主体，即按揭权人(银行)、按揭人(买方)、第三人(原房地产开发商)。

3.先期条件不同

买方要向银行申请按揭贷款，必须先期向贷款银行存入一定数额的存款，一定时间后，才能向该银行申请按揭贷款，并且，抵押贷款用途可用以购房，也可以用作其他用途。而按揭贷款却只能用以购房。

4.标的物风险责任承担不同

按揭关系中抵押物风险由抵押权人或抵押人承担。而楼宇按揭中，标的楼宇的风险既不由按揭人承担，也不由按揭权人承担，而是由按揭双方以外的房地产开发商承担。如在工程验收、竣工前楼宇遭到毁坏,开发商应将所得交按揭权人处理,按揭人与按揭权人对按揭楼宇的灭失、毁损不承担责任。

(二)案例分析

分期付款是指在一定期限内等额偿还贷款的方式。如购房按揭贷款或分期付款买车等。如你打算按揭贷款30万元买住房,贷款年利率为5%,贷款协议要求在今后15年内每年年末等额偿还,那么,你每年年末要偿还多少元?其中偿还的本金和利息各是多少?

分析:借款额30万元是我们已知要偿还额度的现值,贷款的利率为已知的贴现率,期限为15年,每年末的等额偿还额就是我们要计算的年金。其数据关系如表3-1所示。

$300\ 000=A(A/P,5\%,15)$,查表可知:$(A/P,5\%,15)=10.380$

$A=300\ 000\div 10.380=28\ 901.73$

表 3-1

单位:元

年份	年金	利息	本金	年初本金余额
1	28 901.73	15 000	13 901.73	286 098.27
2	28 901.73	14 304.91	14 596.82	271 501.45
3	28 901.73	13 575.07	15 326.66	256 174.79
4	28 901.73	12 808.74	16 092.99	240 081.80
5	28 901.73	12 004.09	16 897.64	223 184.16
6	28 901.73	111 159.21	17 742.52	205 441.64
7	28 901.73	10 272.08	18 629.65	186 811.99
8	28 901.73	9 340.6	19 561.13	167 250.86
9	28 901.73	8 362.54	20 539.19	146 711.67
10	28 901.73	7 335.58	21 566.15	125 145.52
11	28 901.73	6 257.28	22 644.45	102 501.07
12	28 901.73	5 125.05	23 776.68	78 724.39
13	28 901.73	3 936.22	24 965.51	53 758.88
14	28 901.73	2 687.94	26 213.79	27 545.09
15	28 901.73	1 377.25	27 545.09	0

利息=年初贷款余额×利率(5%)。第一年利息$=300\ 000\times 5\%=15\ 000$元,本金=年金-利息,年末贷款余额=年初贷款余额-本金。

本章小结

本章介绍几种主要的价值概念:清算价值和持续经营价值,账面价值和市场价值,市场价值与内在价值。介绍了货币时间价值的基本概念及其运用,说明了如何运用现值与终值公式计算现金流量在其收付时点之外任一时点的价值;比较分析了四种年金形式之间的联系和区别,并运用年金公式解决现实生活中的实际问题;对投资国库券和购房按揭进行了实例分析。

复习思考题

1. 什么是清算价值、内在价值、账面价值及市场价值?它们之间的关系如何?
2. 什么是货币的时间价值?它有几种表现形式?
3. 如何计算复利的终值与现值?
4. 如何计算各种年金的终值与现值?
5. 零存整取的价值是如何确定的?
6. 应如何进行购房按揭贷款的投资分析?

本章习题

1. 预计一项投资的收益为前5年每年年末收益为10万元,后4年每年年末收益为15万元,最后一年为5万元,若贴现率为5%,该项投资现在的投资限额是多少?

2. 某企业2010年年初从银行借款200万元,期限10年,从1995年初开始每年等额还本付息,到2019年末期满时正好还本付息完毕,贴现率为10%,试计算每年还款金额。

3. 某人将现金1 000元存入银行,若年利率为8%,每季复利一次,存期5年,该笔存款5年后的本利和是多少?

4. 年利率10%,每年复利一次,5年后要得到1 000元,现在应存入银行多少钱?

5. 每年年末存入银行1 000元,连续5年,若年利率为10%,5年后的本利和是多少?

6. 某人计划在今后5年内,每年末从银行提取现金5 000元,利率为10%,现在应存入银行多少钱?

7. 某人在6年内分期付款购物,每年年初付款500元,银行利率为10%,该项分期付款购物相当于现在一次现金支付的购价是多少?

8.某人年初存入银行一笔现金,从第三年年末起,每年取出1 000元,至第六年年末全部取完,银行存款利率为10%,要求计算最初一次存入银行的款项是多少?

9.某企业为扩大经营规模需购置一台机床,该机床当前的市价为19 800元,可以使用5年。如果采用租赁的方式,每年年初需支付租金5 000元,假设当时的市场利率为12%,该企业应该购买还是租赁?

10.某人有1 200元,拟投入报酬率为8%的投资机会,经过多少年才能使现有货币增加1倍?

11.某人5年后要得到本利合计为50 000元,年利率为5%,现在应存本金多少元?

12.某人出国3年,请你代付房租,每年租金6 000元,假定银行存款利率为10%,他应该为你在银行存入多少钱?

13.6年分期付款购物,每年年初付200元,若银行利率为10%,该项分期付款相当于一次现金支付的价款是多少?

14.假设您购买一套价值50万元的住房,需要办理抵押贷款,您有两种选择:A:期限20年,利率7%;B:期限15年,利率5%。请分别计算两方案的各期还款额,分析还款额中本金和利息的具体数额,说明您更倾向于哪个方案。

第四章 风险与收益分析

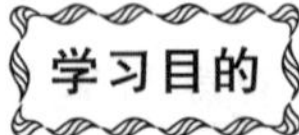

学习目的

通过本章的学习你可以：

1. 了解风险的定义与分类；
2. 理解系统风险与非系统风险的含义；
3. 掌握衡量风险的指标与方法；
4. 掌握系统风险的衡量与投资组合贝塔系数的计算方法；
5. 掌握资本资产定价模型及投资必要报酬率的确定方法；
6. 理解证券市场线与资本成本的关系。

小案例导引

香港最大的华资投资银行——百富勤投资集团(以下简称百富勤)是1988年由杜辉廉和梁伯韬创办的。百富勤取“百富唯勤”之意,英文名为 Peregrine,这是形容一种可以一边飞行一边猎食的鹰。凭着一股“飞鹰猎食”的锐气,这家成立之初只有3亿港元资本金的公司在数年中发展成为规模巨大的投资银行,1996年底市值达120亿港元,跻身于亚洲最大的商人银行集团的行列,1997年被评为全港二十杰出商业机构之一。但是,如此风头正劲的百富勤却在1998年1月12日突然宣布清盘倒闭,全世界金融界为之震惊。

百富勤在短短的时间内突然倒闭,固然与亚洲金融危机密切相关,但关键原因在于对投资风险防范上的松懈。百富勤作为一家跨国(地区)经营的投资公司,将占净资产70%的资金投在印尼一国,更有甚者,在6亿美元投资中,有2.65亿美元投资在印尼的计程车公司的短期债券上,而百富勤之所以敢于这样投资,是因为据说该计程车公司是印尼前总统苏哈托家族控制的公司。如此集中的投资,其风险系数之大可想而知。由于金融危机在印尼的扩大,该计程车公司根本无力偿还本息，最终拖倒百富勤。

百富勤的倒闭说明，投资具有很大的风险性，必须加强投资的风险管理，这种风险管理是全天候、全方位的，必须常抓不懈。即使在公司经营状况非常好的情况下，也要注意严格的风险管理，如果等到危机出现再去重视风险问题，很可能就来不及了。

对于任何公司而言，任何的决策都有不确定性。唯一能够肯定的就是不确定性经常存在。企业的财务活动经常是在有风险的情况下进行的，这是因为企业在大多数情况下只能依靠对有限信息和资料的分析而进行决策，这不可避免地使其决策带有一定的风险，因此，企业必须进行风险与收益的分析，对风险主动实施控制与防范，才能更好地实现理财目标。

风险是决定收益的必不可少的因素。一般而言，任何投资活动都是具有某种风险的资本投入，而投资收益中又都相应包含了风险报酬。风险程度高的投资可相应地取得较高的收益，但这并不意味着所有冒高风险的投资都能得到相应的高报酬，投资者只在可接受的风险程度内进行投资活动。

第一节　预期收益率与方差

一、风险的概念与类别

（一）风险的概念与特点

1. 风险的概念

一般来说，可将风险概括为：在特定的条件和期间内，未来事件的预期结果和实际结果发生偏离的可能性。财务管理中的风险通常是指企业经营活动的不确定性带来的财务结果的不确定性。风险包括风险收益和风险损失。

2. 风险的特点

风险具有以下特点：

（1）两面性。风险可能给企业带来意外损失，也可能带来意外收益。在实际生活中，人们出于防范不利性的考虑，往往习惯于将风险锁定为不利事件的可能性。从风险衡量的角度看，风险就是指企业实际收益与预期收益发生的偏离，而无论这种偏离的方向如何。

（2）客观性。即不管当事人愿不愿意接受，风险都存在。风险的存在是不以人的主观意志为转移的。

(3)时间性。即风险的大小随时间的变化而变化。随着时间的延续,事件的不确定性在缩小,事件完成,其结果就完全肯定了,风险也就消失了。

(4)相对性。一般认为,当事人承受风险的能力会有所不同,对某人来说风险较大,而对另一个人来说可能风险较小。

(二)风险的类别

从公司本身看,风险分为经营风险(商业风险)和财务风险(筹资风险)两类。

1.经营风险

经营风险是指由于企业生产经营方面的不确定性而使企业收益产生变化的可能性。它是任何商业活动都有的,也叫商业风险。主要包括以下几个方面:

一是生产方面的风险。它主要来源于生产过程中生产成本与生产技术等方面诸因素的不确定性。在生产过程中,企业所拥有的原材料、机器设备以及人力资本等经济资源的配置和使用,会随着生产经营的不断变化而进行调整,使企业预期收益具有不确定性。特别是新产品开发过程中,当企业将一个尚未经市场进一步检验的新产品作为主要产品而大量投资生产时,企业的生产经营就具有了高风险性。

二是销售方面的风险。指由于市场上消费者偏好与消费结构的变化、同行业竞争对手策略的改变以及市场总体需求变动等因素给企业销售带来的风险。例如,企业生产的产品进入市场后,能否畅销以及获得预期收益的情况;企业预计应当畅销的产品进入市场后,是否真正畅销;企业销售决策是否正确;企业的广告促销是否能取得良好效果等。

此外,还存在一些风险因素,例如战争、内乱、暴动、罢工等所引起的社会环境的变化;劳动力市场供求关系的变化;通货膨胀的发生;产业竞争的加剧;国家产业政策、税收政策、货币金融政策的调整以及其他宏观经济政策的变化等。这些因素的不确定性都会直接或间接地影响企业的生产经营活动,引起企业经营收益的变化,从而给企业带来经营上的风险。

(2)财务风险

财务风险是指因借款而增加的风险,它是筹资决策带来的风险,也叫筹资风险。财务风险与企业资金的筹措、运用、管理以及安全密切相关。它是指企业在各项财务活动中由于各种难以预料或控制因素的影响,导致财务状况具有不确定性,从而使企业有蒙受损失的可能性。它是从价值方面反映企业在理财活动以及处理财务关系中所遇到的风险。具体表现为筹资风险、投资风险、现金流量风险、利率风险及汇率风险等。

二、概率分布和预期收益率

在任何一年中，投资都会产生三种情况：好、中、差。我们如何估量投资的预期收益率所对应的现金流量呢？通常，我们是用对可能的现金流量按其发生的概率进行加权平均的办法来获得未来现金流量。

1. 概率

在经济活动中，某一事件在相同的条件下可能发生也可能不发生，这类事件称为随机事件。概率就是用来表示随机事件发生可能性大小的数值。通常，把必然发生的事件的概率定为1，把不可能发生的事件的概率定为0，而一般随机事件的概率是介于0与1之间的一个数。概率越大，就表示该事件发生的可能性越大。

在投资活动中，我们一般用概率来表示每一种经济情况出现的可能性，同时也就是各种不同预期报酬率出现的可能性。在这里，报酬率作为一种随机变量，受到多种因素的影响和制约。但为了简化计算，我们一般假设其他的因素都相同，只有经济情况一个因素影响报酬率。

2. 概率分布

如果随机变量（如报酬率）只取有限个值，并且对应于这些值有确定的概率，则称随机变量是离散型分布。为了简化计算，我们通常假设经济情况的个数是有限个的，并为每一种经济情况赋予一定的概率，这种概率分布就是属于离散型分布。如果对实际上可能会出现的无数种情况的每一种都赋予一个概率，并分别测定其报酬率，则可以用连续型分布描述。统计上，我们常用正态分布这种连续型分布，虽然实际上并非所有的问题都按正态分布，但是，根据统计学的理论，无论总体分布是正态还是非正态，当样本很大时，其样本平均数都呈正态分布。一般说来，如果被研究的量受彼此独立的大量偶然因素的影响，并且每个因素在总的影响中只占很小的部分，那么，这个总影响所引起的数量上的变化，就近似服从于正态分布。

3. 预期收益率

预期收益率是将随机变量的各个取值，以相应的概率为权数加权平均后的数值，叫做随机变量的预期值（数学期望或均值），它反映随机变量取值的平均化。

预期收益率是一种"期望值"，它表示投资人在进行投资之前，通过对投资环境的分析判断，所能预期的报酬率在较长时期的平均状况。它是以各种经济情况出现的概率（即各种收益率出现的概率）为权数计算收益率的加权平均数。

$$\text{预期收益 } \overline{R} = \sum_{i=1}^{N} R_i P_i$$

式中：

P_i——第 i 种经济情况出现的概率；

R_i——第 i 种结果出现后的预期报酬率；

N——所有可能的经济情况的数目。

由于风险无处不在，所以进行财务决策时必须要考虑风险因素。风险额的具体内容及人们选择风险时的偏好的差别，对于不同的人来说是不一样的。风险是预期收益不能实现的可能性。

【例 4-1】为了更好地理解风险的含义，我们来看如下两种情况：

(1)购买 3 年期国债，年利率为 3.8%，我们基本上可以肯定在 3 年后的到期日，可以获得约定的本息和，即没有损失的风险。

(2)购买某上市公司的股票，估计未来该项投资的年投资收益如 4-1 所示。

表 4-1

概率(%)	投资收益率(%)
10	−10
20	15
30	5
30	20
10	30

$$\text{该项投资的预期收益率} = 10\% \times (-10\%) + 20\% \times 15\% + 30\% \times 5\% + 30\% \times 20\% + 10\% \times 30\% = 12.5\%$$

通过对比，可以发现，国债的预期收益率为 3.8%，是非常确定的；而股票的预期收益率为 12.5%，是不太确定的。也就是说，股票收益不能实现的可能性大，因而它的风险大。

在实际生活中存在着很多投资机会，它们的预期收益相同，但是其收益率的概率分布差别很大，也就是说它们能否达到预期收益的可能性相差很大，这就是我们所说的投资的风险。为了定量地衡量风险大小，还需使用统计学中衡量概率分布离散程度的指标。

三、方差、标准差与标准离差率

在进行风险的衡量时，我们常常会用到统计中表示随机变量离散程度的指标，最常用的是方差和标准差。

1. 方差

方差是用来表示随机变量与期望值之间离散程度的一个重要指标。计算方差时要先计算预期收益率 $\overline{R}$——在各种不确定因素的影响下投资者的合理预期。

$$\text{方差 } \sigma^2 = \sum_{i=1}^{N} (R_i - \overline{R})^2 P_i$$

方差可以作为不同投资项目的风险的比较:方差越大,风险越大。

2.标准差与标准离差率

标准差也叫均方差,是方差的平方根。它反映概率分布中各种可能结果对期望值的偏离程度,即离散程度的一个数值。

$$标准差\ \sigma=\sqrt{\sum_{i=1}^{N}(R_i-\overline{R})^2P_i}$$

标准离差率又叫变异系数,是标准差与期望值之比,用 V 来表示:

$$V=\sigma\div\overline{R}$$

虽然标准离差率可以评价投资项目的风险程度,但并不直接表示其风险报酬率。通常需要借助风险报酬系数 b(可以根据同类项目的历史数据加以确定,也可以由有关专家确定)将这种风险程度转换为风险报酬率。

风险报酬利率=风险报酬系数×标准离差率

$$R_R=b\cdot V$$

标准差和标准离差率都是反映风险程度的正指标。标准差作为绝对数,只适用于期望值相同的决策方案的风险程度的比较,对于期望值不同的决策方案,评价和比较其各自的风险程度只能用标准离差率来比较。在期望值不同的情况下,标准离差率越大,风险越大,反之亦然。

3.置信概率和置信区间

根据统计学的原理,在概率分布为正态分布的情况下,随机变量出现在预期值±1 个标准差范围内的概率有 68.26%,出现在预期值±2 个标准差范围内的概率有 95.44%,出现在预期值±3 个标准差范围内的概率有 99.72%。我们把“预期值±X 个标准差”称为置信区间,把相应的概率称为置信概率。

【例 4-2】假定某企业正试制 A 和 B 两种新产品,并作为两个项目进行开发。根据对市场的预测,每种产品都可能出现“好”、“中”、“差”三种情况.三种可能出现的总资产报酬率和概率见表 4-2。

表 4-2 预计新产品总资产报酬率及概率分布表

市场预测可能出现的经营情况	发生的概率(%)	预计总资产报酬率(%)	
		A 产品	B 产品
好	0.3	30	40
中	0.5	15	15
差	0.2	0	−15

(1)分别计算两种产品总资产报酬率的期望值

$$\overline{X}_A=0.3\times30\%+0.5\times15\%+0.2\times0=16.5\%$$

$$\overline{X}_B=0.3\times40\%+0.5\times15\%+0.2\times(-15\%)=16.5\%$$

(2)计算总资产报酬率的方差

$$\sigma_A^2=(30\%-16.5\%)^2\times0.3+(15\%-16.5\%)^2\times0.5+(0-16.5\%)^2\times0.2=0.011\ 025$$

$$\sigma_B^2=(40\%-16.5\%)^2\times0.3+(15\%-16.5\%)^2\times0.5+(-15\%-16.5\%)^2\times0.2=0.036\ 525$$

(3)计算总资产报酬率的标准差

$\sigma_A=10.5\%$;$\sigma_B=19.11\%$

上述两个新产品的总资产报酬率的期望值都是16.5%,但三种经营情况的总资产报酬率与期望值的离散程度却不同,即经营风险不同;A产品的标准差比B产品的小,这就说明了开发A产品在获得与开发B产品相同收益率的情况下,经营风险较低。因此,如果在这两种产品中只选择一种进行开发,则应当选择A产品。

(4)计算变异系数

$$V_A=10.5\%\div16.5\%=0.636$$

$$V_B=19.11\%\div16.5\%=1.158$$

变异系数是标准差与期望值的比值,变异系数的计算,为不同方案风险的比较提供了便利。因为,在两个或两个以上方案进行比较时,如果期望值相同(如A产品与B产品),既可直接利用标准差来比较风险大小,也可利用变异系数来比较风险大小。若不同方案的期望值不同,就只能用变异系数来比较风险程度。

(5)计算风险报酬率

假设A、B两产品的风险报酬系数分别为0.3和0.2,无风险报酬率为6%,则两种产品的风险报酬率分别为:

A产品:$R_A=b\cdot V=0.3\times0.636=19.08\%$

B产品:$R_B=b\cdot V=0.2\times1.158=23.16\%$

稳健的经营者不会选择B产品项目,而敢于冒风险的经营者可能选择B产品项目。

四、风险与收益的关系

风险和收益的基本关系是风险越大,要求的收益率越高,这是市场竞争的结果。由于各投资项目的风险大小是不同的，在收益相同的情况下，人们都会选择风险较小的项目，竞争的结果会使其风险增加，同时收益率下降。最终，高风险的项目要求有高收益才会有人投资，低收益的项目也只有对应低风险才会有人投资。也就是说，对于任何一个投资项目，客观上要求期望的收益率与其风险相匹配。

对于理性的投资人而言，若某项投资本身隐含着较多的风险，则须能提供更多的预期收益作为投资人承担高风险的“补偿”，否则，不会有人愿意投资。而这个补偿就是承担风险的回报，我们称之为“风险溢酬”。

风险与风险报酬是密不可分的，要取得风险报酬就会伴随着风险；但这绝不意味着冒高风险的报酬率必然会高。因为冒风险只是具有获得风险报酬的可能性，而不冒风险就不会具有获得风险报酬的可能性。

在风险与收益的权衡时，一般原则是：风险相同时，选择收益较大的；当收益相同时，选择风险较小的。最难选择的是预期收益和风险都较高或都较低的项目，这样，最终的选择就取决于投资者对风险的偏好，没有唯一正确的答案。

第二节　投资组合

投资组合是指投资于一种以上证券或资产构成的组合。由于投资组合涉及的资产主要是金融资产，投资组合通常泛指证券的投资组合。

投资人可以选择的投资对象并非只有一种资产。如果某人不仅有银行储蓄存款，还持有股票，同时还购买了保险，这样的资产组合，就可以称作一种投资组合。作为投资人，所要追求的投资目标是冒较低的风险获得较高的收益。为什么大多数的投资人要将自己的资金分散投资于不同的资产上，而不是选择“最高收益”的一项资产来投资呢？原因很简单：我们无法确切地预知进行哪项投资一定会获得“最高收益”，同时承担“最低风险”。为了实现投资目标，投资者只能选择一个期望收益相对较高，而风险（标准差）相对较低的投资组合。

假设一个投资者已经估计出每个证券的期望收益、标准差和这些证券两两之间的相关系数，那么他应该如何选择证券构成最佳的投资组合呢？

有两个关系需要弄清：

1. 每个证券的期望收益与由这些证券构成的投资组合的期望收益之间的相互关系。

2. 每个证券的标准差、这些证券之间的相关系数与由这些证券构成的投资组合的标准差之间的相互关系。

一、投资组合的预期收益率

计算投资组合期望收益就是计算构成组合的各个证券的期望收益的加权平均数。其计算公式如下：

$$R_p = \sum_{i=1}^{N} W_i R_i$$

式中：R_p 表示投资组合的期望收益率，W_i 表示第 i 种证券占投资组合的比重，R_i 表示第 i 种证券的期望收益率，n 表示组合投资中证券的种类数。

【例 4-3】某人用 100 万元的资金分别购买 AB 两种股票，股票 A 的预期收益率为 30%，股票 B 的预期收益率为 25%。投资额的比率为：A 股票占 40%，B 股票占 60%。则该投资组合的预期收益率为：

$$30\% \times 40\% + 25\% \times 60\% = 27\%$$

二、投资组合的方差[①]

由 A 和 B 两种证券构成的投资组合的方差由下式计算：

$$\sigma_p^2 = X_A^2\sigma_A^2 + 2X_A X_B \sigma_{AB} + X_B^2\sigma_B^2$$

注意到投资组合方差的计算公式由三项构成：第一，证券 A 的方差 σ_A^2；第二，证券 A 和证券 B 的协方差 σ_{AB}；第三，证券 B 的方差 σ_B^2。其中，$\sigma_{AB} = \text{cov}(X_A, X_B)$，计算方法参照 p. 81。

上述公式表明：投资组合的方差取决于组合中各种证券的方差和每两种证券之间的协方差。每种证券的方差度量每种证券收益的变动程度，协方差度量两种证券收益之间的相互关系。在证券方差给定的情况下，如果两种证券收益之间相互关系或协方差为正，组合的方差就上升；如果两种证券收益之间的相互关系或协方差为负，组合的方差就下降。

如果在你所持有的两种证券中，当一种证券的收益上升时，另一种证券的收益下降，反之亦然，则这两种证券的收益之间相互抵消。那么，你就实现了理财学所提出的"对冲交易"或"套头交易"，结果你的投资组合的整体风险就低。但是，如果你所持有的两种证券的收益同时上升或同时下降，你就无法实现"套头交易"，结果你的投资组合的整体风险就高。

---

① 本部分内容参考傅元略主编：《财务管理》，厦门大学出版社 2003 年版，第 135～136 页。

对于A公司和B公司来说，如果你拥有100美元，其中60美元投资于A公司，$X_A=0.6$；40美元投资于B公司，$X_B=0.4$，则这一投资组合的方差是：

$$\begin{aligned}\sigma_p^2 &= X_A^2\sigma_A^2+2X_AX_B\sigma_{AB}+X_B^2\sigma_B^2\\ &=0.36\times0.066\,875+2\times[0.6\times0.4\times(-0.004\,875)]+0.16\times0.013\,225\\ &=0.023\,851\end{aligned}$$

此外，投资组合方差的计算公式可以表示为矩阵形式，如表4-3所示。

表4-3　投资组合方差的矩阵形式

	A公司	B公司
A公司	$X_A^2\sigma_A^2$ $0.36\times0.066\,875=0.024\,075$	$X_AX_B\sigma_{AB}$ $0.6\times0.4\times(-0.004\,875)=-0.001\,17$
B公司	$X_AX_B\sigma_{AB}$ $0.6\times0.4\times(-0.004\,875)=-0.001\,17$	$X_B^2\sigma_B^2$ $0.16\times0.013\,225=0.002\,116$

在表4-3中有四个格子的数字，我们可以通过上述四个格子中的数字相加计算投资组合的方差。左上方和右下方两格中的数字分别表示A公司和B公司的方差；左下方和右上方两格中的数字相等，分别表示A公司和B公司的协方差，这两个格子的数字相加正好是2个协方差。所以，四个格子中的数字相加就是投资组合的协方差，计算结果与上面的公式计算结果完全相同。

三、投资组合的标准差

很显然，投资组合的标准差就是组合方差开平方。依上例：

$$\sigma_p=\sqrt{\sigma_p^2}=\sqrt{0.023\,851}=0.154\,4=15.44\%$$

投资组合标准差的含义与单个证券标准差的含义相同。

第三节　系统风险与非系统风险

风险按其分散程度，可分为系统风险和非系统风险。

一、系统风险

1. 系统风险的概念

系统风险亦称不可分散风险或市场风险，是指由于证券市场的原因，给所有证券投资活动都带来的利益不确定性。这类风险不可能通过投资的多样化来规避或消除。例如，证券投资者进行股票投资，并建立了适当的股票投资组合，但是，当国家某项涉及证券投资的法律和政策发生变化时，就会影响整个证券市场价格。此时，股票市场上所有的股票都出现不同程度的价格变动，从而给所有证券投资者都带来利益波动的影响。

可见，系统风险是由于政治、经济及社会环境等企业外部某些因素的不确定性而产生的风险，它存在于所有企业中，并且是个别企业所无法控制的，也无法通过多样化投资予以分散的。

2. 系统风险的特点

系统风险是由共同的因素导致的，如通货膨胀、利率和汇率的波动、国家宏观经济政策变化、战争冲突、政权更迭、所有制改造等等，而且这些因素都是个别企业无法控制的，会给企业带来较大的影响。国际上一些知名的大公司，如美国的 IBM、苹果电脑等，都因此而蒙受过重大损失。

3. 系统风险的衡量

证券投资组合可以分散非系统风险，但无法分散证券市场系统风险。系统风险对市场上所有企业都会产生影响，但不同的企业对系统风险的敏感程度不同，其不同的投资方向所受的影响程度也不一样。有些投资项目易受整个经济环境的影响，比如一些耐用消费品生产厂家的股票价格就较易受到经济变动的影响。当整个经济出现不景气时，消费者首先减掉的是昂贵的耐用消费品购买计划，进而影响到厂家的生产和利润，使这些企业的股价也随之变动；而日常基本消费品生产企业，无论经济是否景气，它们的收益均显得较为稳定，股价变动要小一些。

可用 β 系数来测算不同企业对系统风险的敏感程度。通常将证券市场整体风险的 β 系数定义为 1，如果某种证券的风险情况与整个证券市场的风险一致，则该证券的 β 系数就等于 1；如果某种证券的 β 系数大于 1，说明其风险程度大于整个证券市场的风险水平；如果某种证券 β 系数小于 1，说明其风险程度小于整个证券市场的风险水平。

如果证券投资者建立起完整的证券市场投资组合，就会承担 β 系数为 1 的证券市场平均系统风险；如果证券投资者所建立的投资组合被证券服务机构确定为 1 以上的 β 系数，则说明这是一组高于市场平均风险的组合；相反，如果证券投资者所建立的投资组合被证券服务机构确定为 1 以下的 β 系数，则说明是一组低于市场平均风险的组合。

选择怎样的证券组合，是投资者的个人偏好。

当证券市场平均收益率发生变化的时候，β系数大于1的证券组合收益率，就会发生超过证券市场平均收益率的变化；而β系数小于1的证券组合收益率，则发生小于证券市场平均收益率的变化。由此可见，β系数的大小反映了系统风险报酬补偿的大小。无论是单个证券还是证券组合，都会按照其β系数的大小来分配系统风险的报酬补偿。

二、非系统风险

1.非系统风险的概念

非系统风险亦称可分散风险，是指通过适当的证券投资组合方式可以规避的个别证券的特有风险；是指由于经营失误、消费者偏好改变、劳资纠纷、工人罢工、新产品试制失败等因素影响产生的个别企业的风险。例如，证券投资者可以通过持有股票的多样化来避免持有一种股票的特有风险，形成证券投资组合的加权平均收益率。如果在证券投资组合中持有彼此负相关的股票，还可以在取得投资组合的加权平均收益率的同时，降低风险。因为当持有彼此负相关的多种股票时，就会出现某些股票的价格下跌、股息减少，而另一些股票的价格和股息可能上升的情况，这样此落彼涨就可能使风险相互抵消。

2.非系统风险的特点

非系统风险只发生在个别企业中，由单个的特殊因素所引起，其他企业由于没有受到该特殊因素的影响而没有发生此风险。也就是说，发生于某一企业的不利因素可以被其他企业的有利因素所抵消。特别是，在进行证券投资组合时，如果投资者将全部资金按照资本市场上各种风险性资产占所有资产的市场价值的比重分散到全部证券中，这样的证券组合可以完全消除非系统风险，其风险与收益与市场保持一致，即只具有市场风险。

3.非系统风险的衡量

证券投资组合的整体风险用方差来表示，它除了包括各种证券预期收益率方差的加权平均数外，还应当包括各种证券预期收益率之间协方差的平均数。计算公式如下：

$$\sigma_p^2 = \sum_{i=1}^{n} W_i^2 \sigma_i^2 + \sum_{i=1}^{n} \sum_{j=1}^{n} W_i W_j \sigma_{ij}$$

$\sum_{i=1}^{n} W_i^2 \sigma_i^2$ 表示各种证券方差的加权平均数；

$\sum_{i=1}^{n} \sum_{j=1}^{n} W_i W_j \sigma_{ij}$ 表示各种证券之间协方差的加权平均数的倍数。

式中：σ_p^2 表示投资组合总体期望收益率的方差，W_iW_j 表示 i 投资项目和 j 投资项目占投资组合总体的比重，σ_i^2 表示第 j 种资产的方差，σ_{ij} 表示资产 i 和 j 之间的协方差。

$$当\ n \to \infty\ 时，\sigma_p^2 = \sum_{i=1}^{n} W_i^2 \sigma_i^2 + \sum_{i=1}^{n} \sum_{j=1}^{n} W_i W_j \sigma_{ij}$$

由于投资组合总体期望收益率方差 σ^2 的大小，随着投资项目数量的增加，越来越依赖于投资组合中的协方差，而不决定于投资组合中的各个投资项目的方差，当投资组合中包含的投资项目之数量非常大时，单个投资项目的方差对投资组合总体方差的影响几乎可以忽略不计，所以，投资者建立证券投资组合是规避非系统风险的有效手段。

证券投资组合中证券的种数与系统风险和非系统风险的关系如图 4-1 所示。

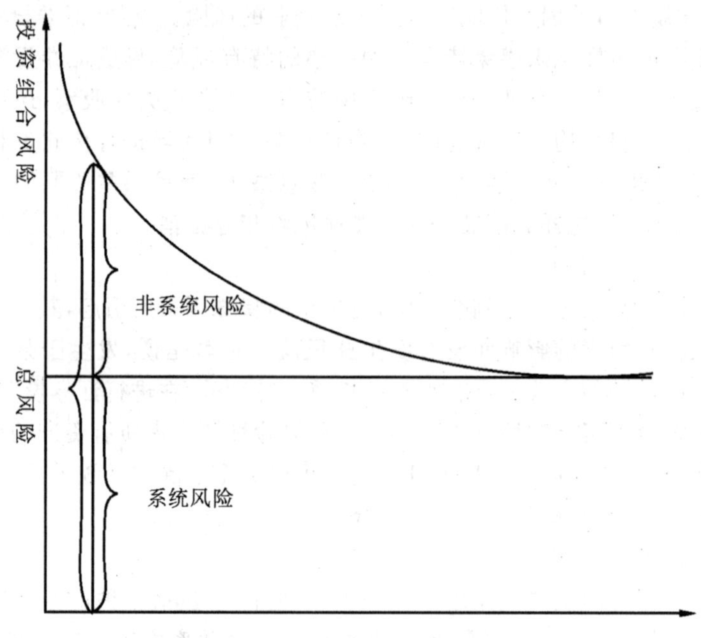

图 4-1 投资组合中的数量

在投资组合中，协方差是表达两种证券之间在收益方面的相关性指标。它等于两种股票可能的收益与期望收益之间离差的乘积之和除以预测点个数。如果协方差为零，说明两者不相关；如果协方差大于零，说明两者正相关；如果协方差小于零，说明两者负相关。

协方差的表达式为：

$$\sigma_{AB} = cov(K_A, K_B)$$

$$= \sum_{i=1}^{n}(K_{Ai}-\overline{K}_A)\cdot(K_{Bi}-\overline{K}_B)p_i$$

相关系数等于两个公司股票收益的协方差除以两个公司股票收益的标准差的乘积。

$$\rho_{AB}=\mathrm{corr}(K_A,K_B)=\frac{\mathrm{cov}(K_A,K_B)}{\sigma_A\cdot\sigma_B}$$

其中，ρ_{AB}是A证券与B证券之间的相关系数，ρ_{AB}是A证券与B证券的协方差，K_{Ai}是A股票第i期收益率，K_{Bi}是B股票第i期收益率，K_A是A股票预期收益率，K_B是B股票预期收益率。

相关系数ρ_{AB}的变化范围在-1和$+1$之间。若$\rho_{AB}=-1$，说明两证券是完全负相关的；若$\rho_{AB}=+1$，说明两证券是完全正相关的；若$\rho_{AB}=0$，说明两证券之间没有相关性。从有效规避证券投资的非系统风险的角度看，证券投资组合应当尽可能选择负相关的证券组合；即使选择了正相关的组合，只要不是完全正相关的组合，亦可以达到一定的分散非系统风险之目的。

三、进行风险管理的策略

进行风险管理的策略主要有以下几种：

（一）财务风险规避策略

财务风险规避是事先预测风险发生的可能性，分析和判断风险产生的条件和影响程度，对那些风险程度超过企业风险承受能力，而且是很难掌握的财务活动予以规避。

风险规避策略具体有两种情况：一种是在风险决策时，尽可能选择风险较小或基本上没有风险的方案，这实际上降低了风险发生的可能性及风险损失的程度；二是在风险方案的实施过程中，如果发现不利情况，应该及时调整方案或中止方案的实施。

风险规避策略不是指企业盲目地、一味地避开风险，而是在恰当的时候，以恰当的方式予以回避，即一种策略性的回避。作为一种强有力的风险处理手段，它可以完全消除某种风险，但是选择放弃某项具有高风险的财务活动，同时也会部分或全部地丧失伴随风险而来的盈利机会。

（二）财务风险预防策略

企业在风险无法回避或是在从事某项财务活动必然会面临某些风险时，首先考虑到的是采取事前的预防措施，即财务风险预防策略。它是指企业事先从制度、决策、组织和控制等方面来提高自身抵御风险的能力，并采取相应的措施，防止风险损失的发生。

例如，预先在企业内部制定信用政策，设立赊销审批制度和销售责任制度等，对赊销活动进行特定限制，以预防应收账款的回收风险。在筹资决策过程中，企业首先应根据生产经营情况合理预测资金需要量，然后综合考虑资本成本及各种筹资方式的风险等因素，选择正确的筹资方式，确定合理的资本结构，并在此基础上作出正确的筹资决策，以降低筹资成本，减少财务风险。

(三)财务风险分散策略

分散风险，主要指经济单位采取多角经营、多方投资、多方筹资、外汇资产多元化、吸引多方供应商、争取多方客户以分散风险的方式。

“不要把所有的鸡蛋都放在一个篮子里”，这是一条基本的投资原则，它形象地说明了进行多角化投资与经营对分散财务风险的作用。从概率统计学原理来分析，不同的产品或投资项目的利润率是独立的或不完全相关的。如果企业投资于风险不同且利润率不相关的多种产品或多个项目，如实行产品多样化、系列化；既生产制冷设备，也生产暖气设备，这样可使畅销产品和滞销产品、旺季产品和淡季产品、高风险项目和低风险项目在时间、数量和收益上相互补充或抵消，一方的损失可以被另一方的收益所弥补。因此，进行多角化投资与经营，是降低财务风险的重要方法之一，它通常适用于财力雄厚、技术和管理水平较高的大型企业。

多角化投资与经营作为分散财务风险的一种重要手段，可以减少企业的风险损失。但是它也不是万能的，如果不切实际地盲目搞多角化投资与经营，涉及过多产品或项目主业不突出，不仅不能分散风险，反而会使企业遭受灭顶之灾。如巨人集团，在中国最早推出了电脑汉卡，企业形势一片大好，然而企业没有利用这一优势继续进行更高层次的软件开发，却把大量的人力、物力、财力转向与主业毫不相干的房地产、保健用品等方面，使企业资金分散，最终酿成今日的悲剧。

此外，企业不同的筹资渠道和方式，有着不同的风险，企业进行多方筹资，可以分散筹资风险，例如外汇资产多元化可以分散外汇风险。总之，企业可根据实际情况，进行多方面的风险分散。

(四)财务风险转移策略

财务风险转移是指企业通过某种手段把财务风险转嫁给其他单位承担的方法。当然，这种风险的转嫁是指通过正当、合法的手段，而非无限制地、任意地、带有欺诈性的转嫁。合理、合法的转嫁风险，才是企业管理者所要研究和要采用的方法。主要有以下几种方式：

一是保险法。即企业事先向保险公司定期交纳一定的保险费，当发生风险损失时,被保险企业可以从保险公司取得一定的经济补偿,从而风险由保险公司承担,大大提高了企业的财务稳定性。可见,保险的实质是将一部分风险转移给了保险公司。

二是合同法。即在企业的财务活动中,通过签订有关合同,明确合同双方在一定期限内的权利和义务,以便将一定的财务风险转移出去。如在企业的赊销活动中,通过签订赊销合同,明确规定因产品质量问题引发的责任和赔偿,以及结算方式和期限等问题。

三是转包法。即企业将一些财务风险较大的财务活动交给一些专业的机构或部门去完成,尤其是一些具有专业知识和丰富经验技能,拥有专门人员和设备的专业公司。如企业在筹资活动中,股票的发行可以采用承销方式,即发行公司将股票销售业务委托给证券经营机构代理。股票承销又可分为包销和代销两种方法,尤其是包销,证券经营机构一次性购入发行公司公开募集的全部股份,然后以较高的价格出售给其他认购者。这对发行公司而言,既可以及时筹足资本,又可以将发行风险转移给证券经营机构。

由于财务风险转移需要付出一定的代价,如保险费、履约保证金、手续费等,因此,企业应当在充分认识财务风险的种类、来源和影响程度的基础上,权衡利弊,选择恰当的方式转移财务风险。

(五)财务风险自留策略

所谓"财务风险自留"就是按照稳健性原则,平时在企业内部分期建立起各种风险基金,当特定的财务风险发生并由此造成损失时,就用这些风险基金予以补偿。当企业既不能避免财务风险的发生,也无法分散或转移财务风险时,就只能以自身的财力来承担财务风险所造成的损失,采取财务风险自留策略。运用自担风险技术并不是因为没有其他方式来处理所面临的风险,相反,是在可以通过其他方式,如保险迟滞风险时,出于经济可行性上的考虑而主动承担风险、主动自留部分风险。与转嫁风险一样,这种策略也是企业风险管理中的重要财务工具之一。

上述财务风险控制策略各具特点和适用条件,风险管理者应考虑企业风险管理的特定目标、企业自身应付损失的能力、企业获现能力与变现能力、企业获得纯收入的能力以及损失本身的情况等,根据实际情况加以综合运用。

第四节　分散投资与投资组合的风险

前面我们对风险和投资组合有了一定程度的认识,本节我们依然讨论如何投资才能有效地规避风险,获取较高收益的问题。

我们已经知道投资者建立证券投资组合是规避非系统风险的有效手段。分散投资又称多角化投资或组合投资，就是“不把鸡蛋放在一个篮子里”，要有选择地将鸡蛋放在若干个篮子里。那么要选择什么样的篮子来放鸡蛋呢？选择多少个篮子呢？

一、分散投资

前面，我们描述过投资组合风险的表达式：$\sigma_p^2 = \sum_{i=1}^{n}\sum_{j=1}^{n} W_i W_j \sigma_{ij}$，而式中的 σ_{ij} 可按下式计算：

$$\sigma_{ij} = \rho_{ij}\sigma_i\sigma_j$$

式中：

ρ_{ij} ——两个随机变量的相关系数。

这个公式表明，影响投资组合风险大小的关键变量是相关系数。由于相关系数是一个介于±1之间的数值，我们不能直接断定投资组合的风险必然要比个别投资的风险大。下面我们分别讨论投资收益的相关系数与投资组合风险的关系。[①]

1. 当相关系数为+1时——完全正相关

假设有两只完全正相关的股票A与B，它们的市场表现是同时涨也同时跌。我们用100万元资金，两种股票各买50万元。如表4-4所示。

表4-4 A、B及其投资组合的风险与报酬

年度	预期报酬率(%)		
	A	B	AB组合
1	(5.00)	(5.00)	(5.00)
2	(10.00)	(10.00)	(10.00)
3	10.00	10.00	10.00
4	20.00	20.00	20.00
5	30.00	30.00	30.00
平均值	9.00	9.00	9.00
标准差	16.73	16.73	16.73
A与B的相关系数	+1.00		

---

① 表中数据根据谢剑平：《财务管理原理》，第72～73页改编。

从表4-4可见：组成投资组合的资产间相关系数为＋1时，增加资产数目只会重新调整风险结构，并没有降低总风险。即单独投资A或B与组合投资的结果是等效的。

2. 当相关系数为－1时——完全负相关

假设有两只完全负相关的股票C与D，它们的市场表现是涨跌相反，即其中一只涨时，另一只必然下跌。我们用100万元资金，两种股票各买50万元。如表4-5所示。

表4-5　C、D及其投资组合的风险与报酬

年度	预期报酬率(％)		
	C	D	CD组合
1	(10.00)	30.00	10.00
2	0.00	20.00	10.00
3	10.00	10.00	10.00
4	20.00	0.00	10.00
5	30.00	(10.00)	10.00
平均值	10.00	10.00	10.00
标准差	15.81	15.81	0.00
C与D的相关系数	－1.00		

通过表4-5的数据可见：单独购买股票C，在获得10.00％的预期收益的同时，还要承担15.81％的风险，而分散投资到D资产形成投资组合后，收益率仍然是10.00％，但风险却降为零。即选择两种完全负相关的股票进行投资，并按其标准差分配投资比例，这样的投资组合风险为零。诚然，相关系数等于－1的项目不多见，但这样的投资组合的风险分散效果是最为理想的。

3. 相关系数介于时

在实际生活中，多数投资项目之间的相关系数是介于±1之间的。假设资产E与资产F、G之间的相关系数是介于之间的。如表4-6所示。

表4-6　由E、F、G组合后的风险状况

年度	年度预期报酬率(%)				
	资产E	资产F	资产G	EF组合	EG组合
1	(5)	(10)	15	(7.5)	5.00
2	15	(5)	30	5.0	22.5
3	(10)	15	20	2.5	5.00
4	20	30	(5)	25	7.5
5	30	20	(10)	25	10
平均值	10	10	10	10	10
标准差	16.96	16.96	16.96	14.47	7.29
相关系数		0.46	−0.63		

可见:投资组合内的资产之间的负相关程度越高,组合风险越小。

二、投资组合的风险

通过以上的分析我们可以发现,如果各项投资资产之间的相关系数不为+1,增加投资后组成的投资组合,可以在不改变投资报酬的条件下,降低投资风险。这就是分散投资组成投资组合的根本目的。然而,持续不断地分散投资,是否可以使投资组合的风险一路下降到零点呢?

答案是否定的,即使在投资资金不受限制的条件下,也仍然会有一部分风险一直存在而无法分散,如我们前面介绍的系统风险。无论是单项投资还是组合投资,进行投资的总风险是由系统风险和非系统风险两部分组成的,而随着投资组合中资产数目的增加,非系统风险会逐渐减少直到消除殆尽,系统风险则始终保持不变,总风险也将逐渐向系统风险逼近,最终趋于相等。

无论在理论上还是在实践中,都很难确定多大的风险该要求多少收益来补偿,只有投资者自己才能决定用多少收益来补偿风险是合适的。

第五节　系统风险与贝塔系数

在上节中我们已经知道了投资的总风险是由系统风险与非系统风险组成的,通过分散投资组建投资组合,可以将非系统风险分散殆尽,而系统风险是无法分散的,是总风险的极限值。那么对于系统风险投资者该如何应对呢?

由于可分散风险可通过分散投资加以消除，所以，投资者更关心不可分散风险对投资组合的影响。不可分散风险通常是用β系数来计量的。本节主要介绍β系数。

β系数实质上是不可分散风险的指数，用于反映个别投资收益的变动相对于市场收益变动的灵敏度。即市场报酬率发生变动时，个别投资的预期报酬率同时发生变动的程度——投资于该资产所要承担的系统风险。

在证券市场上，市场收益是指所有证券组成的市场投资组合的收益。在实践中，通常以一些具有代表性的证券指数作为市场投资组合，再根据该指数中个别证券的收益率来估计市场投资组合收益率，然后再采用一定的方法来估计β系数。β没有准确的计算方法，对β的估计因每个人的方法不同而有所差异。通常β是由证券公司提供上市公司的β系数，以供参考。

对于投资组合的β系数，可由单个证券的β系数加权平均来求得。其计算公式：

$$\beta = \sum_{i=1}^{n} X^{i}\beta_{i}$$

式中：X_i 为各种股票的市场价值占市场组合总的市场价值的比重。

例如：某投资者持有 4 种股票，它们的β系数分别为 2.0，1.0，0.5，0.8，它们在投资组合中的比重分别为 50%，30%，10%，10%，则：

$$\beta=50\%\times2.0+30\%\times1.0+10\%\times0.5+10\%\times0.8=1.43$$

利用β系数即可提供有关证券收益率相对市场收益率的变动程度。通常将作为市场组合的β系数定义为 1，如果某种股票的β是 0，则没有系统风险；如果β是 1，则股票的系统风险等于市场风险；如果β大于 1，说明风险大于市场平均水平。简而言之，当β系数值越大，表示个别投资对市场收益率波动反映的灵敏度越大，即该投资的系统风险越大。大多数股票的β系数在 0.60 到 1.60 之间。

【例 4-4】假设某公司股票和证券市场的可能收益如表 4-7 所示：[①]

表 4-7　某公司股票与证券市场收益的对应关系

情形	证券市场收益率(%)	公司股票收益率(%)
牛市一	15	25
牛市二	15	15
熊市一	－5	－15
熊市二	－5	－5

① 本例题参考傅元略主编：《财务管理》，厦门大学出版社，2003 年版，第 140 页。

虽然证券市场的收益只有两种可能结果——15％和－5％，但是该公司股票的收益却有四种可能的结果。首先，需要考虑在某种经济类型下，一种证券的期望收益。假设每种状态出现的概率相同，就有如表 4-8 的对应关系。

表 4-8 某公司股票与证券市场期望收益的对应关系

情形	证券市场收益率(％)	公司股票收益率(％)
牛市	15	20
熊市	－5	－10

因为在牛市的时候，该公司股票的期望收益大于其在熊市的时候，所以说该公司对于市场变动产生反应。我们现在来确切地计算该公司的股票是如何因市场变动而产生反应的。虽然在牛市情况下的市场收益超过在熊市情况下的市场收益的 20％，即[15％－(－5％)]，但是在熊市情况下某股票的收益超过在熊市情况下某股票收益的 30％，即[20％－(－10％)]。由此可见，该公司股票收益

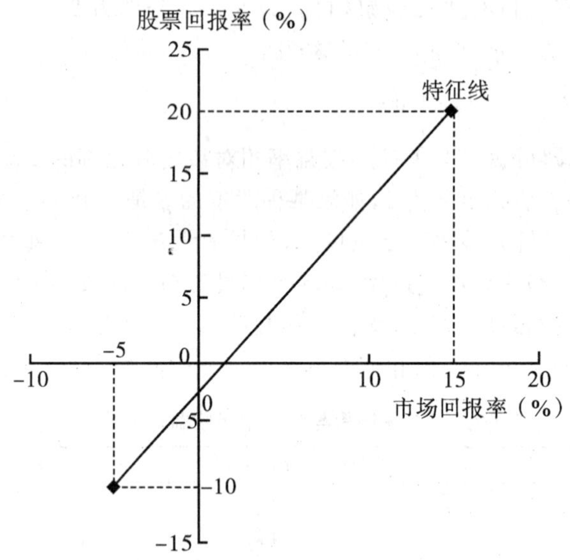

图 4-2 某股票的表现和市场组合

变动对市场收益变动的反应系数是 1.5，即 30％/20％。我们将牛市和熊市时证券市场的期望收益和某股票的期望收益所形成的两个坐标点绘制在图上，这两个坐标点使之成为一条直线，这就是所谓的“证券的特征线”(Characteristic

Line 或 Characteristic Line of the Security)。这条直线的斜率是 1.5。由此可见,该公司股票的市场反应系数 1.5 也就是该公司股票的贝塔系数。

解释图 4-2 中的贝塔系数的含义是非常直观的。这一张图表明了该股票的收益是证券市场收益的 1.5 倍。如果市场走势良好,该股票的预期走势将更好;反之,如果市场走势较差时,该股票的预期走势将更差。

现在,我们补充讨论证券的贝塔系数为负值的情况。首先,我们必须将这些证券视同套利交易工具或保险策略。在市场走势较差时,这类证券预期的走势较好;反之,在市场走势较好时,这类证券预期的走势较差。正因如此,将贝塔系数为负值的股票纳入一个大型、多元化的投资组合中,实际上降低了组合的风险。但遗憾的是,实证结果表明:实际上没有贝塔系数为负值的股票。

第六节　资本资产定价模型

资本资产定价模型(Capital Asset Pricing Model, CAPM),诞生于 20 世纪 60 年代,它代表了财务经济学领域的重要进展和突破。前面介绍的方差与标准差的概念,只适用于持有单个证券的投资者情况。期望收益可以度量单个证券的收益,方差和标准差度量该证券的风险指标。但对于多个证券的组合投资,上述方法就无能为力。贝塔系数很好地解决了度量一种证券的风险对投资组合的风险作用。最早于 1972 年由费舍尔·布莱克(Fischer Black)等人应用 20 世纪 30—60 年代的股市数据有力地支持了这一理论,从而使得财务经济学界接受了这一理论。到 20 世纪 90 年代,起初支持这一理论的法玛(Fama)和傅仁奇(French)根据 1941—1990 年的股市走势证明,平均收益与贝塔系数的关系非常微弱,因而又对这一理论提出质疑。但不管怎样,CAPM 不失为一个很好地描述风险与收益关系的重要理论。

资本资产定价模型的基本假设是:

(1)所有的投资者都追求单期最终财富的效用最大化,他们根据投资组合期望收益率和标准差来选择优化投资组合。

(2)所有的投资者都能以给定的无风险利率借入或贷出资金,其数额不受任何限制,市场上对任何买空卖空行为无任何约束。

(3)所有的投资者对每一项资产收益的均值、方差的估计相同,即投资者对未来的展望相同。

(4)所有的资产都可完全细分,并可完全变现(即可按市价卖出,且不发生任何交易费)。

(5)无任何税收。

(6)所有的投资者都是价格的接受者,即所有的投资者各自的买卖活动不影响市场价格。

上述基本假设可能与现实不符,但采用这些简化了的形式有助于进行基本的分析,且该模型的实际应用可以不受这些基本假设的限制。

CAPM 的数学模型为:

$$R_i = R_f + \beta_i \times (R_m - R_f)$$

式中:

R_i——第 i 种股票或第 i 种证券组合的必要收益率;

R_f——无风险收益率;

β_i——第 i 种股票或第 i 种证券组合的贝塔系数;

R_m——所有股票或所有证券的平均收益率。

这个公式说明的是:个别证券投资的预期收益率是由“无风险收益率”和“风险溢酬”两部分组成的。“风险溢酬”是指 $\beta_i \times (R_m - R_f)$ 的部分,表示该证券在相当于 β_i 程度的系统风险下,应提供比市场平均溢酬水平 $(R_m - R_f)$ 较高或较低的额外收益。

若市场提供15%的收益率,无风险收益率为8%,则市场提供的风险溢酬为7%。如果A证券的 β 系数为1.5,表示受到系统风险影响的程度为市场的1.5倍,因此其风险溢酬应为10.5%,比市场平均水平高出50%。同理,如果B证券的 β 系数值为0.5,则其风险溢酬也应为市场平均水平的0.5倍。

A证券的风险溢酬=1.5×(15%-8%)=10.5%

B证券的风险溢酬=0.5×(15%-8%)=3.5%

A证券的预期收益=8%+1.5×(15%-8%)=18.5%

B证券的预期收益=8%+0.5×(15%-8%)=11.5%

CAMP 说明在合理的均衡状态下,个别证券的预期报酬只包括无风险报酬和对应于市场风险的风险溢酬。

第七节 证券市场线与资本成本

一、证券市场线

上节我们介绍了资本资产定价模型:

$R_i = R_f + \beta_i \times (R_m - R_f)$

由于CAPM实质上体现了风险与收益之间的线性关系，所以当以β系数为自变量，证券的预期收益($R_m - R_f$)为因变量，就可以画出一条斜率为β的直线，称为证券市场线。它主要用来说明投资组合报酬率与系统风险程度β系数之间的关系。

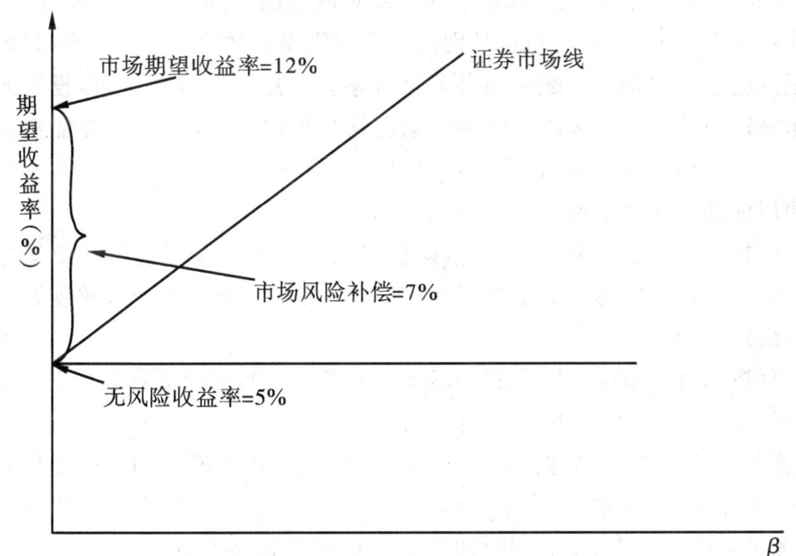

图4-3 证券市场线

证券市场线的主要含义如下：

1. 纵轴为要求的期望收益率，横轴则是以β值表示的风险。

2. 无风险证券的$\beta=0$，故R_f成为证券市场线在纵轴的截距。

3. 证券市场线的斜率表示经济系统中风险厌恶感的程度。一般来说，投资者对风险的厌恶感越强，证券市场线的斜率越大，对风险资产所要求的风险补偿就越大，对风险资产的要求收益率也越高。

4. β值越大，要求的收益率越高。

从证券市场线可以看出，投资者要求的收益率不仅仅取决于市场风险，而且还取决于无风险利率(市场线的截距)和市场风险补偿程度(市场线的斜率)。

证券市场线斜率取决于全体投资者的风险回避态度，如果大家都愿意冒险，风险就得到很好的分散，风险程度就小，风险报酬率就低，证券市场线斜率就小，证券市场线就越平缓；如果大家都不愿意冒险，风险就得不到很好的分散，风险程度就大,风险报酬率就高,证券市场线斜率就大,证券市场线就越陡。

这条直线非常直观地将资本资产定价模型展现给大家:在CAMP成立的前提下,非系统风险因分散投资而消除,投资个别证券的收益由两部分组成,一部分是来自无风险收益,另一部分来自系统风险溢酬。

证券市场线很清晰地反映了风险资产的预期报酬率与其所承担的系统风险β系数之间呈线性关系,充分体现了高风险高收益的原则。

在这条直线上的每一个点,分别代表着不同系统风险的个别证券,投资该证券时至少应获得的期望报酬率为必要报酬率。考虑预期报酬率时,投资人不需要考虑该证券的非系统风险。即在市场已达均衡时,只要个别证券能提供超过必要报酬率的预期报酬率,投资人就可以进行投资。

使用证券市场线的两个假设为:

1.证券交易市场是高度有效的,即资产的价格能够及时地反映市场中的信息——证券的价格能够充分反映现有的信息。因此证券的现行价格就是对未来价格的最好估计。

2.存在完善的市场。完善的市场是指市场中的所有投资者都可以免费获得信息,证券可以被无限次分割,交易费用为零。

【例4-5】某公司持有由A、B、C三种股票组成的投资组合,权重分别为20%、30%和50%,三种股票的β系数分别为2.5、1.2、0.5,市场平均报酬率为10%,无风险报酬率为5%。试计算该投资组合的必要报酬率。

(1)确定投资组合的β系数

$$\beta_p = \sum_{i=1}^{N} x_i\beta_i$$
$$= 20\% \times 2.5 + 30\% \times 1.2 + 50\% \times 0.5 = 1.11$$

(2)计算投资组合的必要报酬率

$$R_i = R_f + \beta_i \times (R_m - R_f) = 5\% + 1.11 \times (10\% - 5\%) = 10.55\%$$

二、资本成本

资本成本是企业为了维持其市场价值和吸引所需资金而在进行项目投资时所必须达到的报酬率,或者是企业为了使其股票价格保持不变而必须获得的投资报酬率。资本成本的实质是机会成本;企业资本成本的高低取决于投资者对企业要求报酬率的高低,而这又取决于企业投资项目风险水平的高低。确切地说,资本成本是由投资风险决定的。

例如，某公司有A、B两个项目，A项目的报酬率是10%，B项目的报酬率是12%。该公司为如期进行项目投资，与银行达成了贷款200万元的协议，利率为8%。在这种情况下，如果该公司选择了B项目，则其进行投资收益评价时的适用资本成本率是多少呢？答案应当是被放弃的A项目的报酬率，即10%，这是选择B项目进行投资的机会成本。如果被选择的投资项目不能提供10%的报酬率，就必须放弃这一项目。在B项目投资收益的评价中，贷款利率8%是不相关因素，尽管它决定了企业利息费用的多寡。再如，如果一家公司有A、B、C、D四个被选项目，报酬率分别为8%、10%、12%和16%。在D项目被选择进行投资的时候，计算其净现值的资本成本应当是被放弃项目中报酬率最高项目的报酬率，在这里是12%，而不是10%或者8%。从财务理论角度看，机会成本绝非虚拟的成本，它是实实在在地影响净现值实现的一个重要因素。

站在企业理财的角度看，资本成本是企业投资行为所必须达到的最低程度的报酬率水平；站在投资者（包括股东和债权人）的角度看，资本成本就是要求的报酬率，它与投资项目的风险程度呈正比例关系。因此，在财务理论分析中，资本成本、必要报酬率甚至期望报酬率均可被视为同义词，可相互交替使用。在确定股权资本的资本成本时，所要考虑的核心因素是股票投资者要求的必要报酬率。换言之，股票投资者要求的必要报酬率就是股权资本的资本成本。由此可以看出，关于资本成本实质的极为关键的一点是：企业投资项目的风险程度决定投资者要求的必要报酬率，而投资者要求的必要报酬率即是该项目的资本成本。

证券市场线清晰地描绘了在承担系统风险条件下进行投资时的必要报酬率及其构成。站在投资人的角度，它是进行风险投资时预期报酬率的底线，即只有预期报酬率超过必要报酬率时，投资人才肯去投资。它同时也可以被看成是投资的机会成本，还可以将它看成是一种借入资本的“资本成本”。想想看，如果你的债权人不能从你这里获得“必要报酬率”的收益，你就不会得到这笔资金进行你的投资；同时，如果你在用这笔资本投资时，其收益率刚好等于“必要报酬率”，你将一无所获。关于资本成本，我们将在下一章进行讨论。

本章小结

额外的风险，需要有额外的收益来补偿。风险分为不同类别，有些是可以分散的，有些则不能分散。面对同样的风险，不同的投资者的认知是不同的。预期收益来源于投资产生的预期现金流。计算收益是用现金流而非会计利润。

投资的收益率是所有可能的收益率的概率加权平均数。风险是预期收益不能实现的可能性，可用方差或标准差来衡量。投资组合所分散的风险是指单个证券的市场风险，单个证券的市场风险可用β来表示。如果$\beta=1$，表示该证券的收益率与市场收益率变动一致；如果$\beta=1.5$，则表示市场平均收益率每变动1%，该证券的收益率将上升或下降1.5%；投资组合的β值等于每种证券β值的加权平均数，权重是每种证券的投资额占总投资额的百分比。投资组合的β表示投资组合相对于市场收益率变化的平均反映程度。资本资产定价模型尽管有缺陷，但在理解风险和收益之间的关系方面给我们提供了一种直观的方法。证券市场线很清晰地反映了风险资产的预期报酬率与其所承担的系统风险β系数之间呈线性关系，充分体现了高风险高收益的原则。站在企业理财的角度看，资本成本是企业投资行为所必须达到的最低程度的报酬率水平；站在投资者（包括股东和债权人）的角度看，资本成本就是要求的报酬率，它与投资项目的风险程度呈正比例关系。

复习思考题

1. 什么是风险？什么是系统风险与非系统风险？
2. 反映风险程度的指标有哪些？
3. 风险与收益是什么关系？
4. 风险管理的主要策略有哪些？
5. 如何系统衡量风险？如何计算投资组合的β系数？
6. 投资必要报酬率是如何确定的？
7. 如何理解证券市场线与资本成本的关系？

本章习题

1. 某企业持有由甲、乙、丙三种股票构成的证券组合，它们的β系数分别为2.5、0.9和0.6，它们在证券组合中所占有的比重为60%、30%和10%，股票市场的收益率为18%，假设无风险收益率为10%。试计算这种证券组合的风险收益率。

2. 甲公司持有A、B、C三种股票，在由上述股票组成的证券投资组合中，各股票所占的比重分别为50%、30%和20%，其β系数分别为2.0、1.0和0.5。市场收益率为15%，无风险收益率为10%。要求计算以下指标：

(1)甲公司证券组合的β系数；

(2)甲公司证券组合的风险收益率；

(3)甲公司证券组合的必要投资收益率；

(4)投资A股票的必要投资收益率。

3.已知AB两种股票的预期收益率资料如下：

经济状况	概率	A的预期收益率(%)	B的预期收益率(%)
繁荣	0.2	40	30
发展	0.2	20	20
正常	0.3	15	10
衰退	0.2	5	5
萧条	0.1	−10	−5

要求：

(1)计算AB两种股票的方差、标准差、标准离差率、协方差和相关系数；

(2)如果投资比例为A股票70%,B股票30%,计算组合的收益与风险(求组合的期望收益、方差和标准差)。

4.投资者投资300万元用于购买4种股票。已知一年期国库券利率为4%,市场组合期望收益率为15%,有关资料如下表：

股票名称	β系数	投资额(万元)
A	0.75	50
B	1.10	100
C	1.36	80
D	1.88	70

要求:计算投资组合的期望收益率与投资组合的β系数。

5.国库券利率为8%,市场证券组合的报酬率为12%。

要求：

(1)计算市场风险报酬率是多少?

(2)如果某一投资计划的贝塔系数是1.5,其短期投资报酬率为12%,是否应该投资?

(3)如果某证券的必要报酬率为16%,则其贝塔系数是多少?

6.某企业拟将部分闲置资金对外投资,可供选择的A、B两公司股票的报酬率及其概率分布如下：

经济条件	概率分布	报酬率(%)	
		A公司	B公司
繁荣	0.20	40	70
一般	0.60	20	20
衰退	0.20	0	−30

要求:分别计算A、B两公司的期望报酬率、标准离差;若想投资于风险小的公司,请你作出合理选择。

第五章　资本成本与现金流折现率

学习目的

通过本章的学习，你可以：

1. 了解资本成本的组成及其影响因素；
2. 掌握股权成本的计算方法；
3. 掌握债务与优先股成本的计算方法；
4. 掌握加权平均成本的计算方法及其运用；
5. 理解现金流折现率与资本成本的关系。

小案例导引

某公司想继续扩大生产规模，拟追加投资200万元，从该公司的营业额和获利水平来看，这是一笔不小的数额。该公司现有的资产负债率为40%。继续举债，会加大财务风险；继续在资本市场上增资，增资的成本又比较高。如果您是该公司的财务经理，该如何在风险、成本与收益之间进行权衡，作出投资决策呢？

在企业财务管理诸多内容中，有两个最基本而且最引人关注的内容，这就是筹资与投资。筹资离不开筹资成本的分析和计算，而投资所需资金来源渠道的选择也必须以筹资成本的大小作为决策依据。这里所说的筹资成本可统称为资金成本。随着我国资本市场的逐步完善，企业所需资金的供应渠道、筹资方式以及投资的机会也将日益多元化，企业面临的许多决策分析，如筹资与投资决策、资本结构决策、资金效益决策等都离不开资本成本的计算。

第一节　资本成本的构成及其影响因素

一、资本成本的概念

资本成本是指企业因筹集和使用资金而承担的代价。企业从各种渠道所筹集到的资金，主要分为来自投资者与来自债权人两大类，前者称为自有资金，后者称为借入资金。作为资金的使用者，其资金的筹集不论来自投资者，还是来自债权人，都必须为此而承担一定的代价。

二、资本成本的构成

资本成本通常由两部分组成：一是资本筹集成本，二是资本使用成本。

1.资本筹集成本。它是指企业在筹集资金的过程中所花费的各项有关开支，包括银行贷款的手续费，发行股票、债券所支付的各项代理发行费用等。筹资成本一般都属于一次性费用，它与筹资的次数有关，因而通常是将其作为所筹资金的一个扣除项目。

2.资本使用成本。它是指资金使用者支付给资金所有者的资金使用费，如支付给股东的投资股利、支付给银行的贷款利息，以及支付给其他债权人的各种利息费用。资本使用成本一般与所筹资金额的大小以及所筹资金额使用时间的长短有关，往往具有经常性、定期性支付的特征，它构成了资本成本的主要内容。同时，资本成本也指企业投资人对投入企业的资本所要求的收益率或指投资项目的机会成本。

在实务中，为了计算资本成本的大小，以便企业能作出正确的筹资决策，通常用筹资的使用成本与所筹资金数额的比值来表示资本成本的大小。其计算公式如下：

$$K_R=\frac{D}{K-F}$$

式中：

K_R——资本成本，以百分比表示；

D——资本使用成本；

K——所筹的资金数额；

F——资本筹集成本。

在这一公式中,D 的确定由所筹资金的性质决定,若是从银行借入的资金,或是发行债券所筹的资金,那么 D 是指利息费用;若是吸收投资者作为投资投入的资金,则 D 就是指预计的投资利润或股利。

在实务中,由于不同筹资形式的资本成本计算方法有所不同,所以应视具体的筹资方式分别计算不同形式的资本成本。

三、资本成本的用途

资本成本在财务管理中用途比较广泛,无论是在企业筹资决策、投资管理中还是在经营成果评价过程中,资本成本都具有举足轻重的作用。

1.资本成本与投资决策

资本成本是投资项目的现金流出量,是比较投资方案和追加投资决策的主要经济指标。一般而言,项目的投资收益率只有大于其资本成本率,从经济角度看才是合理的,否则投资项目不可行。这就表明,资本成本率是企业项目投资的"最低收益率",或者是判断项目可行性的"取舍率"。换言之,资本成本是投资行为必须赚取的必要报酬率。只有投资行为产生的必要报酬率大于资本成本率,才能增加投资者的财富与效用水平。例如某项投资的预期报酬率为10%,假设取得这笔资金的借款利息率为15%,则意味着如果进行此项投资,该项目的10%预期报酬率要全部用来支付资本成本,此外还要再贴上5%的利息,谁会接受这样的投资呢?

2.资本成本与筹资决策

在企业面临既定的投资决策时,如何有效地降低资本成本,当然是财务经理的重要任务。在筹资决策中,我们倡导以较低的资本成本筹集所需资金,资本成本将作为筹资方案的取舍标准,它是选择筹资方式、拟定筹资方案的依据。

个别资本成本主要用于比较各种筹资方式资本成本的高低,是确定筹资方式的重要依据;综合资本成本是公司进行资本结构决策的基本依据;边际资本成本是公司追加筹资决策的依据。

3.资本成本与企业经营成果的评价

从资本的投资者角度看,资本成本是投资者的收益,这种收益是对使用资本获利的一种分割。如果资本使用者不能使企业的经营产生收益,无法满足投资者的收益需要,那么投资者将不会把资本再投资于企业,企业的生产经营活动也就无法正常展开。因此,资本成本在一定程度上成为判断企业经营业绩的重要依据。只有在企业资本利润率大于资本成本率时,投资者的收益期望才能得到满足,才能表明企业经营有方,否则被认为是经营不利。

四、影响资本成本的因素

企业资本成本的高低由多方面因素共同决定，其中主要有：总体经济环境、证券市场、企业内部的经营和融资状况、项目融资规模。

资本成本由筹资费用和使用费用两部分组成。在不考虑筹资费用的条件下，资金成本既是筹资者为获得资本所必须给付的最低代价，也是投资者提供资本所要求的最低收益率。同投资收益率一样，资本成本也由无风险收益率和风险收益率两部分组成。无风险收益率可比照当前的国债利率来确定。

对于风险收益率，其高低取决于投资者投资的风险程度。投资风险越大，要求的收益率就越高。投资风险主要是指公司的经营风险与财务风险。经营风险表现在资产收益率的变动上，它是企业投资决策的结果；财务风险表现在普通股收益率的变动上，它是企业筹资决策的结果。如果企业的经营风险和财务风险大，投资者便会要求较高的收益率，资本成本就会升高；反之，则降低。

第二节　股权资本成本

一、普通股成本的计算

普通股是构成公司原始资本和权益的主要部分。由于普通股的股利是随公司经营状况的变动而变动的，所以普通股成本的计算相对复杂。从理论上看，作为股东，其投资期望收益率即为公司普通股成本。在计算时，常常将此作为计算的依据，主要采用持续股利增长率法和风险收益调整法。

1. 持续股利增长率法

用股利持续增长率法对普通股进行估价，该法适用于股利按固定的比率增长的情况。在采用这种方法时，我们假设股利增长率总是低于投资者要求的收益率。

其公式为：

$$P_0=\frac{D_0(1+g)}{K_e-g}$$

可变换为：

$$K_e=\frac{D_0(1+g)}{P_0}+g$$

若设预期普通股年股利额 $D_0(1+g)$ 为 D_1，则：

$$K_e=\frac{D_1}{P_0}+g$$

若考虑筹资费用，普通股成本公式为：

$$K_e=\frac{D_1}{P_0(1-f)}+g$$

式中：

K_e——普通股的成本；

D_1——第一年的预计股利额；

g——普通股股利预计年增长率；

f——筹资费率；

P_0——普通股筹资总额，按发行价格计算。

【例 5-1】某公司发行面值为 1 元的普通股 500 万股，筹资总额为 1 000 万元，筹资费率为 2%，已知预期每股股利为 0.25 元，以后各年按 4%的比率增长，则其成本应为：

$$K_e=\frac{500\times 0.25}{1\ 000\times(1-2\%)}+4\%=16.76\%$$

2. 风险收益调整法

它是从投资者的风险收益对等观念出发，来确定发行公司股票成本的方法。由于股票投资风险大于债券投资风险，所以考虑在债券投资收益率的基础上加上一定的风险收益来确定普通股资本成本。

【例 5-2】假定某公司历史上股票债券收益率差异为 5%，而现时债券税前的成本率为 10%，则股本成本率＝10%＋5%＝15%。

采用这种方法的最大特点是简单实用。由于债券成本率易于求得，而且对于股票债券的收益率的差异数，公司有其历史记录。即使没有记录，证券市场提供的收益差异数也可以借用。

3. 资本资产定价模式

持续股利增长法是假定普通股年股利增长率是固定不变的，而许多公司的未来股利增长率是不确定的。所以我们可以采用资本资产定价模型来调整风险，确定其资本成本。

投资总收益率＝无风险收益率＋风险收益率

$$R_i=R_f+\beta_i\times(R_m-R_f)$$

（资本资产定价模式的具体内容见第四章第六节。）

二、留存收益成本的计算

企业的税后留利，除了一部分用于支付股息以后，总要留一部分用于再投资。所以，留存收益属于内部权益资本。从股东的观点来看，企业中的未分配利润数是可以作为股利支付后，再由股东自己将它投资于其他资产来获取心中理想的必要收益率的。因此，留存收益成本是一种机会成本。从表面上看，它等于投资于企业的普通股要求的必要收益率。但值得注意的是，当公司将税后利润作为股利分配时，股东需对所得股利交纳一定的所得税，在股东将股利进行再投资时，还要发生筹资费用。但留存收益转为投资时，则不需要交个人所得税，并省去筹资费用。

$$K_r=K_e(1-T)(1-f)$$

式中：

K_r——留存收益成本；

K_e——普通股成本；

T——股东的个人所得税税率；

f——筹资费率。

【例 5-3】设东南公司的税后净利为 100 万元，普通股成本为 12%，股东个人所得税税率为 20%，股利再投资的筹资费率为 2%。则留存收益成本为：

$$\begin{aligned}K_r&=12\%\times(1-20\%)\times(1-2\%)\\&=9.41\%\end{aligned}$$

也就是说，如果公司将留存收益用于再投资，只要获得 9.41%的收益率，就可与股东取得股利后再投资所要求的收益率 12%持平。

第三节　债务与优先股成本

企业的债务资本包括长期债券资本、长期借款资本和优先股资本，相应地我们要分别计算它们的资本成本。

一、债券资本成本的计算

发行债券，企业要支付两部分费用：一是筹资费用，二是用资费用。按照税法规定，债券利息可在税前列支，债券利息支出可作为企业的费用计入损益，使企业的利润相对减少，因而企业可以少交一部分所得税。这样，在计算债券的资本成本时，企业所负担的占用费要比实际支付的利息少。因此，债券的税后资本成本才是真实成本。如以 K_b 表示债券税后的资本成本，则 K_b 的准确计算可通过以下公式求得：

$$P_b=\frac{P_n}{(1+K_b)^n}+\sum_{t=1}^{n}\frac{I(1-T)}{(1+K_b)^t}$$

式中：

P_b——债券的市价或现值；

P_n——债券的面值或本金；

I——年利息支付额；

T——所得税税率；

n——债券的年限；

K_b——企业的税后债券成本。

在实际工作中，税后债券成本一般通过下述近似公式求得：

$$K_b=R_b(1-T)$$

式中：

R_b——税前债券资本成本。

若企业税前债券成本为10%，所得税税率为33%，则其债券税后成本为：

$$10\%\times(1-33\%)=6.7\%$$

二、银行贷款成本的计算

企业取得银行贷款要支付利息，同时还要支付一定的手续费，亦称筹资费。另外，银行贷款利息同债券利息一样，可以作为企业的费用计入损益。因此，企业可以少交一部分所得税，从而使其实际支出相应减少。

银行贷款的资本可参照债券估价公式得出，也可按下式计算：

$$K_g=\frac{I}{G-F}\times(1-T)$$

式中：

K_g——银行贷款成本；

I——贷款每年利息额；

G——贷款总额；

F——筹款手续费；

T——所得税税率。

【例 5-4】某企业向银行贷款 10 000 元，期限 5 年，年利息率为 5%，利息于每年年末支付，第 5 年末一次全部还本，贷款手续费 1%，所得税税率为 33%，则该笔贷款的资本成本计算如下：

$$\text{贷款资本成本}=\frac{10\ 000\times 5\%}{10\ 000\times(1-1\%)}\times(1-33\%)=3.38\%$$

在实际工作中，企业如果向银行申请长期贷款，银行往往要求贷款人从贷款总额中扣留一部分以无息回存的方式作为担保，称为补偿性余额。在这种情况下，企业实际的资本成本将比原来有所提高。在本例中，如果银行要求企业保持贷款 10%的补偿性余额，则企业的实际贷款资本成本计算如下：

$$\text{贷款资本成本}=\frac{10\ 000\times 5\%}{10\ 000\times(1-11\%)}\times(1-33\%)=3.76\%$$

$$\text{实际贷款利率}=\frac{10\ 000\times 5\%}{10\ 000\times(1-11\%)}=5.62\%$$

三、优先股成本的计算

优先股与债券相同，企业要定期向股东支付股息，但优先股又与债券不同，它没有到期日。因此，从这个意义上说，优先股恰似一种无期限的债券。

可以将优先股成本看成是投资者购买某一风险水平的优先股所要求的最低收益率。优先股成本的计算公式如下：

$$K_p=\frac{D_p}{P_p}$$

式中：

K_p——优先股成本；

D_p——优先股每年股息；

P_p——优先股市价或现值。

【例 5-5】某公司 A 种优先股每股面值为 100 元，股息率 12%，若市场价格为 85 元，则该种优先股的资本成本为：

$$\frac{100\times12\%}{85}=14.12\%$$

如果是新发行的股票，还要考虑发生的筹资费用，则优先股成本的计算公式为：

$$K_p=\frac{D_p}{P_p-F}$$
$$=\frac{D_p}{P_p(1-f)}$$

式中：

F——发行费用；

f——发行费率。

【例 5-6】某公司 B 种优先股面值为 100 元，股息率 12%，若发行价格为 100 元，发行费率为 3%，则该种股票的资本成本为：

$$\frac{100\times12\%}{100\times(1-3\%)}=12.37\%$$

由于优先股股息是以税后利润支付的，不会减少企业上交的所得税，因此，优先股的资本成本要高于债券的资本成本。

第四节　加权平均资金成本的计算

大多数企业的资金来源于多个筹资渠道，其正常经营所需的资金实际上是不同资金来源的组合。从不同筹资渠道筹集的资本其成本是有差异的，因此，要全面衡量一个企业的筹资成本，除了分别计算不同来源的资本成本之外，还要计算全部资金的平均成本。所谓“加权平均资本成本”也就是企业以个别资本成本为基数，以各种来源资本占全部资本的比重为权数计算的全部长期资金的总成本，又称综合资本成本。其计算如下：

$$\overline{K}_R=\sum_{i=1}^{n}K_{Ri}W_i\qquad(\sum_{i=1}^{n}W_i=1)$$

式中：

$\overline{K}_R$——加权平均资本成本率；

K_{Ri}——某一个别资金成本率；

W_i——相应的个别资金权数；

n——企业资金的种类。

由上式可以看出，综合资本成本的计算是由两大因素构成的，这就是各个别资本成本和该资金的权数。因此在实际计算时，可分三个步骤进行：

第一步，先计算个别资本成本；

第二步，计算各资金的权数；

第三步，利用上面公式计算出综合资本成本。

上式中，W_i 可有几种不同的计算方法，可以按资金的账面价值计算资金的权数，也可以按市场价值计算资金的权数，甚至是利用资金的目标价值来计算资金的权数。以下分别介绍。

一、按账面价值计算

按账面价值计算资金权数的方法又称为账面价值法。这一方法以账面价值作为依据，主要是为了满足分析过去的筹资成本。其账面数据来源于账簿和资产负债表。

【例 5-7】某企业长期资金总额为 1 000 万元(账面价值)。其中，长期借款 200 万元，公司债券 200 万元，优先股 50 万元，普通股 500 万元，留存收益 50 万元，它们各自的资金成本分别是 5%、6%、10%、15%、14%。该企业的综合资金成本计算见表 5-1。

表 5-1 加权平均资金成本计算表

资金种类	账面价值(万元)	所占比重(%)	个别资本成本(%)	加权平均资本成本(%)
长期贷款	200	20	5	1.0
公司债券	200	20	6	1.2
优先股	50	5	10	0.5
普通股	500	50	15	7.5
留存收益	50	5	14	0.7
合计	1 000	100	—	10.9

首先计算各个别资金在资金总额中所占的比重：

长期借款 $W_1=\frac{200}{1\ 000}=20\%$

公司债券 $W_2=\frac{200}{1\ 000}=20\%$

优先股　$W_3=\frac{50}{1\ 000}=5\%$

普通股　$W_4=\frac{500}{1\ 000}=50\%$

留存收益　$W_5=\frac{50}{1\ 000}=5\%$

然后，再计算加权平均资金成本：

$$\begin{aligned}K_R &= W_1 K_{R1}+W_2 K_{R2}+W_3 K_{R3}+W_4 K_{R4}+W_5 K_{R5}\\ &=5\%\times 20\%+6\%\times 20\%+10\%\times 5\%+15\%\times 50\%+14\%\times 5\%\\ &=1\%+1.2\%+0.5\%+7.5\%+0.7\%\\ &=10.9\%\end{aligned}$$

采用账面价值法，资料可直接从资产负债表上取得，数据真实。但这一方法也有不足之处，若股票与债券的市场价值已严重脱离其账面价值，则计算出的加权平均资本成本就会偏离实际，影响企业作出正确的筹资决策。

二、按市场价值计算

按市场价值计算，是指先依据债券、股票及留存收益的现行市场价值来计算个别资金的比重，然后据以计算加权平均资本成本。

由于现行市场的证券价格一直处于波动状态，因此可选用平均的市场价格。

【例 5-8】现仍用例 5-7 来加以说明。

假设普通股市价比账面价下降 5%，优先股市价比账面价下降 10%，公司债券的市价比账面价上涨了 2%，另假定留存收益与普通股同比例波动并将其全部作为增资的积累。我们可重新列表计算市价基础上的企业加权平均资金成本，见表 5-2。

表 5-2　以市场价为基础的加权平均资本成本

资金种类	市场价值(万元)	所占比重(%)	个别资本成本(%)	加权平均资本成本(%)
长期贷款	200	20.59	5	1.03
公司债券	204	21.00	6	1.26
优先股	45	4.63	10	0.46
普通股	475	48.89	15	7.33
留存收益	47.5	4.89	14	0.68
合计	971.5	100.00	—	10.76

在表5-2中,我们看到,由于债券市价上涨,股票市价下跌,因而加权平均资本成本也从原来的10.9%下降至现在的10.76%,这反映了该企业目前实际的资本成本。它有利于企业在目前情况下作出适当的筹资决策。当然,由于市价在不断波动,因而资本成本受市价影响很大。

三、按目标价格进行计算

这一方法是先按债券、股票等未来预计的目标市场价值计算各自所占比重,并以此作为权数来计算企业加权平均资本成本。这一方法一般适用于企业未来筹措新资的需要。

【例5-9】假定某企业在未来将扩大现有的资金规模,从1 000万元扩增至2 000万元,预计各种资金的目标市场价值分别为长期借款600万元,公司债券200万元,优先股100万元、普通股1 000万元,留存收益100万元。据此,可编表计算加权平均资本成本如表5-3所示。

表5-3 以目标价值为基础的加权平均资本成本

资金种类	目标价值(万元)	所占比重(%)	个别资本成本(%)	加权平均资本成本(%)
长期贷款	600	30	5	1.5
公司债券	200	10	6	0.6
优先股	100	5	10	0.5
普通股	1 000	50	15	7.5
留存收益	100	5	14	0.7
合计	2 000	100	—	10.8

使用目标价值来计算加权平均资本成本,能够满足企业对未来筹资的决策需要,体现企业期望的资本结构。它的不足之处主要是难以合理地估计未来市场价值。

综合以上三种方法,我们可以看出,在个别资本成本既定的情况下,不同的方法导致了企业不同的资金结构,从而最终影响到加权平均资本成本的计算。因此,个别资本成本和企业资金结构是计算综合资金成本的两大决定因素。

第五节 现金流折现率与资本成本

资金时间价值这个概念是基于这样一个前提，即资金参与任何交易活动都是有代价的，因此，资金时间价值着重反映资金随着其运动时间的不断延续而不断增值的性质。具体地说，资金时间价值是资金的所有者在一定时期内从资金使用者那里获得的报酬；而资本成本则是指资金的使用人由于使用他人的资金而付出的代价。它们都是以利息、股利等来作为其表现形式，只是站在资金所有者和使用者的角度不同，其含义有所不同。但两者也存在明显的区别，这主要表现在三方面：第一，资金时间价值表现为资金所有者的利息收入，而资金成本是资金使用者的筹资费用和使用费用；第二，资金时间价值一般表现为时间的函数，而资金成本则表现为资金占用额的函数；第三，资金成本的基础是资金时间价值，它既包括资金时间价值，又包括投资风险价值。

在财务管理的各个方面，无论是进行投资决策、筹资决策，还是进行资本结构决策、资金效益决策等，都要计算资本成本，并考虑时间价值因素。在不同备选方案的取舍过程中，常常是通过将不同时点上的现金流量按照一定的现金流折现率折算到相同时点上，再站在可比较的价值基础上进行决策的。通常选择资本成本率作为这个关键的现金流折现率指标。因为资本成本是任何投资项目的现金流出量，是比较投资方案和追加投资决策的主要经济指标。一般而言，项目的投资收益率只有大于其资本成本率，从经济角度看才是合理的，否则投资项目不可行。正因为资本成本率是企业项目投资的“最低收益率”，或者是判断项目可行性的“取舍率”(即资本成本是投资行为必须赚取的必要报酬率)，只有投资行为产生的期望报酬率大于资本成本率，才能增加投资者的财富与效用水平，所以资本成本率既是筹资决策的方案取舍标准，又是计算投资决策指标的现金流折现率。

本章小结

本章介绍了资本成本的概念构成及其影响因素，并分别介绍了个别资本成本及加权平均资本成本的计算方法，分析了现金流折现率与资本成本的关系。由于资本成本既是筹资决策的关键指标，又是计算投资决策指标的现金流折现现率，在财务管理中处于重要地位，所以应重点掌握。

复习思考题

1. 什么是资本成本？其具体内容有哪些？

2. 资本成本的影响因素有哪些？它在财务管理中有哪些作用？

3. 如何计算个别资本成本与加权平均成本？

4. 如何理解现金流折现率与资本成本的关系？

本章习题

1. 某企业从银行借款100万元，借款利率为5%，所得税税率为33%，假设筹资费忽略不计，要求计算该笔银行借款的资本成本。

2. 某企业发行面值为1 000元，期限5年，票面利率为10%，每年付息一次的债券10 000张。若市场利率为12%，所得税税率为40%，筹资费率为3%，该债券的资本成本是多少？

3. 某企业发行面值总额为1 000万元的优先股，共筹集资金1 200万元。该优先股的股息率为8%，筹资费率为3%。若所得税率为40%，其资本成本是多少？

4. 某公司发行普通股筹资，筹资费率为5%，每股售价5元。预计第1年末的股利为0.5元/股，股利增长率为3%。若所得税率为40%，其资本成本是多少？

5. 某公司普通股资本成本为10%，筹资费率为2%，预计股利增长率为3%，股东个人所得税税率为20%。其留存收益的资本成本是多少？

6. 某企业拟筹资500万元，现有甲、乙、丙三个备选方案，有关资料如下：

筹资方式	甲方案		乙方案		丙方案	
	筹资额（万元）	资金成本（%）	筹资额（万元）	资金成本（%）	筹资额（万元）	资金成本（%）
长期借款	100	6	200	8	300	7
长期债券	100	7	200	9	0	0
优先股	0	0	50	12	100	11
普通股	300	10	50	14	100	13
合计	500		500		500	

要求：确定该公司最佳资金结构。

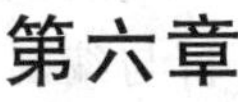

第六章　投资决策方法(上)

学习目的

通过本章的学习,你可以:

1. 了解项目投资决策的特点与分类;
2. 了解投资项目评估的步骤与方法;
3. 掌握会计收益率法的计算方法与优缺点;
4. 掌握回收期法的计算方法与优缺点;
5. 了解项目投资决策中的非财务因素。

小案例导引

南华生物制品厂与河滨生物制品厂是主要的竞争对手,产品在当地市场上均占有一席之地。由于面临着国内外市场激烈的竞争和市场需求的扩大,需要扩大生产能力,取得规模效益,以降低成本。南华生物制品厂打算购置一套新的生产设备,企业经过初步论证后,得出的结论是:该设备投资额约800万元,每年可收回的资金不到100万元,设备的投资回收期在8年以上。该厂的领导者认为生物制品更新换代快,项目回收期太长,不利于更新产品,因此放弃了该项目。河滨生物制品厂对购置新设备持有不同的观点,经论证认为该项目是可行的,于是就购买了南华生物制品厂放弃购置的新设备。新设备投产后使产品在人工、用料、机器维修方面的成本大大减少,降低了产品的次品率,并显著提高了产品的质量,投产第一年就产生现金净流量200多万元,估计收回全部投资的时间还不到4年。同时由于产品质量的提高,使河滨生物制品厂的产品需求量增加,提高了市场竞争能力。两家企业面临着相同的项目投资决策,却作出不同的选择,为企业带来了不同的经济利益。本章介绍项目投资决策的过程和方法。

企业投资是把筹措到的资金分配到企业的生产经营活动中去，建立企业的某种生产经营条件和从事某种生产经营活动，以期望在未来获取收益的经济行为。企业的投资决策关系到企业的长远发展，对企业的收益及风险都起到至关重要的作用。本章所讨论的投资主要是指企业进行的资本性投资，也简称项目投资。项目投资管理的主要内容，是通过投资预算的分析与编制对投资项目进行评价，因此也称为资本预算。

第一节　项目投资及其投资决策

一、项目投资的特点

项目投资决策是规划、评价和选择长期投资项目的过程，即是对长期投资项目未来各期的现金流入与现金流出以及资本成本进行详细分析，并对投资项目是否可行作出判断的活动。

项目投资决策是公司的一项重要财务活动，它主要有以下几个特点：

1.项目投资占用资金数额大且相对稳定

项目投资一般都需要较多的资金，且项目投资一经完成，在资金占用数量上便保持相对稳定，而不像流动资产投资那样经常变动。

2.项目投资回收时间长

项目投资的结果通常都会引起企业长期资产的增加，长期资产发挥作用的时间比较长，投资需要几年甚至十几年才能收回。因此，项目投资对企业今后长期的经济效益，甚至对企业的命运都有着决定性的影响。

3.变现能力较差

项目投资中投入的资金主要以厂房、机器设备等固定资产的形式存在，这些资产出售困难，流动性小，变现能力较差，用途也不易改变。一旦完成项目投资，再想收回或改变往往为时已晚或者是代价太大。因此，项目投资具有不可逆转性。

可见，项目投资对公司的影响往往要持续很长一段时间，一旦决策失误，对公司的不利影响是很难消除的。因此，必须对整个投资项目未来的状况作出尽可能准确的估算。

二、项目投资的分类

对于项目投资而言,可以按照下列不同标准进行分类。

1.资产更新项目、扩大经营项目和研究与开发项目

项目投资按投资目的不同可分为资产更新项目、扩大经营项目和研究与开发项目。

(1)资产更新项目。公司进行资产更新是指对于原有资产由于损耗而进行的替换。一种更新是指:当旧资产老化时,公司如果想继续维持现有的经营模式和规模,必须重新购置该种资产。另一种更新是指:技术进步等原因引起原有资产的无形损耗,即使原有资产能够继续使用,但是为了提高竞争力,公司必须使用先进的资产替代旧资产,降低公司经营成本。

(2)扩大经营项目。一种是扩大现有产品的生产规模或扩展现有营销渠道的规模。另一种是生产新产品或开辟新的营销渠道。

(3)研究与开发项目。公司在投入生产新产品或开辟新的营销渠道之前,都少不了研究与开发环节,尤其高新技术公司,研究与开发支出是经营费用中重要的组成部分。研究与开发项目的风险很高,需要重点进行风险分析。

2.独立项目、互斥项目和相关项目

项目投资按可供选择的数量不同可分为独立项目、互斥项目和相关项目。

(1)独立项目。独立项目是指为达到投资目的,只有一种投资项目可供选择。尽管这样,对于投资项目是否可行的决策仍可在两种方案中进行,即投资此项目和不投资此项目的选择。例如公司是否要购买一条生产流水线?这类决策属于采纳与否投资决策。

(2)互斥项目。互斥项目是指为达到投资目的,可供选择的投资项目有两种以上,而公司在一定时期的投资规模是有限的,或存在其他的资源限制,不可能将可行的全部项目都实施,只能选取满足公司需要的最佳项目。例如公司为生产某产品是购置设备还是租赁设备?这些方案之间彼此充满了排斥性,这类决策属于互斥选择投资决策。

(3)相关项目。相关项目是指必须依赖于其他项目的实施而存在的项目。例如建立电镀厂,相应地安装环保设备;建立轧钢厂,相应地建立发电设备等。

3.确定型投资项目和风险型投资项目

项目投资按风险程度的不同可分为确定型投资项目和风险型投资项目。

(1)确定型投资项目。确定型投资项目是指未来情况可以较为准确地予以预测的投资项目。未来情况主要指的是项目寿命期内的现金流量等情况。这类

投资项目的期限一般较短，投资的环境变化不大，未来现金流量较易预测。由于未来现金流量较为确定，风险较小，因而公司在进行此类投资决策时，可以直接对现金流进行折现，不考虑风险问题。

(2)风险型投资项目。风险型投资项目是指未来情况不确定，难以准确预测的投资项目。这类投资决策涉及的时间一般较长，投资初始支出、每年现金流量回收、寿命期限、折现率都是预测和估算的，任何预测都有实现和不实现两种情况，即带有某种程度的不确定性和一定的风险性。如果决策面临的不确定性和风险较小，可以忽略它们的影响，把决策仍视为确定情况下的决策。如果决策面临的不确定性和风险比较大且足以影响方案的选择，则在决策过程中，必须对它们充分考虑并进行计量，以保证决策的科学性和客观性。公司的大多数战略性投资都属于风险性投资项目。

第二节　投资项目的评估步骤和方法

一、投资项目的评估步骤

作为企业重要决策组成部分的项目投资决策，其制定与实施需要经过一个组织化的过程。项目投资项目的评估主要包括以下步骤：

1.识别投资机会

投资机会的识别和投资战略计划的生成是项目投资决策过程中非常关键的一步。投资机会是不断变化的，受诸多因素的影响，最主要是受到市场需求变化的影响。企业在投资之前，必须认真进行市场调查和市场分析，寻找最有利的投资机会。在企业中，各个部门、各个级别的管理人员(从工厂工人一直到董事会)都会提出相应的项目投资建议。公司应该建立一套高效的管理信息系统，以保证投资信息的有效传递；同时管理人员能够倾听所有的投资项目建议，识别出所有有利的投资机会并提出相应的提案。当然，投资建议不是孤立形成的，它们必须与公司的共同目标、远景、使命及长期战略计划相一致。

2.估算每个项目的现金流量和风险

企业在识别出有利的投资机会之后，就要进行项目选择。选择过程中最重要和最困难的步骤之一就是估计与投资项目相联系的变量：项目预期产生的现金流量、项目寿命期的估计，以及用来计算项目预期现金流量的现值所需要的恰当的贴现率。由于现金流量发生在未来，这些现金流量价值存在着不同程度的不确定性,因此企业在选择投资项目时,必须在估算现金流量的同时认真考虑风险问题,只有在两者相匹配时,才有可能不断增加企业价值。

3.选择准备实施的投资项目

一旦提出了资本支出项目,估计了现金流量,就决定是接受还是放弃这个项目。要用投资项目的评估方法对不同项目的现金流量进行估算后加以衡量与选择。

4.投资项目实施之后的评估、审核

被采纳的项目必须要付诸实施。但是项目投资决策过程到此并没有结束,在项目整个寿命期内还应对其进行定期审核。随着项目的进行,必须对它们的现金流量和发生时间进行监控,确定它们和预期中的数值是否产生偏差及偏差原因。如果未来现金流量少于预期值,项目的获利性很显然就不如预期,公司可以从中吸取经验教训,避免在未来项目中重复犯此错误,从而改进公司的项目投资决策过程。

二、投资项目的评估方法

判断投资项目是否可行或哪一个项目对公司更有利,就要利用投资项目的评估方法。目前用来系统评价投资项目的方法可分为两类:一类是折现现金流量法,一类是非折现现金流量法。

1.折现现金流量法

折现现金流量法(Discounted Cash-flow Method, DCF),是指考虑了资金时间价值的分析评价方法,又称动态评价法(Dynamic Evaluation Method)。它认为不同时期的现金流量具有不同的价值,因而不能直接相加减,要通过一定的方法将不同时点上的现金流量折算成同一时点的现金流量,然后才能进行比较、判断。这类方法主要有净现值法、现值指数法、折现回收期法、内部收益率法等。由于项目投资决策涉及的时间长,结合资金时间价值进行计算,是比较科学的。这类方法将在下一章介绍。

2.非折现现金流量法

非折现现金流量法(Nondiscounted Cash-flow Method),是指不考虑资金时间价值的分析评价方法,又称静态评价法(Static Evaluation Method)。它把不同时期的现金流量看做是等效的,对它们不加区别,直接相加减。这类方法主要有会计收益率法、投资回收期法等。它们看来似乎不够科学,故应用这类方法对投资方案进行分析评价时,只能起辅助作用,属于次位的方法。这类方法将在本章介绍。

第三节　会计收益率法与回收期法

一、会计收益率法

1. 会计收益率法的计算原理

会计收益率法是以会计收益率作为评价指标的投资项目评估方法。所谓会计收益率(Accounting Rate of Return,ARR),是指投资项目寿命周期内年平均净收益与初始投资额的比率。它在计算时使用会计报表上的数据,以及普通会计收益和成本观念,其计算公式为:

$$会计收益率(ARR)=\frac{年平均净收益}{原始投资额}\times 100\%$$

【例 6-1】假设大成公司有两个投资项目 A 和 B,它们预计的净收益与现金流量如表 6-1 所示,假设公司的资本成本为 10%。

表 6-1　项目 A 和 B 的净收益和现金流量

单位:万元

项目＼年份		0	1	2	3	4	5
项目 A	净收益		30	30	30	30	30
	现金净流量	−300	90	90	90	90	90
项目 B	净收益		60	45	30	25	10
	现金净流量	−300	120	105	90	85	70

项目 A 的年平均净收益为 30 万元

项目 A 的会计收益率 $ARR=\frac{30}{300}\times 100\%=10\%$

项目 B 的年平均净收益 $=\frac{60+45+30+25+10}{5}=34$(万元)

项目 B 的会计收益率 $ARR=\frac{34}{300}\times 100\%=11.33\%$

2. 会计收益率法的决策规则

会计收益率越高,投资项目的投资价值可能越大。公司的决策者利用这一指标进行投资决策时,事先会设定一个公司要求达到的会计收益率,称为基准会计收益率。当选取的项目是独立项目时，只要投资项目的会计收益率大于基准会计收益率，则投资项目可行；反之，则不可行。若选取的项目是互斥项目时，首先应考虑其会计收益率高于设定的会计收益率，然后选择会计收益率最高的投资项目。

计算结果可知，项目 B 的 ARR 是比较高的，即反映该项目提供的经济效益较高。

3. 会计收益率法的评价

会计收益率法的优点是：简明、易算、易懂；而且它考虑了投资项目在其整个寿命期内的全部现金流量，从而能够在某种程度上反映投资所产生的盈利水平。尽管如此，会计收益率法也存在着一些缺陷：一是使用会计账目上的净收益计算会计收益率来决定是否进行投资，抛开了客观且合理的数据。因为财务管理强调的是现金流量而不是会计收益。二是没有考虑资金的时间价值。在计算报酬率时人为地将每年的净收益平均化，把第一年的净收益与最后一年的净收益看作具有相同的价值，有时会作出错误的决策。三是该方法的决策标准是人为确定的，缺乏可靠的科学依据。

二、回收期法

1. 回收期法的计算原理

投资回收期法是最早使用的投资项目评估方法，它是以投资回收期的长短作为评价指标的决策分析方法。所谓投资回收期(Payback Period，PP)，是指投资项目收回全部原始投资所需要的时间，一般以年为单位。回收年限越短，方案越有利。

由于投资项目每年预计产生的现金净流量可能相等，也可能不相等，因此，计算投资回收期的方法有两种：

(1) 如果每年的现金净流量相等，则投资回收期可按下列公式计算：

$$回收期(PP)=\frac{原始投资额}{每年现金净流量}$$

(2) 如果每年的现金净流量不相等，那么计算投资回收期应根据每年年末尚未收回的投资额来确定。

例 6-1 中，投资项目 A 每年的 NCF 相等，所以其回收期为：

$$回收期=\frac{300}{90}=3.33(年)$$

而投资项目B每年的NCF不等，所以应先计算每年年末尚未收回的投资额。如表6-2所示。

表6-2 项目B的预期现金流量

单位：万元

年份	每年现金净流量	累计现金净流量	年末尚未回收的投资额
1	120	120	180
2	105	225	75
3	90	315	
4	85	400	
5	70	470	

$$\text{回收期}(PP)=2+\frac{75}{90}=2.83(\text{年})$$

2. 回收期法的决策规则

公司的决策者在判定投资项目是否可行时，事先会设定一个公司可接受的投资回收期，称为基准回收期。当选取的项目是独立项目时，只要投资项目回收期短于基准回收期，则项目可行；反之，则不可行。若选取的项目是互斥项目时，首先应考虑其回收期短于设定的期限，然后选择回收期最短的投资项目。

如果大成公司的基准回收期为四年，则项目A和项目B都是可行的；如果项目A和项目B是互斥项目，只能选择项目B。

3. 回收期法的评价

回收期法的优点是：计算简便，容易理解；可以用于衡量投资方案的相对风险。一般来讲，投资回收期越短，说明该项投资在未来时期内的风险越小，从而可避免将来经营环境变化的不利影响；反之，风险越大。

但是，回收期法也存在一些缺陷：一是没有考虑资金时间价值，精确度不够（一些决策者采用一种变通方法"折现回收期法"来弥补这一缺陷，此法将在下一章介绍）；二是回收期的长短不能代表投资项目的盈利能力；三是回收期法决策规则的确定具有较大的主观性，没有客观准确的参照标准可供选择；四是忽略了整个项目期间的现金流量，不但不考虑回收期内现金流量的时间序列，也忽略了回收期后投资项目给公司带来的现金流量。如表6-3所示。

表 6-3　项目 C、D、E 的预期现金流量

单位:万元

年份	项目 C	项目 D	项目 E
0	－100	－100	－100
1	20	50	50
2	30	30	30
3	50	20	20
4	60	60	600
回收期(年数)	3	3	3

表 6-3 中所列的三个项目的回收期均为三年,是否就可以说它们没有区别呢？通过比较,便可发现并非如此。首先比较项目 C 和项目 D,前 3 年,项目 C 的现金流量从 20 万元增加至 50 万元,与此同时,项目 D 的现金流量从 50 万元降到 20 万元。但由于项目 D 的大额现金流量 50 万元发生的时间早于项目 C,其净现值相对较高,而两者回收期相等,体现不出这个差别,即回收期法不考虑回收期内的现金流量序列。

其次对比项目 D 和项目 E,两者回收期内的现金流量完全相同,但项目 E 明显优于项目 D,因为它在第四年有 600 万元的现金流入。所以回收期法忽略了在回收期以后的现金流量。

总之,会计收益率法和回收期法虽然计算简单、通俗易懂,但比较粗糙,忽视了资金的时间价值,夸大了投资收益的价值,可能导致错误的投资决策;同时其决策标准都是根据经验或主观判断为基础制定的,缺乏客观依据。所以它们只适宜作为投资项目评估的辅助方法。

第四节　项目投资决策中的非财务因素

项目投资决策是企业的重大决策,对企业经营将产生重要影响。企业在进行投资决策时,对财务指标的考察仅仅是一个方面,还要考虑一些非财务因素,进行非财务分析,以确保项目投资决策的有效性和最大收益,实现企业的预期目标。

一、法律因素

企业从事项目投资活动时必须遵守有关的法律、法规和规章，包括税务、财务、证券、结算、合同等法律规范。企业要熟悉相应的法律规范，在守法的前提下完成项目投资决策，以实现企业价值最大化。

二、宏观金融政策

项目投资的特点是金额大、周期长。没有资金的支持，项目投资难以为继，金融市场是企业融资的场所，企业需要资金时，可以到金融市场选择适合自己的方式融资。在项目投资决策中较令人关注的宏观金融政策主要是利率政策和税收政策。这是因为：一是企业选择投资项目的一个标准是项目的内含报酬率必须大于资本成本，而资本成本在金融市场中的体现就是利率水平；利率是企业发展速度和国家繁荣的重要调节器，企业进行投资决策必须时刻关注利率的变化。二是企业进行投资项目评估时的依据是税后现金流量，税收政策的不同影响预期资产所产生的经营收益。如税收条款关于折旧率的变化直接影响投资项目所产生的现金流量现值的增减；设备是购买还是租赁的决策也受到税收的影响，因为租金和利息均可抵扣所得税，如果支付的租金大于提取的折旧，那么租赁资产比购买资产更为合算。

三、企业社会责任

企业社会责任是企业在经济全球化背景下对自身各种行为的道德约束，即企业在为社会提供产品或服务以获得利润的同时，应兼顾公平，构建和谐，把企业的运行与员工利益、社会利益有机地结合起来，实现可持续发展。企业在评估投资项目可行性时，应兼顾两个层面：一是投资的项目要为出资者创造利润，为员工创造安全生产条件，提高工资和福利待遇，考虑员工的满意度，保障员工的尊严，构造各利益主体之间的和谐氛围；二是企业按照科学发展观和循环经济的要求组织生产，向社会提供优质产品和服务，维护消费者的合法权益，树立诚信、守法、公正的企业形象，考虑社会可持续发展，主动承担保护自然环境的义务。例如Laurentian烘焙食品有限公司在扩展温尼伯工厂时，为了满足管理机构和地方法规的要求，在提案中还涉及外部环境方面的三个问题：一是设计和安装了下水道清洁系统，包括一套循环流动的下水管道设施，这改进了对废水、污水的处理工作。二是安装了水流记录设备,这样可以记录生产用水量并有助于减少浪费。三是冷冻部门将使用氨水作为冷冻剂,以代替氯碳化合物,这些改进措施将会很好地满足资本配置政策的要求。

四、企业战略目标

战略是“影响和决定企业的基本长期目标与目的,选择企业达到既定目标所遵循的路线途径并就实现这些目标和途径对企业已有资源进行优化配置”(Chandler,1962)。在企业战略管理层次中,财务管理处于职能层次,企业战略构成了财务管理活动的环境;企业是追求利润的组织,其主要目标是创造价值,如何将战略目标落实到企业价值创造,必须确定相匹配的财务目标,否则,任何企业战略都成为空中楼阁。企业的财务目标是追求企业股东价值最大化,但不能单纯地追求自身的最优化,而应当具备战略思想,从战略的全局来考虑和设计企业的财务行为。投资项目并不是孤立形成的,必须与企业的共同远景、战略相一致;企业只有投资于具有净现值为正数的项目,才能使企业的价值增加,从而导致企业股东财富的增加,而这正是企业股东投资的目的所在。

五、道德因素

管理人员的道德因素也是影响项目投资决策的重要因素。由于资源的稀缺性,企业不同的部门出于自身利益考虑,为了获得企业总部的支持,有时会提供虚假信息。例如,生产部门为了争夺企业有限的资金,计划上马一个新项目时,可能会夸大该项目未来投产后所能产生的现金流量,以便在企业总部论证该项目的可行性时容易通过。为了避免虚假财务信息给投资决策带来的不良影响,一方面企业应该强化有关人员的职业道德教育,另一方面也要关注基层提供的用于投资项目评价的财务信息的真实性。

六、顾客满意度

企业要生存发展,投资项目要可行与合理,就必须在企业的产品质量、价格与服务水平上让顾客满意,从而赢得市场。这要求企业在进行生产性项目投资决策时应将顾客放在第一位,构建顾客满意文化,即以提高顾客满意度为核心,从顾客的角度出发,及时捕捉、判断顾客的需求,调整原有的产品和服务,尽可能满足顾客个性化的需求;同时建立反馈系统以实现更大的顾客满意。

七、个人因素

创新是对付剧变时代的法宝，而人是最活跃、最有创造力的，是企业价值增长的源泉。新的项目投资的想法并不是财务经理“闭门造车”所能完成的，它可能来自公司内外的多种来源、组织中的各个层次，从工厂工人一直到董事会，都可能形成投资建议。例如，福特汽车公司自创立起一直到20世纪80年代，修正、开发新产品的建议主要来源于公司内部的研究开发部门，但不幸的是，这种战略并没有有效地防止日本人抢占其市场份额。因此福特公司改变了原有策略，转而从公司内部各部门、各阶层职员中寻求削减成本、提高产品质量等方面的创意，公司还给提出创意的员工发放奖金以资奖励。新的战略把流水线上工作的工人也卷入了新创意的搜寻活动，效果是积极而又显著的。因此，企业管理层应注意企业内员工创新能力的培养，构建一种学习型文化，鼓励员工个人学习，以孕育出学习型组织；同时构建知识共享型文化，营造创新氛围，以助于引导成功的长期投资观念的产生和机会的开发。

本章小结

项目投资决策决定企业未来的成功和发展。本章介绍了项目投资的概念、特点与分类；分析了投资项目的评估步骤和方法，并分别介绍了非折现现金流量法——会计收益率法和回收期法的计算方法及优缺点，由于非折现现金流量法存在一些缺陷，在项目投资决策中只起到参考辅助作用；剖析了法律、宏观金融政策、企业社会责任、企业战略目标、道德因素、顾客满意度与个人因素等非财务因素对项目投资决策产生的影响。

复习思考题

1. 简述项目投资的概念、特点与分类。
2. 独立项目和互斥项目之间有什么区别？
3. 简述一家大公司中典型、完整的项目投资项目评估步骤。
4. 如何计算会计收益率与回收期？为什么说会计收益率法和回收期法只适宜作为投资项目评估的辅助方法？
5. 简述项目投资决策的非财务因素。

本章习题

1. A公司是一家经营快餐的饮食企业，现有一个投资机会，即是否接受为一家公司供应盒饭的业务合同，该合同有效期为5年。对于该投资机会，A公司进行了可行性研究，获得了相关的收入、成本及业务量等方面的信息：

(1)炊事设备的必要初始投资为150 000元，这一支出在接受合同、开始工作时就会发生。

(2)盒饭的售价在前3年为每盒5元，第四年和第五年为每盒6元。

(3)盒饭的成本前3年为每盒3元，第四年和第五年为每盒3.5元。

(4)房屋租赁费预计每年为10 000元。

(5)对盒饭的销售数量作如下预测：第一年为30 000盒，第二、三年为32 000盒，第四、五年为33 000盒。

(6)公司采用直线折旧法，每年的折旧费为30 000元。

(7)公司希望在4年内收回投资，目标会计收益率为25%。

要求：计算该方案回收期和会计收益率，确定该方案应否被接受。

第七章 投资决策方法(下)

学习目的

通过本章的学习,你可以:

1. 掌握现金流量的概念、构成与估算;
2. 掌握利用净现值法、贴现回收期法、内部收益率法进行资本投资决策;
3. 理解净现值法、贴现回收期法、内部收益率法的优缺点;
4. 掌握固定资产更新决策中的差量分析法、年平均成本法和经济寿命法。

小案例导引

Laurentian烘焙食品有限公司建立于1984年,生产一系列的冷冻烘烤食品,在温尼伯、多伦多、蒙特利尔有三家工厂,分别生产比萨饼、蛋糕和馅饼。温尼伯工厂一直致力于不断改进的经营理念,通过定期维修和设备更新,成为该行业内的低成本生产者,成功地实现了利润目标。但由于生产能力不足,失去了许多机会,管理层想把这个问题作为战略计划的目标之一加以解决。Laurentian通过调查发现,在美国也存在与加拿大类似的商业机会,如果想抓紧时机进入美国冷冻比萨饼市场,公司必须具备一定的生产能力。在Laurentian,所有的资本支出方案通过与否都取决于依据“公司资本配置政策”的评价,即包括净现值计算在内的详尽分析,以保证方案有利可图并符合公司的战略。公司通过对四种提高冷冻比萨饼生产能力的方案进行了分析,选择了对温尼伯工厂进行扩展,生产副总裁诺尔斯负责制定该扩展提案。经预算,该项目的风险与公司的整体风险相类似。项目资金投入共520万美元,用于4项资本支出:对现有建筑再扩展、添置一台螺旋冷冻机、安装一条新的比萨饼高速生产线和增加仓储空间等;销售的增长带来了更多的利润,但营运资金需求量将伴随着销售的增加而增加,但新的高速生产线不仅能够使平均存货周转期减少两天,而且能够从单位生产成本与其他节省两方面降低生产成本;与折旧类似,每年都要从经营利润中扣除一笔资本费用补贴,这笔扣除反过来会减少公司要上缴的公司税;在可预见的未来,公司盈利一般都预计为正值。诺尔斯在分析中还考虑了众多因素,包括项目的净现值,且为了保持与公司政策的一致性,也为了满足管理机构和地方法规的要求,在本提案中,还涉及改进外部环境的措施。诺尔斯相信,这项方案完全符合公司的经营策略,能够使温尼伯工厂继续成为加拿大市场上冷冻比萨饼的低成本生产者。你觉得诺尔斯有关温尼伯工厂扩展方案能否通过公司的资本配置评审委员会的评审?(转摘自韦纳礼编、齐寅峰等译:《公司财务案例》第2版,机械工业出版社2002年版,第57～65页)

资本投资决策的基础是估算投资项目未来各期的现金流量,这在投资项目分析过程中是最为关键且难度最大的环节,因为现金流量数据的获取是一项复杂细致、成本昂贵的基础工作,投资项目现金流量预测的准确性、计算的科学性将直接关系到投资决策的正确与否。同时,所有的投资决策都或明或暗地建立在某种价值评估模式基础上,决策者应依据能准确反映其企业价值的估价模式来作出决策,而折现现金流量法作为一种常用的经济模式,可以更好地评价企业的投资项目,衡量企业的价值。

第一节　投资决策与现金流量

一、现金流量的概念

现金流量是资本投资决策中的一种信息载体,可以明确反映和描述项目系统中的资金流动状况。所谓现金流量(Cash-flow),在投资决策中是指一个项目所引起的在未来一定期间内所发生的现金支出和现金收入的增加额。这时的"现金"是广义的现金,它不仅包括各种货币资金,而且还包含与项目相关的非货币资源的变现价值(或重置成本)。例如,一个项目需要使用原有的厂房、设备和材料等,则相关的现金流量是指它们的变现价值,而不是其账面成本。

新建项目的现金流量包括现金流出量、现金流入量和现金净流量三个具体概念。

1. 现金流出量

现金流出量(Cash Flow-out)是指一个方案所引起的企业现金支出的增加

额。如固定资产投资、增加的流动资金、经营成本(付现成本)、所得税等。

2. 现金流入量

现金流入量(Cash Flow-in)是指一个方案所引起的企业现金收入的增加额。如营业现金收入、固定资产残值收入或变现收入、流动资金回收等。

3. 现金净流量

现金净流量(Net Cash Flow,NCF)是指一定期间内现金流入量与现金流出量的差额。这里所说的“一定期间”,有时是指一年间,有时是指投资项目持续的整个时间。流入量大于流出量时,净流量为正值,反之为负值。

二、现金流量的重要性

利润是按照权责发生制确定的,而现金流量是根据收付实现制确定的,在项目整个投资有效年限内,两者的总额是相等的。但公司在进行资本投资决策时,主要依据项目的现金流量,而不是项目的会计收益来评价项目的优劣,因为公司真正能用来再投资的是现金而非会计利润。具体来说:

1. 采用现金流量有利于科学地考虑资金时间价值因素。投资项目具有长期性,要实现科学的决策,必须考虑资金的时间价值,要将不同时点的现金收入或支出调整到同一时点进行汇总和比较,这就要求决策时弄清每笔预期收入款项和支出款项的具体时间。而会计收益的计量遵循权责发生制原则,其收入与费用的确认不考虑现金实际收到和支出的时间。例如,在会计上,购置设备的支出如果一次性发生,在购入当期不确认为当期费用,而是在资本化为资产项目后,在以后的受益期以折旧形式计入成本。在收到销货款期间,属于现销的确认为收入,属于预收下期的货款确认为负债——预收账款,属于收到上期赊销款的冲减已拥有的资产——应收账款。可见,要在投资决策中考虑资金时间价值的因素,就不能利用会计收益来衡量项目的优劣;而现金流量反映的是每笔预期收支款项的具体时间,因而与项目计算期的各个时点密切结合,有助于应用资金时间价值的形式进行投资项目的评价。

2. 采用现金流量使投资决策更符合客观实际。会计收益的计量有时带有主观随意性。首先,利润的计算缺乏统一标准,在一定程度上受人为因素的影响,例如会计上对同一种业务的处理可能存在多种方法,如存货计价方法、固定资产折旧方法等,不同方法的使用会导致同一收入或费用项目具有不同的发生额,从而形成不同的会计利润。其次,利润反映的是某一会计期间“应计”的现金流量而非实际流量,而以未收到的现金收入作为收益,具有较大的风险。而同一种业务对现金流量的影响只能有一种结果,以实际收到或付出的款额为准,保证了方案评价的客观性。

3. 在投资分析中,现金流动状况比盈亏状况更重要。利润反映项目的盈亏状况,而有利润的年份不一定能产生相应的现金用于再投资,只有现金净流量才能用于再投资。一个项目能否维持下去,不取决于一定期间是否盈利,而取决于有没有现金用于各种支付。

因此,现金流量具有最大的综合性。在资本投资决策中,应重视现金流量的分析,而把利润的研究放在次要地位。

三、现金流量的构成

资本投资决策中的现金流量,一般由初始现金流量、营业现金流量和终结现金流量三部分构成。

1. 初始现金流量

初始现金流量(Initial Cash Flow)是指开始投资时发生的现金流量,一般包括以下数项:

(1)固定资产投资。指房屋、建筑物、生产设备等的购入或建造成本、运输成本和安装成本等。

(2)无形资产投资。主要包括土地使用权、专利权、商标权、专有技术、商誉、特许权等方面的投资。

(3)流动资产投资。指对材料、在产品、产成品和现金等流动资产的垫支。这部分垫支的资金属于短期资金,在初始投资时垫支,实际上每期都有一个收回和再投资的过程,直到项目寿命期满收回。假定各取所需的流动资金相同,因此,各期的收回和再投资的流动资产是相同的,在现金流量上反映为流入量和流出量的相互抵消。由此,这部分垫支的现金流量情况表现在初始投入和期满收回之时。

(4)其他投资费用。指与长期投资项目有关的咨询调查费、注册费、人员培训费、谈判费等。

(5)原有固定资产的变价收入。这主要是指固定资产更新时原有固定资产的变卖所得的现金净收入。

2. 营业现金流量

营业现金流量(Operating Cash Flow)是指投资项目在建成投产后,在其寿命周期内由于开展正常生产经营活动而发生的现金流入和现金流出的数量。这种现金流量一般按年度进行计算。一般包括以下数项:

(1)营业现金收入。指项目投产后生产产品或提供服务而使企业每年增加的现金销售收入。这是经营期最主要的现金流入项目。

(2)经营成本。又称为付现成本,是指用现金支出的各种成本和费用,如材料费用、人工费用、设备修理费用等。这是经营期最主要的现金流出项目。由于企业每年支付的总成本中,一部分是付现成本,另一部分是非付现成本,包括固定资产折旧费、无形资产摊销费等。由于无形资产摊销费往往数额不大或是不经常发生,为简化起见,通常忽略不计。因此,付现成本可以用当年的总成本减固定资产折旧费后得到。

(3)交纳的各项税款。指项目投资后依法缴纳的、单独列示的各项税款,如营业税、消费税、所得税等。

(4)固定资产的折旧费。折旧费作为一项成本,会导致营业利润的下降,但是由于它并不需要支付现金,因此可将其视为一项现金流入。

因此,企业每年营业现金净流量可用以下两个公式计算:

$$\text{年营业现金净流量}(NCF)=\text{每年营业收入}-\text{付现成本}-\text{所得税} \tag{7-1}$$

由公式(7-1)可推导出公式(7-2):

$$\begin{aligned} NCF &= \text{每年营业收入}-\text{付现成本}-\text{所得税} \\ &= \text{每年营业收入}-(\text{总成本}-\text{折旧})-\text{所得税} \\ &= \text{每年营业收入}-\text{总成本}-\text{所得税}+\text{折旧} \\ &= \text{税后净利}+\text{折旧} \end{aligned} \tag{7-2}$$

从公式(7-2)可知,如果从每年现金流动的结果来看,增加的现金流入来源于两部分:一是净利润造成的货币增值,二是以货币形式收回的折旧。

3.终结现金流量

终结现金流量(Terminal Cash Flow),是指投资项目终结时所发生的现金流量。主要包括:固定资产的残值收入或变价收入、停止使用的土地的变价收入及原来垫支在各种流动资产上的资金的回收等。

四、估计现金流量的注意事项

在估计一个项目的现金流量时,以下四个问题通常要予以特别关注。

1.增量现金流量

资本预算决策是一个在众多投资项目中选择最优的过程,这就要求分析人员不仅要关心投资项目各自发生的现金流量,而且要更加重视项目间现金流量的比较,考虑增量的现金流量,只有新增加的现金流量才是与投资项目相关的现金流量。由于实施某个投资项目而引起的现金流入或流出的增加额,才是该项目的现金流入或流出量。

华尔街日报1974年的一篇社论曾经批驳公司经理以会计利润(每股收益)作为衡量公司价值的决定性因素的做法，批评他们忽略了影响公司价值的其他因素：

许多管理人员认为，只要他们能够设法提高报告利润，他们的股票价格就会上涨，即使高收益并不意味着任何根本性的经济变化。换句话说，管理人员认为，他们很精明，市场很蠢……但市场很精明。听信每股收益额神话的公司经理，显然才是愚可不及的。

——《华尔街日报》1974年10月1日

2.沉没成本

沉没成本是指已经发生的成本。由于沉没成本是过去发生的，它并不因接受或拒绝某个项目而改变，正如"过去的就让它过去吧"，应该忽略这类成本。例如，在进行资本预算前所进行的市场调查费用，在编制预算时已经发生，无论项目是否采纳都不会影响该现金流，因此属于沉没成本。

3.机会成本

有时，相关现金流量不都是项目中实际收取或付出的现金流量，如机会成本，因为在一般情况下，每项资源通常有多种用途。但是，由于资源的稀缺性，资源用于某一方面就不能同时用于另一方面。这就是说，资源在某一方面使用之所得，正是由于放弃另一方面使用机会之所失。机会成本，即是指因选择了某一投资方案，而放弃其他投资方案所可能获得的潜在收益。这是一个只有通过比较才会计算出来的现金流量，因此，它是增量现金流量，在资本预算时应考虑这一成本。例如，安达公司有一块土地，既可用来出租，预计年租金收入30万元，也可用来建造新厂房，扩大生产规模。若安达公司用于建造新厂房，就会使这块土地失去其他利用的机会，那么，预计出租的租金收入就是利用这块土地扩大生产项目的机会成本，新的投资所产生的收益必须能够补偿这一损失，否则，会对公司形成一种损失。因此，在对新项目分析时，不能无视这一现金流量的存在。

4.关联效应

新项目生产的产品或提供的服务与公司现有的产品或服务在功能上相关时，也许重叠，也许互补，从而产生关联效应。当功能重叠时，新产品或服务项目会挤掉原有产品或服务的市场份额，从而减少原有产品或服务为公司带来的现金流量。相反，互补时，新项目的实施会增加原有产品或服务为公司带来的现金流量。例如，某汽车企业推出了一个新的车型，显然，这种新车型的销售额和利润并不都是净增量，因为有一部分新车型的销售额可能是从原有车型的销售中转移过来的。因此，在估计现金流量时，要把对其他产品产生的侵蚀作为现金流量的扣减处理。

五、现金流量估算的实例分析

在现金流量的构成中，初始现金流量和终结现金流量的性质比较单纯，一般无需复杂计算；而营业现金流量发生在项目建成投产后的整个寿命周期内，需要根据有关资料进行计算。现举例说明如下：

【例 7-1】安迪公司拟投资一个项目，需购入一台新设备，预计的有关资料为：设备购置成本为 600 万元，使用寿命是 5 年，5 年后残值收入为 100 万元。5 年中每年销售收入为 420 万元，第一年的付现成本为 100 万元，以后随着设备陈旧逐年将增加修理费用 20 万元，另需垫支流动资金 150 万元。假定销售货款均于当年收现，采用直线法计提折旧，公司所得税率为 40%，试计算该方案的现金流量。

1. 为计算现金流量，必须先计算方案每年的折旧额

$$\text{B方案每年折旧额}=\frac{600-100}{5}=100(\text{万元})$$

2. 计算每年营业现金净流量

根据给定资料可知，构成方案中营业现金流入量的是各年的销售收入，构成营业现金流出量的是各年的付现成本和所得税，所以方案各年的现金净流量的计算过程如表 7-1 所示。

表 7-1　投资项目的营业现金流量计算表

单位：万元

项目	年份				
	1	2	3	4	5
销售收入①	420	420	420	420	420
付现成本②	100	120	140	160	180
折旧③	100	100	100	100	100
税前净利④	220	200	180	160	140
所得税⑤＝④×40%	88	80	72	64	56
税后净利⑥＝④－⑤	132	120	108	96	84
现金流量⑦＝⑥＋③ 或＝①－②－⑤	232	220	208	196	184

3.结合初始现金流量和终结现金流量,编制该项目的全部现金流量(如表7-2所示)。

表7-2　投资项目现金流量计算表

单位:万元

项目		年份					
		0	1	2	3	4	5
初始现金流量	固定资产投资	－600					
	流动资产垫支	－150					
营业现金流量	各年NCF		232	220	208	196	184
终结现金流量	固定资产残值						100
	流动资金回收						150
现金流量合计		－750	232	220	208	196	434

必须注意:在表7-1和表7-2中,年度"0"代表第一年年初,"1"代表第一年年末,也代表第二年年初,"2"代表第二年年末,也代表第三年年初,以此类推。在现金流量的计算中,为了简化计算,一般都假定各年投资在年初一次进行,各年营业现金流量各年年末一次发生,终结现金流量最后一年末发生。

第二节　投资项目决策的净现值法

在资本投资决策中,估算项目的现金流量固然是最重要的工作,但现金流量的多少,并不能告诉管理者该项目是否可行。因此,企业还需要采用一定的投资项目评估方法,对项目进行认真的分析和评价,从而作出决策。上一章已介绍了非折现现金流量法,本章将分别介绍折现现金流量法(DCF)中的净现值法、折现回收期法和内部收益率法。

一、净现值法的计算原理

净现值法是以净现值作为评价方案优劣的指标,它是资本投资决策中最常使用的评估方法。所谓净现值(Net Present Value,NPV),是指投资项目投入使用后,将每年的现金净流量按一定的折现率折算为现值,减去初始投资现值后的余额。其计算公式为：

净现值（NPV）＝未来现金流量的总现值－初始投资的现值

净现值法的具体表述方式因投资项目是否存在建设期而不同：

1.若投资项目不存在建设期，其计算公式为：

$$NPV=\left[\frac{NCF_1}{(1+K)^1}+\frac{NCF_2}{(1+K)^2}+\cdots+\frac{NCF_n}{(1+K)^n}\right]-I$$
$$=\sum_{t=1}^{n}\left[\frac{NCF_t}{(1+K)^t}\right]-I \tag{7-3}$$

式中：

NCF_t——第 t 年的现金净流量；

K——贴现率（资本成本或企业要求的报酬率）；

I——初始投资额；

n——项目预计使用年限。

2.若投资项目存在建设期，其计算公式为：

$$NPV=\sum_{t=m+1}^{m+n}\frac{NCF_t}{(1+K)^t}-\sum_{t=0}^{m}\frac{I_t}{(1+K)^t} \tag{7-4}$$

式中：

m——项目建设期。

【例 7-2】精艺公司面临两个投资项目 A 和 B，它们预计的现金流量如表 7-3 所示，假设公司的资本成本为 10％。

表 7-3 项目 A 和 B 的相关现金流量

单位：万元

项目＼年份	0	1	2	3	4	5
项目 A	－500	150	150	150	150	150
项目 B	－500	175	160	155	140	125

例 7-2 中的精艺公司投资项目不存在建设期，采用公式（1）计算，则项目 A、B 的净现值分别为：

项目 A 的 $NPV=150\times PVIFA_{10\%,5}-500$

$=150\times 3.791-500$

$=568.65-500$

$=68.65$（万元）

$$\begin{aligned}\text{项目 B 的 } NPV &= 175\times PVIF_{10\%,1}+160\times PVIF_{10\%,2}+155\times PVIF_{10\%,3}+140\times PVIF_{10\%,4}+125\times PVIF_{10\%,5}-500\\ &= 175\times 0.909+160\times 0.826+155\times 0.751+140\times 0.683+125\times 0.621-500\\ &= 580.89-500\\ &= 80.89(\text{万元})\end{aligned}$$

【例 7-3】某公司进行一项投资，建设期 3 年，每年年初投资 400 万元，总共投资 1 200 万元，到第 3 年年底投产运行，投入运行时垫支流动资金 100 万元。投产后，每年产生营业现金流量 450 万元，项目寿命期为 5 年，期末残值为 50 万元，资本成本为 10%。试计算该项目的净现值。

由于投资项目存在建设期，采用公式(7-4)计算项目的净现值：

$$\begin{aligned}NPV &= 450\times PVIFA_{10\%,5}\times PVIF_{10\%,3}+150\times PVIF_{10\%,8}-400\times PVIFA_{10\%,3}(1+10\%)-100\times PVIF_{10\%,3}\\ &= 450\times 3.791\times 0.751+150\times 0.467-400\times 2.487\times 1.1-100\times 0.751\\ &= 1\ 351.22-1\ 169.38\\ &= 181.84(\text{万元})\end{aligned}$$

二、净现值法的决策规则

NPV 法决策的原理在于，如果 NPV 等于零，表明项目的现金流量刚好可以弥补投入资本；如果 NPV 大于零，项目的现金流量超过了所要求的回报；如果 NPV 小于零，则项目的现金流量不能弥补初始投入的资金。在此基础上，进行投资决策。

对于独立项目，当净现值大于零时，项目是可行的；反之，则项目是不可行的。对互斥项目进行择优决策时，首先要在满足净现值大于零的基础上，选择净现值最大的项目。

在例 7-2 中，精艺公司两个投资项目 A、B 都有正的净现值，所以都是可行的；但项目 B 的净现值高于项目 A 的净现值，采用净现值指标评价，则项目 B 优于项目 A。若是互斥项目，精艺公司应该选择项目 B 而拒绝项目 A。在例 7-3 中，投资项目净现值大于零，是可行的。

三、净现值法的评价

净现值法是一种较为科学、广泛运用的投资项目评估方法。其优点在于：一是考虑了资金的时间价值，不仅考虑了项目的全部现金流量，而且还考虑了现金流量的时间；二是考虑了投资风险的影响，对于风险较大的投资项目，可以选用较高的贴现率来进行计算，以反映风险对投资决策的影响；三是净现值的数额反映了投资方案在整个经济年限内的净收益，表明企业总价值绝对量的增加，这与企业财务管理目标是一致的。

但是，净现值法也存在一定的局限性：一是不能揭示各个投资项目本身可能达到的实际报酬率是多少；二是在互斥项目决策时，没有考虑互斥项目的投资规模差异。净现值是一个绝对值，其大小只能说明投资项目的盈亏总额，而不能说明单位投资的效益情况，因而在处理不同投资规模且资本限量的决策问题时，就难以用净现值指标来衡量各方案投资效果的好坏。

第三节　折现回收期法

回收期法的最大缺陷是没有考虑资金时间价值，精确度不够。针对这一缺陷，一些决策者采用一种变通方法，称为“折现回收期法”。

一、折现回收期法的计算原理

折现回收期(Discounted Payback Period)，是采用适当的折现率将未来各期的现金流量进行折现，然后再计算收回原始投资额所需要的年限。

在上一章介绍了两种计算投资回收期的方法，由于对各年现金流量采用折现计算，项目每年的现金流量现值是不相等的，因此，计算折现回收期只能根据每年年末尚未收回的投资额来确定。

以例7-2中投资项目B为例，回收期法与折现回收期法每年年末尚未收回的投资额如表7-4所示。

表7-4

单位：万元

年份	回收期法		折现回收期法	
	现金流量	年末尚未回收的投资额	现金流量现值	年末尚未回收的投资额
1	175	325	159.08	340.92
2	160	165	132.16	208.76
3	155	10	116.41	92.35
4	140		95.62	
5	125		77.63	

$$回收期=3+\frac{10}{140}=3.07(年)$$

$$折现回收期=3+\frac{92.35}{95.62}=3.97(年)$$

由此可见,通过考虑资金时间价值,项目B的回收期变长。

折现回收期法的决策规则与普通回收期法一样。假如项目B的基准折现回收期为4年,则项目B是可行的。

二、折现回收期法的评价

贴现回收期法是对普通投资回收期法的修正,与普通回收期法相比,优点是它考虑了资金的时间价值,精确度提高,但仍无法克服普通回收期法的其他缺陷。由于进行了折现,使得决策过程变得复杂;况且既然已经计算出折现后的现金流量,不如加总折现后的现金流量,运用净现值法进行决策,净现值法克服了回收期法所有的缺陷。

第四节 内部收益率法

一、内部收益率法的计算原理

内部收益率法是以内部收益率为评价指标的资本投资决策评估方法。所谓内部收益率(Internal Rate of Return,IRR),是使投资项目的净现值等于零的贴现率。即根据内部收益率对投资项目的全部现金流量进行折现,使未来报酬的总现值正好等于初始投资额的现值。其计算公式为:

$$NPV=\sum_{t=1}^{n}\frac{NCF_t}{(1+IRR)^t}-I=0$$

求出公式中的IRR,即为内部收益率。

内部收益率的计算因每年预计产生的现金净流量是否相等而不同:

1. 如果每年的NCF相等

(1)计算年金现值系数。公式为:

$$年金现值系数=\frac{初始投资额}{每年的NCF}$$

(2)查年金现值系数表，在相同的期数内，找出与上述年金系数相邻近的较大和较小的两个贴现率。

(3)根据上述两个邻近的贴现率和已求得的年金现值系数，采用插值法计算出该投资方案的内部收益率。

例 7-2 中，投资项目 A 每年的 NCF 相等，所以可采用第一种方法计算内部收益率。

$$\text{年金现值系数 } PVIFA_{i,5}=\frac{\text{初始投资额}}{\text{每年的 } NCF}$$

$$=\frac{500}{150}=3.333$$

查年金现值系数表，第 5 期与 3.333 接近的年金现值系数 3.352 和 3.274 分别指向 15%和 16%。现用插值法计算如下：

贴现率(i)	年金现值系数
15%	3.352
i	3.333
16%	3.274

$$\frac{i-15\%}{16\%-15\%}=\frac{3.333-3.352}{3.274-3.352}$$

$$i=15.24\%$$

即项目 A 的内部收益率为 15.24%。

2. 如果每年的 NCF 不相等

在这种情况下，一般采用逐次测试法结合插值法进行，具体方法如下：

(1)先预估一个贴现率，并按此贴现率计算净现值。如果计算出的净现值为正数，则表示预估的贴现率小于该项目的实际内部收益率，应提高贴现率再进行测算；如果计算出的净现值为负数，则表示预估的贴现率大于该方案的实际内部收益率，应降低贴现率，再进行测算。经过如此反复测算，找到净现值由正到负并且比较接近于零的两个贴现率。

(2)根据上述两个邻近的贴现率再来用插值法计算出方案的实际内部收益率。

例 7-2 中，投资项目 B 每年的 NCF 不相等，故只得采用逐次测试法，测算过程详见表 7-5。

表 7-5

单位:万元

年份	NCF_t	测试15%		测试16%		测试17%	
		$PVIF_{15\%,t}$	现值	$PVIF_{16\%,t}$	现值	$PVIF_{17\%,t}$	现值
0	−500	1.000	−500	1.000	−500	1.000	−500
1	175	0.870	152.25	0.862	150.85	0.855	149.63
2	160	0.756	120.96	0.743	118.88	0.731	116.96
3	155	0.658	101.99	0.641	99.36	0.624	96.72
4	140	0.572	80.08	0.552	77.28	0.534	74.76
5	125	0.497	62.13	0.476	59.5	0.456	57
NPV	—	—	17.41	—	5.87	—	−4.93

试算结果表明,项目B的内部收益率应在16%与17%之间,现用插值法计算如下:

贴现率(i)	净现值
16%	5.87
i	0
17%	−4.93

$$\frac{i-16\%}{17\%-16\%}=\frac{0-5.87}{-4.93-5.78}$$

$$i=16.54\%$$

即项目B的内部收益率为16.54%。

二、内部收益率法的决策规则

内部收益率法决策的原理在于,一个项目的IRR实际上是该项目的期望收益率。如果内部收益率超过了该项目的资本成本,支付资本成本后的盈余将为股东所有,这将增加股东的财富;如果内部收益率低于该项目的资本成本,该方案的进行将无法弥补投资成本。在此基础上,进行投资决策。

评价独立项目时,只要内部收益率大于企业的资本成本或必要报酬率时,投资项目是可行的;反之,则项目不可行。对于独立的常规性投资项目,内部收益率的评价结果始终与净现值法的结果是一致的。从中可得出两者的内在联系:

内部收益率＝资本成本，净现值＝0

内部收益率＞资本成本，净现值＞0

内部收益率＜资本成本，净现值＜0

评价互斥项目时，应选择内部收益率最大的项目。

例7-2中，项目A和项目B的内部收益率大于资本成本10%，都是可行的；项目B的内部收益率高于项目A的内部收益率，从内部收益率指标分析，项目B优于项目A。

三、内部收益率法的评价

内部收益率是一种常用的重要的资本投资决策评估方法，它考虑了资金的时间价值，能正确反映投资项目本身实际能达到的真实报酬率。但这种方法的计算比较复杂，特别是每年*NCF*不相等的投资项目，一般要经过多次测算才能求得，但计算机的使用可解决这一问题。

第五节 资产更新决策

固定资产更新是指对技术上或经济上不宜继续使用的旧固定资产，用新的固定资产更换的决策，或用先进的技术对原有设备进行局部改造。固定资产更新决策在企业资本投资决策中具有极为重要的地位。固定资产更新决策的常用方法主要是差量分析法、年平均成本法和经济寿命期法。

一、差量分析法

差量分析法是通过计算新旧设备在项目计算期内的差量现金净流量并计算其差量净现值，以差量净现值是否大于零为标准来决策是否更新设备的方法。当差量净现值＞0，则应购置新设备；若差量净现值＜0，则应继续使用旧设备；若差量净现值＝0，则更新与否都可以。

【例7-4】某公司现有一台生产设备系4年前购买，原购置成本为500万元，估计还可使用6年，已提折旧200万元，期满无残值。若继续使用旧设备，每年可获得销售收入700万元，每年付现成本400万元。现该公司准备用一台高新技术设备取代旧设备，约需价款800万元，估计可使用6年，期满估计残值80万元。购入新设备时，旧设备可作价300万元。使用新设备后，每年可获销售收入

1 000万元，每年付现成本500万元。假定该公司的资本成本为10%，所得税税率为40%，新旧设备均使用平均年限法计提折旧。试作出该公司是继续使用旧设备还是对其进行更新的决策。

本例是一个互斥选择投资决策问题，一个方案是继续使用旧设备，另一个是出售旧设备而购置新设备。由于两个方案的使用年限相同，因而无需为每个方案分别计算其现金流量，可以用差量分析法，从新设备的角度来计算购置新设备与继续使用旧设备的现金流量的差额，增减额用希腊字母"Δ"表示。

1. 计算两方案的初始现金流量的差量

Δ初始投资＝800－300＝500(万元)

2. 计算两方案的各年营业现金流量的差量

Δ销售收入＝1 000－700＝300(万元)

Δ付现成本＝500－400＝100(万元)

Δ年折旧额$=\frac{800-80}{6}-\frac{500}{10}=70$(万元)

Δ营业现金净流量 $NCF_{1-5}=(300-100-70)\times(1-40\%)+70=148$(万元)

3. 计算两方案的终结现金流量的差量

Δ终结现金流量＝80(万元)

4. 计算净现值的差量

$$\Delta NPV=148\times PVIFA_{10\%,6}+80\times PVIF_{10\%,6}-500=148\times 4.355+80\times 0.564-500$$
$$=189.66(万元)$$

5. 结论：根据以上计算，可见购置新设备能增加净现值189.66万元，故更新设备的投资方案是可行的。

二、年平均成本法

年平均成本法是通过比较新旧设备的年平均使用成本的高低来决策是否更新旧设备的方法。固定资产的年平均成本是指该资产引起的现金流出的年平均值。如果不考虑货币的时间价值，它是未来使用年限内的现金流出总额与使用年限的比值；如果考虑货币的时间价值，它是未来使用年限内现金流出总现值与年金现值系数的比值，即平均每年的现金流出。

【例7-5】某企业有一旧设备，工程技术人员提出更新要求，有关数据见表7-6：

表 7-6

单位:万元

	原值	预计使用年限	已经使用年限	最终残值	变现价值	年运行成本
旧设备	1 100	10	4	100	300	350
新设备	1 200	10	0	150	1 200	200

假设该企业要求的最低报酬率为15%,请进行决策是否更新旧设备。

1.不考虑资金时间价值时

$$旧设备年平均成本\frac{300+350\times6-100}{6}=\frac{2\ 300}{6}=383.33(万元)$$

$$新设备年平均成本\frac{1\ 200+200\times10-150}{10}=\frac{3\ 050}{10}=305(万元)$$

结论:通过计算结果,当不考虑资金时间价值时,使用新设备的年平均成本较低,应进行设备更新。

2.考虑资金时间价值时

$$旧设备年平均成本=\frac{300+350\times PVIFA_{15\%,6}-100\times PVIF_{15\%,6}}{PVIFA_{15\%,6}}$$

$$=\frac{300+350\times3.784-100\times0.432}{3.784}=417.86(万元)$$

$$新设备年平均成本=\frac{1\ 200+200\times PVIFA_{15\%,10}-150\times PVIF_{15\%,10}}{PVIFA_{15\%,10}}$$

$$=\frac{1\ 200+200\times5.019-150\times0.247}{5.019}=431.71(万元)$$

结论:根据计算结果,当考虑资金时间价值时,使用旧设备的年平均成本较低,不宜进行设备更新。由于固定资产投资时间长,应考虑资金时间价值来计算设备的年平均成本。

三、经济寿命期法

经济寿命期是指固定资产的年平均成本达到最低或年平均净收益达到最高时的使用年限。固定资产的经济寿命也可称为最低成本期或最优更新期。即意味着若此时不更新设备,再继续使用,其年平均成本将增加,那么设备的使用就不是最经济的,所以年平均成本达到最低时就要进行更新。

固定资产年平均成本的计算包括三项内容:固定资产初始投资成本、固定资产持有成本以及固定资产年运行成本。其中固定资产持有成本与固定资产残值有关。其计算公式如下：

固定资产持有成本＝固定资产初始投资成本－固定资产残值的折现值

一般来说，由于技术进步和机器设备的损耗，固定资产残值逐年减少，因此固定资产的持有成本逐年递增；而由于设备的日益老化，维护费用、修理费用、能源消耗等会逐步增加，即固定资产年运行成本呈递增趋势。这两项成本之和达到最低时的年份就是固定资产的经济寿命。

固定资产平均年成本的计算公式为：

$$UAC=\frac{\left[C-\frac{S_n}{(1+i)^n}+\sum\frac{C_n}{(1+i)^n}\right]}{PVIFA_{1,n}}$$

式中：

C——固定资产原值；

S_n——n 年后固定资产余值；

C_n——第 n 年运行成本；

n——预计使用年限；

i——最低投资报酬率；

UAC——固定资产平均年成本。

【例 7-6】某生产设备原值为 700 万元，使用年限为 8 年，预计第 1 年末至第 8 年末的残值分别为 500 万元、380 万元、300 万元、230 万元、170 万元、120 万元、80 万元、50 万元，运行成本依次为 100 万元、110 万元、125 万元、145 万元、170 万元、200 万元、225 万元、250 万元，公司所要求的最低收益率为 8%，求该生产设备的经济寿命期。

在确定固定资产经济寿命时，必须分别假定固定资产运行 1 年、2 年、3 年……n 年，并按上述方法计算各假设下的固定资产平均年成本 UAC_1、UAC_2、UAC_3……UAC_n，比较这些平均年成本的大小。如果 UAC_i 最小，则 i 即为固定资产的经济寿命。对于本例来说：

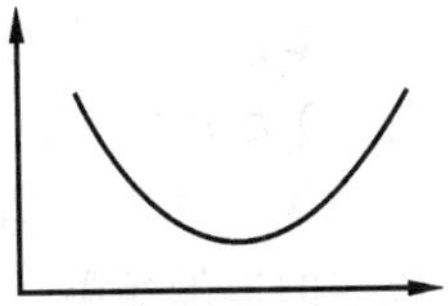

1. 使用 1 年时的年平均成本

$$UAC_1=\frac{700-500\times PVIF_{8\%,1}+100\times PVIF_{8\%,1}}{PVIFA_{8\%,1}}=\frac{329.6}{0.926}$$

$$=355.9(\text{万元})$$

图 7-1

2. 使用 2 年时的年平均成本

$$UAC_2=\frac{700-380\times PVIF_{8\%,2}+100\times PVIF_{8\%,1}+110\times PVIF_{8\%,2}}{PVIFA_{8\%,2}}=314.9(\text{万元})$$

3. 使用3年时的年平均成本

$$UAC_3 = \frac{700 - 300 \times PVIF_{8\%,3} + 100 \times PVIF_{8\%,1} + 110 \times PVIF_{8\%,2} + 125 \times PVIF_{8\%,3}}{PVIFA_{8\%,3}}$$

$$= 290.5(\text{万元})$$

同理，可以计算出第4～8年的年平均成本分别为：279万元、273.8万元、272.5万元、272.7万元、273.9万元。

结论：根据以上计算结果显示，第6年的年平均成本最低，因此经济寿命期或最优更新期为第6年末。

本章小结

正确的资本投资决策对于企业的生存与发展具有非常重要的作用。资本投资决策中最重要的步骤是估计长期投资项目未来发生的增量现金流量而不是预期的会计利润。典型的投资项目将现金流量分为三个部分：初始现金流量、营业现金流量与终结现金流量。折现现金流量法在投资项目评估方法中占主导地位，本章分别介绍了净现值法、贴现回收期法、内部收益率法的计算原理与决策规则，并对它们的优缺点进行评价；并介绍了固定资产更新决策中的差量分析法、年平均成本法和经济寿命法。

复习思考题

1. 何谓现金流量？其构成如何？
2. 在资本投资决策中为什么采用现金流量而不是会计收益？
3. 试述净现值法、折现回收期法和内部收益率法的优缺点。
4. 简述固定资产更新决策中的年平均成本法与经济寿命期法。

本章习题

1. 某公司有一投资项目，投资总额为500万元，其中460万元用于购买设备，40万元用于追加流动资金。预计投资该项目可使公司第一年增加300万元销售收入，第二年增加360万元销售收入，第三年增加460万元销售收入；经营成本的增加额第一年、第二年、第三年分别为80万元、120万元、150万元；第三年末项目结束，收回流动资金40万元。若该公司所得税税率为30%，固定资产按直线法计提折旧(期限为3年，残值为10万元)。公司的资本成本为10%。

要求：

(1)计算确定该项目的现金流量；

(2)计算该项目的折现回收期、净现值；

(3)如果不考虑其他因素，你认为该项目是否可接受？

2.某企业计划进行某项投资活动，拟有甲、乙两个方案。有关资料如下：

甲方案原始投资为150万元，其中，固定资产投资100万元，流动资金投资50万元，全部资金于建设起点一次投入。该项目经营期5年，到期残值收入5万元。预计投产后年营业收入90万元，年付现成本41万元。

乙方案原始投资为210万元，其中，固定资产投资145万元，流动资金投资65万元，全部资金于建设起点一次投入。该项目建设期2年，经营期5年，到期残值收入8万元，无形资产自投产年份起分5年摊销完毕。该项目投产后，预计年营业收入170万元，年付现成本80万元。

该企业按直线法计提折旧，全部流动资金于终点一次回收，所得税税率为33%，设定折现率为10%。

要求：

(1)计算甲、乙两方案的现金流量；

(2)计算甲、乙两方案的净现值，并作出选择。

3.假设大通轮船公司目前拟购置一艘新货船，需价款540万元，可使用10年，使用期满残值40万元，新增的货轮在其寿命周期内每年可为企业增加净利润52万元，同时公司按直线法计提折旧。设该公司的资本成本为12%。

要求：用内部收益率法评价该投资方案是否可行？

4.某厂拟购置设备一套，有A、B两种型号可供选择，两种型号机器的性能相同，但使用年限不同：A设备使用年限为5年，设备售价为400万元，每年的维修运行成本为61万元；B设备使用年限为3年，设备售价为250万元，每年的维修运行成本为86万元。如果该企业的资本成本为10%，应选用哪一种型号的设备？

第八章 股权融资和股票定价

学习目的

通过本章的学习，你可以：

1. 掌握普通股和优先股的基本概念；
2. 了解向公众公开发行股票的基本程序与发行方式；
3. 熟悉证券承销商在股票发行过程中的作用；
4. 掌握如何对新股进行定价；
5. 了解 IPO 过程中股价过低的可能原因；
6. 熟悉 IPO 给企业价值带来的影响。

小案例导引

中财网 2007 年 3 月 5 日报道：中国证监会发审委日前公告，经过 2007 年第 22 次会议审核，浙江银轮机械股份有限公司的首发获得通过。公开资料显示，浙江银轮机械股份公司拟发行 3 000 万股流通股，发行后总股本 10 000 万股。上述 10 000 万股均为流通股。其中股东浙江银轮实业发展股份有限公司(持股 4 900 万股，占发行前总股本 70%)、徐小敏(实际控制人，持股 6 042 036股，占发行前总股本 8.63%)均承诺：自股票上市之日起 36 个月内，不转让或委托他人管理其已直接和间接持有的发行人股份，也不由发行人收购该部分股份。其他股东承诺自股票上市之日起，12 个月内不转让其持有的股份。承诺期限届满后，上述股份可以上市流通和转让。本次发行的保荐人为光大证券。

公司为什么要发行股票？什么样的公司才能获得批准发行股票？股票应当怎样进行定价？学完本章，我们就可以解答上述的问题。

公司为了维持公司正常的运营，需要一定的资金量，这些资金往往不能单纯依靠公司在经营过程中的盈利来提供。通过股权融资是上市公司资金来源的一个重要部分。本章将具体介绍股权筹资方面的一些基础知识。

第一节　普通股股票

一、股票的概念及特征

股票是股份公司发给股东的所有权凭证，是股东借以取得公司经营决策权和股利的一种有价证券。股票具有如下特征：

1. 股票是一种有价证券。股票的本身没有价值，但是股票的购买者可以凭借股票定期从股票所属的股份公司获得股利收入和红利，所以股票可以在市场上进行自由买卖并有价格。

2. 股票是一种要式证券。股票的制作和记载必须依法进行。股票应当载明的主要事项包括：(1)股票发行单位的全称；(2)发行股份的总额、每股的票面金额和股数；(3)股票的种类(主要是标明股票是普通股股票还是优先股股票)；(4)股票发行的年、月、日；(5)股票的编号；(6)股份公司成立的时间和注册的地址；(7)主管机关或核定发行登记机构签证；(8)股份公司的印章以及公司董事长的签名。随着电子计算机的广泛应用，股票的发行和交易已经逐渐实现了无纸化。

3. 股票没有到期偿还期限。除了法律规定的特殊情况外，投资者认购股票不能要求退还出资，但是他可以在股票市场上出售持有的股票以获取现金。

4. 股票是一种高风险高收益的金融工具。股票在市场上进行交易时，市场价格波动较大。价格的波动受到股票发行者经营情况、政治因素、投资者心理因素等许多因素的影响，因此股票价格变动的不确定性很大，风险很高。

二、普通股股票的类型

股票的持有者为公司股东，对公司财产具有要求权。股票可以按照不同的方式和标准进行分类：

1. 按股票是否记名划分

(1)记名股票。记名股票是指票面上记载股票持有者姓名和名称的股票。记名股票在股份公司的股东名册上亦需注明股票持有者的姓名和名称。记名股票每一次所有权的转移必须办理过户手续，并同时变更股票票面的记名和公司股东名册的记载。

(2)不记名股票。不记名股票是指票面上不记载股东姓名或名称的股票。此种股票的合法持有人就是股东，享有股份权。不记名股票具有流通更为方便的特点，因此，不记名股票是较为普通的一种股票形式。

2. 按股票票面是否载明金额划分

(1)面值股票。面值股票是指股票票面上记载每股金额的股票。

(2)无面值股票。无面值股票就是在股票票面上不载明金额，只标明每股占公司资本总额的比例。其价值随公司的财产增减而增减。

3. 按股票的投资主体划分

(1)国家股。国家股是指以国家或全民所有制资金、实物资产、土地使用权等投资而形成的股份。国家股的形成主要有两种方式：一是由原全民所有制企业改组股份公司，原国有资产折算成股份；二是国家以资金、实物资产、土地使用权等投资于新建的股份公司而占有股份。

(2)单位(法人)股。单位(法人)股是指单位(法人)持有的股份。它可以是法人依据它支配的财产向公司投资形成的股份，也可以是具有法人资格的事业单位和社会团体以国家允许其用于经营的资产向公司投资而形成的股份。

(3)个人(自然人)股。个人(自然人)股指自然人持有的股份。主要包括：股份公司定向募集的内部职工股、股份公司向社会再募集的社会个人股和境外个人投资者持有的股份。

另外，人们还经常根据股票的发行对象和上市地点来对股票进行分类：如，N股即表示在纽约交易所上市交易的股票；H股即表示在香港联合交易所上市的股票；S股即表示在新加坡上市交易的股票。A股是以人民币标明面值，以人民币进行投资的社会公众股，投资者可以是个人，也可以是法人。B股为人民币特种股票，股票以人民币标明面值，但投资者必须以外币购买。

三、普通股股东的权利

普通股股票的持有人称为普通股股东，普通股股东一般具有如下权利：

1. 对公司的管理权

普通股股东可以出席或者委托代理人出席股东大会，具有选举公司董事会成员、修改公司章程、改变公司资金结构、批准出售公司某些资产、吸收或兼并其他公司等重大问题的表决权，这是普通股股东参与公司经营管理的基本方式。此外，普通股股东具有查账权。但为了保护公司秘密，并不是每个股东都可自由查账，股东可以委托会计师事务所代表他审查公司有关的账目，而且普通股股东拥有质询权。当公司的管理当局越权进行经营时，股东有权予以阻止。

2.股利分配要求权

股利分配也是普通股股东的一项基本权利。股利分配方案由股东大会决定。每一个会计年度由董事会根据企业的盈利数额和财务状况来决定分发股利的多少并经股东大会投票表决。企业的盈余首先用来发放优先股股利，然后才能用来发放普通股股利。

3.出售或转让股份的权利。股东有权出售或转让股票，这也是普通股股东的一项基本权利。

4.剩余财产的要求权。当公司解散、清算时，普通股股东对剩余财产有要求权。

当然，在享受权利的同时，普通股股东还应承担相应的义务，诸如必须遵守公司章程、缴纳股款等。

四、普通股筹资评价

普通股筹资是股份公司的一种主要的权益资本筹资方式，是进行其他筹资的基础。我们可以分别从公司和社会两个角度考虑普通股融资的优点和缺点。

从发行公司的角度来看，普通股筹资具有如下优点：第一，发行普通股没有固定的股利支付负担。公司盈利较多时，可以向股东发放股利，公司没有盈利或盈利较少或因其他原因，可以不发放股利，不像公司债券有定期支付利息的义务。第二，普通股没有到期日，不必像债券筹资那样经常要考虑如何调集现金还本付息。通过普通股筹集的资金成为公司长期稳定的资本供给。第三，普通股融资的风险比较小。普通股不像公司债券那样有定期支付利息的义务，也没有固定的到期日，因此风险较小。第四，普通股融资能够增强公司的信誉。权益资金越多，可以支持越多的债务融资。另外，较多的权益资金也可以提高公司的信用价值。

当然，公司进行普通股筹资也有不利之处。第一，普通股融资的资金成本比较高。普通股的融资成本通常要高于负债融资。第二，公司发行股票，意味着原投资者转让了部分公司权益，削弱了其对公司的绝对控制权，也降低了利益分享部分。

从社会的角度来看，普通股融资是一种比较理想的融资方式。[①] 主要是因为公司不会轻易受到销售和收益的影响，并且普通股融资不涉及固定费用支出。

第二节 优先股股票

一、优先股的特征

发行优先股股票是公司获利权益资金的方式之一，优先股股票募集的资金称为优先股股本。优先股股票是一种兼具普通股股票和债券特点的有价证券。

优先股是相对普通股而言的，它是一种混合性证券，既具有普通股股票的一些特征，比如优先股没有到期日，也具有债券的一些特征。它与普通股相比，具有许多优先权。优先股股票的请求权优于普通股，但次于债券。在分配股利时，优先股具有优先请求权，普通股股东必须在优先股股利支付后才能获得普通股股利。如果公司破产清算，优先股对剩余财产有优先的请求权。

二、优先股的种类

优先股股票可以按照不同的标准分为如下几类：

(1)累积优先股和非累积优先股。累积优先股是指在某个营业年度内，如果公司因故不能按期发放优先股股利，则这些优先股股利将累积到日后一并发放。且公司在全部发放完以前积欠的优先股股利前不得向普通股股东发放任何股利。对非累积的优先股而言，如果某年度公司未能发放优先股股利，则该年度的优先股股利以后年度不能补付。

(2)参与优先股与非参与优先股。参与优先股除了享受既定比率的利息外，还可以跟普通股共同参与利润分配的优先股，而非参与优先股只能享受既定股利，不能再参与利润分配的优先股。

(3)可转换优先股与不可转换优先股。可转换的优先股可以在特定条件下转换成为一定数额的普通股。不可转换优先股则不能进行相应的转换。可转换优先股是近年来日益流行的一种优先股。

---

① 引自斯科特・贝斯利、尤金 F.布里格姆著，刘爱娟、张燕译：《财务管理精要》(原书第12版)，机械工业出版社，2003年版，第437页。

(4)可赎回优先股与不可赎回优先股。可赎回优先股允许发行公司在必要的时候按照约定的条件将优先股赎回。反之,就是不可赎回的优先股。

三、优先股筹资的评价

优先股股票兼具权益资本的债务的特征,是一种混合型的证券。正是因为这种特性,发行优先股是一种灵活机动的筹资方式。我们可以从发行公司的立场和投资者的立场来评价优先股筹资的利弊。

从发行公司的观点来看,优先股筹资具有一列优点:第一,公司采用优先股筹资,支付的股利具有固定性和灵活性。通常来说,优先股采用固定的股利政策,但是公司并不需要像债券融资那样按期足额支付股利,如果公司财务状况不佳,它可以选择不支付优先股股利。第二,利用优先股筹资可以保护普通股股东对公司的控制权。优先股股票通常没有投票权,因而发行优先股不会分散原有股东对公司的管理权和控制权。第三,优先股一般没有到期日,它实质上是一种永久性借款,股利的支付和优先股的回收,对公司来说有很大的机动性,从而使公司的财务结构更富有灵活性。第四,优先股股本是公司权益资本的组成部分,可以保护债权人的利益。因此,发行优先股可增强公司未来的偿债能力。

优先股筹资的一个主要缺点是,与债券相比,优先股的资本成本比较高。优先股股利是以公司的税后净利发放,无法产生所得税抵减作用。

从投资者的观点来看,优先股的优点在于,优先股在公司破产清算时,对剩余财产较普通股有优先请求权,因而在风险方面居于较为有利的地位。

对投资者来说,投资优先股的主要缺点是,优先股股本作为公司的权益资本,必然要承担权益股的风险,然而其报酬却是有限的。而且优先股股东不能强制要求获得股利。

第三节　向公众发行股票的基本程序和发行方式

一、向公众发行股票的基本程序

向公众发行股票可以分为两种情况:一种是设立时发行股票,另一种是增资发行股票。发行股票的情况不同,其相应的基本程序也有所不同。

（一）设立时发行股票的基本程序

第一，发起人认足股份，交付出资。发起人应当认足其应认购的股份。发起人可以采用现金出资，也可以采用实物、非专利技术或土地使用权等作价出资。

第二，提出募集股份申请。发行人应当依照法定程序向国务院证券监督管理机构或者国务院授权的部门报送募股申请，并报送批准设立公司的文件。文件主要包括公司章程；经营估算书；发起人姓名或者名称、发起人认购的股份数、出资种类及验资证明；招股说明书；代收股款银行的名称及地址；承销机构的名称及有关协议等文件。

国务院证券管理监督机构或者国务院授权的部门审查募股申请后，认为符合《公司法》规定条件的，予以批准；否则，不予批准。

对于已经作出的批准股票发行的决定，如果发现不符合法定条件或者法定程序，应当予以撤销。尚未募集股份的，应停止募集；已经募集股份的，发行人应当按照发行价并加算银行同期存款利息返还证券持有人。

发行人首次公开发行股票的，在递交申请文件之后，应当按照国务院证券监督管理机构的规定预先披露相关的申请文件。

第三，公告招股说明书，制作认股书，签订承销协议。在向公众发行股票的申请获得批准之前，任何人不得以任何形式泄露招股说明书的内容。在申请获得批准之后，发行人应当在规定的时间内公布招股说明书，并制作认股书。向公众发行股票，应当由依法设立的证券承销机构承销，双方应签订承销协议；承销协议内容包括股票承销商的名称、地址、法定代表人、承销金额、承销机构及组织系统、承销方式及当事人的权利和义务、承销费用、承销起止日期等。此外还应和银行签订代收股款协议。

第四，招认股份，缴纳股款。发行股票的发起人或者证券承销机构，一般以广告或者书面通知的方式招募股份。认购者认股时，须在认股书上写明认购股份的数量、金额，认股人的住所，并且还要签名、盖章。一旦认购者填写了认股书，他就有义务按照认股书中约定的缴纳股款。股款必须一次性缴足。认购者在缴纳股款的同时，还应当交付认股书。收款银行应当向已经缴纳股款的认购者出具由发起人签名盖章的缴纳股款的收据，并向有关部门出具收缴股款的证明。

股款缴足之后，发起人应当委托法定的机构进行验资，并出具验资证明。

第五，召开创立大会，选举董事会、监事会。在发行的股数募足之后，发起人应当在规定的时间内召开由认股人参加的创立大会。创立大会必须有持有总股份一半以上的认股人出席才可以举行。创立大会通过公司章程，并选举出公司的董事会和监事会。

第六,办理设立登记。董事会在创立大会产生后,应当在创立大会结束后的30天内,办理申请公司设立的登记事项。股份有限公司在登记成立后,就可以向股东正式交付股票。公司在登记成立前不能向股东交付股票。

(二)公司增资发行新股的基本程序

第一,股东大会作出发行新股的决议。根据我国公司法的规定,发行新股须由股东大会作出决议,内容包括新股种类、数额;新股发行的价格;新股发行的开始以及结束时间;向原有的股东发行新股的种类和数额等。

第二,提出发行新股的申请。公司在作出向社会公众发行新股的决议后,应当向国务院证券监督管理部门提出申请。

第三,公告新股招股说明书,并与证券经销机构签订承销协议。公司在新股申请获得批准后应当公告新股招股说明书和财务会计报表及附表,并制作认股书。此外还需与证券经销机构签订承销协议。

第四,招认股份,缴纳股款。

第五,改组董事会、监事会,办理变更登记并向社会公告。公司在发行新股结束后应当立即召开股东大会,改选董事会和监事会。而后,公司必须向登记机关办理变更登记。变更登记事项包括本次实际发行新股的股数、数额,新股发行后变更的股东名册,以及经过改选后的董事会和监事会名单等等。

二、股票发行方法

股票发行方式有以下几种:

第一,有偿增资。有偿增资是指出资人必须用现金或者实物按照股票的面额或者市场价格购买股票。有偿增资可以分为公募发行、股东优先认购股份等具体做法。

公募发行是指向社会公众公开发行募集股票,可以分为直接公募和间接公募两种类型。直接公募是发行公司通过证券经销机构等中介机构,向社会公众发行股票。在募集过程中,中介机构只收取一定的手续费而不承担风险,发行的责任和风险由发行公司承担。间接公募是发行公司通过投资银行发行,由投资银行包销,发行风险由投资银行承担。投资银行先将股票购入,再发售给社会公众。

股东优先认购是公司在发行股票时按照现有股东手中持有的旧股比例分配给他们新发行股票的认购权,准许他们优先认购公司的新股。现有股东指的是在发行新股时在股东名册上有记载的股东。

显而易见,有偿增资可以增加公司的资本。

第二，无偿配股。无偿配股是公司无代价地将公司发行的股票配给股东，股东不需要向公司缴纳现金或者实物财产。无偿配股可以分为无偿交付、股票派息和股票分割三种做法。

无偿交付是指公司利用资本公积转增股本，现有股东按照持股比例无偿地得到相应的股份。股票派息是指公司以当年度利润分派新股以代替对股东支付股利。股票分割是将大面额股票分割成若干小面额的股票。

公司进行无偿配股主要是为了调整公司的资本结构，而不是为了增资。

第三，混合增资。所谓混合既包括有偿也包括无偿。公司在发行新股时，股东只需缴纳一部分股款，其余的由公司的公积金抵补。显然，混合增资既可以增加资本也可以调整公司的资本结构。

第四节　证券承销商

一、证券承销商的作用

按照法律、行政法规的规定，发行人向公众发行证券应当由证券经销商承销。一般来说，证券承销商为发行公司提供下列服务：拟订用来发行证券的方式，为新证券定价，销售新证券。

公司可以以竞价发行为基础，将证券提供给出价最高的承销商或是直接和承销商议价。证券承销商不得以不正当竞争的手段招揽证券承销业务。承销商承销证券，应当同发行人签订承销协议，载明下列事项：(1)当事人的名称、住所及法定代表签名；(2)承销证券的种类、数量、金额及发行价格；(3)承销的期限及起止日期；(4)承销的付款方式及日期；(5)承销的费用和结算办法；(6)违约责任；(7)国务院证券监督管理机构规定的其他事项。

证券承销商如果发现公开发行募集文件存在虚假记载、误导性陈述或者重大遗漏的，就不得进行销售活动；如果已经进行了销售，必须立即停止销售活动，并采取相应的纠正措施。

向公众公开发行的证券面值超过人民币 5 000 万元的，应当组织承销团承销。承销团由主承销和参与承销的证券经销商组成。主承销商是牵头组织承销团的证券公司，它可以由证券发行人通过竞标的方式产生，也可以由各证券经销商协商确定。主承销商的职责是负责组建承销团，还要代表承销团和发行人签订承销协议等。承销协议包括当事人的情况，承销股票的种类、数量、金额、发行价格，承销的具体方式，各承销成员承销的份额和报酬，承销期及起止时间，承销付款的日期及方式等。

二、承销的种类

承销可以分为两种，一种是包销，另一种是代销。包销又可以分为两种情况。一种是证券经销商将证券发行人的证券依照协议的规定全部购入，然后再由它出手给投资者。如果出售价高于它向发行公司购买的价格，盈利归经销商所有；如果出售价低于向发行公司购买的价格，它就要承担损失。另一种是经销商在承销期结束后，将售后剩下的证券全部自行购入。代销是经销商代发行人发售证券，在承销期结束之后，它将尚未出售的证券全部归还给发行公司，经销商只收取手续费。

三、绿鞋条款和牢笼协议

绿鞋条款（Green Shoe Provision），又被称为增售选择权（Overallotment Option），它的作用是为承销团的成员提供按照发行价格向发行者购买额外股份的选择权。绿鞋条款通常持续 30 天，在这 30 天之内，新发行的证券的市价如果上升并超过了发行价格，绿鞋选择权允许承销商向发行人购买股票，并立即在市场上公开出售这些证券。绿鞋条款对承销团而言是一种利益，但对发行者来说则是一种成本。

牢笼协议（Lockup Agreement）规定，内部人在股票初次公开发行（Initial Public Offering，简称 IPO）之后必须等待多久时间才能将他们持有的股票的一部分或者全部予以出售。牢笼协议能够保证内部人在公开上市公司当中保持重大的经济利益。

第五节 新股定价决策

一、定价决策

新股上市关键的一环是股票上市时价格的确定，这实际上也是一个普通股的估值问题，也就是确定所发股票的价值究竟应当是多大。价格高了，发行新股会存在无人购买的问题。普通股的估值有两种基础分析方法：股利贴现法和市盈率(P/E)方法。下面对这两种方法分别加以介绍。

(一)股票定价的基本模式

投资者投资股票，他得到的现金流流入由两个部分组成，即股利和股票出售时的价格。所以股票的价值就是由其未来股利现金流和出售时股票售价的现值组成。现金流由贴现率来调整。贴现率不仅反映货币的时间价值，而且反映现金流的风险。股票的基本定价公式为：

$$P_0=\sum_{t=1}^{\infty}\frac{D_t}{(1+K_e)^t} \tag{8-1}$$

式中：

P_0——所筹集资金的现值；

D_t——在 t 年份的股利；

K_e——贴现率，也就是股票的必要收益率。

公式(8-1)是股票价值的基本模式，在实际应用过程中，主要是考虑如何预测未来的股利以及如何确定贴现率。如果运用一般模式对股票进行定价，应该无限期地预计未来每年的股利，但实际上这是不可能做到的。我们通常是在各种简化情况下对股票进行定价。贴现率的作用在于把所有未来不同时间的现金流入折算成现在的价值，它是投资者所要求的收益率。下面介绍几种简化情况。

1. 零成长股票的定价

假设未来股利不变，以后每年支付的股利都等于现时已支付的股利 D_0，即：$D_0=D_1=\cdots=D_n$，这时：

$$P_0=\sum_{t=1}^{\infty}\frac{D_0}{(1+K_e)^t}=\frac{D_0}{K_e} \tag{8-2}$$

2. 固定成长股票的定价

在这种情况下，假设未来股利以一个相同的比率增长。D_0 是现时已支付的股利，预期增长率为 g，那么：

$D_1=D_0(1+g)$，$D_2=D(1+g)=D_0(1+g)^2$，…以此类推

一般而言，$D_t=D_{t-1}(1+g)=D_0(1+g)^t$

因此，固定成长股票的定价公式为：

$$P_0=\sum_{t=1}^{\infty}\frac{D_0(1+g)^t}{(1+K_e)^t}$$

当 g 为常数，且 $K_e > g$ 时，上式可简化为：

$$P_0 = D_0 \frac{1+g}{K_e - g} = \frac{D_1}{K_e - g} \tag{8-3}$$

3. 非固定成长股票的价值

许多公司的成长是分阶段的，在一段时间内可能是高速增长，然后变成稳定增长。公司可能拥有多个增长率。在这种情况下，就需要对公司分阶段计算，才能确定股票的价值。

最简单的情况是分为两个时期。假设公司在某个时期（典型的为 2 年到 10 年）以较高比率成长，随后在另一时期以一个长期的固定比率增长。则公司的股票定价公式为：

$$P_0 = \sum_{t=1}^{m} \frac{D_0(1+g)^t}{(1+K_e)^t} + \frac{D_m(1+g)}{K_e - g} \times \frac{1}{(1+K_e)^m} \tag{8-4}$$

在上述公式中，公司股利在未来 m 期内以超正常（或低于正常）的增长率 g_1 增长，然后以不变的增长率 g 增长。

（二）市盈率模型

上述方法是对股票价值的最一般、最基本的计算方法，它是一种非常科学的方法。但是由于在实际应用中股利的预计非常复杂，对投资者而言缺乏操作性。另外，从公司的角度来看，发行股票，不仅要考虑股票的基本价值，当时的市场状况也非常重要。市盈率是一个比较好的反映股票基本条件、市场供需状况等多种因素的指标。它比较容易掌握，被许多投资者使用。

$$P_0 = \frac{(P/E) \times \text{净收益}}{\text{在外流通股股数}} \tag{8-5}$$

其中，P/E 表示股票的市盈率，对新上市公司可以采用相似公司的市盈率来计算其新股发行价。可以从市场统计数据得到相似公司市盈率的一个参考值（平均值），在参考值的基础上结合公司自身的成长情况作相应的调整，就可得到公司发行股票应当遵循的市盈率。

二、核准制下新股定价方法

从 2001 年 3 月份起，我国新股发行完全实行市场化，由原来的审批制改为核准制。核准制是指发行者在发行新股票之前，不仅要公开有关的真实情况，而且必须合乎公司法和证券法中规定的若干实质条件。目前核准制主要在大陆法系国家、美国部分州、韩国等多个国家和地区实行。

在原先的审批制下，发行证券不仅要符合有关法律的规定，还必须经主管机关审查批准。而且在发行中还存在额度限制，公司的上市资格由地方政府或者公司的主管部门来决定，这使得一些真正有条件上市的公司未能及时获得额度，而在获得额度的公司中，有些条件并未具备或并无强大的竞争力，因此市场化的要求日益强烈。取消额度和指标，实行发行市场化，由市场供求关系决定定价是中国股市发展的必然趋势。实行核准制将提高股票市场的市场化程度，有利于我国股市的健康发展。那么，在核准制下，新股该怎样进行定价呢？接下来就介绍可供选择的两种定价方式。

(一)议价法

议价法是指由股票发行人与主承销商协商确定发行价。在核准制下，议价法是新股定价的主要方式，主承销商在发行市场中起着主导作用。发行人和主承销商在议定发行价时，主要考虑二级市场股票价格的高低(通常用前面介绍的平均市盈率等指标来衡量)、市场利率水平、发行公司的未来发展前景、发行公司的风险水平和市场对新股的需求状况等因素。一般有两种方式：

1. 固定价格方式。即由发行人和主承销商在新股公开发行前商定一个固定的价格，然后根据这个价格进行公开发售。

2. 市场询价方式。市场询价方式确定发行价格一般可分为两个步骤：首先，根据新股价值(一般采用前面介绍的现金流量贴现等方法确定)、股票发行时大盘走势、流通盘大小、公司所处行业股票的市场表现等因素确定新股发行的价格区间，然后再由主承销商协同发行人进行路演，向投资者介绍和推介该股票，并向投资者发送预订邀请文件，征集在各个价位上的需求量，通过对投资者的反馈信息，主承销商和发行人对最初的发行价格进行修正，并确定新股发行价格。

(二)竞价法

竞价法是指由各股票承销商或者投资者以投票的方式相互竞争确定股票发行价格。在具体实施过程中，又有下面三种形式：

1. 网上竞价

网上竞价是指通过证券交易所电脑交易系统按集中竞价原则确定新股发行价。新股竞价发行申报时，主承销商作为唯一的“卖方”，其卖出数为新股实际发行数，卖出价格为发行公司宣布的发行底价，投资者作为买方，以不低于发行底价的价格进行申报。

2. 机构投资者(法人)竞价

新股发行时，采取对法人配售和对一般投资者上网发行相结合的方式，通过法人投资者竞价来确定股票发行价格。一般由主承销商确定发行底价，法人投资者根据自己的意愿申购价格和申购股数，申购结束后，由发行人和主承销商对法人投资者的有效预约和申购股数按照申购价格由高到低进行排序，根据事先确定的累计申购价格的关系确定新股发行价格。

3.券商竞价

在新股发行时，发行人事先通知承销商，说明发行新股的计划、发行条件和对新股承销的要求。各个承销商根据自己的情况拟定各自的标书，以投标方式相互竞争股票承销业务，中标标书中的价格就是股票发行价。

虽然在核准制下，议价法和竞价法都试图使新股的发行价反映股票本身的价值和市场的供求关系，但是它们的定价原理并不相同。在用议价法定价时，新股发行价格是在按股票投资价值确定的基础价格，根据行业平均市盈率或者3～5家相似公司的平均市盈率以及路演时投资者对新股反馈信息来进行反复修正后确定的。可以将其看成是以股票价值为基础，通过"模拟"市场需求状况来确定新股发行价格，定价的准确性很大程度上取决于主承销商的专业知识和经验。而竞价法是以股票价值作为发行底价，以此为基础由承销商或者投资者进行竞价，是一种"直接"的市场化定价方式。

三、股东的必要报酬率

有些人认为，公司发行股票是一种"圈钱"行为，是一次"免费的午餐"，公司可以毫无成本地从投资者手中获得股本。实际上，天底下没有免费的午餐，公司发行股票同样是有成本的。要计算公司的成本，就必须了解股东的必要报酬率。

以下着重解释固定成长股票的股东的必要报酬率。根据固定成长股票的定价公式，有：

$$P_0=\frac{D_1}{K_e-g}$$

对公式进行整理，求公式当中的 K_e，可以得到：

$$K_e=\frac{D_1}{P_0}+g \tag{8-6}$$

例如某公司普通股当前市场价格为50元，本年度预期红利为每股6元，红利和利润均以10%的年增长率增长(上年度红利为每股5元)，则该公司普通的预期收益率为：

$$\begin{aligned}\overline{K}_e&=6/50+10\%\\&=22\%\end{aligned}$$

用市场价格计算的普通股预期收益率表示投资者要求的边际收益率。对按当前市场价格买入股票的投资者来说，股票所能提供的预期收益恰好等于他们要求的收益率，因此他们愿意按当前的价格购买这种股票。

第六节　IPO与股价低估

一、IPO过程中的股价低估现象

如何确定正确的发行价格是证券承销商在IPO过程中一件非常困难的事情。发行价格不能定得太高或者太低。如果价格定得太高，股票的销售就有可能失败。如果价格定得太低，发行公司的现有股东就会遭受机会损失。

人们发现在IPO过程中存在着普遍的股价低估现象。正如图8-1所示①，不管是在美国这样发达的资本市场，还是在中国、马来西亚这样不发达的资本市场，IPO时股价低估现象均存在，而且在不发达国家股价低估更为严重。

表1　部分国家和地区股票首次公开发行的首日平均收益

国家(地区)	研究者	样本数量	研究期间	首日平均收益
澳大利亚	Lee; Taylor和Walter; Woo	381	1976-1995	12.1%
巴西	Aggarwal, Leal和Hernandez	62	1979-1990	78.5%
加拿大	Jog和Riding; Jog和Srivastava; Kryzanowski和Rakita	500	1971-1999	6.3%
中国	Datar & Mao; Gu and Qin (A股)	432	1990-2000	256.9%
德国	Ljungqvist	407	1978-1999	51.7%
香港	McGuinness; Zhao和Wu	334	1980-1996	15.9%
印度	Krishnamurti和Kumar	98	1992-1993	23.9%
意大利	Arosio; Giudici和Paleari	164	1985-2000	35.3%
日本	Fukuda; Dawson和Hiraki; Hebner和Hiraki	1542	1970-2000	26.4%
韩国	Dhatt, Kim和Lim; Ihm; Choi和Heo	477	1980-1996	74.3%
马来西亚	Isa; Isa和Yong	401	1980-1998	104.1%
墨西哥	Aggarwal, Leal和Hernandez	37	1987-1990	33.0%
菲律宾	Sullivan和Unite	104	1987-1997	22.7%
新加坡	Lee, Taylor和Walter	128	1973-1992	31.4%
瑞士	Kunz和Aggarwal	42	1983-1989	35.8%
中国台湾省	Lin和Sheu; Liaw, Liu和Wei	293	1986-1998	31.1%
泰国	Wethyavivorn和Koo-smith; Lonkani和Tirapat	292	1987-1997	46.7%
英国	Dimson; Levis; Ljungqvist	3042	1959-2000	17.5%
美国	Ibbotson, Sindelar和Ritter	14760	1960-2000	18.4%

资料来源：Jay R. Ritter "Investment Banking and Securities Issuance" in《Handbook of Economics of Finance》 edited by George Constantinides, Milton Harris and Rene Stulz, forthcoming.

图8-1

① 转引自桑榕：《国外股票IPO的三种实证现象：机器理论解释》，《证券市场导报》，2002年5月号。

二、对股价低估的解释

为什么会存在股价低估是一个让人很疑惑的问题。应当指出的是，有些学者发现，大部分明显抑价发行的股票来自那些规模较小、投机性比较高的公司。这些公司一般是一些比较年轻的公司，它们可能是风险非常大的投资。因此，它们必须采取抑价发行，以吸引投资者。但是，对 IPO 当中存在的抑价现象，其他的学者提出了不同的解释，而且直到目前为止，学者对抑价发行的真正原因并未达成共识。接下来，我们列举一些其他关于 IPO 抑价发行的解释。

(一)信号假说

市场中的公司可以分为两类，一类是业绩较好的公司，另一类是业绩较差的公司。公司通常拥有有关本企业的真实信息，但是投资者却很可能对公司缺乏了解，不能对两类公司加以正确的区别，在市场和公司之间存在着信息不对称。而业绩较好的公司可以通过低价发行方式向市场中的投资者传递其自身拥有美好的发展前景的信息，因此在首次公开发行中将采取抑价发行的形式。而该公司在 IPO 中造成的损失可以通过在上市后的增资发行中高价发行得到弥补。而业绩较差的公司则不会这么做，因为它们如果在 IPO 时采取抑价发行，在上市后的增资发行中也得不到补偿(主要是因为公司的业绩较差，所以很难在以后的发行中采取高价发行)。

(二)赢家的诅咒

我们先举一个在拍卖市场上的例子来解释“赢家的诅咒”。一般来说，赢得拍卖的人都知道自己是拍卖时愿意为拍卖品出价最高的人，因此他们可能觉得自己高估了拍卖品的价值。

在股票市场上存在着两种投资者：一种投资者拥有信息，另一种投资者不拥有信息。拥有信息的投资者花费了一定的成本掌握了公司的实际价值，他们只有在公司的股价被低估的时候才会申购 IPO，而那些不拥有信息的投资者并不了解股票的真实价值，因此对具有代表性的 IPO 都会进行申购。于是，定价过高的股票由于只有不拥有信息的投资者申购，他们配售的比例往往是 100%，而定价过低的股票由于两种投资者都进行了申购，他们配售的比例则比较低。所以，如果拥有公司实际信息的投资者不进行申购，而某个投资者却申购到了股票，他也遭受了“赢家的诅咒”。所以，投资者如果意识到自己缺乏公司相关的知识，一般就不会购买 IPO。

所以，承销商会通过低估新股票的价格来增加该股票的吸引力，以此来促使那些不拥有信息的投资者购买该股票。

(三)避免法律诉讼假说

该假说认为,公司通过IPO抑价来减少其法律责任。在美国,对IPO的信息披露要求很严格,IPO公开的信息也比较充分透明,如果投资银行、会计师或者发行人对任何信息加以隐藏,就有可能面临相当大的诉讼风险。承销商和发行人为了避免在股票发行中遭到投资者的起诉,往往会采取抑价发行的办法,这是因为只有那些在IPO过程中遭受损失的投资者才会向法院提出诉讼。

第七节 IPO与公司价值

公司完成IPO之后,它的股票就在交易所公开挂牌交易,公司自然成为了上市公司。从先前的非上市公司到上市公司的转变给公司带来了诸多的变化,这些变化也影响到了公司的价值。

首先,投资者进行任何投资都是为了获得回报,而对于股票投资者而言,他们只有将手中持有的股票卖掉才能完成整个投资过程。公司上市之后,股票的流动性增强,投资者可以在股票市场上出售手中持有的股票。流动性增强降低了投资者持有股票的风险,从而降低了投资者对该公司的预期投资必要收益率,因而提高了公司的价值。

其次,在股票市场上投资者可以在股票市场上直接"用脚投票",自由选择买入或者卖出股票。市场上投资者的行为形成了对公司价值的评估机制。投资者的决定影响着市场上股票的价格,也影响了公司的价值。在股票市场上,投资者不仅根据公司以前和现在的情况,还要根据对公司未来发展的预期来对公司进行评价,主要体现在对公司未来盈利能力的评价上。当投资者看好公司未来的盈利能力时,就会买入公司股票,引起股票价格的上升;相反,当投资者认为公司未来盈利能力不强,就会卖出股票,导致公司股票价格的下跌。总之,股票市场不仅可以很好地反映公司的现有价值,而且还能有效地发掘公司的未来价值。

再次,公司股票上市可以提高公司的形象。由于证券市场对公司上市有着严格的要求,这些要求既包括资产、经营规模,也包括盈利能力等等。公司能够进行IPO,获得上市资格,可以说是得到了市场和投资者的肯定。因此,股票进行IPO本身可以看作是对自身雄厚实力的一种信号显示。另外,公司进行IPO以及在上市之后会受到社会各界的关注,无形当中提高了公司的知名度,提高了公司的影响力,有利于公司在市场当中的竞争,这些都有利于公司的价值提升。

当然,除了上述有利影响之外,公司进行IPO也存在对公司的不利影响。在IPO过程中公司需要支付大量的费用,而且上市之后,公司每年还要支付不少的维持费用，这对公司来说可能是一个不小的负担，有可能对公司的价值带来不良的影响。而且，公司 IPO 后，公司的价值会受到股价涨跌的影响。股价的波动不仅受到公司自身业绩的影响，也受到政治、投资者心理等诸多复杂因素的影响。如果公司的业绩不能达到投资者的要求，或者受到其他一些公司自身不能控制的不利因素的影响，都有可能使公司的价值受到损害。

本章小结

本章主要介绍了股权融资的一些基本知识。股票可以分为普通股和优先股，按照不同的标准又可以分为不同的种类。站在不同的利益者的角度，利用普通股和优先股来进行融资具有各自的优缺点。

向公众发行股票可以分为设立发行和增资发行两种情况。按照法规的规定，这两种情况各需要进行一系列相应的基本程序。

证券承销商在股票发行过程中为发行公司提供下列服务：拟订用来发行证券的方式，为新证券定价，销售新证券。如果向公众公开发行的证券面值超过人民币 5 000 万元的，应当组织承销团承销。承销可以分为代销和包销两种方式。

新股的定价决策是本章的重点和难点。股票的基本定价公式为：

$$P_0 = \sum_{t=1}^{\infty} \frac{D_t}{(1+K_e)^t}$$

但该公式实用性不强，在实际运用过程中，实际上可以简化为零成长股票、固定成长股票和非固定成长股票三种情况。在实际运用过程中，市盈率模型也得到了广泛的应用。在核准制下，股票的定价方法可以分为议价法和定价法。

公司在 IPO 过程中普遍存在着股价低估现象，尽管学者们提出了诸如“信号假说”、“赢家的诅咒”和“避免法律诉讼”等假说，但是到目前为止，学者们对 IPO 股价低估的真正原因仍未达成共识。公司进行 IPO 对公司的价值同时带来了有利和不利的影响。

复习思考题

1. 按照不同的标准，普通股和优先股各可划分成哪些种类？试举出几种划分标准及根据该标准划分的种类。

2. 公司设立发行股票时，向公众发行股票有哪些基本程序？增资发行呢？

3. 向公众发行股票的方式有哪些？

4. 股票定价的基本模式是什么？它有哪些简化情况？

5. 核准制下新股定价的方法有哪些？

6. 为什么在 IPO 中会存在股价低估现象？试用本章中介绍的一种理论来加以解释。

7. 公司进行 IPO 会对它的价值产生怎样的影响？

本章习题

1. 假设某公司第一年获得的每股盈余为 2.0 元，市场化资本比率为 8%，公司未来每年获得的每股盈余均等于第一年，并且所有的盈余均用来发放股利。该公司股票该如何定价？

2. 预计某公司下一年度的股利为每股 8 元，市场要求的必要报酬率为 12%，预期该公司股利增长率为 8%，且股利增长率在未来保持不变。该公司的股票该如何定价？

3. 假设某公司在前 5 年处于高速增长期，第一年支付的股利为每股 1 元，该阶段增长率为 20%。5 年后公司进入稳定发展阶段，每年的增长率为 9%。已知市场要求的必要报酬率为 15%，该股票应当如何定价？

第九章 长期债务融资和债券定价

学习目的

通过本章的学习，你可以：

1. 掌握传统债务融资工具的种类；
2. 了解创新债务融资工具的种类；
3. 了解债券合约的主要条款；
4. 熟悉什么是债券评级；
5. 掌握如何对债券进行定价。

小案例导引①

金融界网站上曾报道了《2003年中国长江三峡工程开发总公司企业债券发行公告》，该报道内容如下：

据《中国证券报》报道，2003年中国长江三峡工程开发总公司企业债券业经国家发行计划委员会批准发行。本债券发行人为中国长江三峡工程开发总公司，发行总额为人民币30亿元整，债券期限为30年，债券利率为固定利率，票面年利率为4.86%，每年付息一次，最后一期利息随本金一起支付。本债券自2003年8月1日起计息，2033年7月31日到期支付本金及最后一年利息。发行期限自2003年8月1日起至2003年8月14日止。中诚信国际信用评级有限责任公司综合评定，信用等级为AAA级。本债券由中国工商银行提供无条件不可撤销连带责任保证。

长江三峡工程开发总公司为什么要发行30年企业债券，该债券是如何进行定价的，又是如何通过审批的？报道中所说的信用等级又是什么？这些疑问将在本章中得到解答。

① 该案例资料引自 http://news.stock888.net/040308/101,1317,556689,00.shtml

公司进行长期融资的工具既包括股权融资也包括长期债务融资。在上一章,我们讲述了关于股权融资的知识,本章将对长期债务融资进行介绍。长期负债融资的工具可分为传统的负债融资工具和创新的负债融资工具两类。前者如长期借款和普通债券,后者如零息债券、浮动利率债券等。本章介绍一些主要的长期债务融资工具、债券合约的有关条款以及影响长期融资决策的因素等。

第一节　传统的债务融资工具

债务融资有多种表现形式,如向银行贷款、发行公司债券等。传统的债务融资工具包括长期借款与债券、可转让与不可转让的本票等,本节我们主要介绍长期借款和债券。

一、长期借款

长期借款指的是公司根据借款合同,从银行、非银行金融机构或者其他的法人单位借入的、期限在 1 年以上的各种借款。

长期借款可以根据不同的标准分成不同种类。根据提供贷款机构的不同,可以分为政策性贷款、商业性贷款和其他金融机构贷款。根据贷款的用途,可以分为基本建设借款、更新改造借款、科技开发和新产品试制贷款等。根据有无抵押品作为担保,又可以分为抵押贷款和信用贷款。抵押贷款是以特定的抵押品作为担保的贷款,而信用贷款是不以抵押品作为担保,仅凭借款单位的信用或者担保人的信誉而发放的贷款。

长期借款一般需要经过五个基本程序:(1)公司提出借款申请;(2)银行进行审批;(3)公司和银行签订借款合同;(4)公司获得借款;(5)公司偿还借款。

长期借款的优点在于它的筹资速度快,借款成本低,而且借款的弹性较大。但是长期借款的筹资风险较高,它通常有固定的利息负担和固定的偿付期限,利用长期借款的筹资数量也有限,不像股票或者债券那样一次可以筹到大量的资金;另外,长期借款的限制条件比较多,公司取得借款一般都要受到很多限制性条款的限制,它会影响到公司以后的筹资和投资活动。

二、债券

(一)债券的种类

债券可以按照不同的划分标准,分为不同的种类。

按照有无特定的财产担保,分为抵押债券和信用债券。抵押债券是指公司以一定的资产作为偿还债券本金及利息的保证而发行的担保债券。一定的资产可以是公司产业的全部,这种担保债券称为一般抵押债券;可以是公司的不动产,这种担保债券称为不动产抵押债券;可以是公司的机器设备,这种担保债券称为设备抵押债券;也可以是公司持有的股票证券以及其他担保证书,这种担保债券称为证券信托债券。信用债券没有特定的资产作为偿还债务的抵押。债券投资者通常只得到无抵押资产的保障,他们借以依赖的是债券发行公司的资产性质、收益能力,以及信誉的好坏程度。一些实力雄厚的公司,如GE(通用电气)比较倾向于发行这种债券。另外,一些行业的特点决定了其比较适合发行信用债券,比如金融公司、邮购公司等。当发行信用债券的公司结业清算时,信用债券持有人在向企业求偿的优先次序上,与普通贷款人一样,但在信用债券的合约中常会加入一项限制公司在将来以资产作抵押而发行新债券。这样对信用债券持有人来说,公司未用作抵押的资产越多,其所保护的程度就越大,风险就越小。

按照利率的不同,可以分为固定利率债券和浮动利率债券。固定利率债券指的是将利率明确记载于债券上,并按照这一固定利率向债权人支付利息的债券。而浮动利率债券指的是在债券上明确利率,发放利息的时候利率水平按照某一标准(比如说按照国库券的利率)的变化而同方向调整的债券。

按照能否转换为公司的股票,可以分为可转换债券和不可转换债券。可转换债券指的是发行人按照法定的程序发行,并且在一定的期间里根据约定的条件可以将其转换成股份的公司债券。可转换债券和不可转换债券的区别可以通过可转换债券的一些必要要素来加以区别。这些必要要素包括如下:(1)标的股票。可转换债券实际上是一种股票期权,它的标的物是可以转换成的股票。可转换债券的持有人可以选择将其转换成股票,也可以选择不进行转换。标的股票可以是发行该可转换债券的公司的股票,也可以是其他公司的股票。(2)转换价格,又称转股价格。它规定了可转换股票以怎样的价格转换为普通股。换句话说,转换价格就是每股股份所支付的价格。(3)转换比率。转换比率指的是每张可转换债券可以转换成普通股股票的数量。可转换债券的面值、转换价格和转换比率之间存在下列关系:转换比率=可转换债券面值÷转换价格。例如,面值为100元的可转换公司债券,如果规定转换价格为20元,则转换比率为每张5股。(4)转换期。转换期指的是可转换债券转换为普通股份的起始日至结束日的期间。(5)赎回条款。赎回条款是可转换债券的发行公司对其可以在债券到期日前提前赎回债券的一系列规定。它包括不可赎回期、赎回期、赎回价格和赎回条件等内容。(6)回售条款。回售条款指的是当可转换债券发行公司的股票价格过低时,债券持有人可以按照约定的价格将可转换债券卖给发行公司的相关规定。之所以设置回售条款,是为了保护债券投资者的利益。(7)强制性转换条款。该条款规定,在满足某些条件之后,债券持有人必须将他手中持有的可转换债券转换为股票,而不能要求发行公司偿还债券本金。与回售条款不同,强制性条款可以保证可转换债券顺利地转换成股票,使得发行公司可以实现扩大权益融资的目的。

根据是否能够参加公司盈余分配,可以分为参加公司债券和不参加公司债券。参加公司债券的债券持有人除了能够到期向公司请求还本付息之外,还可以按照规定参与公司的盈余分配。反之,不参加公司债券的持有人不能参与公司的盈余分配。

按照债券能否上市,可以分为上市债券和非上市债券。显而易见,上市债券指的就是可以在证券交易所挂牌交易的债券,而非上市债券与之相反。

此外,债券还可以根据其他的特征进行分类,比如可以根据所附条件的不同分为收益债券、附认股权债券和附属信用债券等等。

(二)债券发行的资格和条件

1.发行债券的资格

原《公司法》规定,公司债券的发行主体仅限于股份有限公司、国有独资公司和两个以上的国有企业或两个以上的国有投资主体设立的有限责任公司,其他公司不能发行公司债券。《公司法》经过修订后,所有的公司都可以作为发行公司债券的主体。

2.发行债券的条件

《公司法》规定,有资格公开发行公司债券的公司应当符合如下条件:

(1)股份有限公司的净资产额不低于人民币3 000万元,有限责任公司的净资产额不低于6 000万元。

(2)累计债券总额不超过公司净资产额的40%。

(3)最近3年平均可分配利润足以支付公司债券1年的利息。

(4)所筹集资金的投向符合国家产业政策。

(5)债券的利率不得超过国务院限定的利率水平。

(6)国务院规定的其他条件。

公开发行公司债券筹集的资金,必须用于核准的用途,不得用于弥补亏损和非生产性支出。

3.发行债券的程序

发行债券需要一定的程序，一般为：

(1)发行债券的决议。我国《公司法》规定，由公司的董事会提出发行公司债券的方案，由股东大会审议并作出决议。

(2)报请有关部门批准。申请公开发行公司债券，应当向国务院授权的部门或者国务院证券监督管理机构报送包括公司营业执照、公司章程、公司债券募集办法、资产评估报告和验资报告，以及国务院授权的部门或者国务院证券监督管理机构规定的其他文件。

(3)制定募集办法并予以公告。在债券申请获得批准后，发行公司应该公告公司债券募集办法。在该办法中应该载明公司名称、债券募集资金的用途、债券总额和票面金额、债券利率的确定方式、还本付息的期限与方式、债券担保情况等等。

(4)募集借款。公司在发出募集公告后，就在公告所定的时间期限内募集借款。在我国，公司发行债券必须和证券经营机构签订承销合同，并由该机构承销。

(5)交割。发行公司公开发行公司债券，由证券经营机构承销时，投资者直接向承销机构付款购买；承销机构代理收取券款并交付债券，最后，由发行公司向承销机构收缴券款，并结算相关的手续费用。

第二节　债券融资的创新

上一节我们介绍了传统的债务融资工具。随着经济的发展，市场上需要更多形式和更多功能的债务融资工具。在债券市场上也出现了一些创新。在这一节，我们将简要介绍债券市场的一些创新活动。这些创新活动对公司融资渠道的拓宽具有很大的影响。我们在本节将主要讨论以下几种创新融资工具。

一、零息债券

零息债券(Zero-Coupon)是以较高的折扣额扣除面值后发行的债券。顾名思义，它不是支付债券利息，是以折价发行而非利息收入的形式向投资者提供补偿，其利息的计算是体现在债券的发行价中，它随着时间越来越接近到期日而增加。零息债券也称为初次折价发行债券(OID)。在到期日，债券持有人按全部面额赎回资金。零息债券的使用第一次出现在1981年，后来，像IBM公司、潘尼百货公司等都使用过零息债券筹措资金。另外，应注意到，零息债券只是折价发行债券的一种。任何票面利率低于市场公平票面利率的债券都将折价发行，都称为OID债券。

对发行公司而言，零息债券有如下优点：(1)相对而言，投资者要求的报酬收益率较低。(2)债券到期前，公司不必支付任何利息或本金。(3)零息债券折价发行，可给公司增加一系列现金净流入量，因为这部分折价费用可用来抵减公司需交纳的所得税。这意味着，零息债券在其寿命期间内可通过节省所得税支出的方式，来提供一系列现金流入量。

当然，零息债券也存在缺点，主要表现在：(1)除非公司愿意提前按面值偿还，否则这种债券一旦发行就不能提前赎回。(2)零息债券到期时，公司会有大量的现金流出。

以上分析主要是从公司的角度来说的。下面，我们来看一看这种债券对投资者而言有何利弊？什么情况下，投资者才愿意购买零息债券？

对投资者而言，零息债券也有两个主要优点：首先，零息债券没有被提前赎回的危险。其次，不管市场利率变化情况如何，都可获得稳定的投资收益率。这点对某些投资者而言(如退休基金人寿保险公司)特别重要，由于市场利率下降，而使他们无法收到原先假定的投资报酬的风险远比由于市场利率上升而使债券价值下降的风险更为重要。

零息债券的主要缺点是投资收益率低。不过只要投资者确信，零息债券所具备的两个优点足以补偿这一缺点，他就会购买零息债券。这就是零息债券得以生存的主要原因。

零息债券市场在美国兴起后，人们发现，将传统的带息证券拆离成本金块的零息债券出售具有独特的价值，于是市场上推出了一系列新的金融产品，如“国债自然增值凭证”(Certificate of Accrual on Treasury Securities，简称 CATS)。

本息拆离技术的产生及运用为市场带来了很多的便利。它为零息债券的发行者盘活中长期资产，增加资产流动性提供一种方式；为投资者提供了高收益、高风险的工具，等等。

二、浮动利率债券

浮动利率债券是通货膨胀的产物。在 20 世纪 80 年代早期，西方国家的通货膨胀率达到了一个史无前例的高峰，浮动利率债券就是在这种情况下产生的，它是一种票面利率随一般市场利率水平的变动而变动的债券。典型的浮动利率债券通常每隔半年或一个季度调整一次。例如，某天然气公司 1982 年发行的 20 年期浮动利率债券，其票面利率在 20 年期国库券的当期利率上再加 30 个基本点(每个基本点等于 0.01%)，而有些浮动利率债券的票面利率要视短期利率而加以确定。浮动利率债券随市场利率的变动而同方向调整，但有一定的时间差。如政府债券利率上升0.5%,一个星期后,浮动利率债券也可能上调0.5%。

三、垃圾债券

垃圾债券,又称高收益债券,是指资信评级低于投资级(BBB级以下)或未被评级的公司债券。它起源于美国。20世纪70年代末,"垃圾债券之父"Michael Milken根据风险性债券收益的历史数据研究发现,收益已经补偿了,甚至远远超过了其所承受的风险,所以他向投资者推荐了风险性债券。于是就出现了垃圾债券。到80年代中期,垃圾债券市场急剧膨胀,迅速达到鼎盛时期。但是由于债券质量日益下降,加上1987年股灾后潜在的熊市压力,从1988年开始,发行公司不能偿付高额利息的事情屡有发生,垃圾债券逐渐走向衰退,不过近来垃圾债券市场的发展又有了起色。

垃圾债券的特点是高风险和高报酬并存。发行垃圾债券的公司可分为五类:(1)新兴公司(Risingstar)。这类公司往往由于缺乏经营历史与雄厚资本以至于未能达到投资等级的要求。(2)前蓝筹股公司,或称坠落的天使(Fallen-angel)。这类公司往往由于遇到困难,如市场需求转变、经济衰退或新竞争者的加入,而导致信用等级下降。(3)那些由于合并而需要大量资金的公司。(4)那些希望降低本身的债务负担而发行较为有利的新债券的公司。(5)新兴国家的公司,其信用等级未达到投资等级的标准。例如,当特纳公司试图收购哥伦比亚广播公司时,它就曾打算发行垃圾债券以交换该公司股东所持的股票。

所有发行垃圾债券的公司都具有很高的负债率,因此债券持有人承担的风险几乎与股东一样多。但是,垃圾债券能提供很高的收益率,使得债券持有人能得到补偿。例如,特纳的垃圾债券提供的收益率达到了16%,而美林证券公司则需将票面利率定在25%~30%之间才能将垃圾债券推销出去。

四、欧洲债券

欧洲债券是一国政府、金融机构、工商企业或国际组织在国外债券市场上以第三国货币为面值发行的债券。例如,德国一家机构在法国债券市场上发行的以美元为面值的债券即是欧洲债券。欧洲债券的发行人、发行地以及面值货币分别属于三个不同的国家。即使债券不在欧洲发行,但只要债券标价的货币与债券发行地点不同,就可称为欧洲债券。欧洲债券具有如下几个方面的特点,使它能够得到不断的发展:欧洲债券市场是一个国际性的市场,债券发行较为灵活;它以不记名的方式发行,不需要记录投资者的姓名和国籍,比较适合那些希望保密的投资者的需要;欧洲债券的安全性和收益率高,并且它的利息收入通常免交所得税。

五、资产证券化

资产证券化出现于20世纪70年代末期的美国,它是指经过一定的交易组织把公司资产转换为证券发行,实现资金融通的金融作业程序。

进行资产证券化的金融机构为原始权益人。他将持有的缺乏流动性、但是能够产生预见的稳定现金流的资产(如企业的应收账款)进行一定的结构安排,对资产中风险与收益要素进行分离与重组,进而将其转换成在金融市场上可以出售并能够流通的证券。资产证券化的实质就是融资者将被证券化的资产的未来现金流收益转让给投资者。资产证券化的基本结构由消费者、企业(原始权益人)、发行人和投资者组成。

第三节　债务合约条款

在公司当中,股东和债权人之间的关系是一种委托—代理关系,两者存在着利益冲突。在缺乏相应约束的情况下,股东有可能损害债权人的利益,比如,将从债权人手中得到的资金用于过高风险的投资。为了保障自身的利益,债权人会在债务合约中对股东的未来行为进行相应的约束。因此,本节将就债务合约的有关问题予以讨论。

一、债券合约

债券合约是一张明确记载债券持有人与发行公司双方所拥有的权利与承担义务的法律文件。为了促使发行公司切实履行债务合约中的有关条款,以保护债券持有人的权益,债券合约通常规定有受托人,他是指定的债券持有人的代表。

债券合约记载的条款很多,其中主要是限制性条款。限制性条款可以分为如下几种类型:

1. 资产限制条款。它是关于限制相关公司资产的取得、使用和处置等的条款。它规定了如果借款人发生违约情况时,债券持有人对公司资产所拥有的权利以及其他事项。比如,当借款人公司发生违约时,优先债券的持有人可以在次级债券持有人之前得到清偿。

2. 股利限制条款。就股利本身而言，它对债券持有人是不利的。股利限制条款可以防止公司经理人因支付过多的股利给股东，从而使债券持有人蒙受损失。简单地说，股利限制条款就是限制支付股利的一种资产限制条款。

3. 融资限制条款。融资限制条款一般规定了公司可以增加的债务数量，而且还规定了公司在发生违约后不同的债券对公司资产的要求权。它可以防止公司由于滥发新的债券而稀释了原有债券持有人对公司资产的要求权。

4. 财务比率限制条款。通常，资产限制条款和融资限制条款都包含在财务比率限制条款当中。它是对一些重要的财务比率的规定，比如，可能要求公司保持最低的净营运资本等。另外，应当注意到，如果公司不能达到合约中规定的财务比率，即使公司能够按照合约的规定及时向债权人付款，也会被认为是技术性违约。

总之，设计限制性条款的目的，就是尽可能地防止公司在发行债券后采取任何手段使债券品质受到损害，以保护债券持有者的基本利益。

具体来讲，受托人的责任是保证合约各个条款得到切实的执行。如果发行公司存在违反限制性条款规定的行为，受托人必须采取一定的措施制止这种行为继续发生。受托人在行使权力时，可视具体情况而采取相应的合理行动。如在某些情况下，发行公司遵守了债券合约的规定，但由于经营不善，可能导致破产，从而使债券持有人因此遭受更大的损失时，受托人可以决定给予发行公司寻求出路的机会，允许他再花一些时间来解决存在的问题，而非迫使它破产。

证券管理委员会的责任是核准债券合约，并保证公司尚未公开发售债券前，已经达到了所有规定的条件。

二、赎回条款

大多数债券合约中都有赎回条款，它规定了发行公司可以在债券到期前将其赎回。但在进行债券赎回时，发行公司一般要付给原持有人比债券面值更高的价格。赎回条款价格高于债券面值的部分被称为赎回溢价。假设债券在第1年时就被赎回，则赎回溢价通常等于1年的利息，以后每年的赎回溢价定率递减——递减比率为 I/n（n 代表每年利息日与债券到期期间）。例如，面值为＄1 000，20年到期而利率为8%的债券，若在第1年赎回，则其赎回溢价通常为＄80，第2年赎回溢价减为7.60%，减少＄80/20，或8%/20。以此类推。

三、偿债基金

偿债基金是与融资相关的一种常见条款，它可以协助公司在债券到期前系统地逐年向债券持有者买回部分债券。典型的偿债基金规定,要求公司在发行某批公司债券后,每年都要购回和偿还一部分债券。

第四节 债券评级

债券评级指的是由专业化的信用评级机构对债券发行公司的还本付息能力和可信度进行综合评价并给出相应的等级,并用简单的符号表示出来。债券评级关注的对象是公司偿还债券本息的可靠程度和风险程度。进行债券评级有助于保障投资者的利益,并督促发行公司积极改进经营管理,建立和健全财务结构。债券的信用评级制度最早起源于美国。目前,美国两家主要的评级机构是标准普尔投资公司和穆迪投资者服务公司。

一、债券的信用等级

国外流行的债券信用等级,一般分为3等9级。这是由国际上著名的美国信用评定机构穆迪投资者服务公司(Moody's Investors Service)和标准·普尔公司(Standard & Poor's Corporation,简称S&P)分别采用的。详见表9-1。

表9-1 债券信用等级表

	标准·普尔	穆迪
高质量	AAA	Aaa
	AA	Aa
投资级	A	A
	BBB	Baa
垃圾债券	BB	Ba
	B	B
	CCC	Caa
	CC	Ca
	C	C

一般认为,只有前三个级别的债券是值得进行投资的债券。目前,标准·普尔公司和穆迪公司还使用修正符号进一步区别AAA(或Aaa)级别以下的各级

债券,以便更为具体地识别债券的质量。标准·普尔公司用"+""-"区别同级债券质量的优劣。例如,A+代表质优的A级债券,A-代表质劣的A级债券。穆迪公司在表示债券级别的英文字母后再加上1、2、3,分别代表同级债券质量的优、中、差。

二、债券等级的重要性

债券等级对公司和投资者而言都非常重要,这是因为:第一,等级是衡量债券风险的指示器,因此债券等级对其利率及公司的负债资本成本有着直接影响。一般而言,债券的级别越低,它所需的必要投资收益率越高;第二,由于多数债券被投资机构购买,而投资机构受法律限制,只能购买投资级以上的债券,因此,如果公司的债券低于BBB级,则销售新债券时会由于机构投资者不能承销而出现销售困难。

三、债券等级的变化

信用评级机构会定期检查已流通在外的债券,再根据发行公司经营情况、长期融资能力和融资成本的变化,调高、调低或保持其债券等级。

此外,当公司宣布即将发行大量新债券时,信用评级机构也会马上开始审查其信用情况。因此,如果公司最近的生产经营状况不佳,且信用机构尚未审查其信用等级时,公司最好使用定期贷款或短期负债来融资,避免公开发行新债券。

四、债券的评级程序

公司债券评级的基本程序包括以下三个方面的内容。

1.发行公司提出评级申请。债券的评级首先需要由发行公司或其代理机构向债券评级机构正式提出评级的申请,并为接受评级审查提供相关资料。这些资料主要包括:(1)公司概况;(2)财务状况与计划;(3)长期债务与自有资本的结构;(4)债券发行概要等。

在美国,债券评级申请通常是在实际发行债券之前提出的。

2.评级机构评定债券等级。债券评级机构接受申请后,会对公司的财务报表进行详细审查,并且和公司的管理层进行交流,以便作进一步的深入分析,然后将其首次评级结果通知发行公司并征求它的意见。如果发行公司同意,则此等级就被确定下来;如果发行公司觉得评级太低,可以申明理由提出重评更改等级。但应注意，这种要求重评的申请仅限一次，第二次评定的级别不能再更改。最终评定的债券级别要向社会公告。

3.评级机构跟踪检查。债券评级机构评定发行公司的债券之后，还要对发行公司从债券发售直至清偿的整个过程进行追踪调查，并定期审查，以确定是否有必要修正已发行、流通债券的原定等级。如果发行公司的信用、经营等情况发生了较大的变化，评级机构若认为有必要将作出新的评级，根据具体情况调高或调低原定的债券等级，通知发行公司并予以公告。

五、债券的评级方法

债券评级的方法包括定性分析和定量分析两种方法。定性的方法需要评级人根据自己的专业能力、主观判断对影响信用评估决策的某些关键因素（比如品格、资本、担保、偿债能力和环境）进行权衡。定量分析方法则包括了最小二乘法、加权 Logistic 模型法、模糊评估模型、人工神经网络分析方法等。

债券评级机构在评定债券等级中，需要进行分析判断，采用定性和定量分析相结合的方法。一般针对以下几个方面进行分析判断：

1.公司发展前景。包括分析判断债券发行公司所处行业的状况，如“朝阳产业”还是“夕阳产业”，分析评级公司的发展前景、竞争能力、资源供应的可靠性等基本情况。

2.公司的财务状况。包括分析评价公司的债务状况、偿债能力、盈利能力、周转能力和财务弹性，以及持续的稳定性和发展变化趋势。

3.公司债券的约定条件。包括分析评价公司发行债券有无担保及其他限制条件、债券期限、还本付息方式等。

此外，对在外国或国际市场上发行债券，还要进行国际风险分析，主要是进行政治、社会、经济的风险分析，作出定性判断。

第五节　债券定价

公司要在资本市场上进行债券融资，必须要知道如何对它正确地进行定价。如果定价过低，公司付出了更多的现金，公司会因此而遭受损失；如果定价过高，投资者不会购买债券，造成发行失败，公司也又会因此而遭受损失。本节我们就来学习如何对债券进行定价。

一、债券价值的基本公式

债券要根据它的价值来进行定价，就是要使债券的价格和它的价值相符。债券的价值就是发行人按照债券合同的规定在债券有效期内所支付的所有款项的现值。在对债券进行定价时，我们需要考虑折现率，它一般是由当前的利率和现金流量的风险来决定的。一般而言，债券发行人在债券的有效期内按照固定利率每年计算并支付利息，在债券到期时再归还本金。债券的价值基本公式如下：

$$PV=\frac{I_1}{(1+i)^1}+\frac{I_2}{(1+i)^2}+\cdots+\frac{I_n}{(1+i)^n}+\frac{M}{(1+i)^n}$$

式中：

PV——债券的价值；

I——每年的利息；

M——到期时支付的本金；

i——贴现率，一般采用投资者要求的必要报酬率或者是当时的市场利率；

n——债券的有效期，即到期前的年数。

【例 9-1】某公司计划于 2008 年 1 月 1 日发行面额为 1 000 元的债券，票面利率为 8%，每年 1 月 1 日支付一次利息，债券于 2010 年 12 月 31 日到期，有效期为 3 年。假设同等风险的必要报酬率为 10%，则债券的价值为：

$$\begin{aligned}PV&=\frac{80}{(1+10\%)^1}+\frac{80}{(1+10\%)^2}+\frac{80}{(1+10\%)^3}+1\,000\times(p/s,10\%,3)\\&=80\times(p/A,10\%,3)+1\,000\times(p/s,10\%,3)\\&=80\times2.487+1\,000\times0.751\\&=949.96(\text{元})\end{aligned}$$

二、贴现率对债券价值的影响

在基本定价公式中，我们看到现金流的贴现率即必要报酬率会对债券定价产生影响。这里我们要提及的是债券的基本原则：当必要报酬率等于债券的票面利率时，债券价值就等于其面值；当必要报酬率大于债券的票面利率时，债券价值就小于其面值；当必要报酬率小于债券的票面利率时，债券价值就大于其面值。

在例 9-1 中，票面利率为 8%，必要报酬率为 10%，因为必要报酬率大于票面利率，债券的价值小于它的票面利率。如果我们把例 9-1 中的必要报酬率改为 8%，则债券价值为：

$$PV=\frac{80}{(1+8\%)^1}+\frac{80}{(1+8\%)^2}+\frac{80}{(1+8\%)^3}+1\ 000\times(p/s,8\%,3)$$
$$=80\times(p/A,8\%,3)+1\ 000\times(p/s,8\%,3)$$
$$=80\times2.577+1\ 000\times0.794$$
$$=1\ 000(\text{元})$$

如果必要报酬率为5%，则债券的价值为：

$$PV=\frac{80}{(1+5\%)^1}+\frac{80}{(1+5\%)^2}+\frac{80}{(1+5\%)^3}+1\ 000\times(p/s,5\%,3)$$
$$=80\times(p/A,5\%,3)+1\ 000\times(p/s,5\%,3)$$
$$=80\times2.723+1\ 000\times0.864$$
$$=1\ 081.84(\text{元})$$

三、到期时间对债券价值的影响

债券的价值除了受到必要报酬率的影响外，还受到债券到期时间的影响。到期时间指的是从现在到债券到期日之间的时间间隔。如果必要报酬率保持不变，债券的到期时间越短，债券的价值越接近债券的面值。当必要报酬率高于票面利率时，随着到期时间的临近，债券的价值逐渐提高，并在到期日时等于票面价值。当必要报酬率低于票面利率时，随着到期时间的临近，债券的价值逐渐降低，并在到期日等于债券面值。

另外，如果在债券发行之后必要报酬率发生了变动，债券的价值也会受到影响。当然，随着到期时间的缩短，必要报酬率对债券价值的影响越来越小。

四、利息支付频率对债券价值的影响

债券的利息有很多种支付方式，比如一年一次，半年一次，等等。利息的支付方式同样会对债券的价值产生影响。一般来说，典型的利息支付方式有如下几种：

（一）零息债券

零息债券，也称为纯贴现债券，它是发行人承诺在未来某一确定的时间进行单笔支付的债券。债券的持有人在到期日前不能得到任何的现金支付。零息债券的价值为：

$$PV=\frac{F}{(1+i)^n}$$

【例 9-2】已知一零息债券，面值为 1 000 元，15 年期，假设必要报酬率为 8%，则它的价值为：

$$PV=\frac{1\ 000}{(1+8\%)^{15}}=315()元$$

(二)均息债券

均息债券是在到期时间内平均支付利息的债券。支付利息的频率可以是一年一次，也可以是半年一次等。平息债券的价值计算公式如下：

$$PV=\sum_{t=1}^{mn}\frac{I/m}{(1+\frac{i}{m})^{t}}+\frac{M}{(1+\frac{i}{m})^{mn}}$$

式中：

m——每年的付息次数；

n——到期时间的年数；

i——每年的必要报酬率；

I——年付息；

M——面值或者到期日支付额。

【例 9-3】一债券面值为 1 000 元，5 年期，票面利率为 6%，债券每半年支付一次利息。假设必要报酬率为 8%，则债券的价值为：

$$\begin{aligned}PV&=30\times(p/A,4\%,10)+1\ 000\times(p/s,4\%,10)\\&=30\times8.111+1\ 000\times0.676\\&=919.33(元)\end{aligned}$$

(三)永久债券

永久债券是没有到期日，永远定期支付利息的债券。它的价值计算公式为：

$$PV=\frac{I}{i}$$

式中：

I——利息额；

i——必要报酬率。

【例 9-4】某一永久债券，承诺每年支付优先股息 25 元，假设必要报酬率为 5%，则它的价值为：

$$PV=\frac{25}{5\%}=500(元)$$

第六节 影响长期融资决策的因素

影响企业长期融资决策有多种因素，以下介绍如下六种因素，这六种因素是大多数公司在进行长期融资决策时都必须加以考虑的。

一、目标资本结构

所谓资本结构是指公司资本构成中债权融资与股权融资的比例关系。目标资本结构是企业的最佳资本结构，达到目标资本结构也就是实现资本成本最小时必须保持适度的负债比率。负债作为一种融资方式，最有利的优势即利息是在税前支付的，亦即利息可以抵税，这使得负债融资有较低的成本。一般说来，负债比率越高，抵税作用就越明显。但是，随着负债的增加，公司的代理成本和财务危机成本也会越来越明显增加。当这两种作用达到平衡，亦即负债带来的边际收益和边际成本相等时，公司达到了最佳资本结构，其价值实现了最大化。

二、到期日的匹配

债券到期的时间在发行时就已经确定。在设计使用有价证券筹资时，公司必须考虑的第一个也是最重要的因素就是使负债的现金流量与资产的现金流量相匹配。只有将当资产与负债的现金流量相匹配时，才能保证按时偿还债务，避免违约风险。另外，违约风险降低之后，反过来又允许公司承担更多的债务，而债务增加带来的税收优惠可使公司更有价值。因此，负债现金流量和资产现金流量的匹配将使公司的最优负债率提高。正因为这样，公司在进行长期债务融资时，必须考虑公司资产运用产生的现金流量的期限，使得债券的到期时间与所融资产的到期时间相匹配。

三、利率水平和预测的影响

公司在进行长期债务融资时，还必须考虑利率水平的影响。近年来，公司在其债务设计上已经有了更多的选择，而公司必须做的一个最普遍的选择是确定息票率是固定利率还是浮动利率。在决策的过程中，我们需要检验债务融资的项目特征。如果未来项目较为确定，则其资产运用产生的现金流量也较为确定，进而这些资产利率的灵敏度可以很容易被估计出来。但是对于一些公司来讲，如果它们正处于转型期或所处的行业正在转变，那么公司应使用容易调整的融资组合，即短期或浮动利率贷款。只有当公司对未来的投资计划感到更确实时，才使用长期或固定利率融资。另外，如果公司资产运用产生的收入随利率的升高而升高，随利率的降低而降低，那么它应该选择用浮动利率贷款对那些资产进行融资。特别是在高通胀的经济中，这种同向变动的项目很多，因为通货膨胀的上升会导致收入及利率的上升。

四、现有债务合同的限制

在上文中，我们提到债权人往往会在债券合约中设置限制条款，比如融资限制条款、财务比率限制条款，这些条款会影响公司在未来的融资决策。

五、公司当前和预期的财务状况

如果公司财务状况良好，并且预期未来状况会变糟，公司可能会尽快发行债券。相反，如果公司目前财务状况不佳，管理层就不愿意新发行长期债券。但如果预期当前糟糕的财务状况会在将来得到改善，那么公司就有可能推迟长期融资行为，直到状况确实改善。

六、担保资产的可获得性

一般来说，有担保的长期债券的成本要比无担保的长期债券低。如果公司的一般固定资产数量较大，那么相对来讲，它可以达到的债务比率会比较高。

本章小结

公司的债务融资工具可以分为传统的债务融资工具和创新的债务融资工具。为了维护自身的利益，债权人往往在债务合约中设置了种种条款对债务人的行为进行了规定，这些规定包括了限制性条款、赎回条款和偿债基金等。

债券评级指的是由专业化的信用评级机构对债券发行公司的还本付息能力和可信度进行综合评价并给出相应的等级，并用简单的符号表示出来。它对投资者和发行债券的公司都会产生重要的影响。

债券定价是本章的重点和难点。债券价值的基本公式为：$PV=\frac{I_1}{(1+i)^1}+\frac{I_2}{(1+i)^2}+\cdots+\frac{I_n}{(1+i)^n}+\frac{M}{(1+i)^n}$。

贴现率、到期时间和利息支付率三者均会对债券的价值产生影响。

此外，公司的目标资本结构、到期时间匹配、利率水平和预测、现有债务合同的限制、公司当前和预期的财务状况和担保资产的可获得性等六因素均会对公司长期融资决策产生影响。

复习思考题

1. 按照不同的标准，债券可划分成哪些种类？试举出三种划分标准及根据该标准划分得到的种类。

2. 创新的债券融资工具有哪些？试举出三种。

3. 债券合约的条款主要包括哪些？其中限制性条款又包括了哪些内容？

4. 如何对债券进行定价？影响债券定价的因素有哪些？

5. 影响长期融资决策的因素包括哪些？它们对长期融资决策造成了怎样的影响？

本章习题

1. 某公司发行面值为1 000元的5年期债券，票面利率为8%，利息支付方式为每年支付一次，已知发行时市场的必要报酬率为6%，请确定债券的发行价格。如果发行时市场的必要报酬率分别为8%和10%，那么债券的价格各为多少？

2. 假设某公司发行面值为1 000元、有效期为10年的债券，且在有效期内不支付利息，到期时一次还本。如果发行时市场的必要报酬率为8%，则债券的价格为多少？如果发行时市场的必要报酬率为6%或10%，则债券的价格又分别是多少？

3. 假设某公司发行面值为1 000元的永久债券，已知债券的票面利率为8%，债券每年付息一次。如果发行该债券时市场的必要报酬率为8%，债券的发行价格为多少？如果债券的必要报酬率为6%和10%呢？

第十章 其他融资工具

学习目的

通过本章的学习，你可以：

1. 掌握可转换债券的特点、要素，了解可转换债券融资的优缺点；
2. 了解银行融资的程序，掌握银行融资利率的设计、偿还方式、优缺点；
3. 掌握租赁的主要种类，与租购的联系与区别，了解租赁与租购的好处。

小案例导引

某汽车制造商想引入一套新的生产线，拟对外融资8 000万元。公司财务经理有几个选择：其一，他可以如前面章节提到的运用普通股及债券来筹集资金；其二，公司也可以发行兼具负债和权益特征的可转换债券；其三，公司当然也可以向一些大银行借款融资；最后，对于这类高造价的生产线引入，公司还可运用融资租赁或租购的方式来获得。那么哪一种融资工具最适合公司的需要呢？财务经理不仅要熟悉普通股和债券的融资特点，还需要了解其他融资工具的特点后才能作出较客观的判断。

现代企业的融资方式多种多样，除了股票、公司债券等基本融资手段外，具有期权性质的可转换债券、银行贷款，以及在大宗固定资产引进时常用的租赁和租购等其他融资方式，已经成为基本融资方式的有力补充，为企业融资提供了更多样的选择。因此，能灵活地运用各种金融工具有利于企业进行最佳的融资组合，提升企业的价值。

第一节　可转换债券

可转换债券(Convertible Bonds),是指发行人依照法定程序发行,在一定期间内依据约定的条件可以转换成股份的公司债券。可转换债券在债券与股权之间架起了一道桥梁,它具有债券与股权的双重特征。首先,可转换债券的持有者可以像债权人一样定期获得利息收入;其次,当公司股价提升时,持有者可以根据事先约定的转换价格,将持有的可转换债券转换为普通股,从而享受股价上升带来的好处。由此可见,可转换债券比普通股或公司债更能体现保护投资者利益的特点,因此一经上市便受到投资者的青睐。目前,可转换债券已成为上市公司重要的融资工具之一。

一、可转换债券的特点

1. 债权性。与其他债券一样,可转换债券也有规定的利率和期限。投资者可以选择持有债券到期,收取本金和利息。

2. 股权性。可转换债券在转换成股票之前是纯粹的债券,但在转换成股票之后,原债券持有人就由债权人变成了公司的股东,可参与企业的经营决策和红利分配。

3. 可转换性。可转换性是可转换债券的重要标志,债券持有者可以按约定的条件将债券转换成股票。转股权是投资者享有的、一般债券所没有的选择权。可转换债券在发行时就明确约定债券持有者可按照发行时约定的价格将债券转换成公司的普通股股票。如果债券持有者不想转换,则可继续持有债券,直到偿还期满时收取本金和利息,或者在流通市场出售变现。但由于可转换债券附有一般债券所没有的选择权,也就是对未来的看涨期权,因此,可转换债券利率一般低于普通公司债券利率,企业发行可转换债券有助于降低其筹资成本。但可转换债券在一定条件下可转换成公司股票,因而会影响到公司的所有权。

二、可转换债券的要素

可转换债券主要由以下要素构成:

1. 票面利率

可转换债券与一般债券一样产生固定年息。然而,其利息率一般低于普通债券。

2.转换比率和转换价格

转换比率是可转换债券持有者在行使债券转换时，每一单位债券所能换得的普通股股数。例如：A公司在2006年1月份，发行了每张面值为1 000元的可转换债券。公司允许债券持有人在未来第2年至第5年内的任何时间里将每一单位债券转换为20股该公司的普通股，所以转换率为20。与转换比率相关联的是转换价格。转换比率与转换价格的关系为：

$$转换比率=\frac{债券面值}{转换价格}$$

故而，A公司的转换价格为50元(1 000÷20=50)。由此可知，可转换债券的转换价格定得越高，每一单位可转换债券可以转换为股票的股数就越少。

一般而言，转换价格定得要比可转换债券出售时股票市场价格高出10%～30%，高出的部分称为转换溢价。转换价格在可转换债券有效期内通常是确定的，但是为了鼓励投资者在股价提高前尽早行使转换权，同时也是出于保护老股东获得股价增值好处的需要，公司可以将转换价格设计为逐年上升型。比如A公司就可以这样规定：债券发行后的第2年至第3年内，可按照每股50元的转换价格将债券转换为普通股(即每张债券可转换为20股普通股)；债券发行后第3年至第4年内，可按照每股60元的价格将债券转换为普通股(即每张债券可转换为16.67股的普通股)；债券发行后的第4年至第5年内，可按照每股70元的转换价格将债券转换为普通股(即每张债券可转换为14.29股普通股)。由此，越接近到期日，每张债券可以转换的普通股股数就越少。

3.转换期

转换期是指可转换债券转换为普通股的起始日至结束日的期间。通常转换期可分为两类：

(1)发行日至到期日，或发行日至到期前；

(2)发行后某日至到期前，或发行后某日至到期日。

比如，上例中A公司的转换期是发行后的第2年至第5年，就属于第(2)类。究竟应该采取哪种类型，还需要考虑以下因素：可转换债券的期限、转换价格溢价水平、公司现有股东对控制权的要求、公司财务状况、投资者的要求等等。

4.赎回条款

赎回条款是可转换债券的发行企业可以在债券到期日之前提前赎回债券的规定。可转换债券设置赎回条款，主要是为了促使债券持有人及早转换债券，同时也是为了避免金融市场利率下降使公司承担较高利率的风险，从而锁定了发行公司的利益损失。赎回条款的设定主要有两类：

(1)直接设定赎回的起止时间,通常是从可转换债券发行后的若干年开始至债券的到期日。如果发行公司希望投资者尽早转换,则可将赎回起始时间相应提前,反之则推后。但一旦确定下来,就不能随意更改。比如万科① 2004年在A股市场发行的可转债到期赎回条款规定:"公司于本次发行的可转债期满后5个工作日内按可转债的票面面值的107%(含当期利息)赎回。"

(2)由于转换价格等条件设计时很难预期公司以后的发展势头,为了减少股权稀释,迫使投资者早日行使转换权,发行公司常常设定转换价格上限,以此作为赎回条件,它们包括:

①设定股价水平上限。例如,规定如果股价连续若干交易日超过某一水平,则公司有权按赎回价格赎回该可转换债券。例如,民生银行② 2003年发行的可转换债券就规定,民生银行的股票在连续20个交易日的收盘价高于当期转股价格的130%时,按照债券面值102%的价格(含当年利息)赎回。

②设定转换价值/债券面值上限为赎回条件。规定当转换价值持续若干交易日超过债券面值一定比例时,发行公司有权赎回该可转换债券。

以上两种设定方式中,方式②使公司赎回的余地更大。实践中,这两种赎回条件可同时并存。

5.回售条款

回售条款是在可转换债券发行公司的股票价格下降到某种水平或公司违反了募集资金说明书的某些条款时,债券持有人有权按照约定的价格将可转换债券卖给发行公司的有关规定。回售条款具体包括回售时间、回售价格等内容。设置回售条款,是为了保护债券投资人的利益,使投资人具有安全感,因而有利于吸引投资者。

比如民生银行制定的回售条款有两条:"一是到期日前一年,如果民生银行的股票收盘价连续在20个收盘价低于当期转股价格的70%时,持有人可以按照面值106%(含当年利息)的价格实施回售;二是如果改变募集资金用途,持有人有权在发行后的第一年,以面值的102%,发行后第二年,以面值的103%,发行后第三年,以面值的104%,发行后第四年,以面值的105%,发行后第五年,以面值的106%(均含当期利息),实施回售权利。"再如2004年万科A可转债制定的回售条款指明,"在可转换公司债券发行6个月后的转股期间,如果公司A股股票连续30个交易日中累计20个交易日的收盘价格低于当期转股价的60%时,可转换公司债券持有人有权将其持有的可转换公司

---

① 摘自《万科转债说明书》,www.cs.com.cn。

② 民生银行:《可转换公司债券发行募集说明书》,www.sse.com.cn。

债券全部或部分回售给公司，回售价格为：面值的101％＋付息当年度利息（已含当期利息）。”

三、可转换债券融资的优缺点

对于发行公司而言，可转换债券有四个主要优点：

1.直接筹资成本较低。因为可转换债券给予了持有者未来转换为股票的“选择权”，为持有者提供了分享企业成功利润的机会，故而其利率低于同一条件下的普通债券的利率，这降低了公司的筹资成本。另外，在可转换债券转换为普通股时，公司无须另外支付筹资费用，又节约了股票的筹资成本。

2.便于资金筹集。因为可转换债券兼具了普通股与普通债券的双重特性，并且它赋予持有者的未来选择权使其比普通股和债券能更好地保护投资者的利益，因此，对既想规避风险又想获得高于利息报酬的那部分投资者有很强的吸引力。

3.有利于稳定股票价格和减少对每股收益的稀释。由于可转换债券规定的转换价格一般要高于其发行时的公司股票价格，因此在发行新股或配股时机不佳时，可以先发行可转换债券，然后通过转换实现较高价位的股权融资，从而降低了直接发行新股可能带来的每股收益的较大稀释度。

4.有利于调整资本结构。可转换债券是一种债务和权益双重性筹资方式，转换前可转换债券属于公司的一种债务，若公司希望持有人转股，可借助相关条款促进转股，从而调整资本结构。

从公司的角度出发，可转换债券主要有三个缺点：

1.丧失低息优势。可转换债券的利息率较低，但是转换一旦发生，低利率的优势就会消失，公司将要承担较高的普通股成本，从而导致公司综合资本成本上升。

2.股价上扬风险。尽管可转换债券的转换价格高于其发行时的股票价格，但普通股价格大幅度上涨且远远高于固定的转换价格时，发行公司会发现在这种情况下，利用纯债务融资可能更好。

3.财务风险。如果公司真正希望筹集权益资本，但是债券发行后普通股市价没有大幅度上升，债券持有者不愿意行使转换，而将可转换债券作为一般债券持有，收取固定利息收入。可转换债券不能被迫转换，发行公司的债务仍然存在，发行公司将承受还本付息的债务压力。

第二节　银行融资

向银行借入长期资金，也叫长期借款，一直是我国企业的传统融资渠道之一。与美国公司债务融资渠道主要是发行公司债券不同的是，由于我国的公司债市场不发达，我国企业的债务融资渠道主要是向银行借款融资。对于那些不能上市直接融资的非上市公司而言，银行融资已成为它们的最主要资金来源。我们看到，2001年、2002年、2003年银行贷款占企业贷款的比重分别为75.9%、80.2%和81%，2004年超过90%，意味着整个社会风险过度集中在银行系统。

一、向银行融资的程序

在过去相当长的一段时间内，我国的商业银行都沦为财政的出纳，商业银行很大程度上是按照政府的要求向需要扶持的国有企业放贷。在企业是国家的、银行也是国家的思维下，按期还贷并没能形成对企业的"硬约束"，这最终成为商业银行大量呆坏账的一个重要原因。直至20世纪90年代中期，政府开始大力推行金融体制改革，要求商业银行应成为独立经营法人，严格控制并逐步降低呆坏账比例，由此银行向企业贷款的程序开始逐步规范化、严格化。

企业向银行融资的规范程序应为：企业先要向银行提出申请，陈述借款原因与金额、用款时间与计划、还款期限与计划。银行根据企业的借款申请，针对企业的财务状况、信用情况、盈利的稳定性、发展前景、借款投资项目的可行性等进行审查。银行审查同意贷款后，再与借款企业进一步协商贷款的具体条件，明确贷款的种类、用途、金额、利率、期限、还款的资金来源及方式、保护性条件、违约责任等等，并以借款合同的形式将其法律化。借款合同生效后，企业便可取得借款。

二、长期借款的成本

长期借款的利率通常高于短期借款。但信誉好或抵押品流动性强的借款企业，仍然可以争取到较低的长期借款利率。长期借款的利率有固定利率和浮动利率两种。若采用固定利率，通常根据借款企业的资信等条件来确定利率水平，资信低，利率水平高；反之，则利率水平低。如果采用浮动利率，借贷双方会将贷款利率定在某一基准利率加上若干个百分比的水平上，当基准利率上涨或下跌时，长期借款中尚未偿还余额的利率将作相同幅度的涨跌。比如，银行向某企业发放长期贷款1 000万元，期限3年。采用浮动利率制，当年的基本利率为5%，上下浮动3%。一年后，由于同期贷款利率已上浮至6%，故而银行应根据企业尚未偿还的800万元，按照6%的利率重新计算利息。浮动贷款利率的调整期限根据契约中的规定执行，通常是每年调整一次，也可每隔半年或每3个月调整一次。

三、长期借款的偿还方式

长期借款偿还的方式包括：定期支付利息、到期一次性偿还本金的方式；定期等额偿还的方式；平时逐期偿还小额本金和利息、期末偿还余下的大额部分的方式。第一种偿还方式会加大企业借款到期时的偿还压力，因此银行为了保护自己的利益，一般偏向于采用等额偿还的方式，以避免贷款企业到期时不能全部偿还贷款，但这又提高了企业使用贷款的实际利率。贷款企业一般还需根据银行的要求按季度、半年或一年编制还本付息表。下面以例子加以说明：

【例10-1】Z公司向银行借入一笔5年期的中长期贷款100 000元，利率为9%，每年年底还本付息一次，采用等额偿还法。试分析每期偿还情况。

解答：分析每期偿还情况，有助于了解每期偿还的本金和利息，并安排偿还金额。Z公司的分析偿还表如表10-1所示，每年还款额可根据年金现值求出：

$$A=\frac{P}{(P/A,9\%,5)}=\frac{100\ 000}{3.889\ 7}=25\ 709(元)$$

表10-1 Z公司分期偿还表

单位：元

年份(1)	每年还款额(2)	利息(3)	本金(4)	未偿还余额(5)
0	0	0	0	100 000
1	25 709	9 000*	16 709**	83 291***
2	25 709	7 496	18 213	65 078
3	25 709	5 857	19 852	45 226
4	25 709	4 070	21 639	23 587
5	25 710	2 123	23 587	
合计	128 546	28 546	100 000	0

注：*偿还的利息(3)=(5)×9%=100 000×9%=9 000(元)；

**偿还本金(4)=(2)−(3)=25 709−9 000=16 709(元)；

***未偿还余款(5)=上一期未偿还余额−当期本金=100 000−16 709=83 291(元)。

从表 10-1 中用利息(3)除以未偿还余额(5)得到的结果可知，向银行借款的Z公司实际承担的利率是高于 9%的。比如第一年的实际利率为 10.81%，第二年的实际利率为 11.52%。另外需要注意的是，这种偿还方式使偿还的利息支付随时间的推移而减少，而本金在增多，因此如果要决定提前偿还贷款，会导致提前偿还的利息成本上升。

我国目前的银行贷款仍采用按单利利率计算、按季度偿还利息、到期一次性还本的还款方式。

四、向银行融资的优缺点

与公司债相比，向银行融资的优点为：

1. 筹资速度快。长期借款无需经过证券监督管理委员会的审批程序，其手续比发行债券简单得多，从而使融资速度加快。

2. 借款弹性较大。借款时企业与银行直接交涉，只需要银行同意就可以了。但债券筹资面对的是社会广大投资者，协商改善筹资条件可能性很小。

3. 借款成本低。长期借款利率一般低于债券利率，且由于向银行融资无需做广泛的宣传和广告，筹资费用较少。

但是，银行融资也有缺点。由于长期借款期限长、风险大，按照国际惯例，银行通常对借款企业提出一些有助于保证贷款按时足额偿还的条件。这些条件写进贷款合同中，形成了合同的保护性条款。这些保护性条款制约了企业的生产经营和借款资金的投向。

第三节　租赁和租购

随着社会的发展，企业购置的固定资产价值也在不断攀升，一台大型设备、一架飞机的价值就高达上千万甚至于上亿美元。一方面，固定资产价值的高昂，大大增加了企业购买它们的难度；另一方面，科技的高度发展又促使这些设备不断换代更新，使企业好不容易攒够钱买下这台设备，用了没过多久就面临淘汰的困境。基于这两方面的原因，越来越多的企业开始运用租赁或租购的融资方式来使用这些高额的固定资产。

一、租赁的定义及种类

1. 定义

租赁(Lease)是财产所有人(出租人 Lessor)将其财产定期出租给需要这种财产的人(承租人 Lessee)使用,由后者向前者按期支付一定数额的租金作为报酬的经济行为。就承租人而言,他是资产的使用者,而非拥有者,借助一份租赁合同就可以取得一项资产的使用权。因为使用者也可以通过购买方式来取得资产,故租赁和购买就会涉及不同的融资安排。见图 10-1 说明。[①]

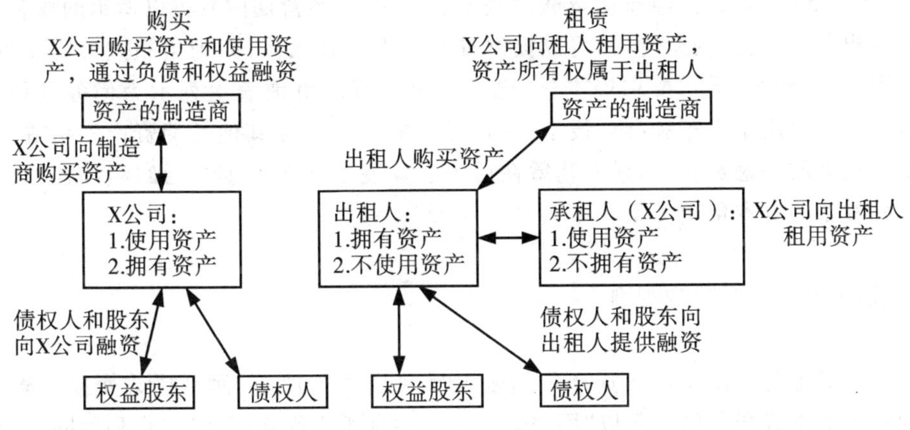

图 10-1　购买和租赁

图 10-1 中所示的为直接租赁(Direct Leases)。当用户缺少资金添置设备时,出租人出资购买资产(可以通过债务和股权融资),以租赁方式专供该用户(承租人)使用。当然,制造商也可以直接出租其产品,这种租赁业务也称为销售性租赁(Sale-type Leasing)。比如,IBM 公司出租计算机,施乐公司出租复印机。主要的出租人有制造商、财务公司、银行、独立的租赁公司、具有特定目的的租赁公司以及合伙企业等。除了制造商外,其他出租人都是先买入资产,再将资产租给承租人。

2. 种类

租赁可以分为融资租赁和经营租赁两大类。

融资租赁(Financial Leases)又称资本租赁,是由出租人按照承租人的要求

---

① Stephen A. Ross, Randolph W. Westerfield, Jeffery F. Jaffe: *Corporate Finance*, 5th ed.,吴世农等译,机械工业出版社,2000 年出版,第 487 页。

融资购买设备，并在契约或合同规定的较长期限内提供给承租企业使用的信用性业务。融资租赁发生的相关业务需要在资产负债表上有所体现。当出现下列四种情况之一时，我们就可以判定为融资租赁并进行相应的财务处理：

(1)契约规定当租赁期满时，将资产的所有权转移给承租人(租赁方)。

(2)在租赁期满时，将租赁资产折价卖给租赁方。买卖的协议价格将会很低。

(3)租赁期是租赁资产正常使用寿命的 75%或者更长。

(4)最低租赁费的现值等于租赁资产最初公允价值的 90%或以上。

如果没有一条符合上述条件，就不能把它认作为融资租赁，而是经营租赁(Operating Lease)。经营租赁通常是短期的，并在经营期内有可以撤销的权利；而且出租人(资产的所有者)可以提供资产的维护和维修，因为出租人最终要收回资产。经营租赁不要求资本化，也不要求在资产负债表上列示为债务责任。经营租赁常用于汽车和办公设备、一定形式的不动产和其他长期资产。租赁中金额最大的是融资租赁，融资租赁在后来的发展中又形成了售后回租和杠杆租赁两种新的资本租赁类型。

二、租赁对财务报表的影响

融资租赁不仅要求在资产负债表上反映租赁的现值，而且要改变损益表。融资租赁在资产负债表下以“固定资产——融资租入固定资产”账户列示固定资产账户，在租赁期内每年计提折旧摊销费用。同时，也以“长期应付款——应付融资租赁款”账户列示负债类账户，这个账户根据每个月支付的租金及其利息定期摊销。这样一来，融资租赁就被视为负债的一种变通形式，提高了企业的资产负债率，因而也改变了企业的资本结构。如果企业需要保持原定的最佳资本结构的话，则需要筹集额外的股本来支持。

经营租赁在会计上的处理则比融资租赁要简单。对于经营租赁的租金，承租人只需在租赁期内各个期间按照直线法计入相关资产成本或当期损益即可，不会影响到负债的增加。

三、租购的定义及其与租赁的联系与区别

随着市场经济的建立和发展，租购合同在我国的商业领域中也逐步得到应用，如飞机、船舶、汽车、大型设备、房屋以及家用电子产品，均存在租购交易形式。比如在 2005 年，中国中部的第一家民营航空公司——东星航空公司就与欧

洲空客公司签署了10架空客A320飞机的购机意向，与美国通用电气金融航空服务公司签署了10架A320飞机的租购协议。民营航空一次签下20架空客飞机的租购协议，总价值120亿元。出手如此阔绰，东星依靠的就是租购这一新的融资模式。

租购(Hire Purchase)是指出租人将租赁物交付承租人使用、收益，承租人在约定期限内分期向出租人支付租金，待约定期限届满且承租人付清租金后，租赁物的所有权由出租人转移至承租人。从定义和结果来看，租购与融资租赁非常相似，近似于租赁期满后将租赁物卖给承租人的那部分融资租赁。但它在合同形式上与经营租赁、融资租赁仍有一些差别。

1. 与经营租赁的区别

经营租赁合同期满，承租人应将租赁物返还给出租人，因此经营租赁只是产生使用权、收益权的转让。而租购合同在履行过程中，除了包含使用权、收益权转让外，最终将实现租赁物所有权的转移。从承租人角度讲，在租购中存在着一个期权，即付清全部租金后，租赁物的所有权由出租人转移至承租人。而作为经营租赁的承租人则不享有这一权利。

2. 与融资租赁的区别

(1)融资租赁合同涉及三方，即出租人、承租人、出卖人(比如在杠杆租赁中，出租人和出卖人可能就不是同一个法人实体)。租购合同只涉及两方，即出租人和承租人。(2)融资租赁合同涉及两种法律关系，即买卖关系和租赁关系，产生两个合同。租购合同只涉及一种法律关系，即租购关系，只有一个合同。(3)租购合同的承租人付清全部租金后，租赁物的所有权转移。融资租赁合同租赁期满标的物转移所有权不是必备条件，而是选择条件，来源于出租人与承租人的约定。如果未作约定，租赁物的所有权仍然归出租人。

四、租赁与租购的好处

租赁和租购为什么这么流行？租赁、租购行业的财富以万亿美元计算，如Clark Equipment, GE Capital, U. S. Leasing International等租赁公司为市场提供了巨大的融资金额。租赁与租购普及的主要原因主要有以下几点：

1. 承租人可以在资金缺乏或者信用不足的情况下从产品制造者手中购买资产，当然前提是制造者愿意接受融资租赁或租购协议，或者愿意通过第三方安排租赁协议。

2. 租赁条款与债权合同相比限制性条件少。

3. 没有后续支付要求，就像一般情况下的资产购买(租赁或租购允许大量间接贷款)。

4. 出租人可能拥有某个行业的专门技能——能够非常专业地进行资产的挑选、维护、最终出售。这样一来,资产淘汰的负效应会降低。

5. 税收因素的考虑。如果租赁一方的税率高于另一方,那么就可以很好利用税收获得收益,比如计提折旧或研发费用等产生的税收贷项。

6. 承租人增加的可借贷能力。对于那些寻求最大限度利用财务杠杆的公司来说,租赁有时是有比较优势的。首先,对一家公司来说,有时使用租赁协议比使用抵押贷款方式可以获得价值更高的资产,使用时间也更长。其次,由于经营租赁并不反映在资产负债表上,因此通过经营租赁融资就可以使公司在粗略的财务分析中有一个较好的表现,利用经营租赁的公司就可以使用更高的财务杠杆了。

本章小结

本章介绍了目前企业融资除了债券和股票外,其他几种常用的融资工具。其中,本章先对可转换债券的定义、特点、主要构成要素及优缺点进行了介绍;其次,介绍了银行融资的程序、成本、偿还方式及优缺点;最后,介绍了租赁与租购的定义、种类、对财务报表的影响,并阐述了租赁与租购受到企业欢迎的理由。本章的可转换债券与租赁租购部分可涉及的内容较多,有一定的难度,建议初级学者在中、高级财务管理课程中进一步学习。

复习思考题

1. 可转换债券有什么特点?
2. 可转换债券包括哪些主要要素?
3. 向银行融资的利率有哪两种类型? 偿还方式有哪些?
4. 租赁主要分哪两种类型? 各有什么特点?
5. 为什么企业愿意租赁或租购?

本章习题

1. 某上市公司在2002年发行可转换债券进行融资。可转换债券每张面值100元,年利率为1.5%,同时规定转换期限为5年,转换价格为8.78元。该上市公司近30日股票平均收盘价为8.507元,以2001年10月到2002年3月共6个月的股票收盘价为样本,计算出该股票的波动率为16%。5年期国债的利率为2.2%,可转换债券发行价格为115元。

要求:计算该上市公司发行的可转换债券的价值,并说明理性的投资人是否应该进行投资。

2. A公司需要筹集990万元资金,使用期5年,有以下两个筹资方案:

(1)甲方案:委托××证券公司公开发行债券,债券面值为1 000元,承销差价(留给证券公司的发行费用)每张票据是51.60元,票面利率14%,每年付息一次,5年到期一次还本。发行价格根据当时的预期市场利率确定。

(2)乙方案:向××银行借款,名义利率是10%,补偿性余额为10%,5年后到期时一次还本并付息(单利计息)。

假设当时的预期市场利率(资金的机会成本)为10%,不考虑所得税的影响。

要求:

(1)甲方案的债券发行价格应该是多少?

(2)根据得出的价格发行债券,假设不考虑时间价值,哪个筹资方案的成本(指总的现金流出)较低?

(3)如果考虑时间价值,哪个筹资方案的成本较低?

3. B公司试图确定租赁或外购机床。其适用的所得税率为40%,目前负债的税后成本为8%。有关资料如下:

租赁:期限为3年,每年年初支付租金25 200元。

购买:机床成本为60 000元,公司可按14%利率筹措资金,每年末支付25 844元,为期3年。按直线折旧法计提折旧。

请问公司应如何决策?

第十一章 财务报表分析

通过本章的学习，你可以：

1. 了解财务报表与现金流量的关系；
2. 掌握财务报表分析的基本方法；
3. 能运用杜邦财务分析体系进行简要的财务分析；
4. 能正确理解合并财务报表信息；
5. 了解企业财务可持续增长分析方法。

小案例导引

当一家公司的业绩或发展前景让你心动，你想对这家公司进行深入细致的了解时，常常会希望近距离地了解一下该公司的发展近况、未来愿景及其增长潜力，常常想借助于公司所提供的财务报表找到如下问题的答案：公司的盈利能力有多大？公司的流动性如何？公司资产的使用效率如何？公司创造价值了吗？企业的负债状况如何？企业是否具有偿债能力？企业的经营风险如何？企业是否面临财务困境或破产风险？只有通过阅读并分析财务报告，才能回答上述问题。

财务报表分析可为财务决策提供有用的决策信息，这些有用的决策信息来源于对企业财务报表数据的进一步加工处理，也就是通常所说的会计报表分析。

第一节 财务报表与现金流量

财务信息使用者经常关心如下信息：公司的经营业绩如何？本期公司的留

存收益是否有变动？其原因是什么？期末公司的财务状况如何？公司的现金是怎样流动的？净现金流量是多少？在财务上将信息使用者需要的上述信息归纳为以下三个方面——反映企业财务状况的信息、反映企业经营业绩的信息和反映现金流量变动的信息，并分别列示形成了国际上通行的财务报表，即反映公司财务状况的资产负债表、反映公司经营业绩的损益表和留存收益表，以及反映公司现金增减变动情况的现金流量表。如图 11-1 所示。

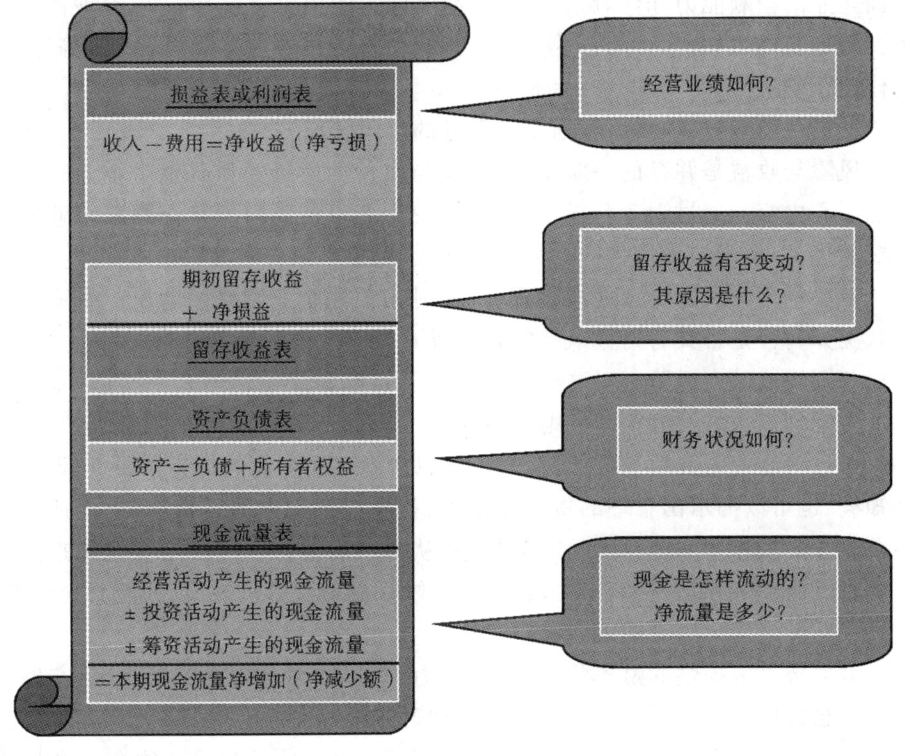

图 11-1

一、财务报表的含义与作用

(一)财务报表的含义

财务报表是对企业财务状况、经营成果和现金流量的结构性表述。财务报表至少应当包括资产负债表、利润表、现金流量表、所有者权益(或股东权益)变动表及相关附注。本章仅就三张主要的会计报表进行简要分析。

(二)财务报表的作用

1.评价企业的经营业绩

企业的获利能力是不断保持较高且稳定的竞争力的先决条件,而获利能力的大小通常用反映利润率的指标加以衡量。无论是投资者还是债权人,也无论是管理者还是债务人,都十分关注企业的现实获利能力和潜在获利能力,借以评价其经营业绩。任何决策者在作出决策之前,都会先从目标公司的财务报告中判断企业的盈利能力如何,影响该企业盈利能力的主要因素有哪些,企业的自我可持续增长能力如何,影响企业自我可持续增长能力的主要因素是什么等等,从而作出正确决策。

2.通过财务分析,可以诊断企业财务的健康状况

风险与收益是并存的一对矛盾,风险与收益的辩证关系是整个企业财务管理的中心内容。通过财务分析,财务信息使用者可借助财务指标判断企业财务状况的优劣,揭示造成优劣的具体原因,并据以提出财务对策。追求高收益往往意味着要承担高风险。有效的管理者,要时刻关注企业财务的状况。企业的负债状况如何?是否具有财务风险?是否具有偿债能力?经营风险如何?是否面临财务困境或破产风险?对这些问题都应了如指掌。

3.规划未来的经营策略和财务政策

通过对企业财务信息的比较分析,可以揭示不同企业的优势和弱点,做到知己知彼,也可以揭示出管理的重点与难点,找出改进的方向与措施,以便适时调整企业发展战略和实施有效的财务战略,从而正确地评价和决定企业未来的投资项目,调整和制定企业未来的资本结构政策、融资和筹资政策、利润分配政策。

4.引导与优化资源配置

财务报表所提供的财务状况、盈利能力、营运能力与现金流动状况,有助于财务信息使用者对不同企业的经营业绩和财务能力进行比较、分析,不断调整其投资的方向与额度,从而引导和促使社会资源向收益好、效益高的企业合理流动,实现社会资源的优化配置。

二、财务报表的种类

按照《企业会计准则》的规定,我国财务报表体系已基本上与国际接轨,形成了以资产负债表、利润表和现金流量表为主的会计报表体系。现将这三大主要报表简述如下。

(一)资产负债表

资产负债表是反映企业在某一特定日期财务状况的报表。它是以"资产=

负债+所有者权益"这一会计等式为理论根据，按照一定的分类标准和次序把企业一定日期的资产、负债、所有者权益项目予以适当排列编制而成的。具体格式与内容如表11-1所示。

表11-1 资产负债表

编制单位： 年 月 日 单位：人民币元

资产	期初数	期末数	负债和所有者权益	期初数	期末数
流动资产			流动负债		
……			……		
流动资产合计			流动负债合计		
非流动资产			非流动负债		
可供出售金融资产			……		
……			非流动负债合计		
长期股权投资					
……					
固定资产			负债合计		
商誉			所有者权益		
……			……		
非流动资产合计			所有者权益合计		
资产总计			负债和所有者权益总计		

资产负债表主要向有关各方提供以下几个方面的财务信息：

1. 企业所掌握的经济资源；
2. 企业所负担的债务；
3. 企业的偿债能力；
4. 企业所有者所享有的权益；
5. 企业未来的财务趋向。

借助于资产负债表，会计信息使用者可以了解企业特定时日的资产、负债和所有者权益的基本情况，分析、评价企业财务状况的好坏，以便作出各自的决策。

(二)利润表

利润表也称损益表(下面均用利润表这一名称)，是反映企业在一定会计期间生产经营成果的会计报表。利润分配表和损益表可合并编制成一张表，也可分别编制成两张表，我国现行会计制度采用后者。

利润表是以"收入－费用＝利润"这一会计等式所包含的经济内容为依据编制的。收入项目是营业总收入，包括主营业务收入、其他业务收入等。费用项目是营业总成本，包括各种费用、成本，以及从收入中补偿的各种税金及附加，如营业成本、销售费用、营业税金及附加、管理费用、财务费用等。损益类项目如营业利润、投资收益、营业外收入、营业外支出、利润总额等。

利润表主体部分在列示收入、费用和损益项目时，根据排列方式的不同，可分为单步式利润表和多步式利润表。我国目前采用的是近似单步式，具体内容与格式见如表 11-2 所示。

表 11-2 利润表

编制单位： ××年度 单位：元

项　　目	行次	本年金额	上年金额
一、业务收入			
减：业务成本			
营业税金及附加			
销售费用			
管理费用			
财务费用(收益以“－”填列)			
资产减值损失			
加：公允价值变动净收益(净损失以“－”填列)			
投资净收益(净损失以“－”填列)			
二、营业利润(亏损以“－”填列)			
加：营业外收入			
减：营业外支出			
其中：非流动资产处置净损失(净收益以“－”填列)			
三、利润总额(亏损总额以“－”填列)			
减：所得税费用			
四、净利润(净亏损以“－”填列)			
五、每股收益：			
(一)基本每股收益			
(二)稀释每股收益			

(三)现金流量表

现金流量表是反映企业在一定会计期间内的经营活动、投资活动和筹资活动中，现金及现金等价物的流入流出情况的会计报表。现金流量表从动态上反映企业现金的增减变动情况，为报表使用者提供企业在一定会计期间内现金的流入与流出的信息。其中，现金是指人们手中持有的可立即用于支付的货币；现金等价物是指企业持有的期限短(一般指从购买日起 3 个月内到期)、流动性强、易于转换为已知金额现金、价值变动风险很小的投资。我国会计准则将现金流量分为经营活动现金流量、投资活动现金流量和筹资活动现金流量。具体格式与内容如表11-3所示。

表11-3　现金流量表

单位:元

项目	行次	金额
一、经营活动产生的现金流量		
销售商品、提供劳务收到的现金		
……		
经营活动现金流入小计		
购买商品、接受劳务支付的现金		
……		
经营活动现金流出小计		
经营活动产生的现金流量净额		
二、投资活动产生的现金流量		
收回投资所收到的现金		
……		
投资活动现金流入小计		
购建固定资产、无形资产和其他长期资产所支付的现金		
……		
投资活动现金流出小计		
投资活动产生的现金流量净额		
三、筹资活动产生的现金流量		
吸收投资所收到的现金		
……		
筹资活动现金流入小计		
偿还债务所支付的现金		
……		
筹资活动现金流出小计		
筹资活动产生的现金流量净额		
四、汇率变动对现金的影响		
五、现金及现金等价物净增加额		
补充资料		

三、三张报表之间的勾稽关系

从数量关系上看：资产负债表的左右双方金额合计应相等，其未分配利润项目与利润及利润分配表的未分配利润项目的金额应相等，资产负债表的期初、期末货币资金与现金流量表的同名称项目的金额应相等。利润表的净利润项目与现金流量表中的同名项目的金额应相等。现金流量表正表中经营活动产生的现金流量净额、现金及现金等价物净增加额与补充资料中的同名项目的金额应相等。

从内在联系上看：资产负债表、利润表和现金流量表分别反映公司的财务状况、经营成果和财务状况变动情况，但三张报表不是孤立的，它们是相互关联和相互影响的。报表与报表之间存在着内在的勾稽关系：

1. 利润表和现金流量表对资产负债表具有解释和说明作用，是联结前后两期资产负债表的纽带。

资产负债表作为一张静态报表，后一期与前一期相比，资产、负债和所有者权益的增加与减少是如何形成的，可以通过利润表和现金流量表得到说明。例如，在雅戈尔的 2007 年资产负债表中，货币资金 2007 年年末数为219 284.67元，年初数为66 116.57元，年末较年初货币资金增加153 168.10元。这一数字是如何形成的，在现金流量表中可以得到明确的答案。它是该公司当年通过经营活动、投资活动和筹资活动所产生的现金流量的净增加额。

2. 具体将资产负债表与利润表直接连接起来的项目是利润分配表中的未分配利润项目。未分配利润是指企业留待以后年度进行分配的结存利润，也是企业所有者权益的组成部分。从数量上来说，未分配利润是期初未分配利润，加上本期实现的税后利润，减去法定的留存收益后的余额。因此，利润表中的净利润大小会影响到未分配利润的金额，而资产负债表中的未分配利润与利润表的延伸报表利润分配表中的未分配利润应该相等。

3. 资产负债表上各项目计量方法的改变会对利润表数字产生影响。利润表中收入、费用及利润的变化会影响到资产负债表中的资产、负债和股东权益的变化。反之，资产负债表中各项目计量方法的改变也会影响到利润表。从现金流量表与利润表之间的关系可以看到：现金流量表与利润表的关系主要体现在现金流量表中的经营活动产生的现金流量与利润表中的收入和费用之间的关系，因为经营活动的现金流量主要来自公司的经营活动。将以收付实现制为基础的经营活动产生的现金流量与以权责发生制为基础形成的收入与费用相比较，可以看出公司实现的利润与所获得的现金流量之间的差异，借以判断公司的收益质量。

三张报表之间的关系如图11-2所示。

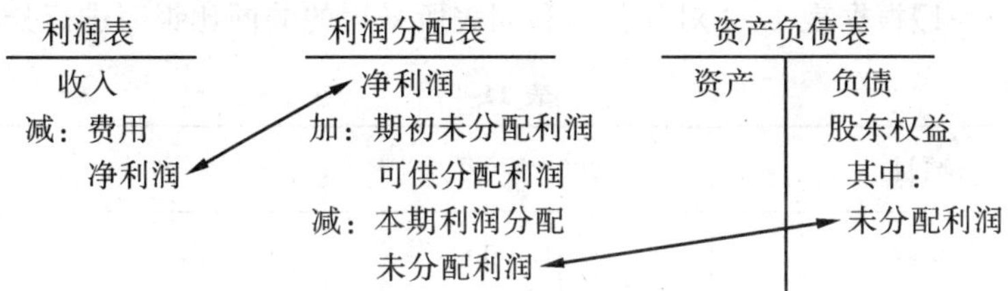

图11-2 资产负债表、利润表和利润分配表关系图

第二节 财务报表的分析方法

进行财务报表分析时最常用的方法有：比较分析法、比率分析法和因素分析法。其中，比较分析法是最基本的方法，也是其他分析方法的基础。在分析过程中，你可以主要利用一两种方法，或综合运用多种方法。

一、财务报表分析的基本方法

（一）比较分析法

比较分析法也称对比分析法，是最基本和最常用的分析方法，是指通过对两个或几个有关的经济指标的对比，找出差异，研究和评价公司经营情况的一种方法。比较分析法主要有下几种形式：

1. 实际指标与计划指标对比，借以考核有关计划的完成情况。

2. 本期实际数同上期实际数相对比，即纵向比较，借以了解有关指标在不同时期的增减变化情况。

3. 本期实际数与同行业公司的指标之间相互比较，即横向比较，通过横向比较，了解公司之间的财务状况和经营成果之间的差异。

趋势分析法是比较常用的比较分析法，分为水平分析和垂直分析两种。水平分析是最简单的一种分析方法。它是通过将某企业连续若干年度的报表资料在不同年度之间进行对比，来分析企业各报表项目的变动情况和变化趋势的一种分析方法。垂直分析又称共同比报表分析，就是将分析资料中的某一项目的金额作为基数，然后计算该项目各个组成部分占其总体的比重，通过分析各项目的具体构成，借以揭示各项目的变动情况和变化趋势的一种分析方法。

【例 11-1】根据表 11-4 对某公司利润表所采用的共同比报表进行分析。

表 11-4

项目	2007 年(万元)	(%)
营业收入	100 000	100
营业成本	80 000	80
毛利	20 000	20
费用	10 000	10
净利润	10 000	10

从表 11-4 可以看出，公司营业成本占营业收入的 80%，费用占 10%，净利润占 10%。在实际分析中，还可以将共同比报表分析与水平分析结合起来。比如，计算出 2006 年、2007 年连续两年该公司共同比报表分析的利润表中各项目的比例，再将这些比例进行同项比较，看一看在公司经营过程中，营业成本占营业收入的比例、净利润占营业收入的比例是否发生了较大的变化，再结合其他背景知识，分析变化的原因。

(二)比率分析法

财务比率分析法是比较分析法更加深入、更加复杂的一种形式。分为纵向比较、横向比较和标准比率比较三种方式，所求出的比率指标又有结构比率、效率比率和相关比率三种类型。

1. 三种类型的比率指标

(1)结构比率是指会计报表中个别项目数值与全部项目总和的比率。这类比率揭示了部分与整体的关系，通过不同时期结构比率的比较，还可以揭示其变化的趋势。其计算公式为：

结构比率＝部分÷整体

(2)效率比率是用以计算某项经济活动中所费与所得的比率，反映投入与产出的关系。利用效率比率指标，可以进行得失的比较，考察经营成果，评价经济效益。如成本费用与销售收入比率、成本费用与利润比率、资金占用额与销售收入比率等。

(3)相关比率是以某个项目与相关项目加以对比所得出的比率，反映有关经济活动的相互关系。利用相关比率指标，可以考察有联系的相关业务安排是否合理，以保障公司运营活动能够顺利进行。如资产总额与负债总额比率，流动资产与流动负债比率，负债与所有者权益比率等。

2.比率分析的三种比较方式

(1)纵向比较。将企业当年的财务比率与历年来的同一比率进行比较，借以对该比率的变化情况作出判断，评价企业的发展趋势。

(2)横向比较。将企业的财务比率与同一时期相同行业的其他企业的财务比率进行比较，以便对这两个企业的经营情况进行较深入的了解，并引导资金投向更有潜力的公司。

(3)标准比率比较。财务比率分析所涉及的比较标准有三种：一是历史标准，即以本公司历史上的经济情况较正常(或相似)时期的财务比率数字作为标准；二是行业标准，即以该公司所属行业在同一时期平均比率作为标准；三是预算标准，即以公司当期预算中的财务比率作为比较标准。在分析时无论是以企业以前年度的数据为标准，还是以行业数据或预算数据为标准，这一标准在比较过程中自始至终应是统一的。

3.比率分析法的优点

比率分析法的优点是计算简便，计算结果容易判断，而且可以使某些指标在不同规模的公司之间进行比较，甚至可以在一定程度上超越行业间的差别进行比较。但采用比率分析法时应注意以下几点：

(1)对比项目的相关性。用不相关的项目进行对比是没有意义的。

(2)对比项目的一致性。计算比率的子项和母项必须在计算时间、范围等方面保持口径一致。

(3)衡量标准的科学性。通常采用的对比标准有：

①预定目标。如预算指标、设计指标、定额指标等。

②历史标准。如上期实际、上年同期实际、历史先进水平，以及有典型意义的时期实际水平等。

③行业标准。指国内外同类企业的先进水平或平均水平等。

④公认标准。

4.比率分析法的局限性

比率分析法的致命缺点是对比项目的科学性问题。

(1)比率解释的仅是历史的状况。

(2)比率的计算基本上是建立在会计报表的账面价值而非现行市价或现行物价水准之上，削弱了信息的相关性。

(3)计算各比率的方法没有统一的标准，口径也常不一致。

(4)会计方法的选择也会给比率的计算带来影响，而这种影响会连锁地反映在有关比率之中。

(5)会计政策的改变也会影响比率的计算。

(6)公司的经营特点、生产规模、理财方针、管理要求，甚至地理环境上的差异，往往会导致比较分析失去意义。

(三)因素分析法

1. 因素分析法的含义

因素分析法是指在确定影响综合性指标的各个因素后，按照一定的顺序逐一用实际数值替换影响因素的基数，借以计算各项因素影响程度的一种方法，又称为连环替代分析法。

由于综合性财务指标形成的差异是由多种因素同时变化所致，在测定几个因素各自变化对差异的影响程度时，首先要把各个相关因素列成关系式，以确定替代顺序；然后把其中一个因素当成可变因素，暂时把其他因素当成不变因素，依次替代，直至把各因素都替换成变化后的数值为止，将各因素变动的影响值与该因素替代前的指标值相比较，所得的差异，就是各种因素对所分析指标的影响程度。

2. 因素分析法的分析流程(如图 11-3)

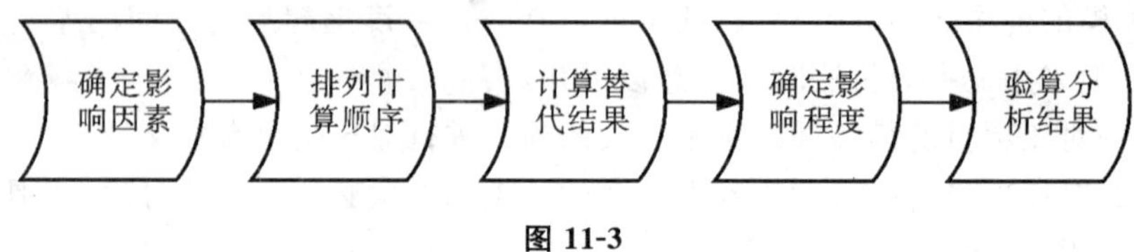

图 11-3

(1)确定影响因素。确定影响综合性指标变动的各项因素。

(2)排列各项因素的顺序。按影响因素对综合性指标的影响程度排列计算顺序。数量指标在前，质量指标在后；实物指标在前，价值指标在后；主要指标在前，次要指标在后。

(3)进行因素替代，计算替代结果。以基数指标体系为计算基础，用实际指标体系(实际数)中每项因素的实际数顺序地替代其基数；每次替代之后，实际数就被保留下来，有几个因素就替代几次；每次替代后要计算出由于该因素变动所得的新结果。

(4)比较替代结果，确定影响程度。将每次替代所计算的结果，与这一因素被替代前的结果进行比较，两者的差额，就是这一因素变化对经济指标差异的影响程度。

(5)计算影响数值之和,验算分析结果。将每个因素变动的影响数值相加,其代数和应同该经济指标的实际数与基数的总差异数(即分析对象)相等,据此校验分析结果是否正确。

一般来讲,因素替代法多用于利润分析和成本费用分析。利用因素替代法,分析各因素对企业利润增减变化的影响程度,或各种成本费用对企业总成本费用变动的影响程度。

3.因素分析法的特点

因素替代法最重要的是正确确定分析指标构成体系。

(1)因素分解的相关性。确定分析指标构成体系或分析模型,必须在客观上存在一定的因果关系,要能够反映形成该项指标差异的内在构成原因,否则就失去了存在的价值。

(2)因素替代的顺序性。替代因素时,必须按照各因素的依存关系,排成一定的顺序依次替代,不得任意颠倒,否则就会出现不同的结果。因此在分析中,必须从可能的替代程序中确定比较正确的替代程序。在排列替代程序时,应注意:①在数量因素与质量因素同时存在的情况下,应是数量因素在先,质量因素在后;②在因素较多且数量指标、质量指标同时存在的情况下,应是主导因素在先,派生因素在后。

数量因素是指实际的使用数量脱离设立的模型内标准数量;质量因素是指涉及价格等与事件质量相关的因素脱离设立的模型内标准数量;主导因素是对事物的发展起主要作用的因素,也可以说是重要因素;派生因素是指次要因素,是随主导因素产生的因素。

(3)顺序替代的连环性。在替代时要按照影响因素和综合性经济指标的因果关系确定合理的替换顺序,必须顺序地逐一进行计算。如果替代顺序不连环,就会使各项因素的影响程度之和不等于分析对象,即分析指标变动总差异。

(4)计算结果的假定性。在分步计算各个影响因素的影响数额时,要假定影响数是在某一因素变化而其他因素不变的情况下得出的,这是分别计算确定各个因素影响数的前提条件。由于连环替代计算的各因素变动的影响数因替代顺序不同而各有差别,因而计算结果难免带有假定性,即它不可能使每个因素的计算结果,都能达到绝对的标准。它只能说明是在某种假定前提下的影响结果,离开了这种假定前提条件,影响的结果也不相同。因此在分析中,力求使这种假定合乎逻辑,保证分析的有效性。

4.因素分析法举例

【例 11-2】利用因素替代法进行公司主营业务收入增加的因素分析。

如表11-5所示，显然，2007年营业收入比2006年增加340万元，这是销售数量和销售单价两个因素共同起作用的结果。你可以利用因素分析法，分析这两个因素的各自影响程度。

表11-5　某公司的资料如下

项目	2006年	2007年	差异
营业收入(万元)	7 500	7 840	＋340
销售数量(台)	500	490	－10
销售单价(万元)	15	16	＋1

公式：

营业收入＝销售数量×销售单价

按照上述公式，2006年营业收入额为：

营业收入＝500×15＝7 500(万元)　　①

第一次替代：以2007年销售数量替代

营业收入＝490×15＝7 350(万元)　　②

第二次替代：以2007年销售单价替代

营业收入＝490×16＝7 840(万元)　　③

利用上述计算结果，可以测算出销售数量和销售单价两个因素变动对主营业务收入差异数的影响：

销售数量变动对差异的影响数＝②－①＝7 350－7 500＝－150(万元)
销售单价变动对差异的影响数＝③－②＝7 840－7 350＝　490(万元)
＋）　340(万元)

根据上述计算可以作出如下评价：2007年主营业务收入比2006年增加340万元，是由销售数量和销售单价两个因素共同作用的结果。由于销售单价比上年增加1万元，使营业收入增加490万元；又由于销售数量下降，使营业收入减少150万元。扩大销售数量应为今后的努力方向。

从以上的例题与讲解来看，无论分析多么复杂，其基本的原理是不变的，比率法、比较法、因素法是最基本的分析方法。也许你在其他书籍上也会看到很多分析方法如杜邦分析体系等等，这些分析方法往往是三种方法的综合运用。在对公司报表分析中，你可以不断地探索经验，建立一套适合自己的分析体系，当然，你也可以借鉴世界上一些先进的分析方法与分析体系。

二、财务报表分析的作用

财务报表分析的作用是衡量目前的财务状况，评价过去的经营业绩，预测未来的发展趋势。

对企业内部财务信息使用者来说，利用分析财务报表所获得的各种信息，可以指出生产经营中存在的问题，进一步追查分析原因，进而作出改进的决策。对企业外部使用者来说，可以在对企业财务状况、经营成果、现金流量的分析中，判断其相互间的关系，以寻求与所做的决策相关的信息。

（一）衡量企业目前的财务状况

通过对企业财务报表的分析，可以了解企业目前的资产及其分布与占用情况；了解企业的资金从何处取得，其融资结构如何；了解企业经营方针，尤其是投资管理的方针和企业内部资金流转的情况，借以判断企业在经营上有无进取心，财务上是否稳妥可靠；了解企业一系列的重大财务行为是否存在问题，如购进新资产的资金来源是靠企业本身的营业盈余还是靠借债或发行股票，营业所得的资金与借款流入的资金的比例是否恰当等等。熟知各项会计信息，可以为企业会计报表使用者提供了解企业目前财务状况的真相，以衡量企业目前的财务状况，评价企业未来发展的潜在能力。

（二）评价企业过去生产经营的业绩

企业财务报告只能概括地反映企业过去的财务状况、经营成果和现金流量，如果不将报表上所列数据进一步加以剖析，既不能充分理解这些数字的经济意义，也不能充分掌握数据所传递的信息。这样，就无法对企业财务状况好坏、企业经营成果大小、企业经营管理是否健全以及企业发展前景如何作出有事实根据的判断。因此，不论报表编得如何精细，也不管报表上的数据如何重要，要进行正确的决策，还需要对报表数据进一步加工，对其进行分析、比较、评价和解释。企业的经营管理者和其他财务信息使用者，必须根据财务报表上的各项数据，有重点、有针对性地加以考虑和分析研究，才能了解企业过去的生产经营业绩，如利润的多少、投资报酬率的高低、销货量的大小、现金流量等，才能更好、更恰当地评价企业财务状况的好坏、经营成果的大小和经营管理效率的高低。

（三）预测企业未来发展的趋势

企业的未来经营活动都是在一定的客观经济条件下进行的，要受到客观条件的制约，并受客观的经济规律的支配。企业必须善于从客观的经济条件出发，按照客观经济规律规划未来的经济活动，预测未来的发展趋势，并据以作出正确的决策;通过财务报表分析,针对目前的情况,权衡未来发展的可能趋势,并作出相应的决策;通过对财务报表的分析加工整理,形成与预测企业未来发展的趋势相关的决策有用信息,从而提高经济决策的科学性。

三、财务报表分析的步骤

分析财务报表,一般应按以下程序进行,如图 11-4 所示。

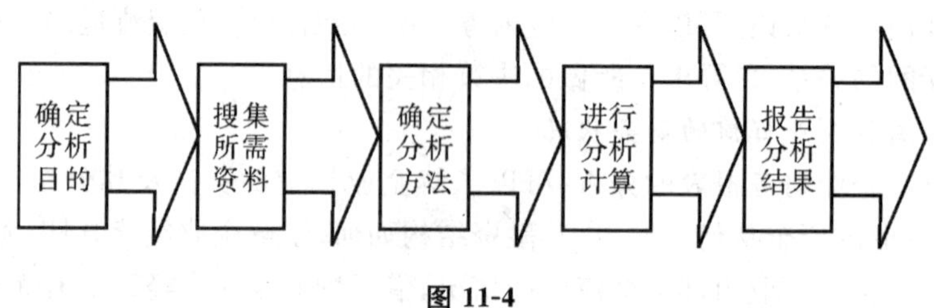

图 11-4

(一)确定分析目的

不同的信息使用者进行财务报表分析的目的是有差别的。企业短期投资者分析财务报表的目的在于了解企业的短期偿债能力,便于短期投资决策;企业长期投资者分析财务报表的目的则着重于企业的长期偿债能力,为长期行为提供决策依据;股东分析财务报表的目的在于获悉企业的经营业绩、获利能力、财务状况及资本结构等因素,这些因素对股票价值的高低具有重大的影响;企业管理人员分析财务报表的目的在于及时掌握企业的财务状况及经营成果,检讨其得失,并及时发现问题所在,迅速采取有效的措施,使企业能够稳定发展;注册会计师分析财务报表的目的在于以独立超然的地位,采用合理的方法与程序,明确指明企业所提供的财务报表,是否公允表达某特定会计期间的财务状况及经营成果;税务机关分析财务报表的目的在于查核纳税义务人是否如实申报有关税收,等等。所以,进行财务报表分析必须首先明确分析目的,比如对盈利情况进行分析,据以预测未来年度的盈利能力,称为盈利性分析;再如对企业获取现金流量能力进行分析,以分析企业的支付能力,据以制定现金管理政策,称为流动性分析。

(二)搜集所需资料

财务会计报表是企业进行财务分析的主要资料来源,为了全面掌握企业的经营状况,还需要搜集其他资料,如市场前景、产销情况、员工构成、技术开发,以及预测、计划、定额和标准等资料。报表分析所需资料来源包括:会计报表、注册会计师的审计报告、企业的会计政策、其他资料、调查核实所获得的资料、有关计划标准资料。

(三)确定分析方法

在按照不同的分析目的搜集到所需资料后，还要根据不同的分析目的，采用不同的分析方法。如对未来发展趋势的预测，往往需要用到回归分析法；对流动性的分析，往往需要用到比率分析法；对计划执行情况的分析，往往用到因素分析法等。

(四)具体分析计算

根据所掌握的数据资料，采用一定的分析方法，特别是采用一定的财务指标，进行指标计算，然后根据计算得出的指标，层层分解和辨析。比如，在进行计划执行情况的分析时，找出指标之间的差距，分析差距形成的原因；在进行未来趋势预测时，就要在指标计算的基础上，剔除其中隐含的非正常因素，从而对未来趋势作出判断。

通过分析矛盾，确定差距以后，还应当揭示各项报表资料所隐含的重要关系及相互间的影响程度。这是因为，进行财务报表分析所依据的报表资料都是综合性较高的经济信息，它们之间隐含着相互作用、相互影响的关系。它们之间关系的形成与变动，经常是很多正反因素交互作用、互相抵消的结果。对于这类综合信息就要进一步分析形成隐含关系的各因素及其影响程度，才能具体确定哪些是主要因素与次要因素，哪些是主观因素与客观因素，哪些是有利因素与不利因素等，以利于追根究底，探本寻源，明确区分影响这些指标完成程度的原因及责任，查明影响企业财务状况和经营成果的主要因素和真正原因。

(五)报告分析结果

以分析报告的形式将财务分析的主要内容和结果作出概括和相关说明。

第三节　基本的财务比率

财务比率可以分为以下四类：变现能力比率、资产管理比率、负债比率、盈利能力比率。

为了计算方便，本节各财务比率的计算数据均选用雅戈尔公司 2007 年度资产负债表和利润表(资产负债表和利润表均为简化格式，根据原数据四舍五入)。如表 11-6 所示。

表 11-6 资产负债表

编制单位:雅戈尔集团股份有限公司　　2007年12月31日　　单位:万元

项目	期末余额	年初余额	项目	期末余额	年初余额
流动资产:			短期借款	590 518.64	229 742.93
货币资金	219 284.67	66 116.57	应付票据	16 560.86	12 205.43
交易性金融资产	212.83	87.38	应付账款	43 974.17	32 579.15
应收票据	538.20	532.92	预收款项	548 573.31	229 439.08
应收账款	45 627.48	40 758.47	应付职工薪酬	24 170.44	19 100.53
预付款项	339 296.26	142 868.41	应交税费	58 619.10	48 579.83
其他应收款	17 941.29	9 224.71	应付利息	1 571.58	391.37
存货	736 971.36	546 566.23	应付股利	240.00	240.00
流动资产合计	1 359 872.09	806 154.69	其他应付款	65 828.50	60 407.78
非流动资产:			一年内到期的非流动负债	23 500	98 000
可供出售金融资产	1 649 669.07	436 890.01	流动负债合计	1 373 556.60	730 686.10
长期股权投资	87 101.25	56 955.41	非流动负债:		
投资性房地产	1 787.40	1 896.79	长期借款	193 393.06	64 698.51
固定资产	368 661.63	364 899.39	专项应付款	932.69	590.03
在建工程	28 696.93	10 649.70	递延所得税负债	309 275.17	133 799.28
工程物资	6 876.09	0	非流动负债合计	503 600.92	199 087.82
无形资产	25 871.64	38 996.43	负债合计	1 877 157.52	929 773.92
商誉	4 519.67	4 519.67	所有者权益		
长期待摊费用	727.62	2447.42	实收资本(或股本)	222 661.17	178 128.94
递延所得税资产	653.62	1 555.50	资本公积	938 160.26	326 544.02
非流动资产合计	2 174 564.92	918 810.32	盈余公积	59 290.95	38 082.26
			未分配利润	353 705.72	183 102.49
			外币报表折算差额	−340.69	−170.51
			少数股东权益	83 802.08	69 503.89
			所有者权益合计	1 657 279.49	795 191.09
资产总计	3 534 437.01	1 724 965.01	负债和所有者权益总计	3 534 437.01	1 724 965.01

公司法定代表人:李如成　　主管会计工作负责人:吴幼光　　会计机构负责人:吴幼光

表 11-7　利润表

编制单位:雅戈尔集团股份有限公司　　2007 年度　　单位:万元

项目	本期金额	上期金额
一、营业总收入	703 389.71	612 793.92
其中:营业收入	703 389.71	612 793.92
二、营业总成本	614 615.85	516 911.10
其中:营业成本	453 946.28	390 428.02
营业税金及附加	15 166.85	13 460.56
销售费用	78 177.73	68 275.20
管理费用	55 068.85	32 726.43
财务费用	10 040.30	8 496.09
资产减值损失	2 215.84	3 524.81
加:公允价值变动收益(损失以"一"填列)	125.46	67.88
投资收益(损失以"一"填列)	275 422.67	5 285.49
三、营业利润(亏损以"一"填列)	364 321.99	101 236.19
加:营业外收入	9 069.07	18 416.02
减:营业外支出	4 261.39	3 963.24
其中:非流动资产处置损失	475.12	315.11
四、利润总额(亏损以"一"填列)	369 129.67	115 688.97
减:所得税费用	104 070.99	27 433.80
五、净利润(净亏损以"一"填列)	265 058.68	88 255.17
六、每股收益:		
(一)基本每股收益		
(二)稀释每股收益		

公司法定代表人:李如成主管会计工作负责人:吴幼光会计机构负责人:吴幼光

一、变现能力比率

变现能力比率用于反映企业的短期偿债能力，它取决于可以在近期转变为现金的流动资产的多少。由于偿还流动负债的现金一般来说是从流动资产中产生的，因此，在分析企业的短期偿债能力时，我们关注的是流动资产和流动负债之间的关系。反映变现能力的财务比率主要有流动比率和速动比率。

1.流动比率

流动比率是衡量企业资产流动性大小、判断企业短期偿债能力最常用的比率，是指流动资产与流动负债的比例关系。它可以表明企业用其流动资产偿还流动负债的能力。其计算公式为：

$$\text{流动比率}=\frac{\text{流动资产}}{\text{流动负债}}\times 100\%$$

该比率表示企业每一元的流动负债有多少流动资产作为其偿还的保障，它是一个相对数指标，排除了企业规模大小不同的影响，更适合企业之间以及同一企业不同历史时期的比较。

一般情况下，流动比率越高，反映企业短期偿债能力越强，债权人的权益越有保证。流动比率高，不仅反映企业拥有的营运资金多，而且表明企业可变现的资产数额大，债权人遭受损失的风险小。但就企业而言，并非流动比率越高越好，尤其是因应收账款和存货余额过大而引起的流动比率过高，说明企业信用政策过于宽松，存货闲置过多，会影响资金的使用效率和公司的获利能力。根据西方企业的长期经验，一般认为流动比率为2∶1的比例比较适宜。它表明企业财务稳定可靠，除了能满足日常正常经营的流动资金需要外，还有足够的财力偿还到期的短期债务。

根据雅戈尔公司2007年度资产负债表和利润表资料，可以计算得出：

$$2007\text{年末流动比率}=\frac{1\ 359\ 872.09}{1\ 373\ 556.60}=0.99$$

$$2007\text{年初流动比率}=\frac{806\ 154.69}{730\ 686.10}=1.10$$

流动比率是用来衡量企业能否如期偿还短期债务的一个很有用的指标。但在运用时，应注意以下几点：

(1)以流动资产的真实价值为分析依据。

(2)考虑流动资产的长期化问题，即其实际变现能力。理论上说，流动资产是能够在1年内变现或耗用的资产。但在实务中，资产负债表上的某些流动资产实际上是不可能在1年内变现或耗用的，如长期积压的存货和长期挂账的应收账款等。像这样的被长期化的“流动资产”，其数量再多，也不表示企业的短期偿债能力强。

(3)剔除流动资产中的虚资产。在资产负债表中有些流动资产项目，如待摊费用等，实际上是虚资产，已经不能用于偿还债务，在计算流动比率时应将其剔除。

(4)流动负债的时间结构。流动负债都是有偿还时间的，如果各项流动负债的加权平均偿还时间小于各项流动资产的预期加权平均变现时间，则流动比率的数值可能比还债迫切的企业低些。

(5)不同企业或同一企业的不同时期评价流动比率合理性的标准是不同的，因此，不能用统一的标准来评价各企业的流动比率是否合理。

2. 速动比率

流动比率是用于评价企业流动资产总体变现能力的指标，若要进一步分析企业当前的偿债能力，还应计算速动比率。速动比率，也称酸性测试比率，是企业速动资产与流动负债的比率，表示企业流动资产可以立即变现用于偿还流动负债的能力。其计算公式为：

$$\text{速动比率}=\frac{\text{速动资产}}{\text{流动负债}}\times 100\%$$

速动资产＝货币资金＋交易性金融资产＋应收账款＋应收票据

＝流动资产－存货－预付账款－一年内到期的非流动资产－其他流动资产

速动资产是指企业流动资产减去变现能力较差且不稳定的存货、预付账款、1年内到期的非流动资产和其他流动资产等之后的余额(报表中如有应收利息、应收股利和其他应收款项目，可视情况归入速动资产项目)。可见，速动比率比流动比率更加准确、可靠地评价了企业的流动性与偿还短期负债的能力。

通常认为正常的速动比率为1，即在无需动用企业存货的情况下，也可以保证对流动负债的偿还。如果该指标小于1，则表明企业必须变卖部分存货才能偿还到期短期债务。对于短期债务人来说，该比率越大，说明企业的偿债能力就越强，其债权就越安全。但对企业来说，如果速动比率大于1或过高，则说明企业拥有过多的货币性资产，可能会失去一些有利的投资和获利机会。但这不是绝对的，在企业理财中，应根据市场状况和企业信用情况等因素，在基本保持速动比率为1的前提下，作出一些灵活调整。如商业零售企业只做现金销售而没有应收账款，就可以有一个低于1的速动比率。

根据雅戈尔公司2007年度资产负债表和利润表资料，可以计算得出：

$$2007\text{年末速动比率}=\frac{1\ 359\ 872.09-736\ 971.36-339\ 296.26}{1\ 373\ 556.60}$$

$$=\frac{283\ 604.47}{1\ 373\ 556.60}$$

$$=0.21$$

$$2007\text{年初速动比率}=\frac{806\ 154.69-546\ 556.23-142\ 868.41}{730\ 686.10}$$

$$=0.16$$

3.现金流动负债比率

在应收账款长期挂账和存货大量积压的情况下，按账面流动资产和速动资产计算出的流动比率和速动比率都有可能高估企业的短期偿债能力。解决这个问题的办法只有采取更极端保守的态度计算和分析企业的短期偿债能力，也就是计算现金流动负债比率，这是衡量短期偿债能力最安全的一个指标，它反映了企业直接偿付流动负债的能力。其计算公式为：

$$\text{现金流动负债比率}=\frac{\text{年经营现金净流量}}{\text{年末流动负债}}\times 100\%$$

其中，年经营现金净流量是指一定时期内，企业经营活动所产生的现金及现金等价物的流入量和流出量的差额(该指标的数据可从现金流量表中获得)。

现金比率用年经营现金净流量与流动负债对比，能够彻底克服流动资产的长期化和不良化所带来的高估企业短期偿债能力的问题，因而可以更好地反映企业即期偿债能力。在企业财务状况恶化时，这个指标更为重要。

现金比率表明企业即时的流动性。一般来说，现金比率越高，短期债权人的债务风险就越小。但是，如果这个指标很高，可能说明企业不善于利用现有现金资源，没有将现金投入到经营以外获取更高的收益，至少说明该企业的现金没有发挥最大效益。因此，在对这个指标进行分析时，应充分了解企业情况。但有一点是肯定的：过低的现金比率多半说明企业目前一些要付的账单都存在支付上的困难。

当分析者需要从最保守的角度对企业的变现能力进行分析，例如，企业将应收账款和存货作为抵押品的情况下，或分析者怀疑企业存货和应收账款存在流动性问题时，评价短期偿债能力的最好指标是现金比率。一般来说，除非企业处于财务困境中，否则分析者很少重视现金比率指标。

二、资产管理比率

资产管理比率也称为营运能力比率，是用来衡量企业对资产的管理是否有效的财务比率。主要包括：营业周期、存货周转率、应收账款周转率、流动资产周转率和总资产周转率。

1. 应收账款周转速度

通过对应收账款周转速度的分析，可以考核企业销售收入的质量、现金的流量以及潜在的损失，促使企业加强应收账款管理，尽快收回应收账款，加速资金周转，使坏账损失降低到最低点。反映应收账款周转速度的指标有两个：应收账款周转率(次数)和应收账款周转天数(平均收现期)。

(1)应收账款周转率

应收账款周转率是一定时期营业收入(或销售收入)与应收账款平均余额的比率，说明应收账款在一定时期(通常是1年)内变现的次数。它反映了企业应收账款的质量和管理应收账款的效率。其计算公式为：

$$\text{应收账款周转率}=\frac{\text{营业收入}}{\text{应收账款平均余额}}$$

其中：

$$\text{应收账款平均余额}=\frac{\text{期初应收账款余额}+\text{期末应收账款余额}}{2}$$

注意：公式中的应收账款包括会计核算中的“应收账款和"和“应收票据"等全部赊销款。

(2)应收账款周转天数

应收账款周转天数，又称平均收现期，是指应收账款周转一次所需要的天数。其计算公式为：

$$\text{应收账款周转天数}=\frac{\text{计算期天数}}{\text{应收账款周转率}}$$

$$=\frac{\text{应收账款平均余额}\times\text{计算期天数}}{\text{年赊销收入净额}}$$

一般来说，应收账款周转率越高，周转天数越短，说明企业收回应收账款的速度越快，资产管理水平也越高。及时收回应收账款，不仅可以减少或避免发生坏账损失，而且能够增强企业的偿债能力；反之，企业的营运资金会过多地呆滞在应收账款上，影响资金的正常周转。

但是应收账款周转次数并非越多越好。应收账款周转率和应收账款周转天数这两个比率与公司的信用政策环境有密切联系。应收账款周转越快，销售实现距离实际收到现金的时间就越短，但过快的应收账款周转速度与过短的平均收现期可能意味着企业过于严厉的信用政策，这样会限制企业销售量的扩大，从而使企业的利润大幅度减少。

评价企业应收账款周转速度的好坏，要结合企业的经营特点，并将计算出的指标与企业前期、行业平均水平或其他类似企业的指标相比较，以得出比较正确的分析结论。

根据雅戈尔公司2007年度资产负债表和利润表资料，可以计算得出：

$$2007年应收账款周转率=\frac{703\ 389.71}{\frac{40\ 758.47+45\ 627.48+538.20+532.92}{2}}=\frac{703\ 389.71}{43\ 728.54}=16.09(次)$$

$$2007年应收账款周转天数=\frac{360}{16.09}=22.37(天)$$

2.存货周转速度

存货对企业经营活动的变化具有特殊的敏感性，必须使存货数量和企业经营活动水平保持平衡。存货占用过多，会导致成本的过度增加；存货不足，又会导致生产中断，影响企业正常的生产或销售活动。所以，对企业存货周转速度分析可以说明企业存货管理水平的高低、资产变现能力的强弱，并影响到对其短期偿债能力的评价。同应收账款一样，反映存货周转速度的指标有两个：存货周转率(次数)和存货周转天数。

(1)存货周转率

存货周转率是一定时期营业成本与存货平均余额的比率，表示存货在一定时期(通常是1年)内周转的次数。它可用于衡量企业一定时期的销售能力和存货的变现能力。其计算公式为：

$$存货周转率=\frac{营业成本}{存货平均余额}$$

其中：

$$存货平均余额=\frac{期初存货余额+期末存货余额}{2}$$

(2)存货周转天数

存货周转天数是指存货周转一次所需要的天数。

$$存货周转天数=\frac{计算期天数}{存货周转率}=\frac{存货平均余额\times计算期天数}{营业成本}$$

在一定时期内，存货周转次数越多，周转天数越短，说明存货周转速度越快，存货越具有流动性；反之，存货周转速度越慢，存货储存越多，占用资金越多。

但过快的周转速度可能是存货占用水平过低或存货频繁发生缺货的信号，这样可能会使企业丧失某些生产和销售机会。因此，在分析企业存货周转速度时，应结合同行业的存货平均占用水平和企业过去的存货周转情况进行判断。

根据雅戈尔公司 2007 年度资产负债表和利润表资料，可以计算得出：

$$2007\text{年存货周转率}=\frac{453\ 946.28}{\frac{546\ 566.23+736\ 971.36}{2}}=\frac{453\ 946.28}{641\ 768.80}=0.71(\text{次})$$

$$2007\text{年存货周转天数}=\frac{360}{0.71}=507.04(\text{天})$$

此外，在运用存货周转速度指标进行分析时，还应注意以下几个方面：

一是存货的计价方法。存货发出时的计价方法有先进先出法、加权平均法、移动加权平均法和个别计价法等。不同的计价方法计算出的销售成本和期末存货成本是不同的。企业存货计价方法的变更将会直接影响到其周转速度的计算，但这可能并不能反映企业存货管理效率的变化，也不能据此变化来判断企业存货营运能力的下降或上升。另外，存货的期末计价采用的是成本与可变现净值孰低法，当存货期末的可变现净值低于成本时，应当计提存货跌价准备。因此，存货周转速度的计算还受存货市场价值的影响。

二是存货周转速度指标有时会掩盖存货的结构性矛盾。存货的项目很多，结构复杂，如有供应环节的原材料，生产环节的在产品，销售环节的产成品等。按全部存货计算其周转速度，其指标数值的高低变化或不合理性难以反映是采购过量还是销售不足造成的。

三是利用该指标进行分析时，还应综合考虑存货的进货批量、生产销售的季节性变化及存货结构等因素。

3. 营业周期

营业周期是指从取得存货开始到销售存货并收回现金为止的一段时间，也即需要多长时间能将期末存货全部变为现金。一般来说，营业周期短，说明资金周转速度快，反之亦然。

营业周期＝存货周转天数＋应收账款周转天数

根据以上对雅戈尔公司 2007 年度的应收账款和存货周转速度的计算，我们可以计算得出：

$$2007\text{年营业周期}=507.04+22.37=529.41(\text{天})$$

可见，营业周期的长短取决于存货周转速度和应收账款周转速度两个指标。营业周期越短，说明资金周转速度越快；反之，则资金周转速度越慢。营业周期的长短是决定公司流动资产需要量的重要因素。较短的营业周期表明对应收账款和存货的有效管理。

在运用该指标时也应注意到：不同企业采用不同的存货计价方法，导致不同的期末存货价值，从而会缩短或延长存货周转天数，影响到营业周期的计算；不同企业采用不同的坏账准备计提方法和提取比例，会使不同企业之间的应收账款周转天数的计算结果产生差异，因而也会影响到营业周期的计算；并且外部报表使用者通常只能用销售收入净额而不是赊销净额计算应收账款周转天数，可能会缩短应收账款的周转天数，进而缩短企业的营业周期。

4.流动资产周转速度

流动资产是企业总资产的重要组成部分，流动资产的变现能力可以反映企业的短期偿债能力，企业应该有一个较稳定的流动资产周转数额，在此基础上加快流动资产周转速度，不能通过大幅度降低流动资产数额为代价去追求快的周转速度。衡量流动资产周转速度的指标有两个：流动资产周转率（次数）和流动资产周转天数。

(1)流动资产周转率

流动资产周转率是指企业在一定时期（通常是1年）内流动资产周转的次数，也称流动资产周转次数，反映企业全部流动资产的利用效果。其计算公式为：

$$\text{流动资产周转率}=\frac{\text{营业收入}}{\text{流动资产平均总额}}$$

其中：

$$\text{流动资产平均余额}=\frac{\text{流动资产年初数}+\text{流动资产年末数}}{2}$$

(2)流动资产周转天数

流动资产周转天数是指流动资产周转一次所需要的天数。

$$\text{流动资产周转天数}=\frac{\text{计算期天数}}{\text{流动资产周转率}}$$

$$=\frac{\text{流动资产平均余额}\times\text{计算期天数}}{\text{营业收入}}$$

在正常情况下，流动资产在一定时期内完成的周转次数越多或是完成周转一次所需要的天数越少，流动资产周转越快，相对就越节约流动资产，等于相对扩大了资产投入，增强了企业的盈利能力，说明企业资金使用效果越好，流动资产营运能力越强；反之，若流动资产周转速度慢，为了维持正常经营，企业必须不断补充流动资产，投入更多的资源，造成资产使用的低效率，也降低了资产盈利能力。

在对企业进行流动资产周转速度分析时，应以企业以前年度水平、同行业平均水平等进行对比分析，综合评价企业流动资产周转速度的合理性，促使企业采取措施扩大销售，提高流动资产的综合使用效果。

根据雅戈尔公司2007年度资产负债表和利润表资料，可以计算得出：

$$2007\text{年流动资产周转率}=\frac{703\ 389.71}{\frac{806\ 154.69+1\ 359\ 872.09}{2}}=\frac{703\ 389.71}{1\ 083\ 013.39}=0.65(\text{次})$$

$$2007\text{年流动资产周转天数}=\frac{360}{0.65}=553.85(\text{天})$$

5.固定资产周转速度

反映固定资产周转速度的指标主要是固定资产周转率，它是权益一定时期营业收入预平均固定资产净值的比值，是衡量固定资产利用效率的一项指标。

其计算公式为：

$$\text{固定资产周转率}=\frac{\text{营业收入}}{\text{平均固定资产净值}}$$

其中：

$$\text{平均固定资产净值}=\frac{\text{固定资产净值年初数}+\text{固定资产净值年末数}}{2}$$

$$\text{固定资产净值}=\text{固定资产原值}-\text{累计折旧}$$

$$\text{固定资产周转天数}=\frac{\text{计算期天数}}{\text{总资产周转率}}=\frac{\text{平均固定资产净值}\times 360}{\text{营业收入}}$$

固定资产周转率越高，周转天数越短，表明企业利用固定资产的效率越高；反之，说明企业利用固定资产的效率较低，企业运营能力不强。

根据雅戈尔公司2007年度资产负债表和利润表资料，可以计算得出：

6. 总资产周转速度

要提高总资产营运能力，首先应做到各项资产的合理配置，尤其是固定资产与流动资产的比例关系，防止固定资产或流动资产的闲置。其次，需要提高各项资产的利用程度，尤其是流动资产中的应收账款、存货等的利用效率。最后，应做到在总资产规模不变的情况下，尽可能地扩大销售收入，实现的营业收入越多，则总资产运用效率越好。

反映总资产周转速度的指标有两个：总资产周转率和总资产周转天数。

(1)总资产周转率

总资产周转率是指企业全部资产在一定时期(通常是 1 年)内完成的周转次数，表示企业利用其总资产产生销售收入的效率。其计算公式为：

$$总资产周转率=\frac{营业收入}{平均资产总额}$$

其中：

$$平均资产总额=\frac{资产总额年初数+资产总额年末数}{2}$$

(2)总资产周转天数

总资产周转天数是指全部资产完成一次周转所需要的天数。其计算公式为：

$$\begin{aligned}总资产周转天数&=\frac{计算期天数}{总资产周转率}\\&=\frac{平均资产总额\times 360}{营业收入}\end{aligned}$$

总资产周转率越高，周转天数越短，表明企业利用全部资产进行经营的效率越高，盈利能力越强；反之，说明企业利用全部资产的效率较低，造成资产浪费，降低企业盈利能力。

根据雅戈尔公司 2007 年度资产负债表和利润表资料，可以计算得出：

$$\begin{aligned}2007\text{ 年总资产周转率}&=\frac{703\ 389.71}{\frac{1\ 724\ 965.01+3\ 534\ 437.01}{2}}\\&=\frac{703\ 389.71}{2\ 629\ 701.01}\\&=0.27(\text{次})\end{aligned}$$

$$\begin{aligned}2007\text{ 年总资产周转天数}&=\frac{360}{0.41}\\&=1\ 333.33(\text{天})\end{aligned}$$

在运用该指标进行分析时，应注意如果企业的总资产周转率突然上升，而企业的主营业务收入与以往持平，则有可能是企业当期报废了大量固定资产所致，不能说明企业利用全部资产的效率提高了。同时，对该指标的分析也应结合企业以前年度的实际水平、同行业平均水平进行对比分析，从中寻找差距，挖掘潜力，提高资产使用效率。

三、负债比率

负债比率是指债务和资产、净资产的关系，它反映企业偿付到期长期债务的能力。

1.资产负债率

资产负债率是企业全部负债与全部资产的比率，它表明在企业资产总额中，债权人提供资金所占的比重，反映了债务融资对于企业的重要性。资产负债率可用于衡量企业利用债权人资金进行财务活动的能力，以及在清算时企业资产对债权人权益的保障程度。其计算公式为：

$$资产负债率=\frac{负债总额}{资产总额}\times 100\%$$

资产负债率是衡量企业负债水平及风险程度的重要标志。资产负债率越高，说明企业通过负债筹资的资产越多，财务风险越高；资产负债率越低，说明企业以外部负债获得的资产越少，企业运用外部资金的能力相对较弱，财务风险越低。因此，企业的资产负债率应保持在一定的水平上为宜。

一般认为，资产负债率的适宜水平在40%～60%。但是不同行业、地区的企业对债务的态度是有差别的。经营风险比较高的企业，如许多高科技企业，为了减少财务风险，通常选择比较低的资产负债率。经营风险比较低的企业，如供电企业等，通常选择比较高的资产负债率。

根据雅戈尔公司2007年度资产负债表和利润表资料，可以计算得出：

$$\begin{aligned}2007年末资产负债率&=\frac{1\ 877\ 157.52}{3\ 534\ 437.01}\times 100\%\\&=53.11\%\end{aligned}$$

$$\begin{aligned}2007年初资产负债率&=\frac{929\ 773.92}{1\ 724\ 965.01}\\&=53.90\%\end{aligned}$$

2.产权比率

产权比率是指企业负债总额与所有者权益的比率。它反映了投资者投入的资金对债权人利益的保障程度，是说明企业基本财务结构是否稳定的重要标志。

其计算公式为：

$$产权比率=\frac{负债总额}{所有者权益总额}$$

产权比率表示，股东每提供一元钱债权人愿意提供的借款额。从债权人角度讲，该指标越高，说明企业财务风险越大，所以希望该比率越小越好。然而从投资者角度看，这一比率越大越好，只要资产负债率高于负债利率，运用负债经营就能提高其投资收益，即在经济繁荣时期，企业多借债可以获得额外利润；而在通货膨胀加剧时期，企业多借债又可以把损失和风险转嫁给债权人。一般而言，西方财务分析者建议一个企业应把负债与所有者权益的比率维持在1∶1的水平上。

根据雅戈尔公司2007年度资产负债表和利润表资料，可以计算得出：

$$2007年末产权比率=\frac{1\ 877\ 157.52}{1\ 657\ 279.49}$$
$$=1.13$$

$$2007年初产权比率=\frac{929\ 773.92}{795\ 191.09}$$
$$=1.17$$

在产权比率分析的基础上，我们还可以对该指标进行调整，计算分析一个引申指标：非流动负债对长期资本的比率。

非流动负债对长期资本的比率是用非流动负债对长期资本(所有者权益加上非流动负债)的比率，它反映了非流动负债对于资本结构(长期融资)的相对重要性。其计算公式为：

$$非流动负债对长期资本比率=\frac{非流动负债}{所有者权益+非流动负债}$$

这一比率实质上是衡量非流动负债在全部资本化净资产中的比重。比重越大，风险就越大；比重越小，风险就越小。在签订长期借款合同时，这一比率往往是双方签约的一项重要条款。

3.或有负债比率

或有负债比率是指企业或有负债总额与所有者权益的比率，反映企业所有者权益应对可能发生的或有负债的保障程度。其计算公式如下：

$$或有负债比率=\frac{或有负债余额}{所有者权益总额}\times 100\%$$

或有负债余额＝已贴现商业承兑汇票金额＋对外担保金额＋未决诉讼、未决仲裁金额(除贴现与担保引起的诉讼或仲裁外)＋其他或有负债金额

一般情况下，或有负债率越低，表明企业的长期偿债能力越强，所有者权益应对或有负债的保障程度越高；反之，表明企业承担的相关风险越大。

4.已获利息倍数

已获利息倍数也称为利息收入倍数，是公司一定时期息税前利润与利息支出的比率。可以用它来测试债权人投入资本的风险。

其计算公式是：

$$\text{已获利息倍数}=\frac{\text{息税前利润总额}}{\text{利息支出}}$$

其中：公式中的分子“息税前利润”是指利润表中未扣除利息费用和所得税之前的利润。即等于利润总额加利息费用。由于我国现行利润表中对利息费用没有单独列示，而是计入财务费用之中，所以外部报表使用者无法确知其金额，所以可以用利润表中“财务费用”的金额来替代利息费用金额。

根据雅戈尔公司2007年度利润表资料，可以计算得出：

$$\begin{aligned}\text{2007 年已获利息倍数}&=\frac{369\ 129.67+10\ 040.30}{10\ 040.30}\\&=\frac{379\ 169.97}{10\ 040.30}\\&=37.76\end{aligned}$$

$$\begin{aligned}\text{2006 年已获利息倍数}&=\frac{115\ 688.97+8\ 496.09}{8\ 496.09}\\&=14.62\end{aligned}$$

计算结果表明该公司的已获利息倍数较高，有较强的偿付负债利息的能力。

该指标越高，说明公司有越多的利润可用于支付利息费用，支付利息的能力就越强，企业对到期债务偿还的保障程度也越高；反之，则表明公司没有足够的资金来偿还债务利息，企业偿债能力比较弱。若要维持正常偿债能力，从长期看，已获利息倍数至少应当大于1，且比值越高越好。如果已获利息倍数过低，公司将会面临亏损、偿债的安全性和稳定性下降的风险。

5.带息负债比率

带息负债比率是指企业某一时点的带息负债金额与负债总额的比率，反映企业负债中带息负债的比重，在一定程度上贴现了企业未来的偿债压力。

$$\text{带息负债比率}=\frac{\text{短期借款}+1\text{ 年内到期的长期负债}+\text{长期借款}+\text{应付债券}+\text{应付利息}}{\text{负债总额}}\times$$

100%

一般情况下,带息负债比率越低,表明企业的偿债压力越低,尤其是偿还债务利息的压力越低;反之,表明企业承担的偿债风险和偿还利息的风险较大。

根据雅戈尔公司2007年度资产负债表和利润表资料,可以计算得出:

$$2007\text{年末带息负债比率}=\frac{590\ 518.64+23\ 500+193\ 393.06+1\ 571.58}{1\ 877\ 157.52}$$

$$=\frac{808\ 983.28}{1\ 877\ 157.52}\times 100\%$$

$$=43\%$$

$$2007\text{年初带息负债比率}=\frac{229\ 742.93+98\ 000+64\ 698.51+391.37}{929\ 773.92}$$

$$=\frac{392\ 832.81}{929\ 773.92}$$

$$=42.25\%$$

最后需要说明的是,要全面客观地评价企业的偿债能力,还应结合前面的负债结构分析。在企业资产负债率一定的条件下,流动负债比重越高,则偿债能力越小,财务风险越大;负债越集中,则偿债能力越小,财务风险越大。

四、盈利能力比率

反映企业盈利能力的指标很多,通常使用的主要有营业利润率、成本费用利润率总资产报酬率、资产净利率、每股收益、每股股利和市盈率。

1. 营业利润率

营业利润率是企业一定时期的营业利润与营业收入的比率。由于利润的口径不同,相应的指标还有营业净利率和营业毛利率。其中营业毛利是指营业收入减去营业成本后的余额。这些指标都是越大越好。其计算公式为:

$$\text{营业利润率}=\frac{\text{营业利润}}{\text{营业收入}}\times 100\%$$

$$\text{营业净利率}=\frac{\text{净利润}}{\text{营业收入}}\times 100\%$$

$$\text{营业毛利率}=\frac{\text{营业收入}-\text{营业成本}}{\text{营业收入}}\times 100\%$$

$$\text{或}=\frac{\text{销售净额}-\text{销售成本}}{\text{营业收入}}\times 100\%$$

根据雅戈尔公司2007年度利润表资料,可以计算得出:

$$营业利润率=\frac{营业利润}{营业收入}\times100\%$$
$$=\frac{364\ 321.99}{703\ 389.71}\times100\%$$
$$=51.80\%$$

$$营业净利率=\frac{净利润}{营业收入}\times100\%$$
$$=\frac{265\ 058.68}{703\ 389.71}\times100\%$$
$$=37.68\%$$

$$营业毛利率=\frac{营业收入-营业成本}{营业收入}\times100\%$$
$$=\frac{703\ 389.71-453\ 946.28}{703\ 389.71}\times100\%$$
$$=\frac{249\ 443.43}{703\ 389.71}\times100\%$$
$$=35.46\%$$

2.成本利润率

成本利润率是指企业在一定时期的利润总额与营业总成本的比率。

其计算公式为：

$$成本费用利润率=\frac{利润总额}{营业总成本}\times100\%$$

该指标越高，表明企业为取得利润而付出的代价越小，获利能力越强。

根据雅戈尔公司2007年度利润表资料，可以计算得出：

$$2007年销售净利率=\frac{369\ 129.67}{614\ 615.85}\times100\%$$
$$=60.06\%$$

3.总资产报酬率

总资产报酬率是企业在一定时期内获得的报酬总额与平均资产总额的比率。它是反映权益资产综合利用效果的指标，也是衡量企业利用债权人和所有者权益总额所取得的盈利的指标。

其计算公式为：

$$总产报酬率=\frac{息税前利润}{平均资产总额}\times100\%$$

息税前利润总额＝利润总额＋利息支出＝净利润＋所得税费用＋利息支出

总产报酬率可以反映企业全部利用的获利水平。总产报酬率越高，表明企业利用资产的效率越高，说明企业在增收节支和节约资金使用等方面取得了较好的效果。

根据雅戈尔公司2007年度资产负债表和利润表资料，以净利润做分子，可以计算得出：

$$2007\text{年总资产报酬率}=\frac{369\ 129.67+10\ 040.30}{\frac{1\ 724\ 965.01+3\ 534\ 437.01}{2}}\times100\%$$

$$=\frac{379\ 169.97}{2\ 629\ 701.01}\times100\%$$

$$=14.42\%$$

4.净资产收益率

净资产收益率是企业实现的净利润与平均净资产的比率，也称股东权益报酬率。它反映所有者或股东享有权益所获得的报酬。净资产收益率是分析企业获利能力的核心指标。其计算公式为：

$$\text{净资产收益率}=\frac{\text{净利润}}{\text{平均净资产}}\times100\%$$

$$\text{平均净资产}=\frac{\text{所有者权益年初数}+\text{所有者权益年末数}}{2}$$

该指标越高，说明企业所有者投资获得的收益也越高，企业的资本盈利能力越强；反之，企业盈利能力越弱。

根据雅戈尔公司2007年度资产负债表和利润表资料，对未扣除其非经常性收益前的净资产收益率是可以计算得出的：

$$2007\text{年净资产收益率}=\frac{265\ 058.68}{\frac{795\ 191.09+1\ 657\ 279.49}{2}}\times100\%$$

$$=\frac{265\ 058.68}{1\ 226\ 235.29}\times100\%$$

$$=21.62\%$$

5.每股收益

每股收益也称每股利润或每股盈余，反映企业普通股股东持有每一股份所能享有的企业利润和承担的企业亏损，是衡量上市公司获利能力时最常用的指标。每股收益越高，公司的盈利能力越强。

每股收益的计算包括基本每股收益和稀释每股收益。其计算公式：

$$\text{基本每股收益}=\frac{\text{归属于普通股股东的当期净利润}}{\text{当期发行在外普通股的加权平均数}}$$

6.市盈率

市盈率是上市公司普通股每股市价相当于每股收益的倍数。它反映投资者对上市公司每元净利润原意支付的价格。其计算公式为：

$$市盈率=\frac{普通股每股市价}{普通股每股收益}$$

市盈率是反映上市公司获利能力的重要指标，是投资者作出投资决策的重要参考因素之一。市盈率高说明投资者对该公司的发展前景看好，愿意出较高的价格购买该公司股票。如果市盈率过高，则意味着股票具有较高的投资风险。

7. 每股净资产

每股净资产是上市公司年末净资产与年末普通股总数的比值。

其计算公式为：

$$每股净资产=\frac{年末净资产}{年末普通股总数}$$

在运用该指标时应注意：在总资产收益率相同的情况下，由于企业采用不同的资本结构，会造成不同的净资产收益率。我国证券监督管理委员会在2001年3月29日发布的上市公司发行新股的约束条件中规定：上市公司的净资产收益率不得低于6%。这一规定在一定程度上减少了上市公司盈余管理的动机。但是由于净资产收益率仍为确定上市公司新股发行的唯一核心指标，所以应特别注意该指标的分析。

第四节 杜邦财务分析体系

一、杜邦财务分析体系简介

财务综合分析的方法有很多种，杜邦分析体系是财务综合分析的最基本方法。杜邦财务分析体系因其最初由美国杜邦公司创立并成功运用而得名。它是一种用来分析评价公司盈利能力和股东权益回报水平的方法。该体系以权益资本收益率或净资产收益率为核心，将其分解为若干财务指标，通过分析各指标的变动对权益资本收益率的影响来揭示企业获利能力及其变动原因。

根据雅戈尔集团股份有限公司2007年的资料，可计算出杜邦财务分析体系中的各项指标如图11-5所示。

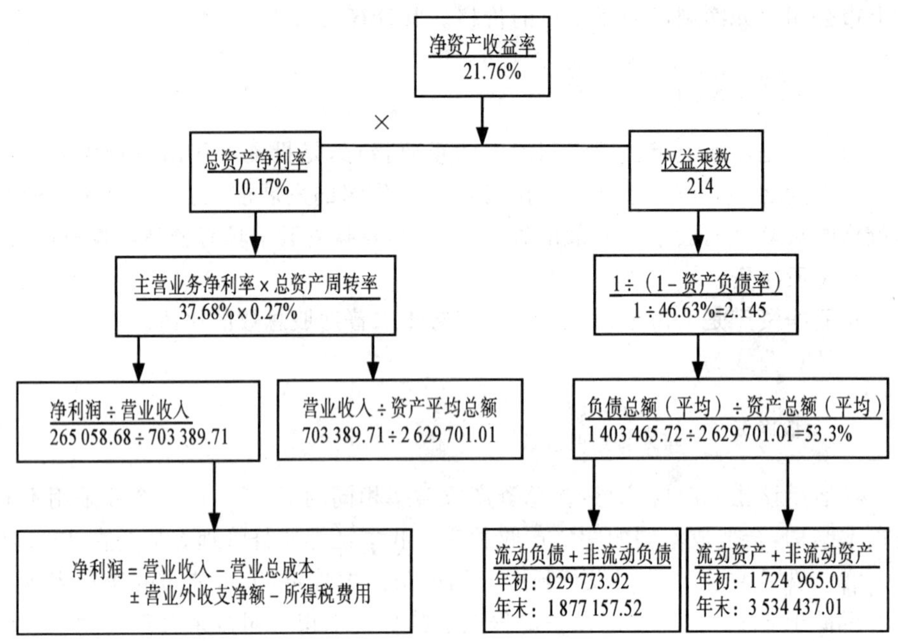

图 11-5 杜邦分析图

二、杜邦分析体系各主要指标之间的关系

1. 净资产收益率

净资产收益率是所有比率中综合性最强、最具代表性的一个指标。

$$\begin{aligned}净资产收益率&=总资产净利率\times权益乘数\\&=营业净利率\times总资产周转率\times权益乘数\end{aligned}$$

其中：

$$营业净利率=\frac{净利润}{营业收入净额}$$

$$总资产周转率=\frac{营业收入净额}{平均资产总额}$$

$$\begin{aligned}权益乘数&=\frac{资产总额}{所有者权益总额}\\&=\frac{1}{1-资产负债率}\end{aligned}$$

从以上公式看，决定净资产收益率高低的因素有三个方面：(1)销售净利率；(2)资产周转率；(3)权益乘数。

2.权益乘数

权益乘数表示企业的负债程度。权益乘数越大,企业负债程度越高,给企业带来的杠杆利益越大。权益乘数是资产权益率的倒数,即资产除以权益。其计算公式为:

$$权益乘数=\frac{1}{1-资产负债率}$$

公司中的资产负债率是指全年平均资产负债率,计算公式为:

$$资产负债率=\frac{全年平均负债总额}{全年平均资产总额}=\frac{(年初负债总额+年末负债总额)\div 2}{(年初资产总额+年末资产总额)\div 2}$$

3.上述指标之间的关系

(1)净资产收益率是一个综合性最强的财务比率,是杜邦体系的核心。财务管理的目标是使所有者财富最大化,净资产收益率反映所有者投入资金的获利能力,反映企业筹资、投资、资本运营等活动的效率,提高净资产收益率是实现财务管理目标的基本保证。该指标的高低取决于营业净利率、总资产周转率以及权益乘数的大小。

(2)营业净利率反映了企业净利润与营业收入的关系。提高营业净利率是提高企业盈利的关键,可以通过两个途径来实现:一是扩大营业收入,二是降低成本费用。

(3)总资产周转率揭示企业资产总额实现营业收入的综合能力。企业应当联系营业收入分析企业资产的使用是否合理,资产总额中流动资产和非流动资产的结构安排是否妥当。此外,还必须对资产的内部结构以及影响资产周转率的各具体因素进行分析。

(4)权益乘数反映所有者权益与总资产的关系。权益乘数越大,说明企业负债程度越高,企业在获得较大的杠杆利益的同时,承担的财务风险也越大。因此,企业在合理使用全部资产的同时,更要合理安排资本结构。

三、提高净资产收益率的四种途径

从杜邦分析体系中各指标之间的关系,我们可以发现提高净资产收益率的四种途径:

1.提高主营业务净利率,使销售收入的增长幅度高于成本费用的增长幅度。

2.减少企业的成本费用总额。

3.提高总资产周转率,增加营业收入,或减少企业资产,以提高资产周转率,最终会提高净资产收益率。

4. 在不危及企业财务安全的前提下，适当增加债务规模，提高负债比率。

杜邦分析体系的局限性在于：从分析的角度来看，它更偏重于企业所有者的利益角度。从杜邦分析图上可以看出，在其他因素不变的条件下，资产负债率越高，净资产收益率越高。但是，它没有考虑财务风险因素，负债越多，财务风险越大，偿债压力越大。因此还要结合其他指标综合分析。

四、杜邦财务分析体系的应用

1. 给公司管理层提供一张考察公司资产管理效率及是否使股东投资回报最大化的路线图，如图 11-6 所示。

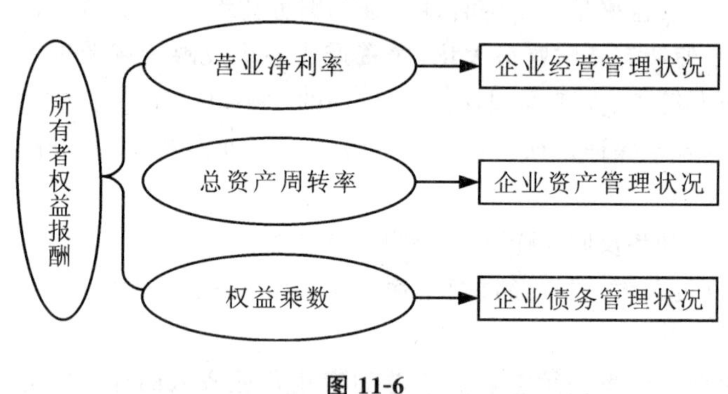

图 11-6

2. 通过指标的层层分解，解释指标变动的原因和变动趋势，为采取措施指明方向。

3. 分析同业差距。需要说明的是，由于净资产收益率、总资产净利率、营业净利率和总资产周转率都是时期指标，而权益乘数和资产负债率是时点指标，为了使这些指标具有可比性，杜邦分析图中的权益乘数和资产负债率采用的是2007 年度年初与年末的平均数。

在具体运用杜邦分析体系进行分析时，可以采用因素分析法：首先确定营业净利率和总资产周转率和权益乘数的基准值，然后顺次代入这三个指标的实际值，分别计算分析这三个指标的变动对净资产收益率的影响程度及原因。

杜邦分析方法是一种分解财务比率的方法，而非建立新的指标。在利用杜邦分析方法时，根据需要，除了通过对资产净利率的分解来说明问题外，也可以通过分解利润总额和全部资产的比率来分析问题；甚至为了显示正常的盈利能力，还可以使用非经常项目前的净利和对总资产比率的分解来说明问题，或者使用营业利润和对营业资产比率的分解来说明问题。

第五节 使用财务报表信息

从财务报表分析中得到的信息的“可信度”问题涉及我们常说的在进行财务报告分析时所受到的一些限制——财务报表分析的风险问题。通常认为财务报表分析的风险来源于财务报表本身的局限性、财务报告分析方法的局限性和财务报表人为的粉饰行为。

一、财务报表本身的局限性

(一)遗漏和难以寻觅的信息

财务报表提供的数据都必须是能用货币计量的,但企业的很多信息很难通过货币简单计量。因此,评价一家公司所需的信息中,有些在财务报表上是找不到的。这些因素都会直接或间接地影响到公司经营的成功与否,但又很难用货币计量。有一些相关的信息虽然会出现在财务报表上,但它们会分散在报表的附表或附注中,普通使用者很难找到它们。

(二)财务报表数据信息的有限性

企业的经济活动是复杂多样的,财务信息使用者对信息的需求的侧重点各不相同。财务报表无法针对某一部分信息使用者提供其全部需要的信息。作为信息使用者,只能根据企业的财务报表并结合来自其他渠道的信息来推测出企业的真实情况与发展趋势。

(三)费用支出的随意性

一个企业的很多支出从本质上讲,是可以由决策层根据企业发展情况自由决定的。如对于机器设备的修理和维护、营销和广告、研究和开发,以及资本扩张,管理层都可以对预算水平和支出时间进行控制。企业的性质在某种程度上决定了费用支出随意性的高低。对某些行业而言,广告费用与市场份额之间存在着直接的关系,但广告费用发生的时间与额度,是完全由公司做主的。

(四)会计政策与会计估计的选择与变更

在进行会计的账务处理时,会遇到会计政策与会计估计的选择与变更。如:在选择折旧方法时,需要决定采用平均年限法还是采用加速折旧法来分摊与购买固定资产相关的折旧费用。管理层可以选择变更一项会计政策或估计,只要可以证明变更后的结果比原来采用的方法是更可取的。当公司进行了此类变更时，必须在财务报表附注中披露变更的影响数。会计变更的累计影响数在扣除税款之后，在利润表上单独列示，而且，在比较未来年份和过去年份的损益时应加以考虑，因为过去年份的收益是采用不同的会计方法计算出来的。

（五）收入和费用的确认时间

企业财务报表是在一系列会计前提和会计原则基础上编制的，以配比原则为例，在配比过程中，需要由管理层对费用和收入的确认时间作出判断。虽然会计规则为进行必要和适当的分配提供了有用的指导，但这些规则并不总是很精确。

（六）非经常性项目和营业外项目

企业的财务交易中，有些从性质上看是非经常性或营业外的。如果分析者是在寻找能反映公司未来经营潜力的收益数据，那么这类交易——它们不属于正常的持续经营业务，应从收益中剔除出去。

二、财务报告分析方法本身的局限性

（一）报告分析方法本身的局限性

企业财务报告分析在了解企业的财务状况和经营业绩、评价企业的偿债能力和盈利能力、帮助制定经济决策等方面起着不可或缺的作用。但由于种种因素的影响，财务报告分析方法本身存在着一定的局限性。我们在分析中，应注意这些局限性的影响，以保证分析结果的正确性。从财务报告分析方法上看，某些指标的计算方法不同会给不同企业之间的比较带来不同程度的影响。例如应收账款周转率、存货周转率等平均余额的计算，报告使用者由于数据的限制，往往用年初数与年末数进行平均。这样平均计算应收账款与存货的余额，在经营业务一年内各月各季较均衡的企业应用尚可，但在季节性经营的企业或各月变动较大的情况下，如期初与期末正好是经营旺季，其平均余额就会过大，如果是淡季，则又会过小，从而对指标的准确性和实际意义产生影响。

（二）分析的基础选择问题

企业在比较分析时，必须选择比较的基础，作为评价本企业当期实际数据的参照标准，在此基础上才能进行比较分析。这些基础包括：本企业历史数据、同业数据和计划预算数据。

1. 横向比较时要使用同业标准。在进行横向比较时，通常认为选一组有代表性的企业的相应指标，计算其平均数，作为同业标准，可能要比整个行业的平均数更好。近年来，企业更重视以竞争对手的数据作为分析基础。

2. 趋势分析时要以本企业历史数据作为比较基础。

3.进行实际与计划的差异分析时,应以计划预算数据作为比较基础。

总之,对比较基础本身要准确理解,并且要在限定意义上使用分析结论,以避免简单化与绝对化。

三、财务报表人为的粉饰行为

由于在公认会计准则的总体框架内,管理层有相当大的自主权,因此,就存在着管理层操纵利润以及财务报表其他项目的可能性。例如:为了业绩考核、为了新资本需求动机的满足、为了扭亏为盈、为了改善公司在二级市场的形象或为了壳资源的保留、为了操纵股价、为了减少纳税等而粉饰财务报表。

就理想状态而言,财务报表应该反映公司财务状况和业绩的准确图景。信息应该既有助于评价过去,也有助于预测未来。财务数据所代表的图景越鲜明、越清晰,与真实的财务状况越接近,财务报表以及所报告的收益的质量就越高。

第六节 企业财务可持续增长分析

杜邦分析法是一种分解财务比率的方法,它将净资产收益率分解成为销售净利率、资产周转率和权益乘数三个指标,通过分析这些指标的升降变化来解释净资产收益率这一综合指标发生变化的原因。由于销售净利率、资产周转率和权益乘数三个指标分别涉及公司盈利能力、资产运营能力和公司偿债能力,因而杜邦分析体系比较全面地反映了一个公司的财务状况。但是,杜邦分析体系也存在不足之处:缺少对利润分配表中信息的使用,无法体现出管理者对发放股利的态度,从而无法全面直观地反映出公司所采用的财务政策;同时,杜邦分析体系无法就公司的成长性作出有效的解释。

一、可持续增长模型的描述

企业在成长的过程中,有时会出现增长过快或增长过慢的情况。国外的企业成长历史表明,因增长过快而破产的公司与因增长过慢而破产的公司数量几乎一样多。美国财务学家 Robert Higgins 就公司增长问题和财务问题进行了深入的研究,于 1977 年提出了可持续增长模型。可持续增长模型对一定条件下公司的增长速度受经营水平、财务资源、政策的制约关系进行了描述,它能够全面反映企业的财务状况和政策,同时对公司财务起到预警作用,在一定程度上弥补了杜邦分析体系的不足。

可持续增长模型描述如下：

可持续增长率(g)＝股东权益增长率
＝销售净利润率(P)×总资产周转率(A)×资产与净资产比(T)×留存收益比率(R)
＝净资产收益率(ROE)×留存收益比率(R)

式中：

$$销售净利润率(P)=\frac{本期净利润}{本期销售收入}$$

$$总资产周转率(A)=\frac{本期销售收入}{期末总资产}$$

$$资产与净资产比(T)=\frac{期末总资产}{期初股东权益}$$

留存收益比率(R)＝1－股息支付率

这一公式说明，一个企业销售的可持续增长率取决于四个因素：销售净利润率和资产周转率反映了企业生产经营业绩及经营风险的强弱，资产与净资产比和留存收益比率则表明公司的财务政策（前者体现财务杠杆的运用政策，后者体现股利政策）。如果企业不发行新股或增加举债比重，实际销售增长率等于可持续增长率，则企业处于财务平衡状态。

二、可持续增长模型基于以下假设

1. 公司想以市场允许的速度来发展；
2. 管理者不可能或不愿意筹集新的权益成本，即企业发行在外的股数不变；
3. 公司要继续维持一个目标资本结构和目标股利政策；
4. 公司资产周转率水平保持不变。

三、可持续增长模型的特点

1. 可持续增长模型与杜邦分析体系存在着紧密的联系：可持续增长率 g＝留存收益率×净资产收益率。然而可持续增长模型所涵盖的内容和对财务管理的意义要比杜邦分析体系丰富得多，在一定程度上弥补了杜邦分析体系在财务管理中存在的不足。

2. 引入留存收益比率，充分体现出管理者对待股利发放的态度，明确了管理者使用公司内部和外部资源的意图，进而扩大了杜邦分析体系所能解释的公司财务政策的范围。

3. 可持续增长率对公司的发展能力提供了重要的参考指标。当可持续增长与公司实际增长相差较大时，它提醒管理者对其差异进行全面的分析，找出高速增长或是缓慢增长背后所隐含的财务问题，及时制定出正确的财务战略和策略，从而对公司财务起到预警作用。

四、可持续增长模型的应用

1. 若企业的实际增长率大于可持续增长率，通常会出现在企业生命周期的成长期阶段，表现为企业会出现现金不足。由于企业增长较快，先期投资的一些项目并未产生回报，因此充足的资金是支持企业进一步成长的决定性因素。

(1)如果企业目前筹资能力强，能够较为容易地从资本市场上获取资源，虽然企业处于高速增长阶段，但不会陷入资源短缺的困境。企业可以采取提高销售净利率、加强资产管理、提高资产周转率、提高权益乘数或者改变财务政策来避免财务困境。

(2)如果企业筹资能力较弱，可持续增长率则为公司敲响警钟。公司要审视其增长能力是否已经超过了自身所能承受的能力。应采取的财务策略是：提高留存比率、资产周转率和销售净利率。也可以通过降低营运资本需求或实施有益的剥离，来人为地降低实际增长率，以使实际增长与可持续增长保持一致，避免陷入财务危机的困境。

2. 若企业的实际销售增长率小于可持续增长率，企业需要进行仔细的分析。若这种不充分的增长是暂时的，管理者只需简单地继续积累资源以等待未来的增长即可。若这种增长不充分是长期的，那么企业通常会面临以下难题：资金过剩、财务资源闲置、资产周转率降低、用于弥补固定成本的收入比例加大、销售利润率不断降低等情况。这时公司应采取的措施有：积极开拓新的市场，寻找新的增长点；提高股利支付率，以降低可持续增长率。

可持续增长模型在财务管理的实际应用中，应以均衡的思想为指导，通过分析造成可持续增长率与实际增长率之间差异的因素，制定出符合企业增长需求的财务政策，最终达到可持续增长与实际增长相一致的财务目标。

本章小结

本章介绍了财务报表中的三张主要报表及其相互关系、财务报表分析的基本方法，以及财务分析时常用的比率及其简要说明。同时，又对财务综合分析时常用的杜邦分析体系做了重点强调，并指出了使用财务报表信息时应注意的问题，对企业财务可持续增长分析做了简要介绍。

复习思考题

1. 财务报告有哪几种？各自的用途有哪些？
2. 三张主要会计报表之间有哪些勾稽关系？
3. 财务报表的分析方法有哪些？
4. 财务比率分为哪几类？各自有哪些指标？
5. 什么是杜邦财务分析体系？其指标有哪些？

本章习题

1. 某企业计划年度产品销售成本为11 520万元，销售毛利率为20%，流动资产的平均占用额为3 600万元。求：该企业流动资金的周转天数。

2. 某企业上年度和本年度流动资金平均占用额分别为100万元和120万元，流动资产周转率分别为6次和8次，求：本年度比上年度销售收入增加多少元？

3. 某公司有关资料如下表：

项目	期初数	期末数	本期数或平均数
存货（万元）	3 600	4 800	
流动负债（万元）	3 000	4 500	
速动比率	0.75		
流动比率		1.6	
总资产周转次数			1.2
总资产（万元）			18 000

假定公司的流动资产等于速动资产加存货。

要求：

(1)计算该公司流动资产的期初数和期末数；

(2)计算公司本期销售收入；

(3)计算该公司本期流动资产平均余额和流动资产周转次数。

4. ABC公司有关资料如下：

ABC公司资产负债表(2006年12月31日)

单位:万元

资产	年初	年末	负债及所有者权益	年初	年末
流动资产			流动负债合计	105	150
货币资金	50	45	非流动负债合计	245	200
应收账款净额	60	90	负债合计	350	350
存货	92	144			
待摊费用	23	36	所有者权益合计	350	350
流动资产合计	225	315			
固定资产净值	475	385			
总计	700	700	总计	700	700

该公司2007年度销售净利率为16%,资产周转率为0.5次,权益乘数为2.5,自有资金利润率20%。2006年度销售收入为350万元,净利润为63万元。

要求:

(1)计算2006年末的流动比率、速动比率、资产负债率、权益乘数。(2.1,0.9,0.5,2)

(2)计算2006年资产周转率、销售净利率、自有资金利润率。(0.5,18%,18%)

5.某公司2006年度有关资料如下:

资产负债表(2006年12月31日)

单位:千元

资产		负债及所有者权益	
现金(年初764)	310	应付账款	516
应收账款(年初1158)	1 344	应付票据	336
		其他流动负债	468
存货(年初700)	966	非流动负债	1 026
固定资产净额(年初1170)	1 170	实收资本	1 444
资产总额(年初3790)	3 790	负债及所有者权益	3 790

2006年利润表的有关资料如下:销售收入6 430 000元,销售成本5 570 000元,毛利860 000元,管理费用580 000元,利息费用98 000元,利润总额182 000元,所得税72 000元,净利润110 000元。

要求：

(1)计算填列下表该公司的财务比率：

比率名称	本公司	行业平均数
流动比率		1.98
资产负债率(%)		62
已获利息倍数		3.8
存货周转率(次)		6
应收账款周转天数(天)		35
固定资产周转率(次)		13
总资产周转率(次)		3
销售利润率(%)		1.3
总资产报酬率(%)		3.4
自有资金利润率(%)		8.3

(2)与行业平均财务比率比较，说明该公司经营管理可能存在的问题。

6.某企业1996年销售收入为125 000元，毛利率是52%，赊销比例为80%，净利润率16%，存货周转率为5次，期初存货余额为10 000元，期初应收账款余额为12 000元，期末应收账款余额为8 000元，速动比率为1.6，流动比率为2.16，流动资产占资产总额的27%，负债比率为37.5%。该公司流通在外的普通股5 000股，每股市价为25元。该公司期末无待摊费用。

要求：计算下列指标：应收账款周转率、资产净利率、净值报酬率、每股盈余、市盈率。

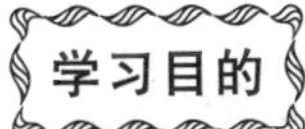

第十二章　营运资金计划和现金预算

学习目的

通过本章的学习，你可以：

1. 了解流动资金的含义与流动资金跟踪控制的意义；
2. 理解短期财务政策的含义与要点；
3. 掌握现金预算的编制过程与方法；
4. 了解短期借款的信用条件与借款实际利率的计算；
5. 了解企业现金流量管理的地位与作用。

小案例导引

某股份有限公司用外购的大米、豆饼、干面、盐酸、酵母、鱼粉等作为主要原料，生产一种农药，近年来该公司的经营状况持续恶化，陷入了亏损的泥潭，且产销量越大，亏损额也越大。2005年产销率达100%，但收回的销售账款还不到总销售收入的一半。

该公司实行计时工资与计件工资相结合的工资制度，据估计该公司要支付给职工的工资为100万元。该公司的制造费用主要包括修理费用、折旧费用和电费。公司每月还要支出三项间接费用：营业费用、管理费用、财务费用。目前，农药产品市场竞争也格外激烈，而作为一家小规模的厂商，由于产品价格的恶性竞争及内部管理的效率问题，公司的产品成本已经高于销售价格。为了参与竞争，该公司不得不以低于成本的价格销售，导致入不敷出，生产经营状况每况愈下。

细心的读者，企业在产销率达100%的情况下，为什么成本居高不下？导致“收回的销售账款还不到总销售收入的一半”的主要原因是什么？

本章讨论流动资产和流动负债之间的相互关系，目的在于将流动资金的存量配置与其相应资金来源联系起来，从总体上进行观察，并据以制定合理的“营运资金政策”。

第一节 流动资金跟踪控制与营运资金计划

一、营运资金的概念及构成

营运资金根据管理者的角度不同，有总营运资金和净营运资金的区别。会计上称之为流动资金的通常是指占用在流动资产上的资金总和，包括货币资金、应收账款与存货等。营运资金管理包括流动资金管理与流动负债管理，其目的是使它们保持动态的协调平衡。

（一）净营运资金(Net Working Capital)

在会计人员的眼中，净营运资金通常指的是流动资产减去流动负债后的差额，它主要用来衡量公司避免发生流动性问题的程度。它常用于以下两个方面：

1. 用来权衡企业的偿债能力。如果流动资产大于流动负债，则净营运资金为正数，与它相对应的“净流动资产”要以长期负债或股东权益中的一定份额作为其资金来源。因此，对净营运资金进行有效的管理，财务经理人员首先应该保证企业生产经营活动有充足的偿债能力。

2. 用来权衡企业的财务风险。企业的净营运资金状况，被广泛用于衡量企业的财务风险。财务风险在这里是指企业陷入无力偿还到期债务等财务困境的可能性。在其他因素相同的情况下，一个企业的净营运资本越多，偿债能力越强。

（二）总营运资金(Gross Working Capital)

站在财务分析人员的角度，他们关注的是总营运资金，当他们谈到营运资本的时候，则是指流动资金。对财务经理来说，在任何时候为企业提供适当数量的流动资金至关重要。总营运资金是指公司所有的流动资产投资（如现金和可变现证券、应收账款、存货等）。

作为总营运资本的流动资产，可按占用的时间分类，分为永久性营运资本和临时性营运资本。

1. 永久性营运资本(Permanent Working Capital)满足企业长期稳定发展最低需求的那部分流动资产。虽然资金形态在不断改变，但金额会被长期占用。

2. 临时性营运资本(Temporary Working Capital)随季节性或周期性需求

而变化的流动资产。例如,产品销售高峰期比年内其他时期要求对应收账款和存货作更多的投资。

(三)营运资本的特性

1.获利性。通常认为,流动资产的盈利能力要低于固定资产的盈利能力。如果能降低流动资产投资水平而又不影响企业的销售,将提高企业的总资产回报率。也就是说,流动资产在总资产中的比例越低,企业的获利能力越高。

站在用资成本的角度看,与中长期融资方式相比,由于短期利率相对较低一些,所以直接成本较低,这样短期债务在总负债中的比例越大,企业的获利能力就越高。此外,由于短期借款可以在不需要的时候立即偿还,这也导致更高的利润水平。"净营运资本"较多,也就意味着企业是以筹资成本较高的长期资金运用到盈利能力较低的流动资产上,从而使企业整体的盈利水平相应降低;反之,亦然。

2.风险性。这里的风险主要是指企业陷入无力偿付到期债务而导致技术性无力清偿(Technically Insolvent)的可能性,通常用净营运资本的大小来衡量。企业的净营运资本越多,意味着流动资产与流动负债之间的差额越大,则陷入技术性无力清偿的可能性也就越小;反之,亦然。

二、营运资金计划

现代企业理财必须对流动资产、流动负债以及两者之间的变动所引起的盈利与风险之间的消长关系进行全面的估量,正确地作出营运资金计划,从而确定营运资金的最佳水平以及为维持这一水平而进行的短期融资和长期融资的适当组合。

企业的财务管理目标是企业价值最大化,而要实现这一目标,首先要求企业能够保持正常运转。而正常运转的关键是企业的资金流量是否正常。企业要远离财务困境,避开财务危机,就必须时刻保持流动资金与流动负债的动态协调平衡。这要求财务人员进行营运资金的结构性管理,做营运资金计划,以便清楚地知道企业到底需要多少动态资金来维持其正常运转。

(一)资金运转与营业运转的关系

从订购原材料→原材料验收入库→原材料投入生产→生产加工过程→产成品完工入库→销售产品→回笼资金入账,企业这一系列过程的正常运转客观上要求有动态的营运资金运转与之相匹配。

(二)关于营运资金计划

公司应当保持足够的现金来防止一时的现金短缺,但又不要把过多的资金置于银行存款这种低收益的用途上。企业的财务经理必须预测未来可能的现金收支的数量和时间来确定一个需要保持的现金水平，因为一旦发生支付困难，可能引发灾难性的后果。

做好营运资金计划，可以在实际收支发生之前了解经营计划的财务结果；可以预知未来需要融资的数量和时间，以便提前作出安排；可以避免大量的资金闲置，从而提高资金的使用效率。

做好营运资金计划，首先要考虑企业总资金的规模和构成，确定营运资金的总额度；其次，根据不同行业的特点，对产品的生产周期和资金回笼进行预计，确定资金循环周转过程中，占用在不同资金形态上的额度与比例，计算出可能实现的销售数量和周转资金量，当然要考虑各资金占用形态时间上的继起性和空间上的并存性。例如，为保险起见，要准备 2 个周期的生产资金；另外至少需要准备 3 个月的费用支出，用于支付工资、水电费、差旅费等保障性支出，还要准备一个月的备用金，用于支付各项临时开支。要注意收入计划在时间上的准确度和费用支出的详细度，以提高计划的质量与控制的可操作性。

如果产销量增加，还要考虑配套营运资金的增加，这些在营运资金的计划中必须事先考虑。

三、实施流动资金的跟踪控制

良好的营运资本管理要求企业在充分认识营运资金特性的基础上，进行营运资金的结构性管理，对营运资金计划实施动态跟踪控制。一方面要合理调度和使用营运资金，努力提高周转率，提高营运资金的使用效率；另一方面，要避免出现财务危机。

在实施动态跟踪控制的过程中，要以加速资金周转、最大限度地以利用资金为核心。要将永久性营运资本和临时性营运资本区分开来，永久性营运资本需要自有资金来支持，临时性营运资本可以采用短期贷款来解决。

第二节　短期财务政策

企业任何长期的财务决策都要由短期的财务政策加以落实。短期财务政策的重点是流动资产与流动负债的持有数量结构管理。

一、流动资产的数量与结构

实施流动资产的数量与结构管理的目的，在于确定一个合理的水平，使其既能维持企业的正常生产经营活动，又能在减少或不增加风险的前提下，使其周转速度最快，从而给企业带来尽可能多的利润。这是关于营运资金的投资政策问题。一般来说，确定流动资产的数量与结构的投资政策大略有三种：A. 宽松的政策，B. 适中的政策，C. 紧缩的政策。由于营运资金的周转额为销售额，我们用流动资产与其在循环周转过程中实现的销售额的比例来描述这三种政策，如图12-1 所示。

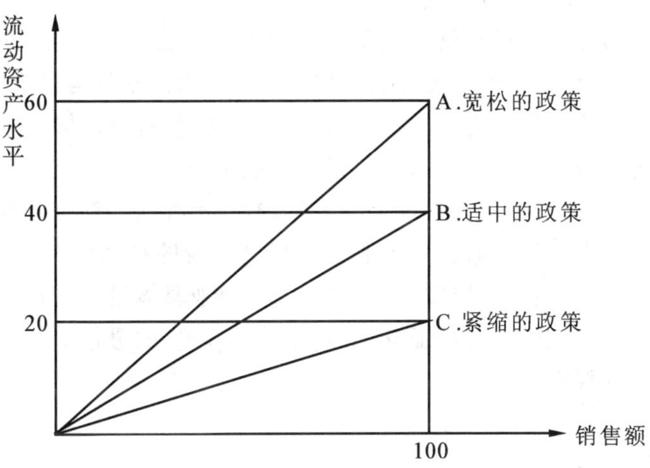

图 12-1　三种不同政策的流动资产水平

由图 12-1 可以看出，在销售额相同的条件下，三种政策所投放的流动资产额度有较大的差异，其中，A 政策额度最多，B 政策次之，C 政策最少。A 政策代表一种宽松(保守)的管理政策。在这一政策下，企业持有的流动资产占全部资产的比例相当大。由于流动资产的收益率一般低于固定资产的收益率，因此，这一政策下流动资产的预期盈利能力将比较低。可见，宽松的政策可以降低财务风险，但也降低了整体收益水平。

与政策 A 相反，紧缩政策 C 代表一种比较激进的营运资本管理政策。在此政策下，企业持有的流动资产占全部资产的比例相对比较少，其净营运资本也就相对较少，其结果是，这一政策使企业在取得较高的预期盈利能力的同时，也承受较高的陷入财务困境的风险。政策 B 则代表一种中庸的营运资本管理政策，其预期盈利能力和风险都居于政策 A 与 C 之间。由此可见，财务管理者必须仔细分析本公司的特性，在风险与收益之间作出合理选择，才能最终采取最适当的流动资金管理政策，确定流动资产的数量与结构。

我们可以将图12-1中各方案资产的流动性、获利能力、风险概括如表12-1所示。

表12-1 A、B、C三种政策的流动性、获利能力与风险

	低	中	高
流动性	C	B	A
获利能力	A	B	C
风险	A	B	C

对此，我们可以得到以下的结论：

1. 获利能力与流动性呈反向变动关系。如A方案，流动性的排序正好与获利能力的排序相反，流动性的提高通常要以获利能力的降低为代价。

2. 获利能力与风险同向运动。从表12-1可见，获利能力与风险的排序是如何一致的。这符合高风险要对应高回报的心里预期。

不同决策者的决策环境、角度是有差别的，并不存在一种对所有企业都是最优的单一营运资本投资策略。各企业应根据其自身的具体情况，结合其对风险的态度，慎重选择能使股东财富最大化的、适合企业具体情况的营运资本投资策略。每项流动资产（现金、有价证券、应收账款和存货）的最佳水平取决于决策者对收益与风险的权衡。

二、流动负债的数量与结构

由于预期现金流动很难与到期债务及数量保持协调一致，流动负债的数量与结构的确定也成为营运资金管理的重点问题，即营运资金的融资政策问题。

由于流动资产通常分为永久性流动资产（持有数量不受短期因素影响，但随规模的扩大而增加的流动资产）与暂时性流动资产（短期因素一发生变化就产生额外资金需求的流动资产），对于不同资产的资金需求，是用长期融资的方式还是用短期融资的方式来满足呢？

进行流动负债的结构性管理时，要根据长、短期负债的盈利能力与风险的不同，对其盈利能力与风险进行权衡和选择，从而确定出低风险、高盈利的流动负债结构。假定企业的流动资产不变，净营运资本将随流动负债的增加而减少。如果更多的负债将在短期内到期，则用于偿还到期债务的现金流量的负担增大，从而会加大企业陷入无力清偿的风险。相反，流动负债占总资产的比率下降，使企业大部分资产通过成本更高的长期资金筹措，从而将使企业的盈利能力下降。相应地，企业的财务风险也将因流动负债的减少所引起的净营运资本的减少而下降。其结果是，延长了企业负债的到期结构，减轻了短期负债的负担，从而减少了企业的清偿风险。这样，企业财务经理人员需要对企业的流动负债占全部资产的比例作出抉择。

与营运资本投资政策一样，没有一种对所有企业都是最优化的长、短期负债组合。在选择能使股东财富最大化的筹资政策时，企业的财务经理人员也必须考虑其他各种因素，如企业销售及现金流动的变动对企业价值的影响等。每一个企业只有在根据不同负债结构的报酬与风险进行全面估量的基础上，结合企业对风险的态度，对各有关因素的利害得失进行综合权衡，才能较合理地确定该企业最优的负债结构。

三、营运资金管理的综合决策

综上所述，企业总的筹资量等于投放在固定资产与流动资产上资金之和。对流动资产中永久性与临时性部分，如何合理安排其相应的资金来源呢？对满足永久性与临时性资金需要的融资策略，一般有以下三种类型：稳健政策、中庸政策和激进政策。

1. 稳健政策：以长期融资来满足公司的各种资金需求。它的安全性较高，同时资金成本也较高，公司的获利水平将受到影响。

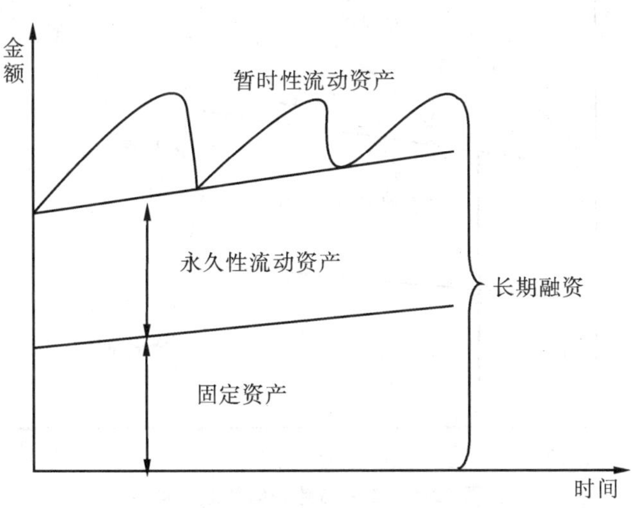

图 12-2　资产与筹资需要之结构

2. 中庸政策:用短期融资渠道满足暂时性流动资金需求,其余的资金由长期融资来满足。它使资产与负债的到期期间相互配合,可以避免一些财务风险。

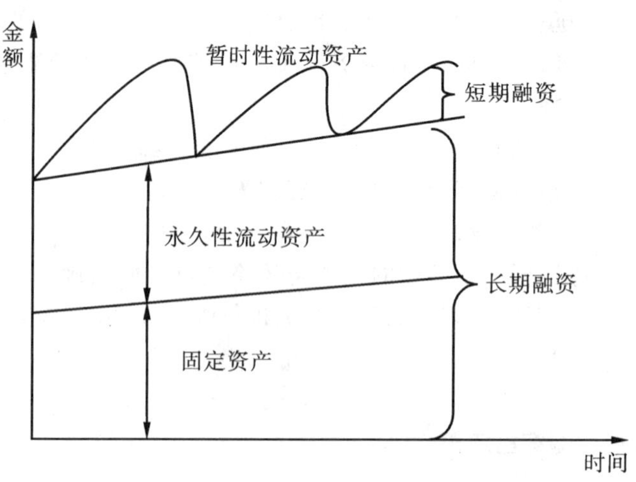

图 12-3 资产与筹资需要之结构

3. 激进政策:永久性与暂时性流动资金需求都由短期融资来满足。优点:以成本较低的短期资金替代部分成本较高的长期资金,可以节约利息支出,降低资本成本。缺点:当利率上涨时,未来融资成本较高,同时到期还款压力较大。

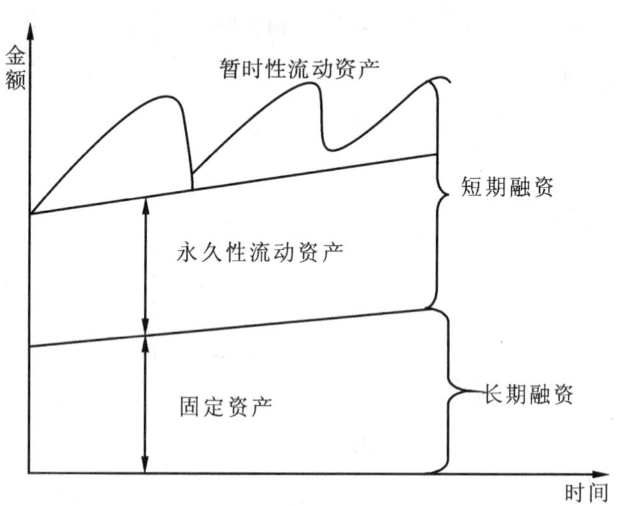

图 12-4 资产与筹资需要之结构

第三节 现金预算

一、现金预算概述

现金是企业正常经营运转的"血液",维持着企业的日常运作。利润虽然能够表明企业经营的成果,但这些成果中有一些是不能够立即为企业所用的,仅代表了一个数字,所以在了解利润情况的同时,还必须要掌握企业的现金周转状况,才能保证不出现企业虽然有较高利润,但却没有现金支付日常开支的情况。为了了解一定期间内企业的现金周转,就必须在经营预算、资本支出预算的基础上编制现金预算。许多公司失败的一个共同原因就是不良的现金流量管理。现金预算是良好现金流量管理的一个非常重要和不可分割的一部分。

现金预算是所有有关现金收支预算的汇总,通常包括现金收入、现金支出、现金多余或现金不足,以及资金的筹集与应用等四个组成部分。现金流量状况如何,不仅直接关系到企业的获利能力,而且对企业财务风险的大小具有决定性的影响。所以,编制现金预算的目的是保证有充足的现金可以满足企业的需要,而且对多余现金加以有效的利用。

现金预算就是要做到保持现金流的动态协调平衡,确保在需要时有及时足额的现金供给量;正确地估算运行中的现金缺口,以采取适当的补救措施;出现多余的现金,以便必要时投资到可以获得满意回报的地方。通过现金预算,我们可以在实际收支发生之前了解经营计划的财务结果;可以发现未来需要融资的时间和数量,以便及早采取相应的措施;可以避免大量的现金闲置影响整体效益。

二、现金预算的作用

1. 编制企业的现金预算可以预计特定时期潜在的现金多余或不足,以便及时采取应对措施。通过编制现金预算,可以揭示出现现金多余或现金不足的时间,使企业能够及时针对多余或不足进行相应的处理:利用多余,比如进行短期投资谋取收益;弥补不足,比如试图缩减成本来减少现金支出。

现金的多余或不足对企业都是不利的。因为,企业将大量暂时用不着的现金存在银行,所获得的利息收入往往小于利用这些现金进行短期投资的收益,而且大量的现金多余还可能引起被并购的危险。这种并购的目的都是为了获得企业的现金，一般都不是出于有利生产经营的目的。对付这种故意收购的成本很高，还会给企业造成不必要的损害。而现金不足的危险则是不言而喻的。

2.编制现金预算可以确保在需要的时候有可供支付的现金。企业的负债需要利用现金来偿还，如果不能了解现金的短缺情况，就很可能出现无法清偿债务的财务危机。现金预算的编制可以在一定程度上解决这个问题。

3.编制现金预算可以对其他预算提出改进建议。现金预算是对其他相关职能预算的总结，可以发现整个企业的现金流动情况。根据这样的总体情况，可以给各相应部门提供改进建议。比如，在编制现金预算过程中，如果发现现金短缺，可以建议销售部门重新安排销售计划或者建议采购部门推迟材料采购，以增加现金收入，减少现金支出。

三、现金预算的编制

1.编制现金预算时遵循的基本原则

期初现金余额＋现金收入－现金支出＝期末现金余额

现金预算中一般要显示每个季度的期初和期末现金余额，企业编制现金预算对期初和期末余额可能有两种处理情况：

(1)企业对每个季度的期末余额没有要求，以预算中计算出来的每个季度的期末余额作为下一季度的期初余额。这时的预算需要每个季度依次编制，而且第四季度的期末余额与当年的期末余额应该是相同的。本书中采用的就是这种编制方式。

(2)企业为了保证生产经营的安全，有时候会对每个季度的期末余额也就是下一季度的期初余额有一个金额要求，这时四个季度的预算可以同时平行编制，如果预算中一个季度的期末现金余额没有达到企业的这个要求，就需要通过借贷等方式将企业要求的期末余额与实际期末余额的差额补齐。

2.现金预算编制举例

编制现金预算通常采用的方法是现金收支全额法。这一方法是把计划期内涉及资金流动的财务活动全部加以反映。现金预算的内容包括现金收入、现金支出、现金多余或不足的计算，以及期末现金余缺的调剂与融通。现金预算实际上是其他预算有关现金收支部分的汇总，以及收支差额平衡的具体计划。

【例 12-1】现金预算的编制要以其他各项预算为基础，以下具体说明。[①]

(1)资金流入量预算

企业资金流入的主要来源是产品销售收入，其次是其他业务收入、营业外收入以及投资收益等。

①销售预算

销售预算是企业整体预算的起点，其他预算的编制都以销售预算为基础。设某企业生产和销售一种产品，2006 年预期的销售量中每季实现现金收入 70%，其余 30%于下季度才能收现。表 12-2 为该企业的销售预算和预期现金收入表。

表 12-2　销售预算

单位：元

	第一季度	第二季度	第三季度	第四季度	全年合计
预计销售量(件)	3 200	3 000	2 800	3 500	12 500
销售单价	100	100	100	100	100
销售收入	320 000	300 000	280 000	350 000	1 250 000
预期现金收入					
年初应收账款(收回)	90 000				90 000
第一季度	224 000	96 000			320 000
第二季度		210 000	90 000		300 000
第三季度			196 000	84 000	280 000
第四季度				245 000	245 000
现金收入合计	314 000	306 000	286 000	329 000	1 235 000

②其他现金收入

企业除了通过产品销售收入现金外，还从其他来源取得现金。这些现金包括企业对外提供劳务取得的收入，长期和短期投资获得的利息和股利，出手股票

① 本例题参考傅元略主编：《财务管理》，厦门大学出版社 2003 年版，第 401～405 页。

债券的收入,出租企业持有的固定资产租金收入等等。这些现金流入量一般为数较少,但对现金总预算也有一定的影响,本例假设这部分为零。

(2)资金流出量预算

资金流出量也包括营业支出和其他支出。营业支出是采购直接材料的现金支出、直接人工支出、制造费用、销售费用和管理费用等项目中的现金支出。其他支出包括其他业务支出、营业外支出等内容。

①直接材料采购预算和预期现金支出

直接材料采购预算是在生产预算的基础上编制的。企业根据预计的产品销售量结合期末、期初的产品存货量,确定预算期产品生产量。其计算公式是:

预计生产量=(预计销售量+预计期末存货)—预计期初存货

设预计第一季末产品存货为180件,年初产品存货预计为200件,年末产品存货预计为250件,该企业生产预算如表12-3所示。

表12-3 生产预算

单位:件

	第一季度	第二季度	第三季度	第四季度	全年合计
预计销售量	3 200	3 000	2 800	3 500	12 500
加:预计期末存货	180	250	300	250	250
减:预计期初存货	200	180	250	300	200
预计生产量	3 180	3 070	2 850	3 450	12 550

与生产预算相似,直接材料采购预算是以预计生产需耗材料量为基础,同时考虑期初、期末原材料存量来编制的。企业确定了直接材料采购量后,就可以为现金支出进行预测。财务人员根据本期应付账款的详细资料和清单,区分现购和赊购数额,以及除购的时间、采购过程中可能发生材料的返回和折让或享受的现金折扣等因素,编制现金预算表。

本例中,设单位产品材料耗用量为4公斤,每公斤单价10元,直接材料采购款中每季度付现60%,另40%在下季付清,不享受现金折扣。据此,该厂2006年度的直接材料预算及预期现金支出如表12-4所示。

表 12-4　直接材料预算表

	第一季度	第二季度	第三季度	第四季度	全年合计
预计生产量(件)	3 180	3 070	2 850	3 450	12 550
单位产品材料耗用量(公斤)	4	4	4	4	4
生产需耗材料量(公斤)	12 720	12 280	11 400	13 800	50 200
加:预计期末存货(公斤)	900	1 100	1 200	1 100	1 100
减:预计期初存货(公斤)	1 000	900	1 100	1 200	1 000
预计采购量(公斤)	12 620	12 480	11 500	13 700	50 300
材料单价(元)	10	10	10	10	10
材料采购金额(元)	126 200	124 800	115 000	137 000	503 000
预期现金支出(以下栏目单位:元)					
应付账款(支付)	48 800				48 800
第一季度	75 720	50 480			126 200
第二季度		74 880	49 920		124 800
第三季度			69 000	46 000	115 000
第四季度				82 200	82 200
现金支出合计	124 520	125 360	118 920	128 200	497 000

②直接人工预算和现金支出

直接人工预算也是以生产预算为基础编制的。其编制方法是先确定单位产品的需用工时,再乘以各期预计产品产量,得到各期需用直接人工小时数,最后再以各期需用直接人工小时数乘以每小时的直接人工成本,就可以得到各期预计的直接人工成本。由于人工工资全部以现金支付,企业直接人工预算编制完毕,支付工资的现金流出量就可以确定。

本例中,设生产单位产品需用直接人工小时为 5 小时,每小时的直接人工成本为 3 元,该厂 2006 年的直接人工预算如表 12-5 所示。

表 12-5 直接人工预算表

	第一季度	第二季度	第三季度	第四季度	全年合计
预计生产量(件)	3 180	3 070	2 850	3 450	12 550
单位产品直接人工小时	5	5	5	5	5
生产需耗直接人工总工时	15 900	15 350	14 250	17 250	62 750
小时直接人工成本(元)	3	3	3	3	3
需耗直接人工总成本(元)	47 700	46 050	42 750	51 750	188 250

③其他营业费用预算和预计现金支出

其他营业费用是指制造费用、销售费用和管理费用。这些费用的发生按其与产品生产量和销售量的关系,可划分为变动费用和固定费用两部分。变动费用预算可根据单位产品各明细项目的标准费用乘以预计生产量或销售量,固定费用因与当期产销量无关,故无需逐项预计。编制其他营业费用为预计现金支出提供了必要资料,不过在预计现金支出时应扣除不需用现金支出的费用,如折旧费等。

本例中,为了简化计算,假设企业制造费用全年发生 25 万元,其中折旧费 5 万元;销售和管理费用全年发生 15 万元,其中折旧费 3 万元。假设这些费用在各季度平均发生。所以需要现金支出的制造费用全年为 20 万元,每个季度 5 万元;需要现金支出的销售费用和管理费用全年为 12 万元,每个季度 3 万元。

④其他现金支出

企业除了由营业支出支付现金外,还从其他方面支付现金。如上缴所得税、购买设备、支付股利、支付固定资产租金、短期投资和长期投资的现金支出等等,这些项目均应逐项分析预计发生的时间和数额。

(3)期末现金净流量及其融通与调剂

预期现金收入合计减去支出合计,即为期末现金净流量。此差额若为正数,说明现金溢余,企业可根据需要与可能,用于偿还过去的借款,或进行短期投资:若差额为负数,说明现金不足,企业就需要向银行取得新借款或采用其他方式筹资。

本例中,设企业同银行商定于季初借入借款,并分期于季末还本付息,借款利息按年利 10%计算。该企业期末现金余额最低为 19 000 元,借款以万元为单位,据此该企业财务部门在收集整理各经营部门预算和成本预算的基础上,汇编 2006 年度的现金预算,如表 12-6 所示:

表 12-6　现金预算表

单位:元

	第一季度	第二季度	第三季度	第四季度	全年合计
期初现金额	15 000	31 780	21 370	19 700	15 000
加:销售现金收入	314 000	306 000	286 000	329 000	1 235 000
可供使用现金	329 000	337 780	307 370	348 700	1 250 000
减:现金支出					
直接材料	124 520	125 360	118 920	128 200	497 000
直接人工	47 700	46 050	42 750	51 750	188 250
制造费用	50 000	50 000	50 000	50 000	200 000
销售费用和管理费用	30 000	30 000	30 000	30 000	120 000
所得税	25 000	25 000	25 000	25 000	100 000
购买设备	20 000	60 000			80 000
股利		20 000		20 000	40 000
支出合计	297 220	356 410	266 670	304 950	1 225 250
现金多余或不足	31 780	－18 630	40 700	43 750	24 750
向银行借款		40 000			40 000
偿还银行借款			20 000	20 000	40 000
偿还银行利息			1 000	500	1 500
合计	—	40 000	－21 000	－20 500	－1 500
期末现金余额	31 780	21 370	19 700	23 250	23 250

从表 12-6 可看出,按收支金额法编制的现金预算表,可以反映企业在一定时期内现金流入与流出的全貌。对企业根据需要与可能进行资金筹集运用以及有效利用剩余闲置现金余额等都有指导意义。但年度(季度)财务计划毕竟是从一个较长时期进行预算的,在此期间里现金预算无法指明现金收支发生的具体时间和数额。因此,为更好地发挥企业理财在生产经营中的运筹作用,企业还应按月、旬编制明细财务收支计划。

第四节 短期借款

一、银行短期借款的种类

短期负债筹资的主要形式是商业信用和短期借款。它们的使用时间较短，一般不超过1年。它们的共同特点是：筹资速度快，容易取得，资金成本低且富有弹性，但要求及时偿还，若到期时没有足够的资金偿还，就会诱发财务危机。

我国目前的短期借款主要有生产周转借款、临时借款与结算借款等。按照国际通行的做法，短期借款按偿还方式，分为一次性偿还借款和分期偿还借款；按支付利息的方式，分为收款法借款、贴现法借款和加息法借款；按有无担保，分为抵押借款和信用借款。

企业申请短期贷款时，要区分不同的借款条件加以选择。

二、短期借款的信用条件

1. 信贷限额

它是银行对借款人规定的无担保借款的最高限额。企业在批准的信贷限额内，可随时使用短期借款，但银行并不承担必须提供全部信贷限额的义务。如果企业财务状况恶化，企业就可能得不到借款，此时银行不会承担法律责任。

2. 周转信贷协定

它是银行从法律义务上承诺提供不超过某一最高限额的贷款协定。在协定的有效期内，银行必须满足企业在任何时候提出的借款总额不超过最高限额的借款要求，但企业要就贷款限额的未使用部分支付给银行“承诺费”。

3. 补偿性余额

它是银行要求借款企业在银行中保持按贷款限额或实际借用额一定的百分比（一般为10%～20%）的最低余额。补偿性余额降低了银行的贷款风险，同时增加了企业的利息负担。

4. 借款抵押

银行为了降低贷款风险，对财务风险较大的企业或资信程度较低的企业发放贷款时会要求有抵押品作为担保。这些抵押品可以是贷款企业的应收账款、存货、股票、债券等。抵押借款的成本通常高于非抵押借款，银行将抵押贷款看成是一种风险投资，不但要收较高的利息，往往还要另外加收手续费。

5.偿还条件

贷款的偿还有到期一次偿还和在贷款期内等额偿还两种方式。基于时间价值的考虑,企业喜欢前者,银行喜欢后者。

6.其他承诺

银行有时要求企业为取得贷款作出其他承诺,如及时提供财务报表、保持适当偿债能力等。如企业违背所作的承诺,银行可要求企业立即偿还全部贷款。

三、银行短期贷款的成本

银行短期贷款成本的高低主要取决于商业银行确定的利率和信用条件。

1.贷款期内等额偿还

企业借款如选用到期一次偿还,贷款的实际利率与名义利率一致。如果贷款期内等额偿还,企业承担的实际利率就会大于银行的名义利率。若用 n 代表一年内还款期数,则实际利率的计算公式为:

$$实际利率=(1+\frac{年名义利率}{n})^n-1$$

【例 12-2】某银行贷款名义利率为 9%,借款期限为 120 天,即 n 为 3($n=\frac{360}{120}=3$),则:

$$单利法实际利率=(1+\frac{9\%}{3})^3-1=9.27\%$$

2.贴现法

贴现法是指银行在发放贷款时,先从贷款中扣去利息,借款者实际得到的金额是贷款面值扣去利息后的余额,而到期还款必须按贷款的面值偿还。企业由此而承担的实际利率同样也会大于银行的名义利率,其计算公式为:

$$贴现法实际利率=\frac{名义利率}{1-名义利率}$$

【例 12-3】名义利率为 12%,则:

$$贴现法实际利率=\frac{12\%}{1-12\%}=13.64\%$$

3.补偿性存款余额的实际利率

银行如果要求企业按贷款额的一定比例保存在银行存款账上,作为补偿性余额,那么企业实际可动用的贷款额就会小于所申请的贷款额,从而增加了贷款的实际利息。计算公式为:

$$\text{补偿性存款余额的实际利率}=\frac{\text{名义利率}}{1-\text{补偿存款占借款额比重}(\%)}$$

【例12-4】某企业需要90 000元资金,向银行申请贷款,银行要求借方保持贷款额的10%为存款余额,规定利率为12%。

显然,企业应向银行申请100 000元贷款额,才能够提出90 000元作为可用资金,而支付利息时又要按100 000元贷款额计算。

$$\text{补偿性存款余额的实际利率}=\frac{12\%}{1-10\%}=13.33\%$$

第五节 企业现金流量的日常管理

资金周转实质上是以现金的周转为核心展开的,获取必要的现金流入是组织生产经营活动的基本前提,耗用一定数量的现金是公司正常运营的需要,收回最终以现金净流量表现的报酬既是生产经营的目的,又是一个新的资金循环的起点。各类非现金资产实际上都是现金流出量的载体,并且最终都要转化为现金流入。企业现金流量的日常管理在企业财务管理中处于核心地位。

一、企业现金流量管理的意义

1. 现金流量管理可以增加企业决策的实效性。现金流量是按收付实现制原则计量的,与实际资金运动相一致,用它来反映企业的实际支付能力、偿债能力、资金周转情况,对企业经营决策更具实效性。

2. 现金流量管理有利于加强财务控制。企业的经营活动过程实质是从现金到物质,再由物质到现金的过程。通过现金流量的管理,将企业的资金流动置于监控之下,控制了资金的流入与流出,体现了加强财务监控的力度。

3. 现金流状况更能体现企业持续经营的能力。长期亏损不能以收抵支和资不抵债不能到期清偿债务是企业生存的两大威胁。企业兴衰的直接原因不是在于利润而是在于现金流量。

二、企业现金流量的日常管理

1. 制定现金流量的管理目标

(1)制定期间内的净现金流量目标。既要强调管理者控制现金的流动性,又要强调其赢利性。对于需要使用大量现金的赢利性业务,则可以通过设定包含对资本性支出和营运资金进行控制的现金流量目标,来提醒管理者注意他们的资本性支出的控制责任和对营运资金的控制责任。

(2)制定月末的现金余额目标。企业应该逐月建立净现金流量目标或者截至每个预算期末的现金余额目标。这种方法提供了年度内的累积目标,可使各月间的预算波动与实际现金流量之间的差异在一年中得到平衡。

(3)设定利息费用目标。对于过度借款的企业来说,设定最高利息费用目标是非常有用的。

(4)设定浮游期目标。企业应该为收到客户付款与该笔款项实际进入企业银行账户之间的浮游期设定目标。该目标通常被设作应收账款部门的业绩目标。

实现现金目标的责任应该交给处于控制现金流量最佳位置的经理。总部财务中心应该对合并现金目标负责。各个分部的经理应该负责监控和调整分部的现金流量。

2.做好现金流量的预算管理

现金流量预算是全面预算的核心,是企业在预算期内全部经营活动和谐运行的重要保证。现金预算管理就是根据企业生产经营计划,按照先自下而上再自上而下的程序,对所作出的现金流入、流出量的预测,进行综合平衡、合理调控。

(1)要以营业收入为重点。现金流入预算是现金流量预算的重要内容,营业收入是现金流入的主体。营业收入预算是否科学,直接关系到整个预算的质量。为了保证营业收入预算的实现,还要采取必要的措施,强化预算的运行控制,从而切实提高企业的产销率和收款到账率。

(2)要以控制现金流出为原则。做好现金流量管理,必须严格控制现金流出量,合理调度资金,保证营运资金的顺畅周转,提高资金的使用效率。财务部门应对现金流出进行总量控制,建立严格的审批制度,按预算严格管理。

(3)要以完善的管理体系为保障。从销售预算、生产预算到各项支出预算,建立全面完善的年度现金流量预算体系,使企业经营活动有一个可靠的依据;建立季度、月度滚动现金流量预算,使不合理部分得到及时的调整;建立科学的分析体系进行现金流量分析,发现问题及时处理。

3.提高现金流量的流动速度

最具竞争优势的公司,都在资金的流动速度上做足了自己的文章。全球最大的零售商沃尔玛一贯奉行"天天低价"战略,使其跃居美国500强的榜首;海尔对库存管理实行"零库存、零运营成本"策略,使其在激烈的竞争中处于领先地位;戴尔的制胜法宝是直销,使其股票自1990年以来,增长了870倍。所以,加速资金周转,提高现金流量的流动速度,可以使企业的效益倍增。

本章小结

本章系统地介绍了营运资金的概念与构成，简略地介绍了营运资金计划的框架与流动资金跟踪控制的必要性；较为详细地讨论了三种不同类型的短期财务政策；举例说明了现金预算的编制流程与方法；介绍了短期借款的种类、借款的信用条件及借款成本的计算；最后简要地介绍了现金流量日常管理的意义与措施。这些内容都是企业对营运资金所作的较为宏观的管理。后面几章将站在较为微观的角度介绍营运资金的管理方法。

复习思考题

1. 什么是营运资本？它有什么特性？
2. 做营运资金计划要考虑哪些因素？
3. 如何实施流动资金的跟踪控制？
4. 如何进行流动资产的结构性管理？
5. 如何进行流动资负债的结构性管理？
6. 如何编制现金预算表？

本章习题

1. 某企业2006年现金预算如下表。假定企业发生现金余缺均由归还或取得流动资金借款解决，且流动资金借款利息忽略不计。除表中所列项目外，企业没有有价证券，也没有发生其他现金收支业务。预计2006年末流动负债为4 000万元，需要保证的年末现金比率为50%。要求：根据所列资料，计算填列表中字母表示的项目。

单元：元

项目	第一季度	第二季度	第三季度	第四季度
期初现金余额	1 000			2 500
本期现金收入	31 000	33 500	E	36 500
本期现金支出	30 000	C	37 000	40 000
现金余缺	A	1 000	3 000	G
资金筹措与运用	−500	1 000	F	H
取得流动资金借款	—	1 000		
归还流动资金借款	−500	—		
期末现金余额	B	D	2 500	I

2.某企业某年有关预算资料如下：

(1)该企业3～7月份的销售收入分别为40 000元、50 000元、60 000元、70 000元、80 000元。每月销售收入中，当月收到现金30%，下月收到现金70%。

(2)各月直接材料采购成本按下月销售收入的60%计算，所购材料款当月支付现金50%，下月支付现金50%。

(3)该企业4～6月份的制造费用分别为：4 000元、4 500元、4 200元。其中包括折旧费1 000元。

(4)该企业4月份购置固定资产，需现金15 000元。

(5)该企业在现金不足时，向银行借款(为1 000元的倍数)，借款在期初，还款在期末，借款年利率为12%(利息按月支付)。

(6)该企业期末现金余额最低为6 000元，其他资料见现金预算表。

要求：根据以上资料，完成该企业的4～6月份的现金预算。

单元：元

月份	4	5	6
期初现金余额	7 000		
经营现金收入			
直接材料采购支出			
直接工资支出	2 000	3 500	2 800
制造费用支出			
其他付现费用	800	900	750
预交所得税			8 000
购置固定资产			
现金余缺			
向银行借款			
归还银行借款			
支付借款利息			
期末现金余额			

3.某公司目前只生产一种产品，耗用一种材料。该产品的市场售价为每件200元。进入2006年12月份，企业财务部门准备编制2007年度的财务预算。财务经理首先安排会计人员编制了2006年末资产负债表，如下表：

资产负债表(简表)

编制单位:某公司　　2006年12月31日　　单位:元

资产		负债及所有者权益	
项目	金额	项目	金额
流动资产:		负债:	
现金	8 000	应付账款	2 350
应收账款	6 200	长期借款	9 000
直接材料	1 500	股东权益:	
产成品	900	普通股股本	20 000
固定资产:		留存收益	16 250
土地	15 000		
房屋及设备	20 000		
累计折旧	4 000		
资产总计	47 600	负债及所有者权益总计	47 600

经财务部门与有关部门协商研究,取得相关资料后,着手编制2007年度财务预算。有关预算资料如下(暂不考虑增值税因素):

(1)销售部门预测2007年度各季度的销售量为:100件、150件、200件、180件。销售单价为30元,2006年度每季度的销售款中,在当季度可收到60%,其余的在下季度收讫,2007年预计保持不变。

(2)生产部门提供资料,该产品的材料耗用量为每件10千克,人工工时耗用量为每件10工时。编制预算时预计2007年初有产成品10件,生产成本为90每件元,材料300千克。为了保证能在发生意外需求时按时供货,并可均衡生产,按下期销售量的10%安排期末存货,年末预计留存产成品20件;各季度期末材料存量按下季度生产需要量的20%确定,年末预计留存材料400千克。

(3)采购部门提供资料,该产品耗用材料的平均单价为每千克5元。材料采购的货款50%在本季度内付清,另外的50%在下季度付清。

(4)劳资部门提供的资料,公司采用计时工资制,每工时2元。

(5)销售及管理部门预计2007年度现金支出总额为20 000元,各季度均衡支出。生产部门预计2007年度制造费用总额为12 800元,各季度现金支出分别为1 900元、2 300元、2 300元,2 000元,计提折旧4 300元。

(6)公司计划2007年度向股东支付两次股利,分别为二、四季度末各支付8 000元。

(7)公司计划在2007年第二季度购买设备一台,为此需投入资金10 000元。发生现金储备不足时,可通过向银行贷款的办法加以解决,并在现金充裕时及时安排部分或全额还贷款。银行借款以千元为单位,按期初借入,期末归还,预计利息。银行贷款年利率为10%。

(8)财务部门预计下年度各季度需缴纳所得税为4 000元。根据公司以往的财务管理经验,要保证生产经营的顺利进行,各期期末需有6 000元的现金余额储备。2006年初现金余额预计8 000元。

要求:根据上述资料,编制该公司2007年度的财务预算。

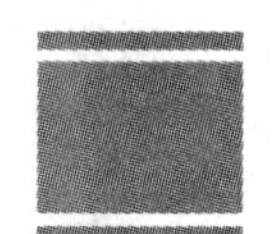

第十三章 现金管理与短期投资

学习目的

通过本章的学习，你可以：

1. 了解现金付款的管理方法；
2. 了解现金收款的管理方法；
3. 掌握持有有价证券的原因及影响因素；
4. 掌握最佳现金持有量的确定方法；
5. 了解电子结算下适时的现金流量管理。

小案例导引

2005年，沃尔玛以拥有全球5 350家零售店和2004年高达2 879亿美元的销售额，蝉联《财富》杂志五百强之首。这样一家超大规模的零售企业集团已经堪称整个世界的巨无霸企业了，且其还在以10%左右的年销售增长率不断扩大。在早期的经营生涯中，山姆·沃尔顿发现，如果每件商品进货是80美分的话，标价1美元，卖出的货的数量是标价1.2美元的3倍。这时，虽然每件商品的利润可能会减少，但由于卖出的数量很多，因而整体利润要高很多。这个道理很简单，但蕴含着折扣销售的精髓：降低价格，刺激销售量，使现金的流转加快了，进而提高整体盈利水平。沃尔玛如何由阿肯色州本顿维尔的一家小杂货店成长为全球最大的零售商？毫无疑问，沃尔玛的"天天低价"策略，加快了其现金的流转速度，倍增了利润。

现金是流动性最强的资产，拥有足够的现金对企业降低财务风险、增强企业资金的流动性具有十分重要的意义。然而，现金除了可以获得少许存款利息外不能产生任何投资收益，企业现金结余过多，会降低企业的收益，同时又不能挪做他用，持有现金的机会成本不小。但现金太少，又可能会出现现金短缺，影响生产经营活动。现金管理的主要目的是尽快收回现金，在信用期内延迟支付现金，将现金余额动态地控制在一个最佳的现金持有量上——既能满足需要、降低风险，又可避免过多的闲置，提高现金的周转速度。

现金管理有两个主要的目标：必须持有足够的现金来支付各种必要的开支，将闲置的资金减少到最低程度。这就要求通过加快现金回收速度，同时改善现金支付方式来提高现金管理的效率。

第一节　现金付款管理

改善现金的支付方式有很多种，可以从公司内部结算关系、公司与银行的合作关系、公司与供应商的结算关系等方面入手。

一、改善公司内部结算关系

1.净额结算和重开发票中心

净额结算适用于处理跨国集团公司内部之间的大额交易。具体做法是，采取净额结算的子公司都在母公司开立资金结算账户，当母子公司或子公司间发生经济业务往来产生应收应付款项时，公司之间并不即时结清款项，而是在母公司集中记载账务明细，到规定结算的时间（如每月底），由母公司计算出每个子公司应收款项减应付款项后需结算的净额资金，再据以进行账务划转。净额结算给公司带来的好处显而易见，一是简化子公司财务处理上的手续，二是避免资金在不同国家间频繁流动时产生汇兑损益。当跨国公司设立净额结算系统时，一般会同时设立重开发票中心。重开发票中心通常设立在可以获得税收优惠的国家，当所在国消费者大额购买当地子公司的货物时，子公司不直接向消费者开具发票，而是向重开发票中心开票，由重开发票中心再向当地消费者开具发票；同样，当子公司在当地购买商品或劳务时，直接由供应商向重开发票中心开发票，再由重开发票中心按当地货币给子公司开票。这样，子公司用当地货币进行结算，没有外汇风险，而重开发票中心可以通过多笔业务集中起大量以当地货币表示的发票交易，集中进行风险管理，在和银行结汇时可获得汇率优惠，同时避免频繁结售汇增加财务负担。

2.零余额账户

零余额账户的开立同样基于财务集中的设想，大公司通常拥有许多分支机构、部门或子公司,这些分支机构会在不同的银行开立账户,并在各自的账户上保持着本公司的现金余额。为了避免分支机构直接付款对公司产生不利影响,于是建立了零现金余额账户——在营业终了或指定时间将指定账户的金额划转到集中账户,从而使该种类账户的余额为零,此类账户一般是企业的资金收入户。设立零余额账户对企业提高现金控制水平十分有效,当收入账户金额较小时,为了减少工作环节,企业也可以和往来银行约定在账户余额达到一定数额时再进行划转。目前中石化公司通过结算银行(中国工商银行和中国建设银行)的零余额结算账户,已在地市级以上分公司中实现了当日汽油销售款直接上划至总公司,大大提高了资金使用效率。

3.力争使现金流出与现金流入同步

企业在安排现金支出时,应当考虑到现金流入的时间,尽量使现金流出与现金流入同步,这样,可以减少交易性现金余额,并能减少有价证券转换为现金的次数,从而提高了现金的使用效率,节约了转换成本。

二、改善公司与银行的合作关系

1.企业应与结算银行保持较为稳定的合作关系

除非往来银行的经营策略发生变动而有损企业的利益,或者银行提供的服务已无法满足企业快速发展的需要,或者转移账户可以给企业带来明显的经济效益,如结算上的便利、收费上的优惠等,与银行长期稳定的关系有助于企业实现现金账户的科学筹划,商业银行还有可能为关系较好的往来客户提供理财方面的个性化服务或建议。

2.运用现金浮游量

现金浮游量是指企业账户上的现金余额与银行账户上所显示的企业存款余额之间的差额。出现现金浮游量是由于企业提高收款效率和延迟付款时间所产生的结果。如果企业本身办理收款的效率高于接受其支票的企业的收款效率,这样就会产生现金浮游量,使企业账户上的现金余额小于其银行账户上所显示的存款余额。有时,企业账簿上的现金余额已经是零或者负数,而其银行账簿上企业的存款余额还有许多。这样,企业就可以充分利用这部分现金浮游量,等于使用一笔无息贷款。一般来说,企业所能使用的现金浮游量多少主要取决于两个因素:其一,企业收到客户交来的票据后,加速收款的能力;其二,企业在开出票据后,延迟付款的能力。有效率的企业会尽可能加快票据的兑现,并在允许的情况下,尽可能延缓所开出的票据的兑现时间。

三、公司与供应商的结算关系

1.利用商业信用,控制付款时间

企业在交易活动中要尽可能利用商业信用,延迟支付货款的时间,这样可以最大限度地利用现金,提高现金使用效率,降低现金的成本。如企业在采购材料时,应当尽量争取最大的信用期限,并尽可能在折扣期限或者信用期限的最后一天支付货款。

2.延期付款

当企业面临短期资金周转困难时,延期付款是一种可行的选择,因为对销售方来说,延期付款总要比失去一个客户更能让人接受。企业应认真考虑延期支付所可能带来的后果,特别是供应商的财务状况和商业地位,因为延期付款是以供应商的现金流量恶化为代价的,如果延期付款导致供应商降低服务标准或停止提供服务,或供应商是企业战略供应链上不可缺少的重要一环时,则这样做显然就得不偿失。

3.尽量降低公司的现金支付额度

在与供应商的采购批量与价格、赊购与付现的博弈中,要在合作的前提下尽量压低价格并降低公司的现金支付额度,这会提高公司的竞争力。国美公司就在上演着“用小资金玩转大生意”。国美的策略是大量进货,争取占用上游厂商的资金,然后以较有竞争力的价格卖出去,最快速度收回货款,并用收回的货款向上游厂商还账,再接着进货。该策略的核心是凭着大批量的货单,争取到最优惠的价格及付款条件,再用低价策略争取快速收回货款。

第二节 现金收款管理

企业在生产经营过程中,要尽可能加速现金回收,以提高现金的使用效率,其核心环节是减少现金回收所占用的时间。一般来说,企业收到款项的时间主要包括票据邮寄时间、票据在企业的停留时间以及票据结算时间。为了加速现金的回收,就必须尽可能缩短收款的时间。因此,企业必须考虑如下三个问题:(1)如何减少客户付款的票据邮寄时间;(2)如何缩短票据停留在企业的时间;(3)如何加快现金存入企业银行账户的过程。通常,企业加快收款速度可采用以下方法:

1.加速收款

为了提高资金使用效率，企业应在不影响与客户关系和销售规模的前提下，加速应收款项的回收。加速收款要考虑如何缩短客户汇款在途时间，如何缩短收到支票和存入往来银行的时间，加速收款增加的营业费用等。

2.银行业务集中法

集中银行法是通过建立多个收款中心来加快账款回收速度的一种方法。企业指定一个主要开户行为集中银行，并在收款比较集中的若干地区设立若干个收款中心。企业的客户只需将款项交到距其最近的收款中心即可，不必交到企业总部，各个收款中心的银行再将扣除补偿性余额后的多余现金汇入企业总部的集中银行账户。采用集中银行法可以缩短收款时间，提高收款的效率。

采用集中银行法的主要优点是：(1)由各个收款中心向各地区客户寄发付款账单，客户付款直接邮寄到最近的收款中心，因此，可以大大缩短账单和货款的邮寄时间。(2)各个收款中心收到客户的支票，可以直接存入当地的银行，这样可以缩短支票兑现的时间。

这种收取现金的方法缩短了收款的时间，可以加速现金回收，提高现金的使用效率。但是，这种方法是有成本的，因为各个收款中心的地方银行都要求有一定的补偿性余额，而且收款中心需要一定的管理费用。

3.锁箱法

锁箱法也称邮政信箱法，是指企业在业务比较集中的地区租用专门的邮政信箱，并通知客户将款项直接寄到指定的邮政信箱，然后授权当地银行以后每天开启信箱，并及时进行票据结算的方法。这样，就可以大大缩短票据的邮寄时间，加快款项的回收速度。同时，也免除了企业办理收款及款项存入银行等手续，缩短了票据停留在企业的时间。但是，采用锁箱法的成本较高，租用邮政信箱需要支付租金和额外的服务费用；同时，银行还要扣除一定数量的补偿性余额，这样，就增加了企业的费用支出。

第三节　有价证券与短期投资管理

有价证券是指根据有关法律法规签发或发行的，可以在证券市场上流通转让的信用凭证或金融工具。由于有价证券的变现能力强，可以随时兑换成现金，在企业的现金管理中，将有价证券视为现金的一种转换形式。当现金多余时，就将多余部分兑换成有价证券；出现现金不足时，再将有价证券兑换成现金。因此本节所介绍的有价证券是指作为现金替代品的短期有价证券，不包括企业进行长期证券投资的有价证券。

一、持有有价证券的原因

一般来说，有价证券的收益率会高于现金的存款利率，获取收益是持有有价证券的动因。

(一)作为现金的替代品

企业通常都会持有一定数量的有价证券，这样，既可以避免持有过量现金而造成现金闲置，又可以适当地增加企业的收益。现金是一种非盈利性的资产，企业持有一定数量的现金主要是出于支付动机、预防动机和投机动机。企业在生产经营中，为了提高现金的使用效率，当有多余现金时，就将多余部分兑换成有价证券；当发生现金短缺时，需要及时将有价证券兑现以补充现金。因此，有价证券可视为现金的替代品，它具有预防性功能。

(二)作为短期投资

由于企业现金流量的波动性，有时企业会持有数量较多的有价证券，一般会超过其资产价值的2%。这时，持有有价证券不仅仅是将其作为现金的替代品，而是作为调节现金流量的“蓄水池”，应当将其看作是一种短期的投资。

1.季节性经营的需要

从事季节性经营的企业，一年内各个月份的现金收支波动很大，某些月份可能会出现大量的现金剩余，此时，企业可以购买一定数量的有价证券作为短期投资，在有些月份发生现金短缺时，再将有价证券出售转换为现金，以满足企业生产经营的需要。

2.企业未来的融资需求

如果企业预计在未来将会发生一笔现金支出，如兴建厂房或者偿还到期债务等，则企业现在就应当逐步地积累现金，以备将来之需，将目前闲置的现金投资于价证券，既可以获利一定的投资收益，也可能满足未来的融资需要。

3.配合长期资金的筹集

由于企业成长或扩张的需要，企业往往需要大额资金的投入。通常，为了积攒投资所需，将暂时不用的资金投资于短期有价证券，以获取一定的收益；而当企业进行投资需要资金时，则可卖出有价证券，以获得现金。

二、影响短期证券投资的因素

在进行短期证券投资时，一般需要考虑以下因素：

（一）违约风险

证券发行人的财务能力变化给证券持有人带来的预期收益的不确定性，称为违约风险。政府发行的证券违约风险很小，可看作是无违约风险的证券。企业发行证券的违约风险大小，应根据企业的规模、财务状况、发展前景、市场利率等作出判断。

（二）利率风险

由于市场利率的变动而引起的某种金融工具预期收益的不确定性，称为利率风险。证券的价格将随利率的变动而变动。一般而言，银行利率下降，则证券价格上升；银行利率上升，则证券价格下跌。不同期限的证券，利率风险不一样，期限越长，风险越大。

（三）购买力风险

由于通货膨胀而使证券到期或出售时所获现金的购买力减少的风险，称为购买力风险。普通股股票被认为比公司债券和其他有固定收入的证券能更好地避免购买力风险。

（四）流动性风险

投资者想出售证券获取现金而证券不能立即售出的风险，称为流动性风险。若一种资产能在较短期内按市价大量出售，它就是流动性较强的资产，这种资产的流动性风险较小；反之，被认为流动性风险较大。在选择有价证券时，必须考虑证券的期限和证券以市价或接近市价出售的可能性。例如，购买不知名公司的债券，想立即出售比较困难，因而流动性风险较大；但若购买国库券，几乎可以立即出售，则流动性风险较小。

（五）证券的投资报酬

证券的风险越高，要求的报酬也就越高。在进行有价证券投资时，必须在风险和报酬之间进行权衡。一般而言，进行短期有价证券投资主要考虑的是安全性和流动性，所以，财务人员一般都愿意牺牲较高的报酬而选用较安全的证券。因此，由政府或最强大的公司所发行的证券应该作为短期投资的首选。

第四节　最佳现金持有量的确定

动态的现金流量是越大越好——这意味着现金能被不断地转化为各种不同形式的资产，从而能赚取更多的利润并转换成更大的资产，扩大企业规模；静态的现金余额则是越小越好——由于现金本身不能增值，虽然它的流动性最强，支付能力最强，但持有量过多在管理上意味着营利能力低下。最佳的现金持有量应该是现金利用效率最佳的量。

在财务管理中，确定最佳现金持有量的方法很多，下面主要介绍因素分析模式、现金周转期模式、成本分析模式和存货模式等几种最常用的方法。

一、因素分析模式

因素分析模式就是根据上年现金实际占用额以及本年有关因素的变动情况，并对上年不合理的现金占用进行调整，来确定最佳现金持有量的方法。其计算公式如下：

最佳现金余额＝(上年现金平均占用额－不合理占用额)×(1＋预计销售收入变动的％)

【例 13-1】某企业 2006 年度现金实际平均占用额为 1 000 万元，经分析，其中不合理的现金占用额为 20 万元。2007 年预计销售收入可比上年增长 15％。要求采用因素分析模式确定该企业 2007 年的最佳现金持有量。

该企业 2007 年的最佳现金持有量为：

(1 000－20)×(1＋15％)＝1 127(万元)

这种方法考虑了影响现金持有量的基本因素，计算比较简单，在实际工作中具有较强的实用性。但这种模式是建立在现金持有量与产销业务量同比例增长的条件下的，在选择此模式时要多加注意。

二、现金周转期模式

现金周转期模式就是根据现金的周转速度来确定最佳现金持有量的方法。现金周转期是指现金投入从生产经营开始，到最终又转化为现金所需要的时间。在企业的全年现金需求总量一定的情况下，如果现金周转期越短，则企业的现金持有量就越小。其计算公式如下：

现金周转期＝应收账款周转期－应付账款周转期＋存货周转期

最佳现金持有量＝(年现金需求总额÷360)×现金周转期

公式中，应收账款周转期是指从应收账款发生开始，到转换为现金所需要的时间；应付账款周转期是指从收到尚未付款的材料开始，到偿还货款支付现金所需要的时间；存货周转期是指从生产投入材料开始，到产品出售为止所需要的时间。

【例 13-2】某企业的材料采购和产品销售都采用赊销方式，其应收账款的周转期为 30 天，应付账款的周转期为 40 天，存货的周转期为 50 天。预计该企业 2007 年的现金需求总量为 1 080 万元。要求采用现金周转期模式确定该企业 2007 年的最佳现金持有量。

现金周转期＝30－40＋50＝40(天)

最佳现金持有量＝1 080÷360×40＝120(万元)

该模式方法简单明了，但要求企业的生产经营活动应该保持相对的稳定，企业的生产和销售都比较平稳，并且要保持长期稳定的信用政策，否则计算的结果具有不确定性。

三、成本分析模式

成本分析模式是通过分析持有现金的成本来确定最佳现金持有量的方法。企业持有现金的成本有管理成本、短缺成本和机会成本。

现金的管理成本是指企业因持有现金而发生的管理人员的工资、安全措施费等。它是一种固定成本，与现金持有量的大小关系不大。现金的短缺成本是指因缺乏必要的现金来支付业务开支而给企业带来的损失，它与现金持有量成反比。现金的机会成本是指因持有现金而丧失的再投资收益，它与现金持有量成正比。我们所要求的最佳现金持有量是使上述三项成本之和最小的现金持有量。它们之间的关系如图 13-1 所示。

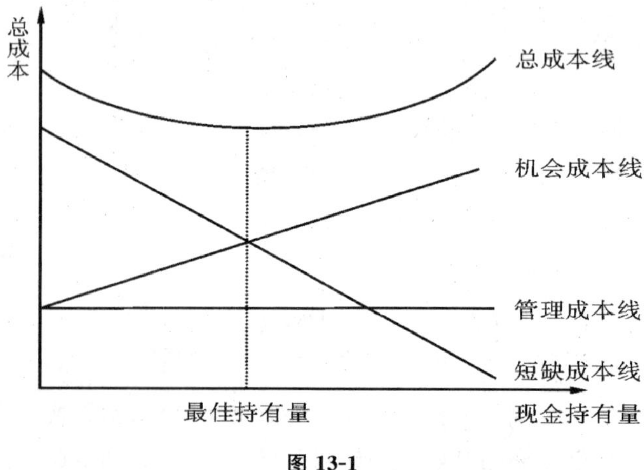

图 13-1

最佳现金持有量的计算过程是分别计算出各备选方案的总成本之和，再从中选出总成本之和最低的现金持有量——最佳持有量。

【例 13-3】某企业有甲、乙、丙、丁四种现金持有方案，各方案的成本资料如表 13-1 所示。

表 13-1

单位：元

项目	甲	乙	丙	丁
现金持有量	30 000	50 000	80 000	110 000
管理成本	20 000	20 000	20 000	20 000
短缺成本	10 000	7 000	2 000	0
机会成本	3 000	5 000	8 000	11 000

注：机会成本率为 10%。

各方案的总成本计算结果如表 13-2 所示。

表 13-2

单位：元

项目	甲	乙	丙	丁
总成本	33 000	32 000	30 000	31 000
管理成本	20 000	20 000	20 000	20 000
短缺成本	10 000	7 000	2 000	0
机会成本	3 000	5 000	8 000	11 000

从表 13-2 可见：当企业现金持有量为 80 000 元时的总成本之和最低为 30 000元，故丙方案的 80 000 元为该企业的最佳现金持有量。

四、存货模式

确定最佳现金持有量的存货模式也称鲍莫模式，它是 1952 年由美国经济学家威廉·鲍莫(William Baumol)首先提出的。根据这种模式，企业的现金持有量非常类似于存货，因此可以借用存货的经济订货批量模型来确定企业的最佳现金持有量。

存货模式的三个基本前提：(1)企业的现金流入量是稳定并可预测的。也就是企业在一定时期内，其现金收入是均匀发生的，并能够可靠地预测其数量。(2)企业的现金流出量是稳定并可预测的。即现金支出也是均匀发生的，并能可靠预测其数量。(3)在预测期内，企业不发生现金短缺，并可以通过出售有价证券来补充现金。

现金的持有成本与现金的持有量成正比，持有量越大，现金的持有成本就越高。而现金的转换成本则与现金和有价证券的转换次数密切相关。在全年现金需求总量一定的情况下，现金的持有量越大，现金与有价证券转换次数就越少。所以，现金的转换成本与转换次数成正比，与现金持有量成反比。这样，现金的持有成本与转换成本就呈反方向变化。当持有成本和转换成本之和最低时的现金持有量就是我们要求的最佳现金持有量。如图 13-2 所示。假设 C 为现金的总成本，b 为现金与有价证券的转换成本，T 为一定时期的现金需求总量，N 为最佳现金持有量，i 为有价证券的利息率。则持有现金的总成本可用如下公式来表示：

总成本＝机会成本＋交易成本

即：$C=\frac{N}{2}i+\frac{T}{N}b$

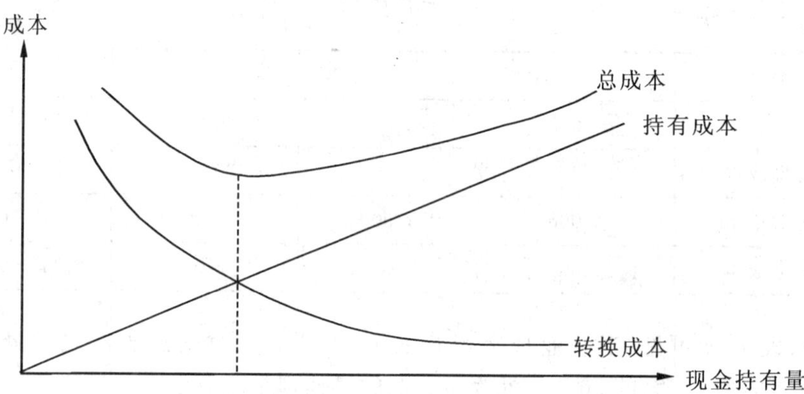

图 13-2　存货模式的最佳现金持有量

最佳现金持有量为：

$$N=\sqrt{\frac{2Tb}{i}}$$

【例 13-4】某企业的现金流量稳定，预计全年的现金需求总量为 250 000 元，现金与有价证券的转换成本为每次 500 元，有价证券的利息率为 10%。要求采用存货模式确定该企业的最佳现金持有量。

根据存货模式的公式，该企业的最佳现金持有量 N 计算如下：

$$N=\sqrt{\frac{2\times 250\ 000\times 500}{10\%}}=50\ 000(\text{元})$$

所以，该企业最佳现金持有量为50 000元。

第五节　电子结算下的现金管理

随着金融电子化进程不断加快，多数商业银行推出了各自的电子银行系统，面对公司客户的企业银行系统也已进人实际应用阶段，使银行电子结算的运用范围越来越宽。银行对企业提供的服务，主要包括金融交易服务和信息增值服务，如资金管理(资金回收、资金控管、资金调拨)、财务管理(股票承保、债券发行、信用分析)、商务管理(信用证、押汇、托收)等。目前这些电子银行系统主要面对大中客户，因为大型企业每天都有大量的资金收付业务，如果这些业务分散到分公司或业务部门，必将增加收付风险和收付费用，而电子银行系统的建立也需要一定的资金投入，所以对资金的规模和流动性都较大的企业，其效益性才能显示出来。企业银行系统使企业财务人员在自己的办公室进行资金支付成为可能，不仅可以节约人力物力，更主要的是降低了资金清算风险。

目前大部分商业银行都推出了“网上企业银行”，它通过因特网或其他公用信息网，将客户的电脑终端连接至银行主机，实现将银行服务直接送到客户办公室、家中或出差地点的银行对公服务系统，使客户足不出户就可以享受到招商银行的服务。客户只需进入该银行网站即可查询账务信息，包括母/总公司对旗下子公司或分公司的账务、企业资金内部转账、业务付款、支付工资等网上银行业务，并可中请办理国内信用证。企业还可以进行金融信息查询，如证券行情、利率、汇率、国际金融等金融信息。

电子商务的发展深刻地促进了财务管理方式的变革，使实施“适时的现金流量管理”成为可能。它可以准确预测现金流动的数量与时间，高速低成本地收付和调度现金，适时的详尽的信息服务功能可以适时优化现金预算与支付控制，实行零现金余额管理——将现金余额控制在预期的水平上。现金流动的适时性是提高现金管理效率的根本所在。适时现金流量管理——正确数量的现金在正确的时间流动到正确的地点，它的意义在于现金流动的数量、时间、方向和地点等要素，不仅是确定的，而且是符合预期需要的，真正做到高度的协调一致。

现金管理的最佳境界就是在保证现金随到随用的前提下使现金的利用效率最高。保持低的现金余额是需要银行的支持的，公司要尽最大努力提高自己的信用等级，并与银行保持很好的信贷关系，这一点非常重要。

本章小结

现金管理的最佳境界是保证现金流量的优质高效运转。在现金付款管理中要注重改善公司内部结算关系，改善公司与银行的合作关系，改善公司与供应商的结算关系。在现金收款管理中，要尽可能加速现金回收，以提高现金的使用效率，其核心环节是减少现金回收所占用的时间。在有价证券与短期投资管理中，有价证券作为现金的一种转换形式，当有多余现金时，就将多余部分兑换成有价证券；出现现金不足时，再将有价证券兑换成现金。最佳的现金持有量应该是现金利用效率最佳的量。在财务管理中，确定最佳现金持有量的方法很多，我们主要介绍因素分析模式、现金周转期模式、成本分析模式和存货模式等几种最常用的方法。电子结算下的现金管理，追求"适时的现金流量管理"。

复习思考题

1. 现金付款的管理方法有哪些？
2. 现金收款的管理方法有哪些？
3. 持有有价证券的原因及影响因素有哪些？
4. 如何确定最佳现金持有量？
5. 如何进行电子结算下适时的现金流量管理？

本章习题

1. ABC公司20×3年的现金实际平均占用额为900万元，经分析，其中不合理的现金占用额为25万元。20×4年预计销售收入比上年增长20%。

要求：采用因素分析模式确定该公司20×4年的最佳现金持有量。

2. A公司的材料采购和产品销售都采用赊销方式，本年销售收入4 800万元，销售成本2 200万元；应收账款年初余额为200万元，年末余额为400万元；存货年初余额为320万元，年末余额为120万元，应付账款的周转期为28天。预计该公司20×4年的现金需求总量为3 075万元。

要求：采用现金周转模式确定该公司20×4年的最佳现金持有量。

3. ABC公司根据预测，全年的现金需求总量为900 000元，目前有价证券的年利率为12%，现金与有价证券的转换成本为每次60元。

要求：利用存货模式确定最佳现金持有量。

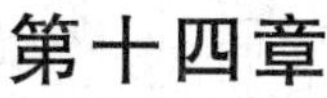

第十四章　存货资金管理

学习目的

通过本章学习，你可以：

1. 了解存货的分类方法与管理要求；
2. 理解存货成本的具体构成；
3. 掌握存货风险的控制方法；
4. 掌握存货的经济采购批量的确定方法；
5. 掌握存货的再订货点与安全储备量的确定方法；
6. 理解存货的JIT管理方法在库存控制中的应用；
7. 学会如何进行存货资金的规划。

小案例导引

如今，沃尔玛在美国拥有连锁店约3 500家，在其他国家拥有1 100家，全球雇员1 200多万，是一个实实在在的企业帝国。但不管你走进哪里的沃尔玛，"天天低价"仍然是最为醒目的标志。为了实现低价，沃尔玛想尽了招数，其中重要的一招就是大力节约开支，绕开中间商，直接从工厂进货。统一订购的商品送到配送中心后，配送中心根据每个分店的需求对商品就地筛选、重新打包。这种类似网络零售商"零库存"的做法，使沃尔玛每年都可节省数百万美元的仓储费用。

存货在资产负债表上是以流动资产列示的，但从管理的角度看，存货就是一种成本。虽然缺货可能流失订单、客户，但过多的存货也是要承担代价的。因而存货的管理也要在成本与效益之间作出抉择。

第一节　存货政策与存货管理技术

一、存货的种类

存货是指企业为了销售或者耗用而储备的商品物资，它是企业流动资产的重要组成部分，在流动资产中所占的比重较大。企业的存货数量和种类很多，对存货进行科学的分类，有利于存货的管理。

1.按照存货的经济用途不同，存货可以分为原材料库存、半成品库存、产成品库存和其他库存。

(1)原材料库存主要是指向其他公司购买的由本公司生产经营的所有基本材料，包括各种材料、燃料、包装物、低值易耗品等。

(2)半成品库存主要是指处于生产加工过程中有待于进一步加工的各种在产品、半成品等。

(3)产成品库存主要是指已经加工完毕等待出售的各种产成品等。

2.按照存货的来源不同，存货可以分为外购存货和自制存货两种。外购存货是指企业从外部购买的存货，如工业企业的外购原材料、外购低值易耗品等，商业企业的外购商品等。自制存货是指由企业自己生产制造出的存货，如工业企业的产成品、自制材料等。

3.按照存货的存放地点不同，存货可以分为库存存货、在途存货、委托加工存货和委托代销存货等。库存存货是指已经运到企业并已验收入库的存货。在途存货是指正在运输途中的存货，包括运入在途存货和运出在途存货。委托加工存货是指企业委托外单位加工但尚未加工完工的各种存货，如委托加工材料等。委托代销存货是指企业委托外单位代销，但尚未办理代销货款结算的存货。

二、存货管理的要求

存货管理的主要目标是在各种存货的成本与效益之间作出权衡，达到二者的最佳结合。为了实现上述存货管理的目标，对存货管理提出以下几点要求：

1.保证生产正常进行。必要的原材料、在产品、半成品是企业正常生产的前提和保障。一旦原材料短缺，造成企业停产，就有可能给企业造成重大的经济损失。为了使生产活动能够顺利进行，防止停工待料情况的发生，企业必须要储备一定数量的原材料。

2. 满足市场销售的需要。必要的产成品和库存商品的储备，有利于满足销售的需求。必要的存货储备可以增强企业销售的机动性，更能适应市场的变化。特别是销售季节性很强的商品，更应当储备足够的货源，尽量避免因存货不足而影响企业的销售，坐失良机。

3. 满足降低成本的要求。存货的成本直接影响到企业的收益，企业存货的成本过高，必然降低企业的利润，影响企业的经济效益。所以，存货管理的一个重要目标就是要在保证质量的前提下，尽可能降低存货成本。存货成本的发生涉及采购、储存、生产等多个经营环节，因此，要降低存货成本，必须要加强各个经营环节的管理，提高企业的整体管理水平。

4. 满足安全储备的要求。在市场经济中，存在许多不确定性因素，如市场上原材料供应紧张、通货膨胀等，这些不确定性因素，增加了企业生产经营的风险。为了防止意外事件的发生而影响企业的生产经营活动，应当在存货储备上留有余地，储存一定数量的安全储备，以备不时之需。

三、存货的成本

存货成本主要包括以下几方面：

（一）采购成本

采购成本主要包括买价、运杂费等，它是存货成本的主要组成部分。采购成本一般与采购数量成正比变化，它等于采购数量与单位采购成本的乘积。采购成本是存货成本管理的第一关键点，受存货的市场价格影响较大。在价格上的节省才是真正意义上的节省——赢在价格，是商家追求的第一个目标。在采购存货时，应当尽可能以较低的市价采购到符合要求的存货，以降低存货的成本。

（二）订货成本

订货成本是指企业为取得订单而发生的各种费用支出，如差旅费、邮资、通讯费、办公费等。订货成本分为变动性订货成本和固定性订货成本。变动性订货成本与订货次数成正比，而与每次订货数量关系不大，订货次数越多，变动性订货成本越高，如采购人员的差旅费、通讯费等；固定性订货成本与订货次数无关，如专设采购机构的经费支出等。

（三）储存成本

储存成本是指企业为储存存货而发生的各种费用支出，如仓储费、保管费、搬运费、保险费、存货占用资金支付的利息费、存货残损和变质损失等。存货的储存成本也分为变动性储存成本和固定性储存成本。变动性储存成本与储存存货的数量成正比，储存的存货数量越多，变动性储存成本就越高，如存货占用资金的利息费、存货的保险费、存货残损和变质损失等；固定性储存成本与存货的储存数量无关，如仓库折旧费、仓库保管人员的固定月工资等。

（四）短缺成本

短缺成本是指由于存货储备不足而给企业造成的损失，包括由于原材料储备不足造成的停工损失、由于商品储备不足造成销售中断的损失和丧失销售机会损失等。存货的短缺成本与存货的储备数量呈反向变化，储存存货的数量越多，发生缺货的可能性就越小，短缺成本当然就越小。

四、存货的风险控制

（一）存货风险来源与表现形式

存货风险是指企业拥有存货时因价格变动、产品过时、自然损耗等原因而令存货价值减少的可能性。存货风险主要来源于企业生产和销售部门对存货产量水平和市场需求预测的不精确性，因为企业生产什么、生产多少、何时生产是一个很难界定的问题。由于库存的存在，自然损耗也是存货风险的来源之一。

存货风险表现形式有价格变动风险、产品过时风险、自然损耗风险。

价格变动风险包括生产价格和销售价格上的风险。企业在产品设计环节就需对原材料、人工、机器损耗作出估计，以便计算生产该类产品是否有利可图。而原材料的价格估计难度较大，一旦企业对原材料的价格估计出现偏差，就可能影响到产品成本。销售价格的确定建立在对市场信息充分了解的基础之上，而把握市场信息的难度是很大的。

企业生产的产品应该具有一定的长期性，即在一定时期内不会过时。当企业所生产商品的规格、款式、适用性落后于现实的普遍需要时，企业不可避免地面临产品销不出去的危险。

自然损耗风险源自存货本身的特性和自然环境，如温度、湿度、光照等外部因素也会对存货外观、性能产生不利影响。

（二）存货风险的评估

存货需求的不确定性关系到存货生产周期内销售比率的波动，存货完成周期的不确定性与存货补给周期的种种变化有关。这两种类型的不确定性会直接影响到存货的安全性。

因为已占用在存货上的资金是无法用于再投资的，所以持有存货是有风险的。存货成本风险产生的主要原因在于投入在存货上的资金是一种历史成本，一旦决定投入便无法随时抽出。评估存货的成本风险，主要看销售存货回收的资金和其投入成本相比是否能实现正常的销售利润，一般可以通过销售利润率和本企业该产品平均的或最佳的历史销售利润率对比进行评估，也可以和同行业类似产品的销售利润率进行对比评价，以获取存货关于成本方面安全程度的有效信息。当企业的销售利润率长期低于历史水平或同行业水平，就应该对存货管理政策作出调整。

存货的流动性管理是存货管理的主要内容之一，它关系到存货能否在必要的时候迅速转换为企业所需的货币资金，即产品是否能够迅速实现销售。存货流动性强弱取决于两个因素：一是企业的产品是否有广阔的市场容量，二是企业的营销手段是否有效。企业产品的流动性强弱，可以通过存货周转率或存货周转天数来衡量。一般而言，存货周转率越高越好，说明企业存货库存适度，存货占用水平低。存货转换为现金或应收账款的速度越快，企业具有越强的流动性。

（三）存货风险的管理策略

1.存货水平预测

存货水平预测实际上是对销售量和存货生产完成周期的预测，这两个环节是相互依存的。销售量预测是存货预测的初始阶段，主要由企业营销部门完成。完成销售量预测后，还要对存货完成周期内的需求量进行预计，即为满足销售需要，在正常供应情况下应该保持的存货水平。存货水平预测是很困难的工作，即使经过了良好的预测，预计周期内的实际需求仍然可能超过或达不到预期的需求。产品完成周期的不确定因素意味着存货政策无法承担始终如一的递送服务，但计划者应该预料到，存货完成周期的长度将会在平均值附近有较高的频率分布。

存货水平预测中，较困难的是原材料采购量和采购批次预测。一般来说，原材料构成存货价值的主要部分，也是企业最难以控制的成本环节，因为其他的成本，如人员工资、机器损耗可以通过厉行节约降低消耗，而原材料的价格一旦决定购买时就成了历史成本。原材料的购买价格随订购的数量、时间、付款方式不同而不同。原材料购进后产生仓储、保管费用，保管时间过长，还会产生材料损耗。企业最佳采购量的计算将在下一节阐述。

确定经济批量之后，可以确定采购次数，制定采购计划。通过确定合理的进货批量和进货时间，在存货成本与存货效益之间作出权衡，达到两者之间的最佳结合，是企业进行存货管理的最终目标。

2.存货管理的基本方法

存货管理的基本方法有：

(1)JIT适时生产制度(Just-In-Time Production System)，以下简称JIT。JIT产生于20世纪70年代的日本，最先推行这一制度的是丰田汽车公司，随后在欧美等国家得到广泛应用。JIT是一种严格以需求带动生产的制度，要求企业以顾客订单为起点，由后向前组织生产。这种制度需要企业生产经营、管理环节紧密协调配合，而无须建立原材料、在产品和产成品库存仓库，实现"零存货"(Zero Inventory)。JIT和传统生产制度的区别在于，传统的生产制度生产工序由前向后推进，而适时生产制度是一种由后向前拉动式的生产制度。实施JIT的根本目的是尽量减少产成品、在产品及原材料等各类存货，提高生产及经营效率。实行JIT制度对企业的基本要求有：全员参与，激发全体员工的积极性和创造性；全面质量管理，适时生产对产品质量提出了很高要求，甚至要求达到零缺陷；均衡化生产，避免生产力的闲置和减少无形损耗。详细内容将在第五节阐述。

(2)ABC分析法。ABC分析法又称巴雷托分析法，它是根据事物在技术或经济方面的主要特征，进行分类排队，分清重点和一般，从而有区别地确定管理方式的一种分析方法。由于其应用广泛，ABC分析法成为企业提高效益普遍应用的管理方法。

存货的ABC分类管理就是按照一定的标准，将企业的存货划分为A、B、C三类，最重要的存货为A类，一般存货为B类，不重要的存货为C类。通常分类的标准主要有两个：一是金额标准，二是品种数量标准。其中金额标准是最基本的，品种数量标准仅作为参考。所以，A类存货一般是种类少、资金占用较多的存货；C类存货通常是种类繁多、资金占用不多的存货；B类存货是介于A类和C类之间的存货。对于A类存货要进行重点规划和控制，对于B类存货作为次重点管理，对于C类存货只进行一般管理。

(3)价值链管理。价值链管理的概念源于这样一种理念，即企业应该从总成本的角度考察其经营效果，而不是片面地追求诸如采购、生产、销售等功能的优化。价值链管理的目的是通过对价值链上各个环节加以协调，实现企业最优绩效，从而增强整个公司业务的表现。高效的价值链设计、价值链成员之间的信息共享、库存的可见性和生产的良好协调，会使库存水平降低，物流作业更为有效，并能改善订单及其他一些关键的业务功能。

价值链管理是一种基于协作的策略。在价值链管理模式下，与供应商的关系是建立在战略性的设计基础上，双方的焦点在于一切为用户着想，开发一体化的新产品，不断改进供应关系，共同实现双方的战略目标。

模块化是价值链管理的特征之一，模块化管理是一种有效的组织复杂产品和过程的战略，模块系统由单元(或模块)组成，这些单元独立设计，但作为一个整体运转。适合模块化的行业有计算机软硬件、汽车制造等，这些行业的领导者如通用汽车(GM)、微软(Microsoft)、英特尔(Intel)公司，已经能够将大部分生产制造业务外包，而将主要精力专注于核心工艺的设计。通过模块化管理，控制可见的规则和标准，这些企业取得了巨大的成功。

(4)物流与资金流管理。物流管理包括为支持商务战略而对原材料、在产品和库存成品的流通加以控制的系统设计和行政管理，涉及企业管理的各个方面，因此，企业应具有较强的经济实力。设计物流管理服务主要应考虑以下因素：订货可得性，即在客户需要时企业及时提供产品的可能性；订货周期时间，即客户提出产品需求到需求得到满足之间的时间间隔；定时配送和配送定额，主要解决配送频率和配送成本的问题；配送可靠性，在我国物流配送属于刚刚起步阶段，让客户克服心理障碍，增加对物流配送的信任程度也是企业面临的难题。科学、高效的物流配送，将大大提高存货流动速度，企业的生产、销售、回收循环周期也相应缩短，这无疑将提高企业资金的流动性。

五、存货的内部控制制度

存货控制最根本的任务是要设计能够确定各阶段存货需求、发放量及其预测方法、各阶段标准库存量和安全库存、需要和供给、发放和补充的方式，以及能够明确检查预测量和实际差异的库存管理系统。设计内部控制时要考虑销售、生产、运输和费用等因素。有效的存货内部控制系统有如下几个方面的作用：保持最小存量，安全和科学保管，适时适量供应，维持有效操作，预防发生废料，维持完备的存货记录。具体来说应该做到：

1. 建立健全存货管理制度，并严格贯彻执行。

2. 严格按生产计划进行生产，减少盲目生产造成的存货积压，生产计划的制定应经过销售部门、生产部门和会计部门的核准。

3. 定期对存货进行检查，对金额大的存货要实地盘点，以便及时发现存货的毁损、短缺情况，对检查结果要详细记录，分清责任。

4. 负责存货检查、盘存的人员与负责存货日常管理(如采购、仓储、运输)等人员职务分离。

5. 科学设计存货存放地点和设施，便于存储、运输，避免因外在恶劣条件导致保管不善，影响存货的使用和销售。

6. 存货保管人员应在审查领料单、销售发票、发货单和提货单等必要单据后才予以发货；以上单据应预先按顺序编号，妥善管理。

7. 除了金额不大的次要存货，对所有存货要实行永续盘存制，永续盘存记录应由非存货保管人员保管，永续盘存记录与实地存有记录有差异的，要及时进行差异原因分析和处理。

第二节　经济定购量模型与扩展[①]

订货数量在某种程度上制约着存货的规模与水平。存货经济订购批量管理是存货采购管理的一个重要方法,旨在决定使库存总成本最小的订货量。

我们已经知道存货成本主要由采购成本、订货成本、储存成本和短缺成本构成。其中,采购成本与存货的订购批量无关,在不允许缺货的情况下,不存在短缺成本,所以,与存货采购次数和每次采购的订购批量相关的成本只有订货成本和储存成本两种。它们之间是此消彼长的关系。假设企业在一定时期内需求的存货总量是固定的,则存货的订购批量越大,一方面存货的储存量就越大,储存成本会越高;另一方面由于订货次数减少,则会使订货成本降低;反之,减少存货的订购批量,会使储存成本随之减少,但由于订货次数增加,订货成本会上升。由此可见,存货的订货成本与储存成本与存货的采购批量密切相关,并且呈反方向变动。这样,就可以找到一个使订货成本与储存成本之和最低的采购批量,这就是经济订购批量。存货的经济订购批量如图 14-1 所示。

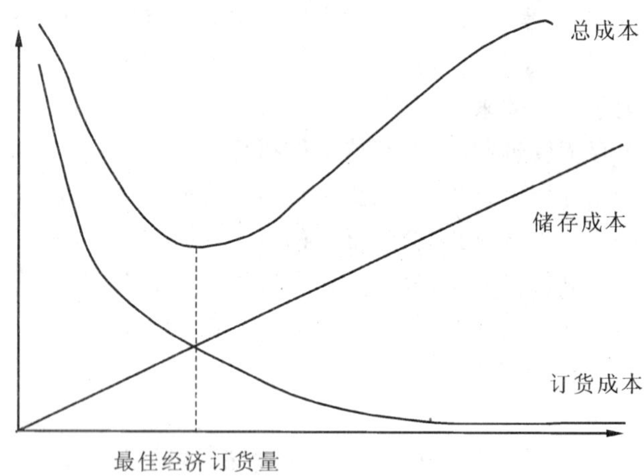

图 14-1　最佳订货量与各种成本关系图

① 本节的内容参考傅元略主编:《财务管理》,厦门大学出版社 2003 年版,第 426～432 页。

一、经济订购批量的基本数学模型

假设存在以下基本前提:(1)企业一定时期内存货的总需求量可以准确地预测;(2)企业能够及时补充存货,即需要订货时便可立即取得存货;(3)能集中到货,而不是陆续入库;(4)存货的耗用是均衡的;(5)不允许缺货,即无缺货成本,这是因为良好的存货管理就不应该出现缺货成本;(6)存货的价格稳定,并且不存在数量折扣;(7)仓储条件和所需资金不受限制,不会出现存货没地方存放或者没有现金购买存货;(8)所需存货市场供应充足,不会因买不到需要的存货而影响其他。

在符合以上基本前提下,可以计算存货的总成本、经济订购批量和经济订购批次。

假设有关符号含义为:D代表全年存货总需求量;Q代表每批订购批量;K代表每次订货的订货成本;K_c代表单位存货年储存成本;TC代表全年存货的订货成本与存储成本之和,即存货相关总成本。

储备存货的有关成本可以用以下的数学公式表示。

(一)取得成本

取得成本通常用TC_a表示,计算公式为:

取得成本=订货成本+采购成本=订货固定成本+订货变动成本+采购成本

$$TC_a=F_1+\frac{D}{Q}K+DU$$

1.订货成本

订货成本是指取得订单的成本。其中有一部分与订货次数无关,称为订货的固定成本,用F_1表示;另一部分与订货次数有关,称为订货的变动成本,每次订货的变动成本用K表示;订货次数等于存货年需要量D与每次进货量Q之商。

$$订货成本=\frac{D}{Q}K+F_1$$

2.采购成本

采购成本是指存货本身的价值。年需要量用D表示,单价用U表示,于是采购成本为DU。

(二)储存成本

储存成本是指为保持存货而发生的成本,通常用TC_c表示。储存成本也分为固定成本和变动成本。固定成本与存货量的多少无关,常用F_2表示;变动成本与存货的数量有关，单位成本用 K_c 表示。

$$储存成本=储存固定成本+储存变动成本$$

$$TC_c=F_2+K_c\frac{Q}{2}$$

（三）缺货成本

缺货成本是指由于存货供应中断而造成的损失，通常用 TC_s 表示。

结合这三种成本，我们就可以得到总成本：

$$TC=TC_a+TC_c+TC_s=F_1+\frac{D}{Q}K+DU+F_2+K_c\frac{Q}{2}+TC_s$$

企业存货的最优化，即是使上式 TC 值最小。

经济订货量基本模型需要设立的假设条件是：

设立了上述假设后，存货总成本的公式可以简化为：

$$TC=F_1+\frac{D}{Q}K+DU+F_2+K_c\frac{Q}{2}$$

当 F_1、K、D、U、F_2、K_c 为常数量时，TC 的大小取决于 Q。

由总成本的性质，我们知道 TC 必存在最小值。

因此，当 $\frac{\mathrm{d}TC}{\mathrm{d}Q}=-\frac{D}{Q^2}K+\frac{K_c}{2}=0$ 时，TC 存在最小值。

所以，即有 $Q^*=\sqrt{\frac{2KD}{K_c}}$。

通过公式的演变，我们还可以得到以下几个有用的公式：

$$每年最佳订货次数\ N^*=\frac{D}{Q^*}=\sqrt{\frac{DK_c}{2K}}$$

$$存货总成本\ TC(Q^*)=\sqrt{2KDK_c}$$

$$最佳订货周期\ t^*=\frac{1}{N^*}=\frac{1}{\sqrt{\frac{DK_c}{2K}}}=\sqrt{\frac{2K}{DK_c}}$$

$$经济订货量占用资金\ I^*=\frac{Q^*}{2}\cdot U=\frac{\sqrt{\frac{2KD}{K_C}}}{2}\cdot U=\sqrt{\frac{KD}{2K_c}}\cdot U$$

【例 14-1】某企业全年销售某种存货 10 000 件，每件单价 4 元，每件储存成本为商品进货价格的 25%，每次订货成本为 50 元，则：

$$Q^*=\sqrt{\frac{2KD}{K_c}}=\sqrt{\frac{2\cdot 10\ 000\cdot 50}{4\times 25\%}}=1\ 000(件)$$

$$N^{*}=\frac{D}{Q^{*}}=\frac{10\ 000}{1\ 000}=10(\text{次})$$

$$TC(Q^{*})=\sqrt{2KDK_c}=\sqrt{2\cdot 10\ 000\cdot 50\cdot 4\cdot 25\%}=1\ 000(\text{元})$$

$$I^{*}=\frac{Q^{*}}{2}\cdot U=\frac{1\ 000}{2}\cdot 4=2\ 000(\text{元})$$

另外，经济订货量也可以用图解法求得。其方法为：先计算出一系列不同批量的各有关成本；然后在坐标图上描出由各有关成本构成的订货成本线、储存成本线和总成本线，总成本线的最低点（或者是订货成本线和储存成本线的交接点）相应的批量，即经济订货量。

不同批量下有关成本指标如表 14-1 所示。

表 14-1　不同批量下的各种成本指标

订货批量（件）	200	400	600	800	1 000	1 200	1 400	1 600	1 800	2 000
平均存量（件）	100	200	300	400	500	600	700	800	900	1 000
储存成本（元）	100	200	300	400	500	600	700	800	900	1 000
订货次数（次）	50	25	17	13	10	8	7	6	6	5
订货成本（元）	2 500	1 250	833	625	500	417	357	313	278	250
总成本（元）	2 600	1 450	1 133	1 025	1 000	1 017	1 057	1 113	1 178	1 250

不同批量的有关成本变动情况可见图 14-2。从成本指标的计算和图形可以很清楚地看出，当订货批量为 1 000 件时总成本最低，小于和大于这一批量都是不合算的。

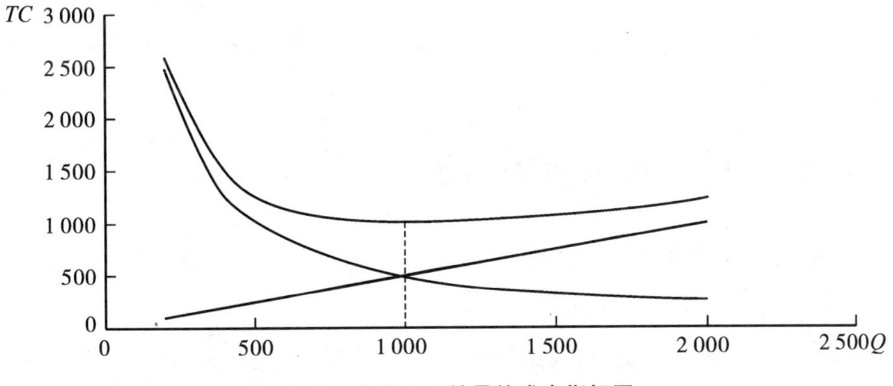

图 14-2　各种不同批量的成本指标图

二、有数量折扣的经济订货批量

销售企业为了鼓励客户更多地购买商品，有时可以给客户不同程度的数量折扣，即当客户的一次采购批量达到一定数量时，可以给予价格上的优惠。在这种情况下，确定存货订购批量，不仅要考虑订货成本和储存成本，还要考虑采购成本。有数量折扣的经济订购批量一般按下列步骤进行决策：

1. 按照存货经济订购批量的基本模型计算无数量折扣情况下的经济订购批量及其存货总成本。

2. 不同数量折扣的不同优惠价格，计算在不同批量下的存货总成本。

3. 比较经济订购批量与不同批量下的存货总成本，总成本最低的批量就是最佳订购批量。

【例 14-2】某企业全年需要甲零件 80 000 件，采购价格为每件 50 元，每次订货成本为 400 元，每件年储存成本为 4 元。供应商规定，如果一次订货达 5 000 件，可以得到 1%的价格折扣。要求确定该企业采购甲零件的经济订购批量。

首先，计算无价格折扣情况下的经济订购批量和存货总成本。

经济订购批量 Q 为：

$$Q=\sqrt{\frac{2\times 80\ 000\times 400}{4}}=4\ 000(\text{件})$$

存货总成本 S 为：

$$S=4\ 000\div 2\times 4+80\ 000\div 4\ 000\times 400+80\ 000\times 50=4\ 016\ 000(\text{元})$$

其次，计算有价格折扣情况下的存货总成本 S 为：

$$S=5\ 000\div 2\times 4+80\ 000\div 5\ 000\times 400+80\ 000\times 50\times(1-1\%)=3\ 976\ 400(\text{元})$$

每次订购 5 000 件时，存货的总成本可以降低，因此，经济订购批量是 5 000 件。

三、存货陆续供应和使用的经济订货批量

设每批订货数为 Q，由于每日送货量为 P，故该批货全部送达所需日数则为 Q/P，称之为送货期。参见图 14-3。

因零件每日耗用量为 d，故送货期内的全部耗用量为：$\frac{Q}{P}\cdot d$。

由于零件边送边用，所以每批送完时，最高库存量为：$Q-\frac{Q}{P}\cdot d$。

平均存量 $\overline{E}$ 则为：$\frac{1}{2}(Q-\frac{Q}{P}\cdot d)$

这样，与批量有关的总成本为：

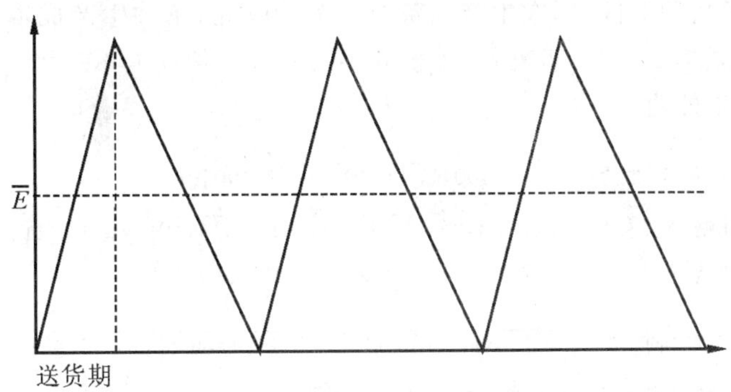

图 14-3　边送边用的存货变动情况图

$$TC(Q)=\frac{D}{Q}\cdot K+\frac{1}{2}(Q-\frac{Q}{P}\cdot d)\cdot K_c=\frac{D}{Q}\cdot K+\frac{Q}{2}(1-\frac{d}{P})\cdot K_c$$

由总成本的性质，我们知道必存在最小值。

因此，当$\frac{\mathrm{d}TC}{\mathrm{d}Q}=-\frac{D}{Q^2}K+\frac{K_c}{2}(1-\frac{d}{P})=0$时，$TC$存在最小值。

解得：$Q^*=\sqrt{\frac{2KD}{K_c}\cdot\frac{P}{P-d}}$

将这一公式代入上述$TC(Q)$公式，可得到存货陆续供应和使用的经济订货量总成本公式：

$$TC(Q^*)=\sqrt{2KDK_c(1-\frac{d}{P})}$$

在实际工作中，原料的来源可能有两种：自制或者外购。对于自制来说，就是属于存货边送边用的情况，而外购则属于一次到货的情况。而自制和外购的单位成本也是不同的，如何在两者之间进行权衡呢？解决这类问题的计算步骤如下：

(1)计算外购的总成本。

①存货的买价＝存货的需要量×外购单价；

②订货、储存成本，是指经济批量外购时的订货、储存成本。

(2)计算自制的总成本。

①存货的成本＝存货的需要量×自制的单位成本；

②准备、储存成本，是指经济批量自制时的准备、储存成本。

(3)比较两个成本，取较小值。

【例 14-3】某厂每年需零件 72 000 件，日平均需用量 200 件，该种零件企业自制，每天产量500件，每次生产准备成本为500元，单件生产成本50元，每件零件年存储成本10元。若外购，单价60元，一次订货成本400元。请问该厂应选择自制还是外购？

①外购经济批量$=\sqrt{(2\times400\times72\ 000)/10}=2\ 400$(件)

外购相关存储、订货成本$=\sqrt{(2\times400\times72\ 000)\times10}=24\ 000$(元)

外购总成本$=60\times72\ 000+24\ 000=4\ 344\ 000$(元)

②自制经济批量$=\sqrt{(2\times500\times72\ 000/10)\times500/(500-200)}=3\ 464$(件)

自制相关准备、存储成本$=\sqrt{(2\times500\times72\ 000\times10)\times(500-200)/500}=26\ 785$(元)

自制总成本$=50\times72\ 000+26\ 785=3\ 626\ 785$(元)

因为自制成本小于外购总成本，所以应选择自制。

第三节　再订货点的确定与安全储备[①]

经济订购量模型是在若干个假设的条件下确定出来的，其中的两个假设——对库存货物的需求不变与瞬间运送是很难满足的。为了生产经营活动的正常进行，防止停工待料情况的发生，企业必须在存货用完之前订购下一批存货。这样，必须确定存货的订货点：当存货降低到多少时，应当订购下一批存货。

一、再订货点与安全储备

存货的安全储备，有效地修正了“库存货物的需求不变与瞬间运送”这两个不合理的假设。安全储备是指在下批订货的运送期内，能够满足异常及意外需要的库存量。确定安全储备量就是确定在再次订货之前库存数量的最低点，此时，公司应该再次订货，所以又称为再订货点。即在提前订货的情况下，企业再次发出订货单时，尚有的存货库存量，称为再订货点，用R来表示。决定订货点的因素有运送期的库存和公司希望的安全储备量。当交货时间L和每日需用量d固定不变时，有：

$$R=L\times d$$

---

① 本节的内容参考傅元略主编：《财务管理》，厦门大学出版社，2003年版，第432～435页。

但实际上，每日需求量可能发生变化，交货时间也可能发生变化。按照某一订货批量（如经济订货批量）和再订货点发出订单后，如果需求增大或送货延迟，就会发生缺货或供货中断。为防止由此造成的损失，就需要多储备一些存货以备应急之需，称为安全储备（也称作保险储备或安全存量）。这些存货在正常情况下不动用，只有当存货过量使用或送货延迟时才动用。保险储备见图 14-4 所示。

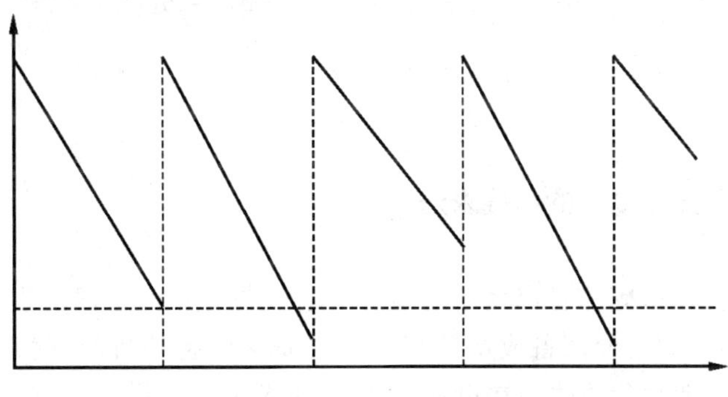

图 14-4　保险储备示意图

二、确定再订货点与安全储备的简单方法

存货订货点是指订购下一批存货时存货的库存储备量。确定订货点一般应考虑如下因素：

(1)平均每日存货的正常耗用量；

(2)预计每日存货的最大耗用量；

(3)正常提前订货时间，即在正常情况下从发出订单到货物验收入库所需要的时间；

(4)预计最长提前订货时间，即如果遇到非常情况所需要的提前订货时间；

(5)安全储备量，即为了防止耗用量突然增加或者交货误期等情况的发生而增加的存货储备数量。

假设：R 表示存货订货点，n 表示平均每日存货的正常耗用量，m 表示预计每日存货的最大耗用量，t 表示正常提前订货时间，r 表示预计最长提前订货时间，S 表示安全储备量。

安全储备 S 可用下式计算：

$$S=\frac{1}{2}(mr-nt)$$

则可用如下公式计算存货的订货点：

$$R=nt+\frac{1}{2}(mr-nt)=\frac{1}{2}(mr+nt)$$

【例 14-4】某公司每天正常耗用某零件 10 件，订货的提前期为 20 天，预计最大耗用量为每天 12 件，预计最长提前期为 25 天。

安全储备：$S=\frac{1}{2}(mr-nt)=\frac{1}{2}(12\times25-10\times20)=50$(件)

再订货点：$R=\frac{1}{2}(mr+nt)=\frac{1}{2}(12\times25+10\times20)=250$(件)

三、再订货点与安全储备的精确求法

建立安全储备，固然可以使企业避免缺货或供应中断造成的损失，但存货平均储备量的加大却会使储备成本升高。研究安全储备的目的，就是要找出合理的安全储备量，使缺货或供应中断损失和储备成本之和最小。方法上可先计算出各不同安全储备量的总成本，然后再对总成本进行比较，选定其中最低的。

首先计算总成本：

(1)储存成本通常是按年计的，用安全储备×单位储存成本；

(2)缺货成本通常是按次计的，用缺货数量×批数×单位缺货成本，以概率为权数做加权平均，求出缺货成本。即缺货成本＝Σ缺货数量×批数×单位缺货成本×概率。

再计算所得的总成本，从中选择最小的一项，即为所求的安全储备量。

【例 14-5】某公司每年需外购零件 7 200 个，该零件单位存储成本 40 元，一次订货成本 50 元，单位缺货成本 10 元，每天平均需要量为 20 件，订货间隔期的概率分布如表 14-2 所示。

表 14-2　订货间隔期概率分布

订货间隔(天)	5	6	7	8	9
概率	0.05	0.2	0.5	0.2	0.05

要求：计算含有安全储备的再订货点。

最优经济订货量$=\sqrt{\frac{2\times7\ 200\times50}{40}}=134$(件)

年订货次数＝7 200/134＝54(次)

平均订货间隔期＝5×0.05＋6×0.2＋7×0.5＋8×0.2＋9×0.05＝7(天)

平均订货间隔期内需求＝7×20＝140(件)

当安全储备 $B=0$ 时,再订货点 $R=140+0=140$

$$TC(B=0)=[(8\times20-140)\times0.2+(9\times20-140)\times0.05]\times10\times54+0\times40=3\,240(元)$$

当安全储备 $B=20$ 时,再订货点 $R=140+20=160$

$$TC(B=20)=[(9\times20-160)\times0.05]\times10\times54+20\times40=1\,340(元)$$

当安全储备 $B=40$ 时,再订货点 $R=140+40=180$

$$TC(B=40)=0\times100\times54+40\times40=1\,600(元)$$

则,安全储备为20,含有安全储备的再订货点＝140＋20＝160(件),即为所求的安全储备量。

第四节　存货的规划

存货规划是指在确定企业存货占用资金数额的基础上,编制存货资金计划,以便合理确定存货资金的占用数额,节约使用资金。

一、确定存货资金占用额的基本方法

存货资金定额,又称存货资金占用额,是指根据企业生产经营的需要,存货必须经常占用的最低资金数额。存货资金定额是企业维持正常生产经营活动所需要的存货资金数量,主要包括占用在原材料上的生产储备资金、占用在在产品上的生产资金和占用在完工产品上的成品资金。存货在企业的流动资产中所占的比重较大,因此,存货资金定额的核定是非常重要的。如果存货占用的资金过多,就会增加存货成本,影响企业的收益;反之,如果存货资金不足,又可能会影响企业的正常生产经营活动。企业进行存货管理的主要目标就是以最低的成本提供维持企业生产经营活动所需的存货。核定存货资金定额的方法有很多,常用的方法有定额日数法、因素分析法、比例计算法等。现分述如下。

1.定额日数法

定额日数法,又称周转期计算法,是根据各种存货每日平均资金占用额及其资金周转天数来确定存货资金占用额的方法。其计算公式为:

存货资金定额＝每日平均周转额×资金周转定额日数

公式中，每日平均周转额就是每日存货平均资金占用额。资金定额日数是指存货资金完成一次循环所需要的天数，即资金周转天数。定额日数法是核定存货资金定额的基本方法，通常适用于原材料及各种辅助材料、包装物、低值易耗品、在产品、产成品、外购商品等存货资金定额的核定。

2.因素分析法

因素分析法是以存货资金上年度的实际平均资金占用额为基础，根据计划年度各项因素的变动情况，加以分析调整计算出计划年度存货资金定额的一种方法。其计算公式为：

$$\text{存货资金定额}=\left(\text{上年度存货资金实际平均占用额}-\text{不合理平均占用额}\right)\times\left(1\pm\text{计划年度生产增减百分比}\right)\times\left(1-\text{加速资金周转百分比}\right)$$

这种方法适用于品种繁多、规格复杂、用量较少、价格较低的原材料和辅助材料等存货项目。采用这种方法核定存货资金定额，首先应当在上年度存货资金实际平均占用额的基础上，剔除其中呆滞积压不合理占用的部分和超定额储备物资所占用的资金，然后根据计划年度的生产任务和加速资金周转的要求确定。这种方法不仅可以用来计算某个项目的资金定额，还可以用来匡算整个企业的流动资金定额。

3.比例计算法

比例计算法是根据影响存货资金占用额的相关指标的变动情况，按比例计算出存货资金数额的一种方法。其计算原理基本与因素分析法是一致的。以销售收入资金率法为例来进行说明，其计算公式为：

$$\text{存货资金占用额}=\text{计划年度商品销售收入总额}\times\text{计划销售收入存货资金率}$$

$$\text{计划销售收入存货资金率}=\frac{\text{上年存货资金平均占用额}-\text{不合理占用额存货资金额}}{\text{上年实际销售收入总额}}\times100\%\times\left(1-\text{计划年度资金周转加速率}\right)$$

这种方法过去主要适用于辅助材料、燃料、修理备用件和低值易耗品等存货项目。目前是计算全部存货资金占用量的一种主要方法。

二、储备资金占用额的测算

储备资金是指企业从用现金购买各项材料物资开始，到把它们投入生产为止的整个过程所占用的资金。储备资金包括的项目很多，这里以原材料为例，说明资金数额的测定方法。

原材料资金数额的大小，取决于计划期原材料平均每日耗用量、原材料计划价格、原材料资金周转日数三个基本因素。其计算公式为：

$$\text{原材料资金占用额}=\text{计划期原材料平均每日耗用量}\times\text{原材料计划价格}\times\text{原材料资金周转日数}$$

1.原材料平均每日耗用量的测算

原材料平均每日耗用量是根据计划期内原材料耗用量与计划期日数来确定的。其计算公式为：

$$\text{计划期原材料平均每日耗用量}=\frac{\text{计划期原材料耗用量}}{\text{计划期日数}}$$

在运用上述公式时，应注意以下两点：

(1)计划期原材料耗用量根据计划期产量和原材料消耗定额加以确定；

(2)计划期天数一般按整数计算，年度为360天，季度为90天，月度为30天。

2.原材料计划价格的确定

原材料计划价格应根据预计的材料买价、外地运杂费、运输途中的合理损耗、入库前的整理挑选费用等加以确定。

3.原材料资金周转日数的确定

原材料资金周转日数，是指从企业支付原材料价款起，直到原材料投入生产为止这一过程中资金占用的日数。其构成如下：

$$\text{原材料资金周转日数}=\text{在途日数}+\text{验收日数}+\text{整理准备日数}+\text{应计供应间隔日数}+\text{保险日数}$$

(1)在途日数。它是指由于结算关系，支付货款在先，收到原材料在后而形成的资金占用天数。在途日数的长短由原材料价款的结算方式、原材料运输条件、采购地点远近等因素决定。

(2)验收日数。它是指原材料运到企业以后，进行拆包开箱、计量点收、检查化验直到入库为止这一阶段占用资金的天数。

(3)整理准备日数。它是指原材料投入生产以前进行技术加工和生产准备所需要的日数。

(4)应计供应间隔日数。它是指由供应间隔日数乘以供应间隔系数所确定的天数。即：

$$\text{应计供应间隔日数}=\text{供应间隔日数}\times\text{供应间隔系数}$$

式中,供应间隔日数是指前后两次供应材料的间隔时间。供应间隔日数的长短,取决于供货单位的供应周期和用料单位的采购周期。企业原材料往往由若干个单位供应,各个供应单位的供应数量和供应间隔期并不相同,此时,要根据各个供应单位的供应间隔日数,以及计划期供应量为权数,计算加权平均的供应间隔日数。

供应间隔系数是指用于压缩供应间隔日数的系数。原材料在在途、验收、整理准备时间内资金的占用量是不变的,但是,材料在供应间隔期即库存周转期内,资金占用量随着原材料投入生产而逐步减少,到下次材料购进前夕,资金占用量达到最低点,待购入材料后,资金占用量又达到最高点,即原材料资金占用的数量是在最高点与最低点之间经常变动的。企业使用材料多达千百种,各种材料一般不会在同一时间都达到最高占用量,当一种材料处于最高占用量时,另一种材料可能处于最低占用量,因而,各种材料资金可以相互调剂使用。这样,在确定资金周转日数时,就不能按各种材料的供应间隔日数确定,而应根据各种材料的供应和使用情况,考虑资金调剂使用的可能性,将供应间隔日数打一个折扣,这个折扣就是每日平均库存周转储备占最高库存周转储备的比率,即供应间隔系数。其计算公式为:

$$供应间隔系数=\frac{平均每日库存周转储备额}{最高库存周转储备额}\times 100\%$$

$$=\frac{各种材料每日库存周转储备额累计额}{计划日数\times 最高库存周转储备额}\times 100\%$$

上述计算过程比较复杂,在实际工作中一般都是根据影响供应间隔系数的各项因素用主观判断法加以确定的。在确定时应遵循如下原则:原材料品种越多,资金相互调剂使用的可能性越大,供应间隔系数就越小;各种材料到货日期越分散,供应间隔系数就越小。

(5)保险日数。它是指为防止原材料供应由于特殊原因偶然中断而建立的安全储备所占用资金的日数。在确定保险日数时,主要考虑如下因素:材料货源是否充足,能否用其他材料代替,交通运输是否方便可靠,所供应的材料质量如何。

【例 14-6】某企业生产甲产品,每件需要 A 材料 2 000 克,预计全年生产甲产品 180 000 件,各月生产比较均衡。A 材料的计划单价为 5 元/千克,预计在途日数为 5 天,验收日数为 1 天,供应间隔日数为 20 天,供应间隔系数为 50%,整理准备日数为 2 天,保险日数为 4 天。则 A 材料占用资金的数额为:

$$180\,000\div 360\times 2\times 5\times (5+1+20\times 50\%+2+4)=110\,000(元)$$

储备资金中的燃料、包装物、修理用备件等占用资金的数额,也可以按上述方法来进行测算。如果占用量太多,也可采用比例计算法、因素测算法加以确定。

三、生产资金占用额的测算

生产资金是指从原材料投入生产开始，直到产品制成入库为止的整个过程所占用的资金。生产资金主要指在产品占用的资金。其中，测算在产品资金数额的计算公式为：

$$\text{在产品资金占用额}=\text{产品每日平均产量}\times\text{产品单位计划生产成本}\times\text{在产品成本系数}\times\text{生产周期}$$

1. 产品每日平均产量。产品每日平均产量，可根据生产计划中的计划产量与计划天数求得。

2. 产品单位计划生产成本。产品单位计划生产成本可从有关的成本计划中获得。

3. 在产品成本系数。生产费用在生产过程中是逐渐增加的，直到产品完工时，才形成完整的产品成本。因此，在整个生产过程中，实际每天占用的资金就不能按产品的单位计划生产成本计算，而应打一折扣，这个折扣就是在产品成本系数。在产品成本系数可按如下方式确定。

(1)生产周期短，生产费用发生不规则，可以确定费用每日发生额的产品，按下列公式计算：

$$\text{在产品成本系数}=\frac{\text{生产周期中每天累计类生费用额的合计数}}{\text{产品单位计划生产成本}\times\text{生产周期}}\times100\%$$

(2)生产一开始投入大量费用，随后陆续比较均衡地投入其他费用的产品，按下列公式计算：

$$\text{在产品成本系数}=\frac{\text{生产过程一开始投入的费用}\times100\%+\text{随后陆续投入的费用}\times50\%}{\text{产品单位计划生产成本}\times100\%}$$

(3)生产过程比较复杂，原材料分次投入生产的产品，先按各生产阶段分别计算在产品成本系数，然后计算各阶段综合的在产品成本系数。其计算公式为：

$$\text{在产品成本系数}=\Sigma\,\text{各生产阶段在产品单位成本}\times\text{各生产阶段在产品成本系数}\times\frac{\text{各生产阶段生产周期}}{\text{产品单位计划生产成本}\times\text{各阶段的生产周期之和}}\times100\%$$

【例 14-7】某产品每日生产量、生产周期、各生产阶段费用发生情况详见表 14-3。

表 14-3 各阶段生产情况表

生产阶段	平均日产量(台)	本阶段累计单位成本(元)	在产品成本系数(%)	生产周期(天)
第一生产车间	5	12 000	50	5
半成品库	5	12 000	100	2
第二生产车间	5	17 000	60	8
半成品库	5	17 000	100	2
第三生产车间	5	20 000	80	3
合计				20

该产品的在产品成本系数

$$=\frac{12\ 000\times50\%\times5+12\ 000\times100\%\times2+17\ 000\times60\%\times8+17\ 000\times100\%\times2+20\ 000\times80\%\times3}{20\times20\ 000}$$

$=54.4\%$

该产品的资金占用额$=5\times20\ 000\times54.4\%\times20=1\ 088\ 000$(元)

四、成品资金占用额的测定

成品资金是指产成品从制成入库开始，直到销售取得贷款或结算货款为止的整个过程所占用的资金。其中，测算产成品资金数额的计算公式为：

$$\text{产成品资金占用额}=\text{产成品每日平均产量}\times\text{产品单位计划生产成本}\times\text{产成品资金周转日数}$$

1.计划期每日平均产量。计划期平均每日产量可根据生产计划和计划期天数来确定，也可以根据生产逐季增长的企业、季节性生产企业、生产均衡企业分别确定。

2.产品单位计划生产成本。产品单位计划生产成本可从有关成本计划中获得。

3.产成品资金周转日数。产成品资金周转日数是指产品从制成入库开始，直到销售取得货款或结算贷款为止所占用资金的日数，包括产成品储存日数、发运日数和结算日数。

(1)产成品储存日数。它是指从产品制成入库开始，到产品开始向购买单位发运为止所需要的日数。主要包括组织成批发运日数、选配日数和包装日数。

(2)发运日数。它是指从产品开始发运(运往车站、码头、机场)起，到取得运输凭证为止所需要的天数。这主要取决于企业距车站、码头、机场的远近和企业运输能力等因素。

(3)结算日数。它是指从取得运输凭证开始,直到取得货款或结算贷款为止的日数。结算日数的长短,主要取决于销售的结算方式。

【例 14-8】某产品计划单位生产成本为 20 000 元,每日平均产量为 5 台,预计产品储存日数为 5 天,发运日数为 2 天,结算日数为 3 天。

该产品的产成品资金占用额=5×20 000×(5+2+3)=1 000 000(元)

五、存货资金计划

根据上述各种方法核定了存货资金定额之后,就应当编制存货资金计划。存货资金计划是企业生产经营计划的一个重要组成部分,对指导和控制存货管理具有重要的作用。存货资金计划表的格式有很多,其基本格式如表 14-4 所示。

表 14-4 存货资金计划表

单位:元

项目	上年实际占用额	本年计划占用额
储备资金		80 000
原材料		60 000
燃料		10 000
包装物		5 000
低值易耗品		5 000
生产资金		52 000
在产品		30 000
自制半成品		20 000
待摊费用		2 000
成品资金		25 000
产成品		20 000
外购商品		5 000
存货资金占用总计		157 000

第五节　JIT存货管理

一、存货的JIT管理概述

适时工作制JIT(Just-in-time,JIT)的基本含义是："只在需要时候，按需要的量，生产所需要的产品。"彻底杜绝浪费是它的基本思想，这种生产模式的核心目标是：追求一种无库存的生产系统，或者库存达到最小的生产系统。这意味着在需要的时候生产需要的产品，过量的生产是不需要的。超过所需要的最小数量的任何东西都被认为是浪费，因为在现在不需要的事物上投入精力和原材料就是浪费。

毕业于名古屋工业大学的大野耐一，曾担任丰田汽车公司的副总经理，经过长期探索实践后，建立了一套完整的体系，逐渐形成了"丰田生产模式"——看板式管理，也就是后来人们推崇的JIT。丰田汽车公司的装配工作，是按销售公司订货量来组织生产的。每一个工序按照看板上的指示：每一个工序向先行工序依次索取组件，然后再送达给后续工序。JIT生产方式使丰田公司的经营绩效与其他汽车制造企业拉开了距离，其质量和交货期领先于世界。

看板管理的理念是：强调按市场的需求安排生产，生产的产品应能马上销掉，强调准时，达到即产即销；反之，如果需求不确定，生产就不要进行。看板管理方法把后工序看成用户，只有需求被后工序提出，前工序才能被允许生产，看板充当了传递指令的角色。看板管理能够控制准时化生产的生产进度，能实现随时对作业计划作微调。它实行的原则是：(1)不见看板不发料，按看板规定的数量发料，看板发料要以零件为标准；(2)按看板规定数量生产，当生产的品种多样化时，必须按看板送来的次序生产；(3)后工序不准接收不合格产品；(4)看板使用的张数要随着时间的推移逐步减少。

二、JIT生产方式在库存控制中的应用

1. 订货管理

在采购管理中形成一种先进的采购模式——准时化采购。即在恰当的时间、合适的地理位置，以恰当的数量、恰当的质量提供恰当的物品是它的基本思想。JIT生产方式采购不但可以减少库存，还可以使库存周转加快，缩短采购期，提高进货效率，取得令顾客满意的交货效果等。实施JIT采购的三个关键点

是:实施"看板"方式;选择最佳的供应商,并对其实施有效的管理供应商;与供应商建立紧密的合作关系。

采购的步骤是:制定卓有成效的采购流程,并实施严格的质量控制;构建准时化采购部门,具体负责寻找货源、协商价格、发展与供应商的相互合作关系并使其不断改进;要制定并完善采购策略——改进当前的采购方式,评估供应商能力,减少供应商数量;精选少数供应商与其建立商业伙伴关系;搞好供应商的培训,确定共同目标;向供应商颁发产品免检合格证书;实现配合节拍进度的交货方式——当需要某物资时,该物资刚好到达并被生产所利用。

2. 生产系统

准时管理方式认为库存是浪费,是企业的负债,"零库存"是企业最佳状态。表现在生产制造系统上,就是下一道工序的需求决定了上一道工序加工的数量、品种和时间。

系统中的活动只有在需要它发生的时候才能发生,这是准时管理方式的含义。以生产制造系统为例,就是根据下一道工序的需求,确定系统的上一道工序的加工品种、数量和时间;零部件供应商的交货品种、数量和交货时间取决于生产组装线的进度需求,从而做到在进行生产的时候每一个阶段或工序,制品的移动以及供应商的交货均能在时间和数量上达到要求,即在需要的时间所需求的数量能够及时满足。从理论上说,所需要的数量能够在需要的时间及时供应,意味着生产过程的每一个阶段或工序上没有零部件会出现闲置(处于等待或库存状态的材料),从而也就不会出现库存,所以,准时管理方式又叫零库存管理方式。

JIT生产系统的目标:减少损亏时间,使中断不复存在;消灭浪费现象,使系统具备柔性。减少损亏时间是指减少换产时间与生产提前期(因为它们不能增加产品价值),使中断不复存在——消除质量低劣、设备故障、进度安排改变、送货延迟等产生中断的隐患,以减少系统必须面对的不确定性。消灭浪费现象是指尽量消除以下现象:生产过多(包括制造资源的过度使用),等候时间,不必要的运输、存货、废品,低效工作方法,产品缺陷。使系统具备柔性是指增加生产系统的应变能力。

三、适时工作法运转需要以下几个条件[①]

1. 地理位置集中

如果客户的生产运营要"适时"地取得零部件,供应商工厂到客户工厂之间

① 以下内容参考傅元略主编:《财务管理》,厦门大学出版社2003年版,第439页。

只需相对较短的传送时间。比如，日本的丰田汽车，它的绝大多数供应商都分布在距它的工厂方圆60英里的范围内。

2. 可靠的质量

生产过程应当总能指望从供应商那儿取得的零部件全是合格的。日本的观念是：每一个生产环节都应当将下一个生产环节看成是它的最终客户。质量控制主要是进行生产过程控制，而不是通过检查来挑出不合格品。

3. 可以管理的供应商网络

要使适时工作法运转，必须有一组适量的供应商，并且与他们签有长期合同。绝大多数日本汽车公司采用的零部件供应商不超过250家。相反，GM仅仅装配程序就采用了大约3 500家供应商。

4. 可控的运输系统

要在供应商和使用者之间保持可靠的传送线路。日本汽车公司只使用卡车（它们自己的或通过合同使用）来运送零部件。按计划每天从每个供应商处运送几次零部件。

5. 生产弹性

供应环节应对使用环节所采用的零部件能迅速作出反应。关键是要具有迅速的工具转换能力。比如在日本，自动压模线在六分钟之内即可装配好。

6. 较小的生产批量

绝大多数使用适时工作法的日本工厂都要求生产批量低于每天耗用量的10%。这一观念就是每次生产一件，这样每当生产出一辆汽车，该辆车所需要的每一个零部件又被生产好了。

7. 有效率地收货和处理材料

比如，绝大多数日本公司已淘汰了正规的收费方式。工厂的各个部分都可以作为收货地点零件被运到离使用地点最近的地方。特制设计的卡车取代了体积庞大的卡车。

8. 管理当局的积极参与

适时工作法是整个工厂性的。管理当局应提供公司所有的各种资源以保证该制度的运转，而且在运行困难的转化期内管理当局一定要对适时工作法态度坚决。

本章小结

本章以存货管理为核心，从以下几方面展开了较为详尽的论述：

存货的概念、分类及其功能与成本；存货的风险及其管理策略；经济定购批量模型及其扩展；再订货点的确定与安全储备；存货的规划及各项存货资金占用额的确定方法；最后介绍了JIT存货管理及JIT生产方式在库存控制中的应用。

复习思考题

1.存货是如何分类的？存货的管理要求有哪些？

2.存货的成本包括几个方面？

3.应该如何控制存货的风险？

4.如何确定存货的经济采购批量？

5.应该如何确定存货的再订货点与安全储备量？

6.如何进行存货资金的规划？

7.什么是存货的JIT管理？在库存控制中有哪些应用？

本章习题

1.某企业甲材料年需要量为3 600公斤，该材料年单位储存成本为2元，一次定货成本为100元，单位采购成本20元。要求计算：经济定货量。

2.某企业每年需要某材料6 000千克，该材料的单位标准价格为4元，单位平均年存储成本为2元，平均每次进货费用60元。要求计算：

(1)最优经济进货批量。

(2)如果供应商规定，客户每批购买量在1 000千克以下时，按标准价计算；当客户每批购买量在1 000千克以上至2 000千克时，可享受2%的折扣；当客户每批购买量在2 000千克以上时，可享受2.5%的折扣。此时的最优经济进货批量是多少？

3.某企业生产中全年需某种材料2 000公斤，每公斤买价20元，每次订货费用50元，单位储存成本为单位平均存货金额的25%。该材料的供货方提出，若该材料每次购买数量在1 000公斤或以上，将享受5%的折扣。

要求：通过计算确定该企业应否接受供货方提出的折扣条件。

第十五章 应收账款管理和信用政策

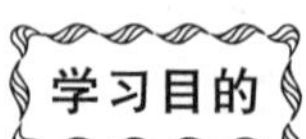

学习目的

通过本章的学习，你可以：

1. 了解应收账款的形成原因；
2. 理解应收账款成本的构成及影响因素；
3. 了解信用政策的具体构成及影响因素；
4. 掌握信用政策的制定方法；
5. 掌握信用风险的评估方法；
6. 掌握改善应收账款的日常管理方法。

小案例导引

戴尔是当前IT界最炙手可热的人物，他的直销模式在管理界刮起了“戴尔旋风”。自1988年戴尔公司股票上市以来，其股价增长了870倍。按单定制的直销模式是他的制胜法宝。这一模式使戴尔公司的存货一年周转15次，真正实现了“零库存与高速周转”。戴尔公司推行数字化管理，在经营上实行为顾客量身定做，用网络作为销售平台，将顾客需要提供给配发中心、物流中心，把信息作为企业运转、生存和发展的第一要素，让信息流来指挥物流、资金流和人才流。这样，不仅提高了资金的周转速度，节约了大量的储存成本和销售费用，还减少了信用风险。由于取消了经销商，利用网络信息平台，实行快速的电子支付手段，按订单生产来保证供货，使其实现先收款，再发货。典型的情况是：戴尔公司的计算机按顾客的要求组装，装上顾客要求的软件后，在收到订单两小时内就可以发货，比某些公司把产品运出仓库还快。

“会销售是徒弟，会收款才是师父。”这句俗话，道出了销售的真谛：只有收到现款，才能说销售完成了。企业在设法提升销售额的同时，不应忽视应收账款的管理。货款的回收期越长，风险越大，如果催收不力，就会成为坏账；应收票据的金额越大，收不回来的风险也就越大。所以应收账款的管理目标是权衡利弊，只有当增加应收账款所带来的收益大于所增加的成本时，当放宽信用政策有着良好的盈利预期时，赊销方案才可行。

第一节　应收账款管理与信用政策的组成

应收账款是指企业对外销售产品、提供劳务等所形成的尚未收回的销售款项。在会计的资产负债表中，它是流动资产中的一个重要项目。一般来说，企业都愿意采用现销方式销售产品，这样可以立刻收回现金，提高资金的周转速度。但是，在激烈的市场竞争中，企业为了扩大销售，占领市场，往往要采用信用销售方式，即将产品赊销给客户。这时，就产生了应收账款。可见应收账款是赊销的产物。

一、应收账款管理

（一）关于赊销

赊销的直接好处是扩大销售量，减少存货。通过赊销业务，企业一是可以开发更多的客户，进而扩大市场份额，促成长期合作。很多情况下，企业不赊销，顾客就可能跑掉。二是可以提高顾客的平均购买量。大客户都要求赊销，否则无法达成交易。三是由于是赊销，价格可能会比现销高一些，客户是较容易接受的。四是可以减少库存的资金占用。

赊销的不利一面是增加企业的成本和风险。由于是赊销，企业就不可避免地增加了收账成本，包括利息、税金、收账费用等；应收账款延长了产品转化为现金的时间，使流动资金形成部分沉淀，延长了周转时间；同时，不是所有的账款都能如期收回，企业会将坏账的风险加到产品的价格上去，降低了价格上的优势；许多企业长期为收回应收账款问题所困扰，想要顺利收回应收账款，还要付出一些管理费用。

赊销行为实质上是企业向客户提供的一种商业信用贷款，通过延期支付来达到刺激销售的目的。占用在应收账款上的资金是企业的税后资金——增值税与所得税都已交齐，企业应该严加管理，避免坏账风险，使其达到扩大销售、提升竞争力和增加利润的目的。如果出现坏账,企业要用10倍、20倍的销售来弥补!

假设销售净利率为5%,如果出现100元的坏账损失,就需要额外实现2 000元的销售额来弥补。

(二)应收账款形成的原因

1.市场竞争是赊销存在的主要原因。竞争机制的作用使得竞争手段五花八门,除了以价廉、物美、质优、广告等手段吸引顾客外,赊销也是一种促销的重要手段。对于同等的产品价格、类似的质量水平、一样的售后服务,实行赊销的产品,其赊销额将大于现金销售的产品的销售额,因为在赊销期间,客户相当于从企业那里得到了一笔无息贷款。而企业也可实现拓宽销路、增加销售量的目标,因此许多企业纷纷推出赊销方式以招揽客户。

2.商品销售的时空差。商品成交的时间和收到货款的时间常常不一致,这也导致了应收账款。除了零售企业是以现金销售为主外,其他企业发货的时间和收到货款的时间往往不一致。结算手段越落后,结算所需的时间越长,销售企业只能承认这种现实并承担由此引起的资金垫支。随着商品交易的数量以及交易的范围日益扩大,商品发货和收回货款的时间差距也在拉大,企业从而形成应收账款这项经常性的资金占用,赊销额越大、赊销期越长,企业占用在账款上的资金所付出的代价就越高。

(三)应收账款的成本

应收账款具有积极的促进销售和减少存货的功能,同时,也要付出相应的成本。其主要内容包括:

1.机会成本。这是指企业的资金因占用在应收账款上而丧失的其他投资收益,如投资于有价证券的利息收益等。机会成本的大小与企业应收账款占用资金的数量密切相关,占用的资金数量越大,机会成本就越高。这种机会成本一般按照有价证券的利息率来计算。其计算公式为:

$$应收账款机会成本=维持赊销业务所需要的资金\times机会成本率$$

其中:

$$维持赊销业务所需要的资金=应收账款平均余额\times变动成本率$$

$$应收账款平均余额=\frac{赊销收入净额}{360}\times平均收账期$$

另外,应收账款平均余额也可以考虑用销售成本率来计算,即:

$$应收账款平均余额=\frac{赊销收入净额}{360}\times销售成本率$$

【例 15-1】假设某企业预测年度的年赊销额为 1 000 000 元,应收账款平均收账天数为 30 天,变动成本率为 70%,机会成本率为 5%,则应收账款的机会成本的计算如下:

$$应收账款平均余额=\frac{1\ 000\ 000}{360}\times 30=83\ 333.33(元)$$

$$维持赊销业务所需要的资金=83\ 333.33\times 70\%=58\ 333.33(元)$$

$$应收账款机会成本=58\ 333.33\times 5\%=2\ 916.67(元)$$

2. 管理成本。这是指企业对应收账款进行管理所发生的费用支出。主要包括:(1)对客户的资信调查费用;(2)收集各种信息的费用;(3)应收账款账簿记录费用;(4)催收账款发生的费用;(5)其他用于应收账款的管理费用。

3. 坏账成本。这是指由于应收账款无法收回而给企业造成的经济损失。应收账款是商业信用产生的结果,由于客户财务状况恶化等原因,无法收回应收账款,由此而产生坏账,会给企业带来经济上的损失。这种成本一般与企业的信用政策有关,并且与应收账款的数量成正比。一般来说,严格的信用政策产生坏账的概率比较小,过于宽松的信用政策比较容易产生坏账。

二、信用政策的组成

信用政策又称应收账款政策,是指企业在采用信用销售方式时,为对应收账款进行规划和控制所确定的基本原则和规范。信用政策主要包括:信用标准、信用条件和收账政策。

(一)信用标准

信用标准是客户获得商业信用所必须具备的条件。如果客户达不到企业规定的标准,则企业不能向其赊销商品,客户必须在较为苛刻的条件下购买企业的商品,如必须支付现款等。企业在确定信用标准时,主要考察客户付款的能力,考察客户是否会拖欠货款甚至不付款,并据此判断客户拖欠货款的可能性。这可以通过评估客户的品质、能力、资本、抵押和条件这五个方面来确定客户的信用品质。

1. 品质是指客户的信誉——履行偿债义务的可能性,这是评价客户信用的首要因素。

2. 能力是指客户的偿债能力,即流动资产的数量和质量及其与流动负债的比例。

3. 资本是指客户可能偿还债务的背景——财务实力和财务状况。

4. 抵押是指客户无力付款时能被用来作抵押的资产。如果客户能提供足够的抵押，就可以提供相应的信用。

5. 条件是指可能影响客户付款能力的经济环境。

（二）信用条件

信用条件包括信用期限、折扣期限及现金折扣等。

信用期限是企业允许客户从购货到付款之间的时间长度。信用期限的确定主要是在增加的收入与增加的成本之间作出权衡。信用期限的延长，会增加销售量，同时会增加坏账损失和收账费用；信用期限过短又缺乏竞争力。企业应慎重进行利弊权衡，以确定恰当的信用期限。

现金折扣是企业为了吸引客户提前付款，在一定期限内给客户在商品价格上所作的扣减。这个扣减额就是现金折扣，而这个优惠期限就是折扣期限。提供现金折扣，一方面可以吸引更多的客户前来购货，另一方面可以缩短应收账款的平均收账期。例如付款条件"3/10，2/20，n/30"的含义是：10 天内付款，可享受 3%的折扣；20 天内付款，可享受 2%的折扣，超过 20 天付款，不享受折扣优惠。其中信用期限为 30 天，折扣期限为 20 天。

采用现金折扣的目的是为了鼓励客户尽快支付货款。这种措施可以大大地缩短应收账款的平均收账期，减少应收账款成本，提高资金周转速度。现金折扣对销货方来说，是收入的直接减少额，但它可以减少应收账款的机会成本、坏账损失和收账费用。因此，企业是否应提供客户现金折扣以及提供现金折扣的比率是多少，直接关系到企业的收益。提供的现金折扣的比率越大，就越能促进产品销售，就越能加快应收账款的收款速度，但是，付出的现金折扣成本也越高。企业要考虑信用期限并权衡收益与成本的大小，来作出决策。

（三）收账政策

当客户违反信用条件，拖欠甚至拒付账款时，企业所采取的收账策略与措施即为收账政策。企业在向客户提供商业信用时，必须考虑三个问题：

1. 客户是否会拖欠或拒付账款？程度如何？

2. 怎样最大限度地防止客户拖欠？

3. 一旦遭到拖欠甚至赖账，企业的对策是什么？

前两个问题要靠信用调查和严格的审批制度来解决，第三个问题必须通过制定完善的收账政策来解决。

企业在决定向客户提供商业信用时，实际上就已经承担了客户违反信用条件、拖欠货款的风险。因此，企业在制定信用政策时，就应当考虑到当客户违反规定的信用条件、拖欠货款时的收账方针。对于拖欠的应收账款，无论企业采用何种收账方式进行催收，都要付出一定的代价，即收账成本，如收账发生的邮电通讯费用、收账人员的差旅费、法律诉讼费等。

在确定收账政策时,必须比较增加的收账成本与减少的应收账款成本的大小。一般来说,收账成本支出越多,坏账损失就越少,但二者并不是呈线性关系。当收账费用增加时,坏账损失就随之减少,但是,随着收账费用增加到一定程度时,坏账损失减少的速度开始下降,但不会降至零。在市场经济中,发生一定数量的坏账损失是不可避免的,企业在制定收账政策时,应当考虑到饱和点问题,一味地增加收账费用,有时是得不偿失的。

【例 15-2】已知某企业在现有的收账政策下,年赊销额 7 000 万元,变动成本率为 70%,机会成本率为 5%,坏账损失率为 3%,应收账款的平均收账天数为 60 天,收账费用为 80 万元。该企业打算再投入 40 万元的收账费用,在赊销额不变的情况下坏账损失率可以降低 1%,应收账款的平均收账天数可降至 30 天。企业的这项投入值得吗?

现行方案的收账总成本=40.83+210+80=330.83(万元)
机会成本=7 000÷360×60×70%×5%=40.83(万元)
坏账损失=7 000×3%=210(万元)
年收账费用=80(万元)
拟改变方案的收账总成本=20.42+140+120=280.42(万元)
机会成本=7 000÷360×30×70%×5%=20.42(万元)
坏账损失=7 000×2%=140(万元)
年收账费用=120(万元)

可见,改变收账政策可以节约收账费用 50.41 万元(330.83-280.42),是值得的。

第二节 信用政策的制定与变动分析

企业在制定信用政策时,必须综合考虑信用标准、信用条件和收账政策。三者的变化对企业的销售量、应收账款的机会成本、管理成本和坏账成本都会产生影响。良好的信用政策可以促进企业产品销售,减少应收账款的成本,提高企业的经济效益。那么,企业应当如何制定信用政策呢?一般来说,应当遵循以下步骤:

1. 调查不同的信用政策对产品销售量的影响程度。信用政策对产品销售量的影响主要是信用标准和现金折扣政策对销售的影响。前面已经介绍,严格的信用标准和现金折扣政策可能会减少销售量,宽松的信用标准和优惠的现金折扣政策可能会增加销售量。企业在制定信用政策之前,应当通过市场调查并根据以往的销售经验来预测不同的信用标准和信用条件对销售量的影响程度,进而测算出在不同信用政策方案下，销售收入增减的数额。

2. 分析不同的信用政策所产生的应收账款成本。不同的信用政策不仅会对销售量产生不同的影响，也会对应收账款的资金占用额、应收账款的平均收账期、坏账损失发生的概率以及收账费用等产生不同的影响。企业应当测算出不同的信用政策所产生的应收账款成本，以便进行对比。

3. 比较不同的信用政策方案，选择最佳信用方案。

经过上述三个步骤的预测和分析，可以计算出不同信用政策方案对企业利润的影响结果，加以比较就可以选择出最佳信用政策方案。制定信用政策的基本原则就是信用政策所带来的总收益应大于其带来的总成本。最佳信用政策就是能使企业利润增加最多的信用政策。

在企业信用政策分析中，第一，估计信用政策变动产生的增量销售；第二，估计与增量销售相关的增量成本，两者之差即为估计的增量营业利润；第三，扣除与增量销售相关的坏账损失成本；第四，计算机会成本调整增量投资的风险，扣除机会成本之后才可以确定信用政策是否能产生净利润。根据对给予客户信用的风险收益分析，企业可以决定是否给予客户赊销的待遇；如果允许赊销，给予客户多少额度、多长信贷期限等。对新客户的信用限额，开始时要低些，随着收账经验的积累和对客户付款情况的了解，再逐步提高信用限额；对重要客户，要专门建立一个针对这个客户财务信息的档案，并定期查阅，如果可能，要专门派职员去该公司进行实地考察，以获得该公司及其发展前景的第一手资料。

【例 15-3】某企业预测 2007 年度的赊销额为 3 000 万元，其信用条件是：$n/30$，变动成本率为 60%，机会成本率为 5%。假设企业收账政策不变，固定成本总额不变。该企业现有 A、B、C 三个备选方案：A. 维持现有的信用条件；B. 将信用期限延长至 60 天；C. 将信用期限延长至 90 天。其他有关资料如表 15-1 所示。

表 15-1 A、B、C 三种方案的有关资料表

项目	A	B	C
信用条件	$n/30$	$n/60$	$n/90$
年赊销额(万元)	3 000	4 000	5 000
平均收账天数	30	60	90
收账费用(万元)	20	50	100
维持赊销业务所需资金(万元)	150	400	750
坏账损失率(%)	2	3	4

根据上述资料，编制评价分析表如表 15-2 所示。

表 15-2

单位:万元

项目	A	B	C
信用条件	$n/30$	$n/60$	$n/90$
年赊销额	3 000	4 000	5 000
变动成本	1 800	2 400	3 000
信用成本前收益	1 200	1 600	2 000
机会成本	150×5%=7.5	400×5%=20	750×5%=37.5
坏账损失	60	120	200
收账费用	20	50	100
信用成本合计	87.5	190	337.5
信用成本后收益	1 112.5	1 410	1 662.5

可见采用C方案的信用成本后收益最大,在其他条件不变的情况下,应选择C方案。

如果对90天的赊销期限不太放心,再提供一个改进方案D:将C方案的付款条件改为“2/20,1/50/n/90”,估计会有50%的客户会在20天内付款,30%的客户会在50天内付款。坏账损失率降为3%,收账费用降为150万元。如表15-3所示。D方案更优吗?

D方案的平均收账天数=50%×20+30%×50+20%×90=43(天)

应收账款平均余额=5 000÷360×43=597.22(万元)

应收账款的机会成本=597.22×60%×5%=17.92(万元)

坏账损失=5 000×3%=150(万元)

现金折扣=5 000×(2%×50%+1%×30%)=65(万元)

表 15-3　C、D方案分析评价表

单位:万元

项目	C	D
信用条件	$n/90$	2/20,1/50,n/90
年赊销额(万元/年)	5 000	5 000
现金折扣	0	65
变动成本	3 000	3 000
信用成本前收益	2 000	1 935
机会成本	750×5%=37.5	17.92
坏账损失	200	150
收账费用	100	150
信用成本合计	337.5	317.92
信用成本后收益	1 662.5	1 617.08

可见,C方案仍优于D方案。

第三节　企业信用管理

赊销行为本身是一种商业信用。对由赊销引发的应收账款管理的关键是做好信用管理。在任何时候,只要获得某一产品或服务而不需立即付款,对提供产品或服务的公司而言就存在着信用风险。信用风险可能引起坏账损失、利息成本和对延迟付款进行追踪调查的管理成本。企业信用管理的目的就是正确权衡信用成本、信用收益和信用风险,合理确定信用政策,及时收回账款。

一、信用风险评估

信用风险的表现是企业的客户到期不付货款或者到期没有能力付款。如果客户在没有正当理由的情况下提出修改付款条件,也可视为企业承担了信用风险。合理控制应收账款,要求企业管理者根据企业实际情况,确定信用销售的最佳额度,一方面,提高信用销售,意味着企业会有相对较高的销售收入;另一方面,持有较高水平的应收账款,意味着同时发生较高的持有成本。

信用风险分析主要包括两个方面:研究债务人的还款意愿和偿还能力,分析还款意愿主要是考察债务人的品格,分析偿还能力则是考察债务人的经济前景。对此主要有定性评估和定量评估两种方法。①

(一)定性评估

定性评估是对债务人品格的考察。企业对潜在债务人进行评估时,主要注意的是债务人的品质(Character)和情况(Conditions):将商品或服务提供给诚实、正直、努力的客户是令人放心的,尽管这些品质难以量化,但企业可以通过查看对方的财务报表、直接与对方会谈、品质查询、商业交往记录、征求与其往来银行的评价、获取咨询机构信用评级和信用报告等办法了解客户的付款历史、与其他企业的关系,从而决定是否给予赊销。品质因素是决定是否同意赊销的首要条件。

对客户进行信用调查的内容可分为经营状况、财务状况和支付情况三个方面。经营情况的调查内容主要有:客户的总体经营状况、客户的声誉及市场形象、客户对其市场情况的了解程度、客户的内部管理情况、客户的企业文化与部门之间的协作精神、客户管理人员及员工的素质等。财务状况的调查内容主要

① 内容部分参考傅元略主编:《财务管理》,厦门大学出版社,2003年版,第453~454页。

有：现金是否充足、是否有票据贴现、是否有延期付款、与银行的关系是否紧张、是否有拖欠现象、银行账户是否已被冻结等。支付情况的调查内容主要有：是否已不能如期付款、是否有推迟现金支付、是否有提出票据延期、是否有要求延长支付日期等。对上述信息的取得要保持动态与连续性。

目前，西方常用的定性评估方法是5C评估法。它是指对客户信用的五个方面进行评估。这五个方面是：品质（Character）、能力（Capacity）、资本（Capital）、担保品（Collateral）、情况（Conditions）。由于这五个方面的英文第一字母都是C，所以称为5C评估法。

1. 品质。这是评估客户信用时需要考虑的首要因素。品德是指客户愿意履行其偿债义务的可能性。客户是否愿意努力偿还债务，直接关系到企业的货款能否收回以及收回的速度。

2. 能力。这是指客户偿还债务的能力。这主要根据客户的经营状况、过去的偿债记录等情况来判断。

3. 资本。这是指客户的一般财务状况，如注册资本数额、资产总额、主要的财务比率等。

4. 担保品。这是指客户为获得企业的商业信用而提供给企业作为担保的资产。客户如果提供担保品，可以减少企业的赊销风险。

5. 情况。这是指对客户的偿债能力可能产生影响的一般经济情况。如客户所处的市场环境、国家经济政策等。

以上五个方面也是企业搜集客户信用资料的重点，通过对这五方面的分析，基本上可以评价出客户的信用状况，为最后决定是否向顾客提供商业信用做好准备。

（二）定量评估

定量评估是对债务人盈利能力的强弱和流动性的高低的考察。对客户的信用状况进行调查、搜集好信用资料后，就要对这些信用资料进行整理，并对客户的信用状况进行分析。常用的定量信用分析方法是信用评分法。

所谓信用评分法就是对客户的一系列财务比率和信用情况指标进行评分，然后进行加权平均，计算出客户的综合信用分数，并据此进行信用评估的方法。信用评分法的计算公式如下：

$$Y=a_1x_1+a_2x_2+\cdots+a_nx_n=\sum_{i=1}^{n}a_ix_i$$

式中：

Y——客户的信用评分；

a_i——第 i 种财务比率或信用指标的权数（$\sum_{i=1}^{n}a_i=1$）；

x_i——第 i 种财务比率或信用指标的评分。

【例 15-4】某企业有关财务比率和信用品质的资料如表 15-4 所示。

表 15-4 某企业有关信用评级的资料

项目	信用指标	分数	权数	加权平均数
流动比率	1.8	90	0.20	18.00
资产负债率	45%	85	0.10	8.50
销售利润率	18%	80	0.10	8.00
资产周转率	2.5	85	0.10	8.50
信用评估等级	AA	85	0.20	17.00
付款历史	良好	80	0.20	16.00
企业未来预计	良好	80	0.05	4.00
其他因素	一般	70	0.05	3.50
合计	—	—	1.00	83.50

在进行信用评分时，分数在80分以上的，说明企业信用状况良好；分数在60～80分之间的，说明信用状况一般；分数在60分以下的，说明信用状况较差。表15-4显示该企业的信用评分为83.5分，说明其信用状况良好。

定量评估的主要因素包括：

1. 能力，是指客户的偿债能力。企业可根据一些财务指标进行评估，如客户的流动比率、速动比率、资产负债率、利息保障倍数等。分析流动性指标时要注意客户流动资产质量的好坏，如应收账款是否正常，存货是否过多、过时或质量下降，影响其变现能力或支付能力的情况。

2. 资本，是指客户的财务实力或经济实力。当企业决定和客户建立长期合作关系时，对客户经济实力的了解尤为重要。

3. 抵押，是指客户无力偿还债务或拒绝偿还债务时，企业控制的能被用作抵押的资产。对初次进行交易不熟悉的客户，或信用状况有争议的客户，抵押品更显得重要。取得抵押品可以降低企业的交易风险，但也可能损害双方的信任关系。评估客户抵押物品时，要注意是否存在相似的交易市场，以便评估抵押品的内在价值，抵押物是否容易变现等。

二、信用风险管理策略

在搜集了必要的证据并进行了分析之后就要作出决策了。信用风险管理是指通过制定信用政策，指导和协调各机构的业务活动，对客户资信的调查、付款方式的选择、信用限额的确定到款项的回收等环节实行全方位和全过程的管理与监控，以保障应收款项的安全、及时回收。

防患于未然胜过治病于已发。坏账的形成与信用风险控制水平相关，只要企业信用风险管理部门有效发挥作用，绝大多数信用风险是可以被避免的。

1. 信用风险的事前控制

在信用政策确定之前，要严把授权批准控制关，风险较大的签约必须经过企业的决策层审批。

(1)在内部控制中，突出信用部门的制约作用：业务部门或人员所涉及的客户应由信用管理部门统一管理，建立统一的档案，未经信用管理部门的审查确认，业务部门不得签约。

(2)在业务程序控制中，强化信用风险控制环节：信用管理部门对客户的资信情况进行调查、分析，对交易的信用风险进行识别、分析和评估；常委部门对交易事项的成本进行核算；信用部门对企业拟签订的合同进行审查确认；高风险的交易事项、重大风险的交易事项的处理方案应经过企业信用风险决策机构审批；信用管理部门与财务部门对应收账款进行跟踪监控；信用管理部门对应收账款采用恰当的方式追讨。

(3)在管理制度控制中体现信用风险管理：建立客户资信调查分析制度、客户信用档案管理制度、风险交易决策制度、合同管理制度、信用付款方式管理制度、成本管理制度、应收账款管理制度等。

2. 信用风险的事中监督

信用一旦建立，就要实施动态监控。企业面临的经营环境是不断变化的，当条件变化时，信用政策和实施这种政策的程序也要随之变化。一个不断完善的信用政策要求有一个同时能监督个别应收账款及其总额水平的系统，这个系统能适时完成收账任务，并利用其监督结果为以后的信用决策提供依据。

(1)个别账户的监督。监督个别账户主要是确定客户的付款是否符合约定的条件、何时开始收款和是否增加信用额度等。主要管理方法是编制账龄分析表和进行平均收账期监督。账龄分析表列示了每个客户所欠账款的数额和时间，有助于管理者辨别有多少欠款在信用期内，有多少已超过信用期，超过时间的长短，有多少最终形成坏账等，以便作出相应对策。平均收账期可以根据查询每份订单的发票日和收到货款日的天数确定，对平均收账期在信用期限内的客户，可以考虑增加其信用额度，对平均收账期远超出信用期限的客户，应及时采取措施催收欠款并不再进行赊销。

(2)总账的监督。监督应收账款总账的收账过程对企业而言更为重要，从某种意义上说，企业流动性的强弱取决于应收账款能否及时回收。监督的方法和个别账户的监督类似。主要的内容有：赊销回收天数，总账账龄分析表，付款比例。赊销回收天数是衡量应收账款回收速度的主要指标。总账账龄分析表列示了不同期限(如3个月内)应收账款在总账中的比例以及逾期账款占总应收账款的比例。付款比例是指销货后的一定时间内,收现额占当月销货的比例。

3.信用风险的事后控制

收款是硬道理,企业应结合动态跟踪控制过程发出的收账信息,积极组织收款。催收账款的一般程序是:邮寄原始单据,以付款通知书礼貌地提醒对方付款期已到,应该付款;电话催收,通过与客户经办人员的交谈,了解客户迟延付款的原因;派员上门直接面谈,对欠款客户进一步施加压力;采取法律行动,这种收账方式的代价很高,只有在所有收账手段均无效而客户欠款数额又很大的情况下使用。客户拖欠货款的原因可以概括为两类:无力偿付和故意拖延。应针对不同的原因,采取不同的催收账款方法。对无力偿付的客户,如果其只是遇到暂时困难,经过努力可以东山再起,企业应暂缓催收货款,帮助其渡过难关,以保证应收账款的完整性和安全性;对确实资不抵债,且扭亏无望的客户,企业应尽早诉诸法律,减少损失。对故意拖欠的客户,则需要采取一定的策略,尽量避免在伤害和客户关系的前提下收回货款,以后不再赊销。

注重信用政策反馈与调整。一般来说,绝大多数通过企业资信调查审查的客户是重视其信誉的,如果公司的信用政策和程序未达到既定目标,首先应该检查信用管理部门的措施是否适当和到位,然后对信用政策和收账程序作适当的变动。企业制定的信用政策如果过严,可能会伤害部分客户,影响企业未来的销售和盈利;如果信用政策过宽,又可能导致逾期账款过多。企业应根据实际情况制定宽严适度的信用政策,并根据内外部环境的变化不断作出调整。

第四节 应收账款的日常管理

制定合理的信用政策,优化应收账款的投资决策,是降低信用风险、提高应收账款投资效率的根本保障。在此基础上进行应收账款的日常管理也不容忽视,它可以帮助企业合理地控制应收账款的投资额,加强对应收账款的账龄分析,最大限度地收回账款,减少坏账损失。

一、应收账款投资额的控制

企业为客户提供商业信用是为了扩大销售量,增加企业的收益,因此,应收账款实际上是企业为了获得更大收益而进行的一种投资。但是,应收账款要占用大量的资金，是要付出代价的。因此，企业必须要将应收账款投资额控制在合理的范围内。应收账款的投资额主要取决于两个因素：一是企业的赊销数额，二是应收账款的平均收账期。

企业的赊销数额取决于企业的销售能力和信用政策，应收账款的平均收账期则主要取决于企业的信用政策。因此，企业的信用政策对应收账款的投资额起到举足轻重的影响。那么，什么才是最佳信用政策呢？应收账款投资额应该控制在什么水平才是最合理的呢？这要取决于企业自身的经营状况，不可一概而论。一般来说，当企业的生产能力已经得到充分利用，没有剩余生产能力，企业的边际利润已经很低时，就应当适当地限制信用销售，而将应收账款控制在较低的水平；当企业还有过剩的生产能力，通过扩大销售依然可以获得边际贡献时，就可以考虑采用比较宽松的信用政策，增加应收账款投资额，以扩大销售量，增加企业的利润。

我们还要进行影响应收账款变化的因素分析，进行应收账款的动态预算来实施应收账款投资额的动态控制。影响应收账款变化的因素有：期初应收账款、本期累计增加额和本期累计减少额。即：

期末应收账款＝期初应收账款＋本期累计增加的应收账款－本期累计减少的应收账款

对期末应收账款，要区分正常应收账款和非正常应收账款。正常信用期内应收账款取决于公司的营销政策、信用政策和客户对信用额度的利用程度。

期末逾期应收账款＝期初逾期应收账款＋本期增加的逾期应收账款－本期注销的坏账

上述对应收账款动态变化影响因素的分析是内部应收账款动态预算体系的基础，它不仅可以用来做总体应收账款的预算，还可以用于对应收账款的各个组成部分及个别应收账款进行预算。

应收账款动态预算的基本公式为：

期末应收账款＝期初应收账款＋本期销售收入－本期收回现金－本期注销的坏账

需要注意的是正常应收账款与逾期应收账款的区分。随着时间的推移，本期正常应收账款的一部分，可能在下一期会转化为逾期应收账款，因此应将该部分应收账款从正常应收账款中分离出来，将其列入逾期应收账款的预算内，作为本期增加的逾期应收账款的预算数。

二、应收账款的账龄分析

应收账款的账龄分析法就是通过编制应收账款的账龄分析表，来反映不同账龄的应收账款所占的比例与金额，以便对应收账款的回收情况进行有效的控制。企业不仅要控制应收账款投资额，还要经常掌握应收账款的回收情况。

1. 要对应收账款明细账进行筛选，确定需要进行账龄分析的账户

下列账户不需要进行账龄分析：(1)期末余额为负数的户头——对方根本不欠款。(2)经常变动且期末余额较小的户头——周转速度快，占用时间短，极为正常。(3)期末余额较大，但比期初余额减少许多且流动性较强的户头——余额虽然大，但都是新形成的。(4)本期或分析期内形成的应收账款——不存在逾期问题。

2. 对应收账款的责任人进行账龄分析

在应收账款管理中，要做到每一笔应收账款都有具体负责人，并与绩效考核直接联系。在这种管理制度下，可建立责任账龄分析和相应的账龄评分机制，树立高度重视的意识，应收账款的管理由财务部门、营销部门共同完成，充分发挥企业会计的监督职能，辅助应收账款的回收，从而形成一种清晰的权利、责任关系。

3. 通过编制账龄分析表，进行账龄分析

这是确定应收账款管理重点的依据，是编制和实施账款催收计划和落实责任人的重要基础。通过账龄分析，可以掌握如下信息：(1)有多少客户在折扣期限内付款；(2)有多少客户在信用期限内付款；(3)有多少客户在信用期限过后才付款；(4)有多少应收账款拖欠太久，可能会成为坏账。企业财务管理部门应当经常进行账龄分析，及时了解企业应收账款的回收情况和发展趋势。

账龄分析表是一张能够反映应收账款期限长短的报表，其一般格式如表15-5所示。该表可以针对某一客户、某类客户或全部客户。

表 15-5　某公司应收账款账龄分析表

付款时间	已付金额	拖欠金额	已付账款占应收账款总额的百分比	拖欠账款占应收账款总额的百分比	已付账款占拖欠总额的百分比
逾期1～30天					
逾期31～60天					
逾期61～90天					
逾期91～180天					
逾期181～360天					
逾期360天以上					

一般来说，应收账款拖欠的时间越长，收账的难度就越大，发生坏账损失的可能性也越大。如果账龄分析表显示企业应收账款的账龄开始延长或者过期账户所占比例逐渐增加，那么，就必须及时采取措施，调整企业信用政策。

三、坏账管理

无论采取怎样严格的信用政策，只要企业采用信用销售方式，就难免会发生坏账损失。因此，企业也要加强坏账的管理。坏账管理的主要内容是如何确认坏账损失以及建立坏账准备制度。

1.坏账损失的确认

坏账损失的确认是有一定标准的，按照我国现行财务制度规定，确认坏账损失的标准有以下两条：(1)债务人破产或者死亡，依法清偿后，确实无法收回的应收账款，应当确认为坏账损失；(2)债务人逾期未履行偿债义务，账龄超过3年，有明显的证据证明无法收回的应收账款，应当确认为坏账损失。企业的应收账款只要符合以上的任何一个条件，均应当作为坏账损失处理，计入当期损益。但是，企业的应收账款按照第二个条件已经作为坏账损失处理后，并不意味着企业就放弃了对该应收账款的追索权。如果债务人的财务状况好转，偿还了账款或者通过法律诉讼追回了该项账款，应当冲销已经确认的坏账损失。

2.建立坏账准备制度

坏账准备制度是指企业按照事先确定的比例估计坏账损失，计提坏账准备金，待发生坏账时再冲减坏账准备金。建立坏账准备制度的关键是合理地确定计提坏账准备的比例。计提比例的确定是建立在历史经验数据的基础之上的。企业通常根据以往应收账款发生坏账的比例和目前信用政策的实际情况来估计计提坏账准备的比例。通常，计提坏账准备的方法主要有以下三种：

(1)销货百分比法。即按赊销货款的一定比率计提坏账装备。

(2)账龄分析法。这种方法是按照账龄长短，分别确定不同的计提比例。账龄越短，比例越小；账龄越长，比例越大。

(3)应收账款余额百分比法。即按应收账款期末余额的一定比率计提坏账准备。如我国工业企业成本财务制度规定，企业应当按期末应收账款余额的3%～5%的比率计提坏账准备。

四、应收账款的跟踪管理

应收账款的跟踪管理就是从赊销过程一开始，到应收账款到期日前，对客户进行跟踪、监督，从而确保客户不拖欠。这种在赊销期内对客户的跟踪管理，有利于与客户及时沟通，减少产生纠纷的可能性；可以及时发现信誉不良和恶意拖欠的客户；获得优先收款的好处——债务人总是优先付款给管理严格的债权人；

给习惯性拖欠的客户施加压力,便于及时收款;节省费用。

应收账款跟踪管理的内容包括:货物一经发出,就将应收账款列入信用管理档案,进行监控;按时与客户取得联系,询问和沟通货物接受情况、付款准备情况,以及提醒和督促客户及时付款;在出现逾期早期,及时进行追讨;在一定时期内,如果债务人未付款,应采取进一步的追账措施。

收账是企业应收账款管理的一项重要工作。收账管理应包括如下两部分内容:

1.确定合理的收账程序

催收账款的程序一般是:信函通知,电话催收,派员面谈,法律行动。当顾客拖欠账款时,要先给顾客一封有礼貌的通知信件;接着,可寄出一封措词较直率的信件;进一步则可通过电话催收;如再无效,企业的收账员可直接与顾客面谈,协商解决;如果谈判不成,就只好交给企业的律师采取法律行动。

2.确定合理的讨债方法

顾客拖欠货款的原因可能比较多,但可概括为两类:无力偿付和故意拖欠。

无力偿付是指顾客因经营管理不善,财务出现困难,没有资金偿付到期债务。对这种情况,要进行具体分析,如果顾客确实遇到暂时困难,经过努力可以东山再起,企业应帮助顾客渡过难关,以便收回较多的账款。如果顾客遇到严重困难,已达破产界限,无法恢复活力,则应及时向法院起诉,以期在破产清算时得到债权的部分清偿。

故意拖欠是指顾客虽有能力付款,但为了本身利益,想方设法不付款。在这种情况下,收款人员需要确定合理的讨债方法,巧妙应对借口,以达到收回账款的目的。

收款人在收款时要注意收款策略的使用。正确地运用收款策略,能将大部分账款收回。应摸清客户的进货周期与结账周期,做到要比其他企业领先一步拿到账款;企业可以要求客户在赊销之前寻找第三方担保,这会对及时付款起一定的约束作用;事前上门催收的效果好于收款日当日催讨,上门要早,这是不给对方留借口的诀窍;高频次、小金额可以收回更多的账款;在交易当时就要规定清楚交易条件,尤其是对收款日不要留有弹性;利用跟踪追击的办法,打持久战,跟踪纠缠,使其无地自容而还账。

五、利用应收账款融资

为了筹措经营资金或为了减少管理费用和信用风险,降低收账成本,企业可以利用应收账款的抵押和让售,来融通企业经营所需要的资金。利用应收账款筹资,可以用较低的筹资费用,迅速地筹到短期资金,改善企业的财务状况;同时，在已经让售的情况下，应收账款无法收回的损失一般不再由让售企业承担。利用应收账款融资的方式主要有抵押和让售。

应收账款抵押是以应收账款作为担保品，贷款人既拥有应收账款的受偿权，又可以对借款人行使追索权。即采用这种方式获得贷款时，账款仍由借款企业收取，借款人依然要承担应收账款的违约风险。

应收账款让售是指借款人将其所拥有的应收账款卖给贷款人，当借款人的客户未能支付应收账款时，贷款人不能对借款人行使追索权，而要承担这项损失。在应收账款让售的情况下，借款人一般还需要将"应收账款的所有权已被转移给贷款人"一事通知债务人，请他们直接付款给贷款人(金融机构)。应收账款让售的好处有：通过应收账款让售，可以在无需增加企业负债的情况下迅速筹措到短期资金，以弥补临时性资金短缺，而通过转让加速周转带来的收益又可抵补交付的融资费用——其实际成本往往低于银行贷款；清除了坏账的隐患，减少了收账成本。然而，利用应收账款融资会减少企业的既得收入，如果企业的资信程度不高，代理机构可能会索取较高的利率。

本章小结

本章就应收账款和信用政策问题，作了如下几方面的探讨，主要观点有：

赊销的利与弊：赊销的直接好处是扩大销售量，减少存货。赊销的不利一面是增加企业的成本和风险。

应收账款的成本包括：机会成本、管理成本和坏账损失。信用政策主要包括：信用标准、信用条件和收账政策。

信用政策的制定与变动分析：企业在制定信用政策时，必须综合考虑信用标准、信用条件和收账政策。三者的变化对企业的销售量、应收账款的机会成本、管理成本和坏账成本都会产生影响。良好的信用政策可以促进企业产品的销售，减少应收账款的成本，提高企业的经济效益。

企业信用管理：企业信用管理的目的就是正确权衡信用成本、信用收益和信用风险，合理确定信用政策，及时收回账款。信用风险的表现是企业的客户到期不付货款或者到期没有能力付款，如果客户在没有正当理由的情况下提出修改付款条件，也可视为企业承担了信用风险。信用风险分析主要包括两个方面：研究债务人的还款意愿和偿还能力，分析还款意愿主要是考察债务人的品格，分析偿还能力则是考察债务人的经济前景。对此主要有定性评估和定量评估两种方法。

防患于未然胜过治病于已发。坏账的形成与信用风险控制水平相关，只要企业信用风险管理部门有效发挥作用，绝大多数信用风险是可以被避免的。

应收账款的日常管理包括应收账款投资额的控制、应收账款的账龄分析、坏账管理、应收账款的跟踪管理、利用应收账款融资。

复习思考题

1.应收账款的形成原因有哪些？

2.应收账款的成本包括哪些方面？

3.什么是信用政策？它由哪几部分组成？

4.如何制定对企业有利的信用政策？

5.应如何进行信用风险的评估？

6.应如何进行信用风险管理？

7.应收账款的日常管理包括哪几个方面？

本章习题

1.A公司原来的信用标准是只对预计坏账损失率在5%以下的客户提供商业信用。其销售利润率为20%，同期有价证券的利息率为年利率15%。A公司拟修改原来的信用标准，为了扩大销售，决定降低信用标准，有关资料如下表：

项目	原方案	新方案
信用标准(预计坏账损失率)(%)	5	7.5
销售收入(元)	100 000	150 000
应收账款的平均收账期(天)	75	90
应收账款的管理成本(元)	1 000	1 250

问：新方案可行吗？

2.某公司的销售利润率为20%，同期有价证券的利息率为年利率15%。假定在信用标准一定的情况下，有两种信用条件可供选择。两种不同信用条件下的有关资料如下表。

项目	原方案	新方案
信用条件	60天内付清，无现金折扣	2.5/30，n/60
销售收入(元)	100 000	150 000
应收账款的平均收账期(天)	75	60
需付现金折扣的比例(%)	0	50
应收账款的管理成本(元)	1 000	750

根据所给的资料，分别计算两种信用条件的销售利润和有关应收账款的成本，作出决策。

3. 某公司的年赊销收入为720万元，平均收账期为60天，坏账损失为赊销额的10%，年收账费用为5万元。该公司认为通过增加人员等措施，可以使平均收账期降为50天，坏账损失降为赊销额的7%。假设公司的资金成本率为6%，变动成本率为50%。

要求：计算为使上述变更经济上更合理，新增收账费用的上限。

4. TM公司目前采用30天按发票金额付款的信用政策，销售收入为1 000万元，边际贡献率为30%，平均收现期为40天，坏账损失为1.5%。TM公司准备将信用政策调整为“2/20，1/30，n/40”。预计调整后销售收入将增加10%，销售增加的收账费用占该部分收入的2%，坏账损失为全部销售的2%，平均收现期将缩短5天，有50%的客户在20天内付款，有30%的客户在30天内付款，资金成本率为8%。

要求：计算应收账款平均占用资金的变动额，并根据计算结果说明该公司应否改变信用政策。

第十六章 财务杠杆与经营杠杆

学习目的

通过本章的学习,你可以:

1. 了解财务杠杆的效果;
2. 掌握经营杠杆的计算方法及与EBIT的关系;
3. 掌握财务杠杆的计算方法及与ROE的关系;
4. 掌握综合杠杆的计算方法;
5. 学会运用企业融资的无差异点分析来确定企业融资方式。

小案例导引

蓝天公司是经营机电设备的一家企业,改革开放以来,由于该企业重视开拓新的市场和保持良好的资本结构,逐渐在市场上站稳了脚跟,同时也使企业得到了不断的发展和壮大,在建立现代企业的过程中走在了前面。为了进一步拓展国际市场,公司需要在国外建立一全资子公司。公司目前的资本来源包括权益资本6 400万股和平均利率为8%的3 600万元的负债。预计企业当年能实现息税前利润1 600万元。开办外国全资子公司就是为了培养新的利润增长点,该全资子公司需要投资5 000万元。预计该子公司建成投产之后会为公司增加销售收入2 000万元,其中变动成本为1 100万元,固定成本为500万元。该项资金来源有两种筹资形式:(1)以8%的利率向银行借款;(2)按每股18元价格发行普通股。考虑财务杠杆的作用,分析该公司选择哪一种筹资方式更好。

在物理学中,杠杆(Leverage)是指用特殊的力量和动力使一个给定的行动过程产生超正常的结果。将其运用到企业经营中,杠杆就是指固定费用的使用对公司经营业绩的放大效应。基于这种放大效应，杠杆具有“双刃剑”的功效，当经营进入良性之路时杠杆效应会锦上添花，而在局面恶化时则往往会雪上加霜。根据企业中不同的固定费用对业绩影响的效果不同，杠杆可以分为经营杠杆、财务杠杆，以及两者综合而得的综合杠杆。

第一节　经营杠杆与财务杠杆的效果

假如你现在就是那个生产某种工业零件的企业决策者，由于经营杠杆和财务杠杆给企业业绩带来的放大效应，就必须慎重考虑以下两个重要决策。

一、经营杠杆效果与固定成本规模决策

你必须确定生产过程所需厂房和设备的固定成本规模。如果使用现代化、复杂、精致的机器设备，你可以省去生产加工存货的大量人工成本。并且，如果产销量很大，由于机械化程度高，你的大部分成本都是固定不变的，那么随着产销量的增加，分摊到每一单位产品的单位固定成本就会减小，即在其他条件不变的前提下，单位产品的息税前利润(EBIT)会随着单位固定成本的摊薄而更大程度地增加。此时，经营杠杆效果的正面放大效应得到体现。但是，如果产销量很小，你就会面临成本不变的厂房设备所带来的困难。高度机械化的规模效应不能得到体现，相反，高昂的固定成本分摊到小规模产销量的产品上，会造成单位产品的固定成本剧增，并且更大幅度地降低了单位产品的息税前利润。更有甚者，企业的销售收入可能都不足以弥补高昂的固定成本，企业将面临经营危机。此时，经营杠杆效果的负面放大效应就显露出来。当然，如果你不考虑使用经营杠杆，如决定大量使用人力来代替机器，那么你获得利润的机会就会降低；但是同时也可以在经营情况变糟时通过裁员来降低成本，从而降低暴露在外的风险程度。

二、财务杠杆效果与融资方式决策

你必须确定融资方式。如果依靠负债来融资，而且公司经营成功，那么就意味着企业会为你创造大量的利润，但支付的成本仅仅是固定的负债利息。那么，产销量越大，每单位产品 EBIT 所对应的利息费用就越少，随之带来单位产品税后利润更大程度的增加。此时，财务杠杆效果的正面放大效应得到体现。但是，

如果企业经营惨淡或失败，单位产品 EBIT 所对应的利息费用将大幅增加，随之带来单位产品税后利润更大程度的降低。更有甚者，企业创造的 EBIT 可能都不足以弥补固定支出的利息费用，此时的负债合同契约就意味着破产，财务杠杆的负面放大效应显现。当然，如果你不考虑使用财务杠杆，可以用出售权益的方式来代替负债，这样会减少自己的潜在利润额(因为必须和别人共享利润)，但是同时也使你暴露在外的风险减小。

总之，在企业运营中，若承担了很大的固定成本，就意味着你利用了经营杠杆；若企业融资利用了负债资本，就意味着你利用了财务杠杆。企业的决策者应把握“过犹不及”的精髓，控制好财务杠杆运用的度。以下两节我们将分析这两种杠杆，然后揭示出两者的复合效果。

第二节 EBIT 与经营杠杆

一、经营风险

经营风险是指企业因经营上的原因而导致利润变动的风险。影响企业经营风险的因素很多，主要有：

1. 需求的变化。在其他条件不变的情况下，对企业的需求量越稳定，那么企业经营风险越小。

2. 售价的变化。产品售价经常变化的企业，其经营风险高于价格稳定的企业。

3. 投入成本的变化。投入成本不稳定的企业，其经营风险比较高。

4. 投入成本变化时，企业调整产出价格的能力。当投入成本升高时，相对于其他企业而言，有些企业能提高自己的产品价格。在其他条件不变时，相对于成本变化而调节产品价格的能力越强，则经营风险越小。

5. 固定成本的比重，即经营杠杆。如果企业的成本大部分是固定成本，并且当需求下降时，企业固定成本并不降低，则经营风险较高。

二、经营杠杆的概念及与 EBIT 的关系

销售量是影响息税前利润(EBIT)的重要因素之一，但二者之间并非成正比关系。研究表明，在其他条件不变情况下，如果销售量增长，EBIT 的增长率大

于销售量的增长率；反之，如果销售量下降，EBIT 的降低率也大于销售量的降低率。也就是说，EBIT 的变化对销售量变化的反应是极为敏感的，这种敏感的程度，取决于固定成本所占的比重，且固定成本所占比重越大，EBIT 对销售量变化的反应就越敏感。在某一固定成本比率下，销售量变动对 EBIT 所产生的作用，就称为经营杠杆（Operating Leverage）。通常，我们习惯用经营杠杆度（DOL），又称经营杠杆系数，来衡量经营杠杆的大小程度。经营杠杆度是指销售量变化的百分比对 EBIT 变化的影响程度。

三、经营杠杆的公式

根据经营杠杆的定义，可以得到公式(16-1)：

$$经营杠杆度=\frac{EBIT\ 变动率}{销售量变动率} \tag{16-1}$$

但在实务中，我们常常不能直接得到 EBIT 的相关资料。因此，在假定企业的成本—销量—利润保持线性关系，可变成本在销售收入中所占比例不变，固定成本也保持稳定的前提下，经营杠杆度便可通过销售额和成本来表示。经营杠杆系数的计算可以推导为公式(16-2)：

$$经营杠杆度=\frac{Q(P-VC)}{Q(P-VC)-F} \tag{16-2}$$

式(16-2)中：

Q——计算 DOL 的销售量；

P——单位售价；

VC——单位变动成本；

F——固定成本。

下面以实例说明经营杠杆对利润的影响：

【例 16-1】S 公司与 Z 公司是生产同一种工业零件的两个厂商。其中，S 公司倾向于高度机械化的生产模式，购进机械设备来代替部分人力。目前产品销售量为 80 000 件，销售单价 2 元，单位变动成本 0.8 元，固定成本 60 000 元。而 Z 公司倾向于保守的经营模式，机械化程度不高，主要依靠人工生产。目前的产品销售量也为 80 000 件，销售单价为 2 元，但单位变动成本为 1.6 元，固定成本只有 12 000 元。表 16-1 说明在销售量增长与减少的两种情况下，经营杠杆对其利润的影响。

表 16-1 S、Z 公司经营杠杆对营业利润的影响

单位:元

项目	销售情况					
	本期		增长 25%		减少 25%	
	S公司	Z公司	S公司	Z公司	S公司	Z公司
销售量(件)	80 000	80 000	100 000	100 000	60 000	60 000
销售收入	160 000	160 000	200 000	200 000	120 000	120 000
单位销售收入	2	2	2	2	2	2
变动成本	64 000	128 000	80 000	160 000	48 000	96 000
单位变动成本	0.8	1.6	0.8	1.6	0.8	1.6
固定成本	60 000	12 000	60 000	12 000	60 000	12 000
单位固定成本	0.75	0.15	0.6	0.12	1	0.2
营业利润(EBIT)	36 000	20 000	60 000	28 000	12 000	12 000
单位营业利润	0.45	0.25	0.6	0.28	0.2	0.2
营业利润增(减)(%)			66.67	40	(66.67)	(40)
DOL	2.7	1.6	2		6	

从表 16-1 中可以看出固定成本对 EBIT 的杠杆效应。S 公司中,销售量增长 25%时,由于其单位固定成本由原来的 0.75 元/件被摊薄至 0.6 元/件,造成 EBIT 大幅增长 66.67%;当销售量减少 25%时,由于其单位固定成本由原来的 0.75 元/件被增加至 1 元/件,致使 EBIT 下降 66.67%。同理,由于单位固定成本随销售量的变动,Z 公司的销量增长 25%时,其 EBIT 增长 40%;当销售量减少 25%时,其 EBIT 则下降 40%。两个公司都反映了固定成本变动对 EBIT 变动的放大效应。这种增减的不同步性,即为经营杠杆影响所致。

下面,我们进一步比较一下 S 公司与 Z 公司,当销售量从 80 000 件增长到 100 000 件,两个公司的营业利润会发生什么变化。下面用公式 16-1 分别来计算两个公司在产销量为 80 000 件时的经营杠杆度。

S 公司:

$$经营杠杆度=\frac{EBIT\ 变动率}{销售量变动率}$$

$$=\frac{\frac{60\ 000-36\ 000}{36\ 000}}{\frac{100\ 000-80\ 000}{80\ 000}}$$

$$=2.7$$

Z 公司：

$$经营杠杆度=\frac{EBIT\text{变动率}}{\text{销售量变动率}}$$

$$=\frac{\frac{28\ 000-20\ 000}{20\ 000}}{\frac{100\ 000-80\ 000}{80\ 000}}$$

$$=1.6$$

以上结果表明，S 公司的经营杠杆度高于 Z 公司。S 公司在产量为 80 000 件时，销售数量每增加 1%，利润就增加 2.7%。而对于 Z 公司来说，利润只能增加 1.6%。

我们可以用公式 16-2 再一次计算 S 公司在销量为 80 000 件时的 DOL：

$$DOL=\frac{Q(P-VC)}{Q(P-VC)-F}$$

$$=\frac{80\ 000\times(2-0.8)}{80\ 000\times(2-0.8)-60\ 000}$$

$$=2.7$$

这一次计算 S 公司的 DOL 仍然是 2.7，与公式 16-1 的计算结果相同。读者若有兴趣，可以用公式 16-2 的方法再一次计算 Z 公司的 DOL。

四、小结

例 16-1 的计算结果至少说明了以下三个问题：

第一，在固定成本不变的情况下，经营杠杆系数说明销售增长(减少)所引起的息税前利润增长(减少)的幅度。比如，两家公司在销售量为80 000件时，S 公司销量的增长会引起息税前利润 2.7 倍的增长，而 Z 公司销量的增长会引起息税前利润 1.6 倍的增长。

第二，在固定成本不变情况下，销售额越大，经营杠杆系数越小，经营风险也就越小；反之，销售额越小，经营杠杆系数越大，经营风险也就越大。以 S 公司为例，当销售量从 60 000 件到 80 000 件，再增至 100 000 件时，它的 DOL 由最初的 6 倍递减至 2.7 倍，再到 2 倍。显然，在产品销量只有 60 000 件时，利润的不稳定性要大于销量在 100 000 件的时候，故销量小时的经营风险也大于销量大时的经营风险。读者若有兴趣，可计算 Z 公司在不同销量下的 DOL。

第三，企业一般可以通过增加销售额、降低产品单位变动成本、降低固定成本比重等措施使经营杠杆系数下降，降低经营风险，但这往往要受到条件的约束。

第三节　EPS与财务杠杆

一、财务风险

财务风险是指全部资本中债务资本比率的变化带来的风险。当债务资本比率较高时，投资者将负担较多的债务成本，并经受较多的负债作用所引起的收益变动的冲击，从而加大财务风险；反之，当债务资本比率较低时，财务风险就小。

二、财务杠杆的概念及与EPS的关系

财务风险主要涉及对普通股的每股净收益EPS(Earnings Per Share)变化的影响。息税前利润是影响普通股每股净收益的重要因素之一，但二者之间并非成正比例关系。研究表明，在其他条件不变情况下，如果EBIT增长，普通股EPS的增长率大于EBIT的增长率。反之，如果EBIT下降，普通股EPS的降低率也大于EBIT的降低率。也就是说，普通股EPS的变化对EBIT变化的反应是极为敏感的。这种敏感程度，取决于债务资本的比重。这种关系与销售量对息税前利润的影响性质是完全相同的。在某一债务资本比率下，息税前利润对每股净收益所产生的作用称为财务杠杆(Financial Leverage)。通常，对不同资本结构下财务杠杆作用的计量，是通过计算财务杠杆度(DFL)，也称财务杠杆系数来表示的。财务杠杆度是指息税前利润变化的百分比对每股净收益变化的影响程度。

三、财务杠杆的公式

根据财务杠杆的定义，我们可以得到公式(16-3)：

$$财务杠杆度=\frac{EPS\text{变动率}}{EBIT\text{变动率}} \tag{16-3}$$

但在实务中，我们常常不能直接得到EBIT与EPS的相关资料。因此，财务杠杆系数的计算还可以推导为公式(16-4)：

$$财务杠杆度=\frac{EBIT}{EBIT-I}=\frac{Q(P-VC)-F}{Q(P-VC)-F-I} \tag{16-4}$$

式(16-4)中：

Q——计算 DFL 的销售量；

P——单位售价；

VC——单位变动成本；

FC——固定成本；

I——利息费用。

下面以实例说明财务杠杆对利润的影响。

【例 16-2】承上例，S 公司与 Z 公司是生产同一种工业零件的两个厂商。两个公司的负债金额在资本结构中的比率显著不同，公司的总资产要求融资总额为 200 000 元。它们的具体情况如表 16-2 所示。

表 16-2　S、Z 公司财务杠杆对每股收益的影响

单位：元

项目	息税前利润情况					
	本期		增长 50%		减少 50%	
	S公司	Z公司	S公司	Z公司	S公司	Z公司
普通股本	2 000 000	1 500 000	2 000 000	1 500 000	2 000 000	1 500 000
发行股数	20 000	15 000	20 000	15 000	20 000	15 000
债务(利率 8%)	0	500 000	0	500 000	0	500 000
资本总额	2 000 000	2 000 000	2 000 000	2 000 000	2 000 000	2 000 000
息税前利润 EBIT	200 000	200 000	300 000	300 000	100 000	100 000
债务利息	0	40 000	0	40 000	0	40 000
税前利润	200 000	160 000	300 000	260 000	100 000	60 000
所得税(税率 33%)	66 000	52 800	99 000	85 800	33 000	19 800
税后利润	134 000	107 200	201 000	174 200	67 000	40 200
每股净收益 EPS	6.7	7.15	10.05	11.61	3.35	2.68
EPS 增(减)(%)			50	62.5	(50)	(62.5)
DFL	1	1.25	—	—	—	—

表 16-2 的 Z 公司体现了 EBIT 对 EPS 的杠杆效应。Z 公司的 EBIT 增长 50%时，由于利息支出仍为 40 000 元，EPS 增长率达 62.5%；当销售量减少 50%时，由于利息支出没有随之减少，致使 EPS 下降 62.5%。这种增减的不同步性，即为财务杠杆影响所致。S 公司采取保守的财务政策，没有运用负债融资，故 EPS 的增减幅度等同于 EBIT 的幅度，没有财务杠杆的放大效应。

下面，我们用公式 16-3 计算 S 公司与 Z 公司在 EBIT 为 200 000 元时的财务杠杆系数。

S 公司：

$$财务杠杆度=\frac{EPS\text{ 变动率}}{EBIT\text{ 变动率}}=\frac{50\%}{50\%}=1$$

Z 公司：

$$财务杠杆度=\frac{EPS\text{ 变动率}}{EBIT\text{ 变动率}}=\frac{62.5\%}{50\%}=1.25$$

我们可以用公式 16-4 再一次计算 Z 公司在 EBIT 为 200 000 元时的 DFL：

$$DFL=\frac{EBIT}{EBIT-I}=\frac{200\ 000}{200\ 000-40\ 000}=1.25$$

这一次计算 Z 公司的 DFL 仍然是 1.25，与公式 16-3 的计算结果相同。读者若有兴趣，可以用公式 16-4 的方法再一次计算 S 公司的 DFL。

四、小结

例 16-2 的计算结果至少说明了以下三个问题：

第一，财务杠杆系数说明了息税前利润变化所引起的每股净收益的变化幅度。比如，两家公司在 EBIT 均为 200 000 元时，S 公司的 EBIT 增长 1 倍时，其 EPS 也增长了 1 倍；而 Z 公司的 EBIT 增长 1 倍时，其 EPS 增长了 1.25 倍。

第二，在资本总额、息税前利润相同的情况下，负债比率越高，财务杠杆越高，财务风险越大，但预期每股收益（投资者收益）也越高。比如，Z 公司与 S 公司相比较，负债比率高（Z 公司资产负债率为 500 000/2 000 000＝25%，S 公司资产负债率为 0），财务杠杆系数高（Z 公司为 1.25，S 公司为 1），财务风险大，但每股收益也高（Z 公司为 7.15，S 公司为 6.7）。

第三，负债比率是可以控制的。企业可以通过合理安排资本结构，适度负债，使财务杠杆利益抵消风险增大所带来的不利影响。

第四节　综合杠杆分析

一、企业的总风险

企业的最终所有者——股东收益的不确定性就是企业的总风险（Total

Risk)，即经营风险和财务风险之和。通过改变公司的资产结构或财务结构都可达到企业预计的总风险水平。固定资产所占的比例越高，经营风险越大；使用的负债资金越多，支付的利息越高，财务风险越大。在制定财务战略时，公司决策者必须确定其所愿意承担的风险程度。

二、综合杠杆度

综合杠杆度(DTL)衡量的是企业总的风险水平，可以把它看成是将经营杠杆度与财务杠杆度结合起来，即相当于两种杠杆度的综合效应。该指标衡量的是每股净收益对销售收入变化的敏感度。

三、综合杠杆的公式

根据综合杠杆度的定义，我们可以得到公式(16-5)：

$$DTL=\frac{EPS\text{变化的百分比}}{\text{销售收入变化的百分比}}=\frac{\frac{\Delta EPS}{EPS}}{\frac{\Delta S}{S}}=DOL \times DFL \tag{16-5}$$

或整理为：

$$DTL=\frac{Q(P-VC)}{Q(P-VC)-F-I} \tag{16-6}$$

式(16-6)中：

Q——计算 DFL 的销售量；

P——单位售价；

VC——单位变动成本；

FC——固定成本；

I——利息费用。

例如，甲公司的经营杠杆系数为2，财务杠杆系数为1.5，总杠杆系数即为：2×1.5=3。

总之，总杠杆系数的意义，一方面，在于能够估计出销售变动对每股收益造成的影响。比如，上例中销售每增长(减少)1倍，就会造成每股净收益增长(减少)3倍。另一方面，它使我们看到了经营杠杆和财务杠杆的相互关系，即为了达到某一总杠杆系数，经营杠杆和财务杠杆可以有很多不同的组合。比如，经营杠杆度较高的公司可以在较低的程度上使用财务杠杆；经营杠杆度较低的公司可以在较高的程度上使用财务杠杆，等等。这有待公司在考虑了各有关的具体因素之后作出选择。

第五节 企业融资的无差异点分析

财务风险可用财务杠杆度来衡量，从而可以确定企业的债务比重和企业的资本结构。企业在进行融资决策时，可以根据对未来息税前利润或销售额的预测，通过对每股收益无差异点分析（即 EBIT-EPS 分析）来确定融资的方式。所谓每股收益的无差异点，是指每股收益不受融资方式影响的销售水平。根据每股收益无差异点，可以分析判断在什么样的销售水平下适用何种资本结构。

一、分析方法

每股收益 EPS 的计算为：

$$EPS=\frac{(EBIT-I)(1-T)-D}{N}=\frac{(S-VC-F-I)(1-T)-D}{N} \tag{16-7}$$

式中：

S——销售额；

F——固定成本；

T——所得税税率；

N——流通在外的普通股股数；

VC——变动成本；

I——债务利息；

D——优先股股息；

$EBIT$——息税前利润。

在每股收益无差异点上，无论是债务融资，还是权益融资，每股收益都是相等的。若以 EPS_1 代表债务融资，EPS_2 代表权益融资，有：

$$EPS_1=EPS_2$$

$$\frac{(EBIT_0-I_e)(1-T)-D}{N_e}=\frac{(EBIT_0-I_d)(1-T)-D}{N_d}$$

能使得上述条件公式成立的息税前利润 EBIT 为每股收益无差异点息税前利润。

二、实例

【例16-3】S公司原有资本400万元，其中债务资本100万元(每年负担利息7万元)，普通股资本300万元(发行普通股3万股，每股面值100元)，所得税率30%。由于扩大业务，需追加投资100万元。这样，公司的EBIT预计将为60万元。公司现在有两种融资方式可供选择：(1)以每股100元发行10 000股普通股；(2)发行面值为1 000元、利率为8%的债券1 000张。

将上述资料中的有关数据带入公式：

$$\frac{(EBIT_0-70\ 000)(1-30\%)}{40\ 000}=\frac{(EBIT_0-150\ 000)(1-30\%)}{30\ 000}$$

可计算出无差异点为390 000元，EPS为8元。下面，我们运用图形分析来进一步确定融资方式的选择。如图16-1所示。

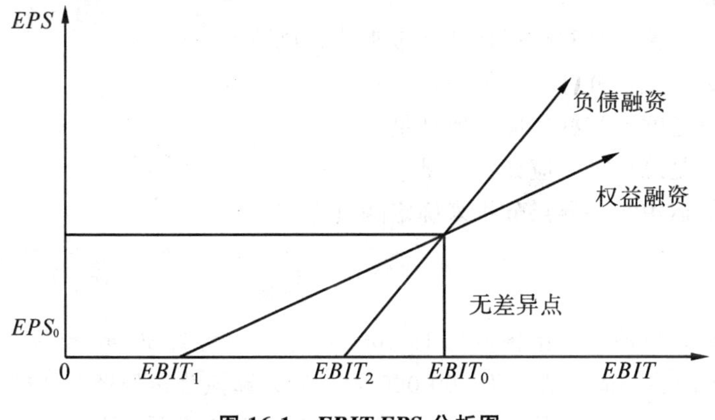

图16-1　*EBIT-EPS*分析图

图16-1中的交点为EBIT-EPS的无差异点，即在此点，两种方案的EBIT及EPS都一样，融资方案的不同不会造成差异。当EBIT水平超过此点时，采用债务融资，EPS上升得比较快，反之亦然。若营业利润达不到$EBIT_0$，则应采用权益融资。这说明，财务杠杆的使用需要一定的营业利润来支撑。在本例中，企业可在预计的EBIT超过390 000元时，采用债务融资方式。当预计EBIT低于390 000元时，应采用权益融资。

本章小结

杠杆可以定义为利用固定成本放大高水平经营的回报。经营杠杆主要反映了企业经营活动中利用固定成本而不是变动成本的影响。经营杠杆系数 DOL 计算了销售量变化所导致的息税前利润变化的敏感度。资产的固定成本越大，DOL 越大。财务杠杆反映了企业资本结构中负债的利用情况。大量使用负债会使企业在盈利情况不佳时背负沉重的负担，但也帮助企业在销售增长或利润增加时，放大每股收益。当企业决策者同时运用经营杠杆和财务杠杆时，就会产生乘数效应，形成总杠杆，总杠杆系数用于衡量销售额的变动对每股收益变动的影响程度。最后，企业可以运用每股收益的无差异点分析来帮助判断在什么样的销售水平下适用何种资本结构。

复习思考题

1. 利用经营杠杆和财务杠杆会带来什么风险？
2. 什么是经营杠杆？应如何计量？
3. 什么是财务杠杆？应如何计量？
4. 什么是总杠杆？应如何计量？
5. 如何运用无差异点分析来确定融资方式？

本章习题

1. A 公司目前产品销售量为 10 000 件，销售单价为 30 元，单位变动成本为 15 元，生产产品的固定成本为 100 000 元。请计算该公司的经营杠杆度。

2. B 公司只经营一种产品，本年度 EBIT 为 180 万元，固定成本 120 万元，债务筹资的成本为 80 万元，销售数量为 10 000 台。分别计算该公司的经营杠杆度、财务杠杆度和总杠杆度。

3. 某公司目前发行在外的普通股有 200 万股(每股 1 元)，已发行 10%利率的债券 800 万元。该公司打算为一个新的投资项目融资 1 000 万元，新项目投产后每年息税前利润预计增加到 400 万元。现有两个方案可以选择：按 12%的利率发行债券和按每股 20 元发行新股。公司使用的所得税率为 40%。

(1)计算两个方案的每股收益无差异点的息税前利润；

(2)判断哪个方案更好。

第十七章　资本结构选择

学习目的

通过本章的学习，你可以：

1. 掌握资本结构的概念及其与企业价值的关系；
2. 了解MM定理；
3. 掌握股权资本成本的计算方法；
4. 了解最优资本结构理论；
5. 理解影响实际资本结构优化的因素。

小案例导引

ABC是一家刚刚成立的从事国际贸易的公司，公司的账面价值预计为1 000万元，这些资产预计的息税前收益率为15%。因为公司享有政府规定的税收优惠政策，所以公司目前没有任何税负。公司高管正考虑如何筹集所需要的1 000万元资本。已知股东要求的资本回报率为12%，债务利率为8%，那么公司无负债和有负债对公司的价值有影响吗？若公司所得税率为30%，负债对公司的价值又将产生何种影响呢？

如果将资产负债表的右侧想象成一块饼，则这块饼可以被分成大小不同的若干块，包括长期负债、优先股权益、普通股权益等。这块饼的大小就是公司的总价值，公司希望将这些不同块的饼拼在一起使饼尽可能地大，也就是使公司的价值最大化。本章探讨的资本结构选择问题正是教你如何做这张饼。

第一节 MM理论与股权资本成本

一、资本结构的概念

资本结构就是指公司长期资本的组合结构。公司的长期资本包括两类，一是债务资本，即长期负债；二是权益资本，即所有者权益或股东权益。长期负债的主要类别为发行债券和长期借款，权益资本的三个基本来源是发行优先股、发行普通股和留存收益。在研究资本结构问题时，我们并不考虑短期负债，如果考虑短期负债，则称为企业的财务结构，即一个企业全部资产的融资结构。

圆饼模型(Pie Model)理论认为，公司的价值是负债和所有者权益之和。企业管理当局的目标是尽可能地使企业增值，所以企业应选择使公司总价值尽可能大的负债一权益比。由于公司长期负债和优先股的融资成本是相对固定的，资本结构选择的主要问题就是根据投资的实际情况，确定长期债务、优先股和普通股资本组合的最佳比例，使得在其他因素不变的条件下，公司的普通股价值最大化。为了简化问题，资本结构主要探讨发行债券和发行普通股之间的权衡。

资本结构是企业采取不同的筹资方式形成的，如果企业既采用债务融资方式，也采用股权融资方式，由此形成的资本结构一般称为“杠杆资本结构”，其杠杆比率表示资本结构中债务资本和股权资本的比例关系，该类企业被称为“杠杆企业”。而没有采用负债融资方式的企业称为“全权益企业”。

二、早期的资本结构理论

对资本结构理论作出开拓性贡献的是美国经济学家杜兰特(David Durand)和财务学家莫迪格利尼与米勒(Modigliani & Miller，以下以MM表示)。1952年杜兰特系统地总结出三种在零税率条件下的资本结构理论：净收益理论、净营业收益理论和传统理论。杜兰特的净经营收益观认为，企业的价值是预期经营收益流的现值，无论资本在债务与权益之间怎样分配，企业的整体价值不会发生变化。由于杜兰特的理论缺乏行为意义和实证，在经济理论界没有得到认可和进一步的发展。

三、MM基本假设与无税模型

1958年和1963年,MM先后发表三篇论文阐述了MM定理,该定理被认为是现代资本结构理论的核心内容。MM理论建立了一个理想参照体系下,即完善的市场条件下的资本结构理论模型。完善的市场假定是MM定理的资本结构理论基础,其中最重要的几个假设如下:

1.资本市场是有效的,且没有市场交易成本。

2.不考虑所得税的影响。

3.借贷平等,即投资者和企业同时能以相同的利率借入、借出资金和发行证券。

4.没有信息成本和财务危机成本。

在上述完善的市场假设条件下,MM理论首先是从无公司税(企业所得税)的前提下开始分析的,MM提出一个具有说服力的观点,即企业无法通过改变其资本结构构成的比例来改变其流通在外的证券的总价值。也就是说,在不同的资本结构下,企业的总价值总是相同的。

MM定理Ⅰ(无税):在完善的市场下,企业均衡市场价值与它的债务权益比是无关的。

四、股权资本成本模型

在上一章我们了解了企业财务杠杆的效果,只要财务杠杆发生作用,投资的期望收益率就会随着财务杠杆的增加而增加。MM认为,权益的期望收益率也与财务杠杆正相关,因为权益持有者的风险随着财务杠杆加大而增加。随着风险的增加,权益资本的成本也随之增大。剩余权益资本成本的增加抵消了更高比例的低成本债务筹资。事实上,MM证明了这两种作用恰好相互抵消,因此企业的价值和企业总资产成本与财务杠杆无关。MM的股权资本成本也成为MM定理Ⅰ(无税)的一个组成部分。

MM的股权资本模型如下:

$$r_S = r_O + \frac{B}{S}(r_O - r_B) \tag{17-1}$$

式中:

r_S——权益的期望收益率;

r_O——完全权益企业的资本成本;

B——债务的价值；

S——股票的价值或权益的价值；

r_B——利息率，也称债务成本。

公式(17-1)表明权益的期望收益率是企业的负债一权益比的线性函数。考察公式(17-1)，我们发现，如果 r_O 超过 r_B，权益的成本随负债一权益比 B/S 的增加而提高。通常 r_O 应超过 r_B，因为即使无杠杆权益无风险，它也应该有比无风险负债更高的期望收益率，所以财务杠杆不影响企业的加权平均资本 r_{WACC}。图 17-1 说明在没有税收的世界里，杠杆企业的加权平均资本等于完全权益企业的资本成本 r_O，权益资本成本 r_S 与企业的负债一权益比正相关，而企业的加权平均资本 r_{WACC} 与负债一权益比无关。

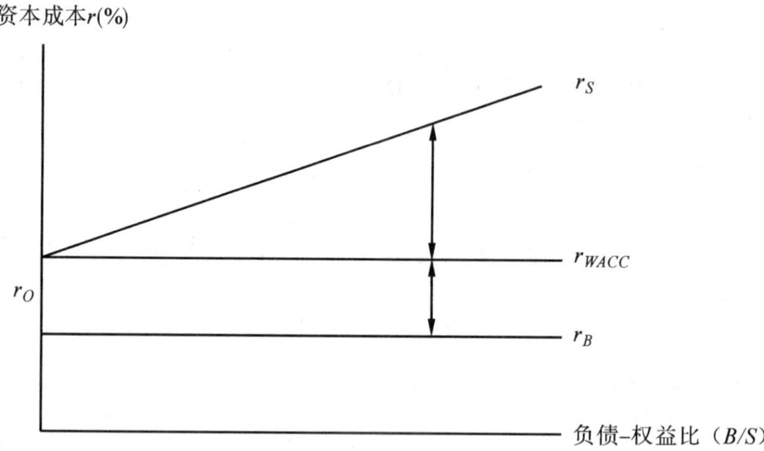

图 17-1　权益成本、债务成本和加权平均资本成本：无税的 MM 定理 I

下面我们举例说明 MM 定理。

【例 17-1】假设 A 公司的财务数据如下：

发行在外的普通股数量＝200 万股

普通股股票价格＝10 元/股

预期经营净收入(EBIT)＝200 万元

股利支付率＝100%

目前，公司没有运用财务杠杆，资本结构全部由股东权益组成，每股收益和每股现金股利都等于 1 元，A 公司完全权益的股权资本成本 r_O 为 10%。现在，公司决定在财务结构中加入债务资本。公司以 6%的利率发行了价值 800 万元的长期债券。在无税条件下，债务资本成本即为利息率 6%。公司用发债务所得资金购回了 40%的公司股票。公司的财务状况如表 17-1 所示。

表 17-1　A 公司反映资本结构调整的财务数据

项目	
资本结构信息	
普通股数量＝120 万股	
债券(利率＝6%)＝800 万元	
收益信息	
预期经营净收入(EBIT)(万元)	200
减:利息费用(万元)	48
普通股股东收益	152
每股收益(元)	1.267
每股现金股利(元)	1.267
每股收益与每股红利变化的百分比(相对于无债务的资本结构)	26.7%

根据以上数据,我们可以发现,资本结构变化后,公司股东的每股收益比资本结构改变前提高了 26.7%,这是否会降低 A 公司资本加权成本和提高股票价格呢? 根据 MM 定理,答案是否定的。

MM 定理认为,公司发行的证券总市值不受公司资本结构变化的影响。也就是说,无论公司实际负债多少,公司发行在外的债券与股票总市值将保持不变,资本结构的变化不影响公司的价值,市场价值是由市场对公司未来经营净收入的预期所决定的。

公司股票市场价值等于公司总市值减去债务市值。A 公司在资本结构改变之前,公司总市值为 2 000 万元(2 000 000×10)。公司资本结构改变之后,公司资本加权成本仍为 10%,资本加权成本是用来确定公司证券总市值的贴现率,所以公司的总市值(债务与股东权益之和)仍是 2 000 万元。资本结构改变后公司财务状况如表 17-2 所示。

表 17-2

单位:万元

项目	
预期经营净收入	200
资本化率 $r_0=10\%$	
债务与股东权益的市值之和	2 000
减:新债的市场价值	800
普通股市值	1 200

利用债券回购 80 万股(800/10)股票后,公司普通股的市场价格仍为每股 10 元(1 200/120),与资本结构变动前的市价 P_O 相同。

现在,公司新债的资本成本 r_B 为 6%,完全权益的股权资金成本 r_O 为

10%，所以期望的股权收益率可由公式(17-1)求得：

$$r_S=r_O+\frac{B}{S}(r_O-r_B)=10\%+\frac{8\ 000\ 000}{12\ 000\ 000}(10\%-6\%)=12.67\%$$

资本结构改变后，A公司的股权资本成本比以前高出了26.7%，与表17-1中的每股收益和每股红利的增长率相同，说明较高的财务杠杆比率会带来较高的每股收益和每股红利，但同时股权资本成本的增长率也正好等于每股收益和每股红利的增长率。使用债务融资可以获得更高的预期收益和股利，但同时增加了收益风险。

第二节　税收与资本结构

一、利息的税盾效应

在上一节里，MM定理阐述了在没有税收的世界中，企业价值与债务无关。但在现实世界中，公司税通常是存在的，由于债务产生的利息可以于税前抵扣，因而债务可以带来税盾(Tax Shield)效应，支付较少税收的资本结构通常价值较大。

【例17-2】假设A公司需缴纳的公司所得税率为35%，每年的预期经营净收入(EBIT)仍是200万元，税后的全部收益都用于支付股利。公司有两类可供选择的资本结构。在计划Ⅰ下，A公司为完全权益，即没有负债；在计划Ⅱ下，公司将有800万元的负债，债务的成本 r_B 为6%，则公司的财务状况计算如表17-3所示(单位：万元)：

表17-3

项目	计划Ⅰ	计划Ⅱ
预期经营净收入($EBIT$)	200	200
利息(r_BB)	0	(48)
税前收益(EBI)=($EBIT-r_BB$)	200	152
税($T_C=0.35$)	(70)	(53.2)
税后收益 (EAT)=($EBIT-r_BB$)×(1−T_C)	130	98.8
股东和债权人的总现金流 [$EBIT\times(1-T_C)+T_Cr_BB$]	130	146.8

在表17-3中，我们看到在计划Ⅱ下，公司的拥有者（股东和债权人）收到的现金流量较大，与计划Ⅰ的差别为16.8万元（146.8－130），这是因为计划Ⅱ与计划Ⅰ相比，少缴纳税收16.8万元（70－53.2）。这种差异就是利息可以作为税前抵扣项目而形成的税盾效应。用数学公式来表达这种关系如下：

完全权益企业的应税所得为 $EBIT$，总税收为 $EBIT\times T_C$。T_C 为公司税率，本例中税后收益等于股利，为：

$$EBIT\times(1-T_C) \tag{17-2}$$

杠杆企业的应税所得是 $EBIT-B$，总税收是 $\times(EBIT-B)$，股东的现金流量即股利为 $EBIT-r_BB-T_C\times(EBIT-r_BB)=(EBIT-r_BB)\times(1-T_C)$。杠杆企业中流向股东和债权人的现金流量是：

$$EBIT\times(1-T_C)+T_Cr_BB \tag{17-3}$$

两式的差别B是流向杠杆企业拥有者（股东和债权人）的额外现金流。

那么，每个时期杠杆企业的现金流较无杠杆企业的现金流量要多，

$$T_Cr_BB \tag{17-4}$$

式(17-4)通常被称为债务税盾，它是年金值。假设现金流量是永续的，现金流量与债务利息有相同的风险，税盾的现值为：

$$\frac{T_Cr_BB}{r_B}=T_CB \tag{17-5}$$

二、杠杆企业的价值和MM定理Ⅱ——有税模型

式(17-3)中前半部分是无杠杆即完全权益企业的税后现金流量，无杠杆企业的价值是 $EBIT\times(1-T_C)$ 的现值，

$$V_U=\frac{EBIT\times(1-T_C)}{r_O} \tag{17-6}$$

式(17-6)中：

V_U——无杠杆企业的现值；

$EBIT(1-T_C)$——公司税后的现金流量；

T_C——公司税率；

r_O——完全权益的资本成本，税后现金流量的贴现率。

现金流量的第二部分 T_Cr_BB 即税盾，其现值应以 r_B 来贴现。

MM在1963年提出了有公司税时的MM模型，即MM定理Ⅱ。MM认

为，当存在公司税时，企业的价值与其债务正相关。

MM 定理Ⅱ：在完善的市场条件下，当企业需要交纳所得税且借款的利息可在税前作为费用支付时，则杠杆企业的市场均衡价值为：

$$V_L=\frac{EBIT\times(1-T_C)}{r_O}+\frac{T_C r_B B}{r_B}=V_U+T_C B \tag{17-7}$$

等式中第一项 V_U 是没有债务税盾的企业即完全权益企业的现金流量，有杠杆企业的价值是完全权益企业的价值与 T_CB（税率乘以债务的价值）之和。T_CB 是现金流量为永续性时税盾的现值。

A 公司的例子显示出由于税盾随债务额的增大而增加，企业通过用债务代替权益来提高其总现金流量和价值，在使企业价值最大化的强力推动下，企业似乎应该采用完全债务的资本结构。

【例 17-3】B 公司目前是一家无杠杆企业，公司预期产生永续性息税前收益 153.85 万元，公司税率是 35%，则税后收益为 100 万元，公司税后的全部收益用于支付股利。公司正考虑重新调整资本结构，增加债务 200 万元，债务的资本成本是 10%。在同一行业中无杠杆企业的权益资本成本是 20%，B 公司的新价值将是多少？

$$\begin{aligned}\text{B公司的新价值 } VL &= \frac{\text{EBIT}\times(1-T_C)}{r_O}+T_C B\\ &=\frac{100}{0.2}+(0.35\times200)\\ &=500+70\\ &=570(\text{万元})\end{aligned}$$

三、有公司税的股权资本成本模型

在没有公司税的情况下，权益的期望收益率与财务杠杆之间存在正相关关系。该结论成立的原因在于权益的风险随着财务杠杆而增大。在存在公司税的情况下，结论同样成立，其公式为：

$$r_S=r_O+\frac{B}{S}\times(1-T_C)(r_O-r_B) \tag{17-8}$$

将该式用于 B 公司，我们得到：

$$r_S=0.20+\frac{200}{370}\times(1-0.35)\times(0.20-0.10)=0.235$$

该计算过程见图(17-2)。当 $r_O>r_B$ 时，r_S 随财务杠杆而增加。

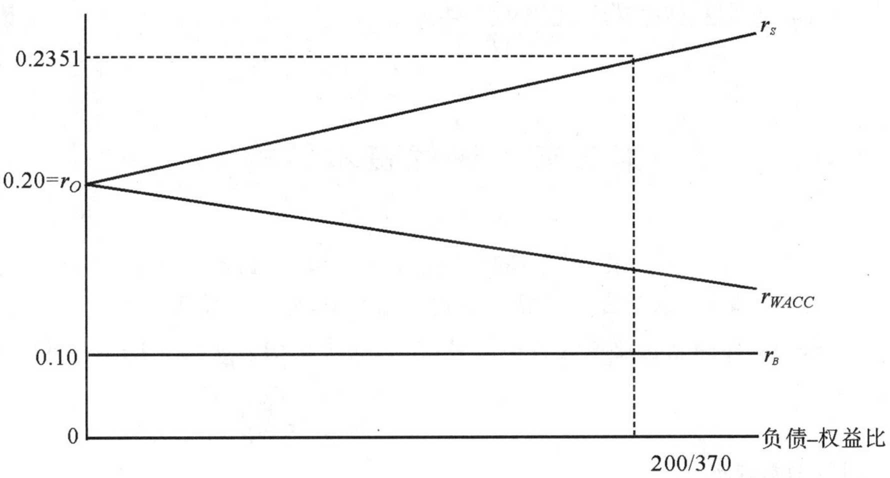

图 17-2 财务杠杆对债务资本成本和权益资本成本的影响

四、有公司税的加权平均资本成本

在第五章我们已经学习过加权平均资本的计算，所谓“加权平均资本成本”也就是企业以个别资本成本为基数，以各种来源资本占全部资本的比重为权数计算的全部长期资金的总成本。在没有公司税的情形下，加权平均资本与负债一权益比无关。在考虑公司税的情况下，我们将加权平均资本定义为：

$$T_{WACC}=\frac{B}{VL}r_B(1-T_C)+\frac{S}{VL}r_S$$

公式中 r_B 的乘数因子是$(1-T_C)$，这是因为公司支付的利息具有抵税作用。由于股利不能抵税，权益的成本 r_S 没有该乘数因子。在没有税收时，财务杠杆通常不影响 T_{WACC}。尽管债务相对权益而言具有税收优惠，可以证明在有公司税的世界中，T_{WACC}随财务杠杆而降低，该结论可以从图 17-2 看出。

对于 B 公司而言，加权平均资本为：

$$T_{WACC}=\left(\frac{200}{570}\times 0.10\times 0.65\right)+\left(\frac{370}{570}\times 0.2351\right)=0.1754$$

依靠债务的作用，B 公司将其加权平均资本从 0.20(没有债务时)降到 0.175 4，这意味着随着加权平均资本的降低，企业的价值将提高。使用上述加权平均资本公式，我们计算出 B 公司的价值是 570 万元。

$$VL=\frac{EBIT\times(1-T_C)}{r_wACC}=\frac{100}{0.1754}=570(万元)$$

第三节　最优资本结构

按照有税的MM定理，财务杠杆总能提高公司价值，暗示了企业应最大限度地进行债务融资，这与真实世界不一致。现实中，公司一般都采用适度的债务额。在探讨如何确立企业最优资本结构时，权衡理论引入了财务困境成本和代理成本。

一、财务困境成本

债务给公司带来了税收优惠，然而债务也给公司带来了压力，还本付息是公司的责任，如不能按时支付本息，最终可能导致破产危机。破产的可能性对企业的价值产生负面的影响，因为与破产相关联的成本降低了企业的价值，损害了股东的利益。财务困境成本包括直接成本和间接成本。

1. 财务困境的直接成本

财务困境的直接成本主要是指企业清算或重组的法律成本和管理成本。在企业破产前和破产期间始终需要律师的介入，管理费用和会计费用也是不小的开支。虽然这些成本的绝对值很大，但是只占公司市值的较少比例，对小企业来说，此比例更高一些，所以小企业通常选择更低的负债。

2. 财务困境的间接成本

财务困境的间接成本是指公司经营受到了影响。破产阻碍了公司与客户和经营商之间的经营行为。由于担心服务受到影响及信用丧失，公司的忠实客户会转向其他的制造商。有时甚至只要是破产逼近的阴影就足以赶跑客户，使公司蒙受巨大的损失。

二、代理成本

代理成本(Agency Costs)一般被定义为因股东、债权人和管理者之间发生利益冲突而产生的成本。当公司拥有债务时，在股东和债权人之间出现利益冲突。公司股东可能站在自己的立场上采取一些有损于债权人的策略。当财务困境发生时，这些利益冲突放大，给公司增加了代理成本。有三种股东用损害债权人并有利于自己的利己策略，这些策略会降低整个公司的市场价值。

1. 冒大风险的利己策略

濒临破产的公司经常冒巨大的风险，因为它们操纵着他人的财富。假设有一家杠杆公司，正考虑两个独立的项目，一个低风险，一个高风险。在繁荣和衰退期，两个项目的可能产出相等。若采用低风险项目，整个公司的现金流量描述如表17-4所示。

表17-4　若选择低风险项目时整个公司的价值

单位：万元

情形	概率	公司价值	＝	股票	＋	债券
衰退	0.5	100	＝	0	＋	100
繁荣	0.5	200	＝	100	＋	100

若发生衰退，公司的价值将是100万元；若发生繁荣，公司的价值将是200万元。公司的预期价值为150万元(0.5×100＋0.5×200)。公司需支付给债权人100万元，股东将获得总盈利与支付给债权人数额之间的差额。也就是说，债权人对盈利有优先索取权，而股东只有剩余索取权。

假设公司选取高风险项目，公司的现金流量如表17-5所示。

表17-5　若选择高风险项目时整个公司的价值

单位：万元

情形	概率	公司价值	＝	股票	＋	债券
衰退	0.5	50	＝	0	＋	50
繁荣	0.5	240	＝	140	＋	100

高风险项目中，公司的预期价值是145万元(0.5×50＋0.5×240)，低于低风险项目下的公司预期价值。因此，公司若为完全权益公司，将采纳低风险项目。然而，在高风险项目下的股票预期价值是70万元(0.5×0＋0.5×140)，而在低风险下的股票预期价值是50万元(0.5×0＋0.5×100)。已知目前为杠杆企业，股东会选择高风险项目。

股东冒大风险的策略关键在于，相对于低风险项目而言，高风险在繁荣期增加公司价值，在衰退期减少公司价值。股东赢得繁荣时期价值的增加量，而债权人损失了衰退期的价值下跌部分。因为低风险时，他们获得了全额偿付；而采用高风险项目时，他们只获得了50万元。在衰退期，无论选择高风险或低风险，都将一无所获。因此，股东通过选择高风险项目剥夺了债权人的价值。

2. 倾向于投资不足的利己策略

有重大破产可能性的股东通常不愿意以牺牲股东的利益为代价来帮助债权人。例如，有一家公司，年底应支付本金和利息共 4 000 万元，在衰退时公司的现金流量将只有2 400万元，因此它将进入破产的行列。无新项目时，公司的现金流量如表 17-6 左半部分。在衰退时公司可以通过筹集新权益来投资一个新项目以避免破产。项目耗资 1 000 万元，且一定可带来 1 700 万元的收益，即项目净现值为正。显然，在一个完全权益公司，项目可能被接受。

表 17-6　投资不足的鼓励

单位：万元

项目	无新项目的企业		有新项目的企业	
	繁荣	衰退	繁荣	衰退
企业的现金流量	5 000	2 400	6 700	4 100
债权人的索取权	4 000	2 400	4 000	4 000
股东的索取权	1 000	0	2 700	100

但是，项目损害了杠杆公司股东的利益。假设这 1 000 万元由老股东自己筹集，无项目的股东利益预期值是 500 万元(0.5×1 000+0.5×0)，有项目的预期值是 1 400 万元(0.5×2 700+0.5×100)。股东利益仅增长了 900 万元，而股东的成本是 1 000 万元。关键是股东贡献了 1 000 万元的全部投资，却要与债权人共同分享盈利。如果出现繁荣期，股东获得全部收益，相反，在衰退期，债权人获得项目的大部分现金流量。

策略 1 和策略 2 说明，财务杠杆导致投资政策扭曲，无杠杆公司总是选择正净现值的项目，而杠杆公司可能背叛该政策。

3. “撇油”的利己策略

股东的另一个利己策略是在财务困境时期支付额外股利或其他分配，留下少量给债权人，这被称为“撇油”。策略 2 和策略 3 非常相似。在策略 2 中，公司选择不增加新权益，而策略 3 更进一步，因为权益实际上通过股利被收回。

当仅有破产或财务困境的可能性时，股东才可能采取以上的利己政策。无破产风险可能的公司，一般不会产生上述的曲解。那么利己策略的成本最终是由谁承担的呢？答案是由股东自己承担。理性的债权人知道当财务危机迫近时，他们不可能从股东那儿得到帮助。相反，股东很可能选择减少债券价值的投资策略，相应地，债权人通过要求提高债券利息率(或贷款利率)来保护自己，因此股东必须支付这些高利率，他们最终要负担利己策略的成本，这种代理成本实际上是债务代理成本。

三、税收和财务困境成本的综合影响

综合税收的税盾作用和财务困境成本的影响，构成了资本结构决策的“静态权衡理论”，即增加负债而获得的税盾带来的好处会被增加的财务困境成本和代理成本所抵消。我们用图 17-3 来表示。

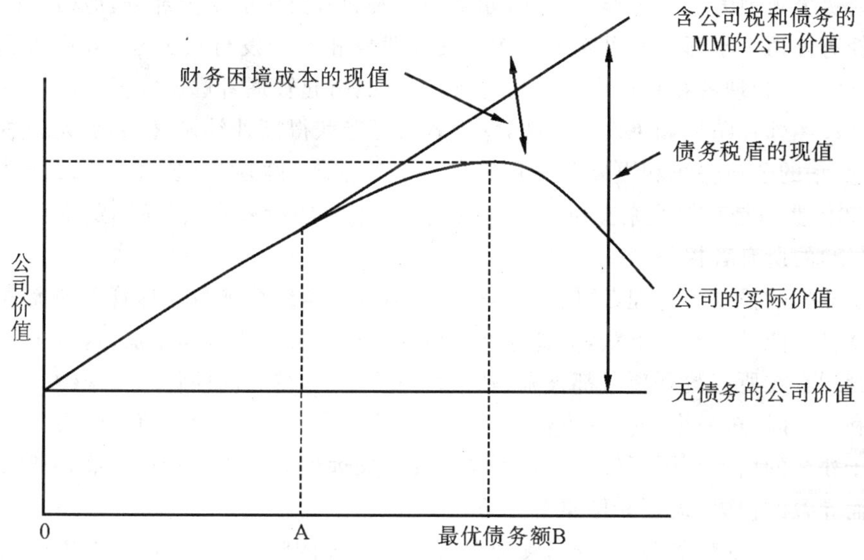

图 17-3 最优债务额和公司的价值

图 17-3 中斜线代表在无破产成本世界中公司的价值。反 U 形曲线代表含这些成本的公司价值。当公司少量负债时，在 A 点以前，债务的税盾起着支配作用。A 点以后，公司的财务困境成本和代理成本增加，导致公司的市场价值开始下跌。公司的市场价值在 B 点达到最大，在这一点，由额外债务额引发的财务困境和代理成本现值的增加等于税盾现值的增加，B 点即最优的债务额。超过这一点的破产成本增长快于税盾，暗示了公司价值因财务杠杆的进一步增加而减少。尽管在理论上存在最优债务额，但在实际工作中，很难用客观的方法精确测量出财务困境成本和代理成本的大小。因此，对公司融资组合结构的管理，需要良好的决策制定和管理判断能力。

四、权益代理成本与自由现金流

债务的代理成本是股东和债权人之间出现利益冲突，导致股东承担高债务资金成本。而权益的代理成本则是随着股东权益的增加引发的股东和管理者之间的利益冲突，会导致以下一些问题：

1. 逃避责任。如果某人是公司的所有者之一，他（她）将比只是一个公司雇员时更努力地为公司工作。此外，如果一个人拥有公司的绝大部分，他（她）将比只拥有公司一小部分时更卖力工作。发行股票相对于发行债务来说，稀释了股权，降低了管理者在企业中的股份份额，有可能引起管理者逃避责任。

2. 额外补贴。如果发行股票，管理者很可能获得额外补贴，比如更大的办公室，豪华的公司轿车和更高的费用额度等。假如他（她）拥有公司20%的股权，则80%费用是其他股东支付的。若他（她）是唯一的所有者，任何津贴都会减少他（她）的所有者权益。

3. 失败投资。管理者可能采纳负净现值的资本预算项目。尽管采纳负净现值项目可能导致股票下跌，但管理上的薪金一般随公司规模而增加，这意味着鼓励管理者在所有盈利项目都被采纳之后接受一些非盈利的项目。当采纳一个非盈利项目时，对一个只拥有少数股东利益的管理者而言，股票价值上的损失可能少于薪金的增加。因不好的项目而导致的损失远远大于逃避责任和额外津贴过度而导致的损失，甚至弄垮整个公司。

因此，当发行更多权益时，管理者有可能增加闲暇时间，以及与工作有关的额外津贴和非赢利性投资，这种情形尤其适用于发行大量股票的小公司。由于公司的管理者是股东的代理人，这三项就被成为代理成本，即权益的代理成本。同样道理，权益代理成本最终损害的是所有者，因为新股东留意投资，他们不会负担这些。

与权益代理成本理论类似的还有自由现金流假说。迈克尔·詹森（Michael C. Jensen）对自由现金流是如此下定义的：自由现金流是指在满足公司所有净现金流为正的项目（按相关资本成本贴现）的融资需求后所剩余的现金。自由现金流理论认为，大量的自由现金流会导致公司管理层进行不明智的行动，从而作出违背股东利益最大化目标的决策。因此，自由现金流学派提出债务融资“控制”理论，从而可以更有效地对公司管理层进行控制。例如，公司发行新的债券来回购一部分公司股票，这样公司管理层就不得不为此支付更多的本息，自然就减少了经理们控制的自由现金流。

在讨论权益代理成本与自由现金流影响之前，公司价值的变化等于债务的税盾与财务困境成本(包括债务的代理成本)的增加之间的差额。现在公司的价值变化等于债务的税盾加上权益代理成本和自由现金流的影响成本的减少,减去财务困境成本(包括债务的代理成本)的增加。最优资本结构应该是在所有这些因素之间进行权衡。

第四节　实际资本结构优化

资本结构理论是金融领域中最深奥难解的理论之一,最优资本结构包含了在税收和债务之间的抉择,没有确切的公式可用于评价最优负债一权益比。在实践中,大多数公司通过设立目标债务比率来把握公司的最优资本结构。在设立目标债务比率时必须考虑以下重要因素:

一、税收与税率

如果公司将一直有应税所得,债务的增加将减少由公司支付的税收;如果公司的税率高于债务的利率,债务的运用将增加公司的价值,发挥税盾的效应。

二、资产的类型

无论是通过正式或非正式的破产程序,财务困境的代价都是巨大的。财务困境的成本取决于公司所拥有的资产类型。例如,土地、建筑物等有形资产的财务困境成本将大大小于投资于研发上的无形资产的成本。因为研发的重售价值低于土地等有形资产,其价值大部分消失于财务困境中。

三、商业周期

商业环境的变动常常称为"商业周期或经济周期",商业周期是宏观经济决策和私人部门经营决策对未能预期到的新信息的一系列调整过程。决策正确时,经济就会繁荣扩张;反之,整个经济就会疲软收缩。当金融市场条件发生剧烈的变动时,公司的融资方针与决策要进行相应的调整。不能作出及时调整的公司,在新的市场条件下往往面临现金流收入水平降低和财务危机的风险。在经济周期的不同阶段,公司与金融市场的关系各不相同,公司的资本结构也因不同的阶段而变化。例如,在股市高涨时发行股票比债券好,因为股票可以以较高的市盈率发行，增加了公司的价值。

四、经营风险

影响公司资本结构和融资组合最重要的因素是公司经营的商业周期特征，即经营风险。经营风险可以定义为公司预期经营收入的不确定性。即使没有负债，有不确定的经营收入的公司陷入财务困境的可能性也较高。因此，这些公司必须主要依靠权益融资。例如，制药公司有不确定的经营收入，因为没有人能预见今日的研究能否产生新药。因而，这些公司维持较低的负债比率。相比之下，公用事业的经营收入一般几乎没有不确定性。相对于其他行业，公用事业使用大量的债务。

五、优序和高融资能力

融资优序理论阐述了公司更愿意选择内部权益（即留存收益）融资而非外部融资。而且，如果资金需求超过留存收益，则发行债务优于发行权益。两个要素可解释优序理论，一是外部融资需要支付大量的费用，所以相对于内部权益而言是昂贵的；二是当管理者对公司情况了解得比股东多时，也就是说存在“信息不对称”的情况下，股东难以准确地估价外部权益，这导致股东不愿意接受新权益的发行。如果公司偏爱留存收益融资甚于外部融资，则可能使用低于税收和财务困境成本中所默认的最佳资本结构中的负债率。

优序理论还暗示了两层含义。首先，公司将在经营好的期间储存现金以避免在经营不景气期间的外部融资需求。也可以在好的时期使用少量债务以便在不景气时（或出现重大机会时）能借到所需的资金。经济学家把现金集积和低负债水平归诸于高融资能力。其次，融资优序理论并未暗示明确的目标负债一权益比。相反，该比率随着资本支出和留存收益的变化而变化。

当然，最优资本结构的建立不仅需要考虑债务比重，还要考虑融资渠道、融资成本、现实的融资条件、企业投资项目的盈利能力以及相对应的融资方式等因素。另外必须明确的是，在不同行业中存在资本结构上的显著差异。在有充分未来投资机会的高增长行业，如制药业和电子行业，负债水平趋于很低，即使当外部融资需求十分强烈时也是如此。而诸如初级金属和造纸之类的投资机会相对较小且增长较慢的行业倾向于大量的举债。

尽管理论上还有许多难题没有解决，但是在实务中对最优资本结构的探讨从没有停止。在实务中确立公司资本结构时往往选择比较易于操作的简单方法，例如每股盈余和每股股价上升，综合资本成本最低等。

本章小结

本章介绍了有税和无税两种情形下MM定理，并分别介绍了无税情形下的股权资本成本模型及有税情形下加权平均资本成本的计算方法，分析了财务困境成本与代理成本对最优资本结构的影响，最后分析了在实务中确立最优资本结构常用的方法——目标债务比率。

复习思考题

1. 阐述MM定理Ⅰ和MM定理Ⅱ。
2. 为什么权益的期望收益率随企业财务杠杆而增加？
3. 为什么我们认为股东承担了破产成本？
4. 如何理解最优资本结构？最优资本结构需权衡哪些因素？
5. 建立目标债务比率需考虑哪些因素？

本章习题

1. 某公司目前是一家完全权益结构的企业，企业的权益价值200万元，权益的成本为18%，不存在税收。企业计划发行40万元债务并用于回购股票，债务成本是10%。

(1)企业回购股票后，企业总的资本成本将是多少？

(2)回购后，权益成本将是多少？

2. 一家完全权益结构的企业，公司税率是30%，股东要求的收益率为20%。企业的初始市场价值是350万元，流通在外的股票有17.5万股。企业发行利率为10%的债券100万元，并用此收入回购普通股。假设企业的财务危机成本不变，根据MM理论(有税)，该企业权益的新市场价值是多少？

3. 某公司正评估目前的资本结构及该结构对投资者财富的关联度。公司目前全部采用普通股融资，发行在外的股票有1 000股。已知由公司产生的潜在现金流量(EBIT)的风险，投资者目前要求公司普通股有20%的收益率。公司把所有收益作为股利支付给普通股股东。公司估计经营收入可能是1 000元、2 000元或4 200元，概率分别为0.1、0.4和0.5。假设公司关于收益的预期将实现，并且永久地保持不变，并假设公司税率和个人税都等于0。

(1)公司的价值是多少？

(2)公司董事长已认定公司有相同比例的债务和权益，股东会有较好的经济状况，因此他建议发行利率10%的债务7 500元。他将用该收入回购500股普通股。

①公司的新价值将是多少？

②公司的债务价值将是多少？

③公司的权益价值将是多少？

(3)假设董事长的建议已经实行。

①权益的应得报酬率是多少？

②公司总的应得报酬率是多少？

(4)假设公司的税率是40%，运用包含税收的MM定理发掘公司的价值。

第十八章 股利政策

学习目的

通过本章的学习,你可以:

1. 掌握股利的概念及其种类;
2. 了解现金股利的支付程序;
3. 掌握基本的股利政策和理论;
4. 理解股票回购的意义及其对价格的影响;
5. 理解股票股利和股票分割的概念及意义。

小案例导引

Qualcomm是在美国纳斯达克(NASDAQ)上市的一家高科技公司,平均近5年来的收益增长率超过65%,但是公司股东从不赞成分红,因为股东认为他们没有比现在更好的投资机会了,并且获得了远远高于股利回报率的资本利得收益。而Edison International公司一直将50%以上的利润用来支付股利,因为作为公用事业公司,它的成长机会有限,而且完全可能通过留存收益和发行新股满足其成长需要。1994年后,Edison公司降低了股利,进入了高成长的非公用行业。公司究竟该采用何种股利政策?股利支付政策有一个正确与否的标准吗?

股利政策是现代公司理财活动的三大核心内容之一。首先,它是公司筹资、投资活动的逻辑延续,是为股东提供回报的一种重要方式;其次,恰当的股利政策,不仅可以树立起良好的公司形象,而且能激发投资者对公司持续投资的热情,从而使公司获得长期、稳定的发展条件和机会。

第一节 为什么要支付股利

公司是否向股东派发股利，股利是不断增加、减少还是保持不变，是公司财务政策中最具有挑战性和最复杂的一部分。股东的收益只有两个来源:股价的变动和股利，因此，股利政策直接影响着股东的财富。

一、现金股利支付与利润留存

所谓股利是从公司盈余中以现金、股票等形式支付给股东的报酬，是利润分配的一种形式。最常见的股利形式是现金股利，也称为现金红利。

股利政策决定了股东收到的现金和企业保留下来用于投资的资金的大小，因而非常重要。在制定股利政策时，公司的管理层要在两者之间进行权衡。假设公司管理层已确定了投资总额，并决定采用债务和股权资本组合的融资方式，则多派发现金红利就意味着少留存利润，从而要更多地依赖于增加外部融资量;相反，如果少派发现金红利，则可多留存利润，从而减少对外部融资的需求。因此，股利政策与公司的资本预算和融资决策也紧密相关。股利政策常用现期股利与利润之比，即股利支付率表示，但我们至今仍无法量化该指标。

二、股利的种类

股利按其支付方式的不同，分为现金股利、股票股利、财产股利和负债股利等形式。

1. 现金股利

现金股利(Cash Dividends)是用货币资金支付股利的形式。这种支付方式是公司在分配股利时最常用的方式，也是投资者最容易接受的方式，它能够满足大多数投资者希望得到一定数量的现金作为投资收益回报的愿望，但这种分配方式无疑也会大量增加公司的现金流出量，给公司形成资金上的支付压力。

在发达的资本市场，公众公司通常一年四次支付常规现金股利(Regular Cash Dividends)。常规现金股利是指公司根据自身的经营状况和盈利能力，有把握确定在未来一定时期能够按时、按量支付股利。这部分股利也称为股息，因为其稳定性与债券的债息相似。而额外股利的发放与否、发放多少完全由公司根据当期的收益状况和投资决策决定。正常股利与额外股利都是对股东权益和税后利润的分配。还有一种特殊的现金股利，是公司清算资产时，将偿付债权人之后的剩余部分在股东之间进行分配所形成的清算股利（Liquidating Dividends）。清算股利不是来源于公司的现金和留存收益，而是来源于公司股本的减少。

2. 股票股利

股票股利（Stock Dividends）是指公司利用增发股票的形式支付给股东的股利，即公司通常按现有股东持有股份的比例来分配每个股东应得到新股的数量。有两种情况：一是公司以新发行的股票分配给股东；二是当企业注册资本尚未足额时，以其未被认购的股票作为股利分配给股东。股票股利对于股东来说，没有现金流出企业，因此它不是真正意义的股利，而只是增加流通在外的股票数量，同时降低股票的每股价值。

3. 财产股利

财产股利（Property Dividends）是指公司以现金之外的资产支付股东股利。财产股利可以是商品、不动产或其他公司有价证券等。例如美国 Ranchers 研发公司曾经以金条来发放其第四季度的股利；而 DuPont 公司为了应对反垄断法，曾经用其持有的 General Motors 公司的股票作为自己公司股票的股利。财产股利不会增加公司的现金流出，但是由于实物资产的不可分割性和难以传递，不易为广大股东所接受，所以通常采用的财产股利形式是公司持有的其他公司的有价证券。

4. 负债股利

负债股利是企业以负债的形式发放股利，这种发放形式通常是公司以应付票据或公司债券抵付股利，由于票据和债券都是带息的，所以会使公司支付利息的压力增大，但可以缓解公司资本不足的矛盾。这种股利发放方式只是公司的一种权宜之策，股东也往往不欢迎采用这种股利支付方式。

在我国，现金股利和股票股利是公司当前采用的两种发放方式，而财产股利和负债股利目前尚未采用。

三、现金股利支付程序

股份公司分配股利必须遵循法定的程序，一般是先由董事会提出分配预案，然后提交股东大会表决，通过了才能进行分配。股东大会决议通过分配预案之后，要向股东宣布发放股利的具体方案。如果公司宣布了股利，这就会成为公司一项不可撤销的负债。现金股利的发放具体包含以下日期：

1. 宣布日

宣布日就是股东大会表决通过并由董事会宣布发放股利的日期。在宣布分配方案的同时，要公布股权登记日、除息日和股利发放日。通常股份公司都应该定期宣布发放股利方案。我国股份公司一般是一年发放一次或两次股利，即在年末和年中分配。在西方国家，股利通常按季度支付。

2.股权登记日

股权登记日就是有权领取本期股利的股东资格登记的截止日期。企业规定股权登记日是为了明确股东能否领取股利的日期界限，因为股票是经常流动的，所以确定这个日期是非常必要的。凡是在股权登记日这一天之前登记在册的股东才有资格领取本期股利，而在这一天之后登记在册的股东，即使是在股利发放日之前买到的股票，也无权领取本次分配的股利。

3.除息日

除息日是指除去股利的截止日期，即领取股利的权利与股票分开的日期。按照证券市场的惯例，一般在股权登记日的前4天为除息日，在除息日之前购买的股票，才能领取本次股利，在除息日当天或以后购买的股票，则不能领取本次股利。规定除息日是因为股票的买卖交易之后，需要几天办理股票过户手续的时间。股票价格在除息日会下跌，因为在除息日之前的股票价格中包含了本次股利，在除息日之后的股票价格中不再包含本次股利。在实行“T＋0”交易制度下，股票买卖交易的当天即可办理完交割手续。在这种交易制度下，股权登记日的次日(指工作日)即可确定为除息日。

4.股利发放日

股利发放日，也称付息日，是指将股利正式发放给股东的日期。证券市场的计算机交易系统可以通过中央结算系统将现金股利直接打入股东资金账户，由股东向其证券代理商领取股利。

【例18-1】假设某股份公司2006年12月1日发布公告：“本公司董事会在2006年12月1日会议上作出决定，2006年全年发放每股2元的现金股利，2006年12月25日登记为本公司的在册股东均可获得该股利。股利将于2007年1月22日正式发放。”

本例中，2006年12月1日(星期二)为股利宣告日，2006年12月25日(星期一)为股权登记日，2006年12月21日(星期四)为除息日，如果采用“T＋0”交易制度，也可以将除息日确定为股权登记日的下一个工作日，即12月26日(星期二)。2007年1月22(星期一)日为股利发放日。

第二节　股利理论与股利政策

我们知道任何一项财务政策归根结底是为了实现股东价值最大化，而股东价值是由公司股票价格来反映的。关于股利政策是否影响股票价格，在学术界是一直争论的话题，被称为“股利困惑”。有两种理论的三种基本观点反映股利政策对股票价格的影响。这里的股利都指的是现金股利的发放。

一、股利无关论

莫迪格利尼与米勒，即MM是股利无关论的主要倡导者。股利无关理论认为股利的发放与股票价格无关，公司的股利决策不会影响公司的市场价值。这种观点有两个假设前提：首先，假设投资和融资决策都已确定，不会因为红利支付而改变；其次，假设存在完美的“资本市场”，即(1)投资者买卖股票不需支付交易费用；(2)公司发行股票也没有发行费用；(3)没有公司税和个人税；(4)很容易得到关于公司的所有信息：(5)管理层和股东之间没有利益冲突；(6)没有财务危机或破产清算成本。

在这两个假设下，股利政策与股票价格的关系可以清楚地解释为是不相关的。投资者并不关心他们的收入是来自资本收益还是股利收入，股利政策只不过是公司的一种融资策略。为了筹措增长所需的资金，公司可以对外发行股票，而将内部盈余资金分发股利；也可以采用内部盈余资金融资，相应少发股利，且不再对外发行股票。第一种融资方式为投资者提供股利收入，而第二种融资方式为投资者提供资本收益。两种收益唯一的区别只是性质不同，但数额相同，所以股利政策对于股东财富不产生影响，也就不会影响股价。

如果除股利外，股东没有其他途径从投资中获益，那么支付股利就会影响股价。但是，因为假设资本市场极其有效，投资者任何时候都能买卖股票。如果公司支付股利，那么投资者在购买股票时相应要多支付所获股利部分，从而抵消了相应的股利收入。这样无论实际的股利政策如何，投资者都可以创造应计的现金流。

二、股利相关论

1. 高股利增加股票价值

与股利无关论相反，股利相关理论认为公司的股利支付与其股票市价密切相关，公司实施股利决策会对公司的价值产生影响。这一理论的主要代表人物有：戈登(M. Gordon)、杜兰特(D. Durand)和林特纳(J. Lintnet)等人。

这种观点认为，股利收入比资本收益更具有可预测性，因为公司管理层可以控制股利却不能控制股价。对投资者来说，股利就像囊中之物，其风险小于资本收益。按风险与收益匹配的原则，投资者对资本收益应要求更高的回报率，如对股利收入要求的收益率可能为10%，而对不分股利股票的要求的收益率是15%。因此，股利收入的现值会高于等额的资本收益现值。这种认为股利具有更大的确定性的理论称为“在手之鸟”理论。

此外，偏爱当前收入也是该理论的支撑点之一。该理论认为，大部分投资者均喜爱尽早获得收入，喜爱当期取得股利，特别是那些靠固定收入生活的人士，如退休人员，政府机关人员等。如果喜好高股利的投资者持有低股利的股票，他们会很快将股票抛掉并发生交易成本。因此，为了避免支付交易成本，投资者往往购买并保持高股利股票。同时，公司支付较少的股利，投资者会对公司的经营和财务状况产生疑问，甚至失去投资信心，导致其股价下跌。

2. 低股利增加股票价值

这种观点认为，股利实质上有损投资者利益。此理论是基于股利收入和资本收益在税负上的差异而言的。在现实中，多数投资者都要纳税，对他们来说，其投资目标是在特定风险下使税后收益最大化。这可以通过减少应税收入的实际税率以及推迟税收支付来实现。

大多数国家对股利征收的税率高于资本收益的税率，股东还可以通过继续持有股票来延缓资本收益的获得而推迟为收益纳税的时间。因为股利收入是在收到股利时支付的，而资本收益的税收可以延迟到股票真正卖出时才支付。因此，基于付税的考虑，大多数投资者会选择公司留存利润而不是分发红利。利润留存后，股价会上升，但是除非卖出股票，否则股价的上升不用纳税。

总之，有税负时，投资者希望税后利益最大化，从而尽量推迟税款的支付。因此，允许税负延付的股票(低红利一高资本收益)会比需要税负即付的股票(高红利一低资本收益)价格高。也就是说，高红利损害了投资者利益，低红利则会抬高股价。

除了上述两种基本观点外，学术界和实业界做了大量有益的工作，不断改进原有的原理，又提出了剩余股利理论、客户效应、信息效应、代理费用和预期理论等，对股利政策和股价的关系作出了进一步的解释。

三、股利政策的分类

由于股利政策受多种因素的影响，因此股利政策在不同企业、不同时期是各不相同的。各种股利政策分类如下：

1.按股利支付比率的高低可分为全部发放股利政策、高股利政策、低股利政策和不支付股利政策等四种。这四种股利政策间的区别仅在于股利数额的大小，除全部发放股利与不支付股利外，高股利与低股利的确定是相对的。即把一个公司的大部分盈余(如75%)用于发放股利看作是一种高股利政策，而将较少的盈利(如25%)用于发放股利看作是一种低股利政策。通常，公司在现金较为充裕，又暂时无良好的投资机会时，便会考虑采取高股利政策，反之则用低股利政策，而全部支付股利或不支付股利的政策则较少采用。

2.按股利的稳定性可分为稳定的股利政策、变动的股利政策、阶梯式的股利政策与正常股利加额外股利的政策等四种。稳定的股利政策是指公司股利的发放，不因公司盈利多少而变化，一直维持一定数额的股利。变动的股利政策是指公司股利发放的数额视公司盈利的多寡而加以改变的政策。阶梯式的股利政策则是介于上述两者之间的一种股利发放政策，其特点是分阶段采用稳定股利的方式，而在各阶段之间则采用变动股利的方式，股利数额可升可降。正常股利加额外股利的政策也是一种介于稳定股利与变动股利之间的一种股利政策，这一政策的特点是：确定一个较低数额的股利并保证每年发放，而在公司盈利大幅度增加时，则加付额外股利。

第三节 实践中的股利政策

探讨实践中常用的股利政策，我们必须先了解现实中除财务因素外，还有哪些因素影响股利政策的制定。

一、影响股利政策的因素

1.法律的限制

公司的股利政策往往还会受到某些法律的限制。法律的限制通常分为两类，第一类是政府有关法规，通常规定在以下情况下不能支付现金股利：(1)资不抵债；(2)股利总额超过了累积的留存收益；(3)股利是用公司现有投入资本来支付的。第二类是每个公司持有的债务和优先股合约。为了尽量减少风险，债权人和优先股投资者通常给公司施加一些限制条款作为投资的先决条件。典型的限制股利支付的条款包括：(1)现金股利不能在债务清偿前支付；(2)在优先累积红利未付清前不能支付普通股股利等。

2.股权的控制

股利政策会受到现有股东对股权控制要求的影响。现有大股东为了保持对公司的控制权，倾向于低股利政策。因为高股利政策意味着留存利润将减少，公司通过增发新股筹资的可能性较大，而发行新股就会稀释现有大股东的控制权。所以，现有大股东更愿意运用债务和留存收益来进行融资。

3.资产的流动性

股利通常是以现金形式支付的，企业拥有大量的留存利润并不意味着公司就拥有支付股利的现金。如果企业货币资金充足或资产流动性较强，则股利支付的能力就强。否则，盈利能力再强，缺少支付股利的现金，股利政策也会受到影响。

4.筹资能力

公司的筹资能力也影响着股利政策。规模大、实力强的公司比新成立或成长中的小公司有更多的外部融资渠道，例如发行债券或新股，因此大公司有能力支付较高的股利。而新成立或成长中的中小公司难以进入资本市场，缺少有效的融资渠道，更趋向于保留较多的利润以满足经营的需要。

5.盈利能力

有稳定盈利能力的公司，其股利支付率相对较高。例如，公用事业类企业的盈利较稳定，一般实行高股利支付政策。如果盈利波动性很大，一方面对未来内部资金的来源无法预测，另一方面也说明企业面临较高的经营和财务风险，而外部资金筹集的成本相对较高，企业更倾向保留内部的留存利润以安排未来的资金需求，所以通常实行低股利政策。

二、股利政策的种类

根据影响股利政策因素的不同，公司在进行股利分配实务中，结合公司自身的实际情况经常采用如下一些股利政策：

1.剩余股利政策

剩余股利政策就是指只有当税后盈余超过投资所需时，公司才发放股利的股利政策。在剩余股利政策下，公司根据事先的目标资本结构，测算投资所需的权益资本，先从公司盈余当中留用，在满足了投资所需权益资金之后若有剩余，公司才将剩余部分作为股利发放给股东。

采用该政策时，公司通常遵循以下步骤：

(1)设定目标资本结构，即确定权益资本与债务资本的比率。在此资本结构下，综合的资金成本将达到最低的水平。

(2)根据目标资本结构比例，确定用权益资本融通资金支出预计所需的资金总额。

(3)最大限度地留用盈余来满足各个投资方案所需的权益资本的数额。

(4)若在满足了所有可接受投资方案后仍有盈余，此部分盈余将作为现金股利发放。

【例 18-2】假定某公司采用剩余股利政策，其目标资本结构为债务资本占40%，权益资本占60%。假设本年度税后可供分配的利润为150万元，如果下一年度的投资支出为200万元，企业是否将支付股利？如果有，将支付多少？

按照目标资本结构的要求，公司投资方案所需的权益资本数额为：

200×60%＝120(万元)

公司当年全部可用于分配股利的盈余为150万元，可以满足上述投资方案所需的权益资本数额并有剩余，剩余部分再作为股利发放。当年发放的股利额为：

150－120＝30(万元)

假设下一年度的投资支出为300万元，那么权益融资将需要180万元，此时税后盈余将全部用来满足投资所需，且需要通过发行新股或股东投资30万元，这种情况下，企业便不再支付股利了。

从上述案例可以看出，按照剩余股利政策，即使在企业盈利水平不变的情况下，股利的支付也将随各期企业投资机会的波动而波动，投资机会越多，股利支付越少；反之，投资机会越少，股利支付就越多。剩余股利政策的理论基础是股利无关论，投资者认为保留盈余还是发放股利觉得并无差别，关键是企业投资项目的净现值必须大于零。剩余股利政策最大的优势是保持了企业的最佳资本结构，使资本加权平均成本最低，进而提升股票的价值。

2.稳定的股利政策

采用稳定的股利政策，是指公司将每年发放的股利稳定在某一水平并在较长的时期保持不变，只有在确信公司未来的收益肯定而且可以维持新的更高股利时，才考虑增加年度的股利发放额。在经济较为稳定的时期，稳定股利政策是指每年支付固定股利的政策。例如美国AT&T公司曾是一家典型的严格执行稳定股利政策的企业，它在连续25年内每年支付每股9美元(每季每股支付

2.25美元)的现金股利。

在通货膨胀情况下，大多数企业的盈利会随之提高，投资者期望股利能够增长以抵消通货膨胀带来的不利影响。此时，经营状况和现金流量稳定的公司会建立一个目标股利增长率，实施稳定增长的股利政策，以维持投资者稳定的收益水平。

稳定的股利政策可以避免出现由于经营不善而削减股利的情况，其意义在于：

(1)可以作为公司未来盈利和股利水平的信号，增强投资者的信心。因为稳定的股利政策是管理者在对未来长期盈利水平预测的基础上制定的，向市场传递着公司未来经营前景稳定发展的信息，能消除投资者对公司未来的不确定感，有利于树立公司的良好形象，对稳定公司股票价格产生积极的影响。

(2)能满足机构投资者和依靠稳定股利生活的股东的需要。在西方国家，各种政府机构对银行、退休基金、信托基金和保险公司等机构投资者进行证券投资作了法律上的规定。只有具有稳定的股利发放记录的公司，其股票才能成为这些机构投资者购买证券投资的对象。稳定的股利政策，使依赖股利生活的股东不用经常抛售或购入股票，为他们提供了稳定的经济来源，受到他们的追捧。

(3)能在一定程度上降低权益资本成本并提高企业价值。由于股利信号的传播效应，股利波动的政策将会给投资者带来不稳定、不安全感，因此会导致投资者要求更高的收益率，并导致价格的波动。而稳定的可预计的股利政策暗示着公司经营的稳定，从而会降低普通权益资本成本，提升企业价值。

该股利政策的不足之处在于股利的支付与盈余相脱节，当公司盈余下降时，稳定不变的股利可能会成为公司的一项财务负担，导致公司资金短缺，财务状况恶化；如果公司处于经济不稳定时期，其盈余波动较大，即使支付稳定的股利也无法传递公司经营稳定的信息。

3.固定股利支付率政策

固定股利支付率政策是指公司按照一个固定不变的股利支付率发放股利，支付给股东的股利随盈利的多少而相应变化，也称为变动股利政策。实行固定股利支付率政策的公司，首先要确定一个股利占利润比重的股利支付比率，并加以相对固定；确定公司每年股利的分配方案时，将此股利支付比率与当年盈利结合，确定当年的股利支付额，盈利高的年份股利发放额就多，盈利少的年份股利发放额就少。

采用这一政策的意义在于能使股利与公司盈利紧密联系在一起，充分体现出多盈多分、少盈少分、不盈不分的原则，在一定程度上保存了公司的实力。但是这种政策的缺点是，当公司盈利不稳定时，各年股利发放额波动较大，容易造成公司信誉下降，动摇投资者信心，使股价受到不利影响。

4.低固定股利加额外股利政策

采用这种政策，公司首先必须将每年支付的股利固定在一个较低的水平，这个较低水平的股利视同为正常股利。然后，公司只有在经营业绩好、有较多盈余的年份，才按实际情况向股东发放额外的股利。这一政策的优势在于：

(1)能使公司具备较强的机动灵活性。当公司盈利较少或投资需求较多时，可维护既定的低股利政策，这样能减少公司的财务负担，而且也不会使股东产生对股利的跌落感；而当盈利有较大幅度增长时，适当地增发股利，可以增强投资者对公司的信心，有助于提升股票价格。

(2)这种股利政策可以使依赖股利收入的股东每年能得到较低但却稳定的收入，从而吸引了部分该类的股东，对公司股价的稳定有一定的益处。

实行这一政策的公司若持续支付额外股利，这一政策就会失去原有的目的，额外股利则会变为一种期望，投资者会将额外股利视为正常股利，一旦公司盈利下降减少股利时，便会招致股东不满。所以，通常只有那些未来各年盈余变化较大且现金流量较难把握的公司，采用这种股利政策才有可能是适当的选择。

三、合理的股利政策

到目前为止，股利政策该如何选择仍是一个谜，普遍认为遵循以下的原则可能是合理的：

1.在公司有利的投资机会增加的时候，应该减少分红率。也就是说，预期收益率高于资本成本的投资数额和分发股利之间呈反比关系。由于从外部获得资本要附加承销等费用，因此公司使用内部留存收益要比发行新股更合算。

2.公司的股利政策应基于对未来盈利能力和盈利风险的判断作出，以保持公司股利政策的稳定性。由于股利分配的信号作用，投资者更倾向于稳定股利的股票，所以大部分公司都制定多年一贯制的稳定的股利政策，而这基于对公司未来长期的盈利能力的判断。

3.存在个人所得税时，公司应该避免发行新股取得现金来发放股利。因为股东得到现金股利需要缴税，所以发行新股的收益一部分流出企业，使股东受损，并且新股的发行成本会加剧这一影响。

第四节　股票回购

股票回购是指股票发行公司出于某种原因对公司普通股进行回购以减少公司的流通股。在西方，股票回购作为一种利润分配形式已经超过了正常股利的发放。美林公司估计美国证券市场近年来已经有超过 1 400 家公司宣布了总额超过 800 亿美元的 24 亿股份被回购。其中最大的两宗股票回购案是在 20 世纪 90 年代中期，General Motors 公司花费 48 亿美元回购了 20%(6 400 万股)的股票和 Santa Fe Southern Pacific 公司花费 34 亿美元回购了 38%(6 000 万股)的股票。在 2001 年，Boeing 减少了 11%在外流通的股份，而 Rex Store 则回购了其股份的 24%。

一、股票回购的主要理由

1. 为股东提供了税负优势

在西方，出售股票的资本利得税经常低于股利所得税，所以大部分股东在出售股票时交纳的税金低于收到现金股利时交纳的税金。另外，在股票回购案中，股东可以选择是否出售和何时出售，相对于现金股利有较大的选择弹性并有延迟纳税的好处。

2. 增加每股收益和净资产回报率

通过回购减少在外流通的股份和股东权益，可以增加每股收益和净资产回报率，使公司的业绩得以提高，提升企业的形象。

3. 满足员工持股计划

在西方，普遍推行的员工持股计划也成为股份回购的原因之一。Honeywell 公司报告回购股份中的 100 万股被用于员工持股计划。

4. 防止被兼并收购和减少小股东数

通过减少公众持有的股份，现有的股东和管理者可以保持“外人免进”，从而牢牢掌握公司的控制权。当 Ted Turner 试图收购 CBS 时，CBS 开始了实质性的股份回购，抵制收购。而且股份回购同时减少了股东数，使大股东股份更集中，这有助于削减股东中的少数权益群体，减少公司为小股东服务的费用。

5. 可以为公司提供内部投资机会

当公司股价不断下跌，管理层认为股价低于公司价值时，股票回购为公司提供了内部投资机会，并有助于股价的恢复。IBM 公司在 1987 年 10 月股市低迷、股价下跌的情况下,大规模回购股票,使IBM公司股票首先出现反弹的迹象。

回购在带来许多优势的同时,也有其不足之处,最重要的一点就是回购可能损害了继续持有股票的股东的利益。因为为了回购成功,回购要约出价通常高于当时市价,而在公司股票回购行动停止以后,股票价格便又会开始下跌。

二、股票回购对股票价格的影响

股票回购在某种意义上也是向股东派发现金股利的一种形式,因为在不考虑其他因素的情况下,股票回购对股票价格产生的影响与收到现金股利的数额相同。

【例18-3】某公司本年度净收益为750万元,计划向股东分配400万元,在外流通的股票数为100万股,则每股收益为7.5元。假设市盈率为8,则当前股价为60元。若向股东分配现金股利,则每股为4元。股利宣布后,股票的价格上升为64元;若采用回购股票的方式,则对每股收益和股价的影响如下:

(1)假设公司按每股60元市价回购股票,另支付每股4元现金股利,则回购成本为每股64元;

(2)在每股64元的基础上,共可回收62 500股(400万/64元);

(3)回购后,每股收益=7 500 000/(1 000 000－62 500)=8元;

(4)假设市盈率不变,仍为8,则回购后,股票价格=8×8=64元,增长部分刚好等于计划发放的现金股利额。

上例中,无论支付现金股利或回购股票,公司的现有股东都将获得同等价值。如果支付现金股利,股东将有每股价值60元的股票和每股4元的现金股利;如果回购股票,股票的每股价值64元。这一结果的假设前提为:(1)股票以每股64美元的价格回购;(2)750万元的净收入不受回购的影响;(3)回购后市盈率仍为8。在这些假设前提下,股票回购是直接支付现金红利的完美替代。

三、税收与股票回购

在不考虑税收和交易成本的市场中回购股票,并不能提高继续持有股票股东的财富。然而,在西方目前税法下,股东更偏好股票回购。对例18-3做稍微改动,若发放400万美元的现金股利,在美国税法中股利按普通收入所得税率征税,假设税收等级为28%税率,则股东总计必须缴纳112万美元(400×28%)的税收。如果回购股票，假设股东立刻出售股票，则对股票增值部分即每股 4 美元征税，目前资本利得税率为 20%，则股东总计缴纳的税收为 75 万美元（4×93 750×20%）。如果股东目前不抛售股票，还可以享受延迟纳税的好处。实证研究表明，回购后股票价格的长期表现要好于没有回购的同类公司。

但是，如果公司回购自己的股票仅仅是为了逃避股利征税，很可能招致联邦税务署的惩罚，征收不正当累积税。然而，一次性或无规律性的回购不在此列。

四、股票回购方式

当公司管理层决定回购公司外部流通股时，需要把回购决定公布于众，表明回购目的和回购方式。回购的方式主要有以下三种：

1. 在市场上直接购买。这种情况下，公司通过经纪人在市场上直接购买公司股票，这可能会使股价上升，同时公司还必须向经纪人支付佣金。

2. 向股东标购。标购是指公司在事先约定好的价位上收购一定数量的股份。为了吸引卖者，标购价格通常高于股票当前价格。当公司股票回购的数量较多时，标购这种方式最好。因为股东们清楚地知道公司的意图并且卖出股票的机会相同。

3. 与少数几个大股东协商购买。此时，公司必须保证回购价格公平合理，不会损害其他股东的利益。

第五节　股票股利和股票分割

一、股票股利

股票股利是指向现有股东按比例派发新股，是最常用的股利分配形式之一。股票股利对于企业来说，没有现金流出企业，因此它不是真正意义上的股利，而只是增加流通在外的股票数量，同时降低股票的每股价值。在派发股票股利的情形下，公司资产净收益、风险和各股东的股票份额并不变化。

【例 18-4】假设 H 公司当前在外流通的股份为 1 000 万股，公司的税后利润为 480 万元，即每股收益为 0.48 元。公司目前的市盈率为 50，即每股价格为 24 元。公司董事会宣布 5 送 1 的股票股利计划。假设某股东持有该公司 1 000 股股票，则此股利分配计划对该股东收益是否产生影响？

按照公司的配送比例，该股东可以收到 200 股股票(1 000 股/5)，但是该股东并未获得价值 4 800 元的资产(200 股×24 元)。因为在此股利方案下，公司共增发 200 万新股(1 000 万/5)，而税后利润仍是 480 万，因此每股收益将变成 0.4元(480 万/1 200 万股)，如果市盈率保持不变，则公司股价将跌至 20 元(0.4×50)。该股东现在拥有 1 200 股每股价值 20 元的股票，价值共 24 000 元，与派发股利前一样。

通过上述的例子，我们可以看出，股票股利并未增加股东财富，只是增加流通在外的股票数量并降低了每股价值。

【例 18-5】假设 I 公司准备发放 30%的股票股利。公司股票当前市价为 15 元，股票股利发放前公司资产负债表的股东权益部分如表 18-1 所示。

表 18-1　I 公司发放股票股利前的资产负债表

普通股	
面值(1 000 000 股，每股面值 2 元)	¥2 000 000
资本公积	8 000 000
留存收益	15 000 000
股东权益	¥25 000 000

发放 30%的股票股利将使公司股份数量增加 30 万股(100 万股×30%)。随着股票股利的发放，留存收益中有 450 万元(30%×100 万股×15 元)的资金要转移到普通股和资本公积账户上去。由于面值不变，因此，增发 30 万股普通股，普通股账户将增加 60 万元，其余 390 万元则转移到资本公积账户，而该公司股东权益总额不变。如表 18-2 所示。

表 18-2　I 公司发放股票股利后的资产负债表

普通股	
面值(1 000 000 股，每股面值 2 元)	¥2 600 000
资本公积	11 900 000
留存收益	10 500 000
股东权益	¥25 000 000

从例 18-5 可以看出，股票股利实际上是把公司的盈余资本化，即把股利从留存收益账户转移到普通股面值和资本公积中去。

二、股票分割

股票分割(Stock Split)是指将股票面额较高的股票拆分成面额较低的股票的行为。股票分割通常是在股票价格大幅度上升而且预期难以下降时所采取的大幅度降低股价的一种手段。在1999年,Qualcomm Inc.的股价已经超过每股500美元,据预测会上升至1 000美元左右,公司采用了每股拆分成4股的股票分割政策,以降低股票价格,便于更多投资者参与股票交易。

就会计而言,股票分割对企业的财务结构不会产生任何影响,一般只会使发行在外的股票数量增加,而资产负债表中股东权益各账户(普通股、资本公积、留存盈利等)的余额都保持不变,股东权益合计数也维持不变。

继续看例18-5,假设I公司改变原有计划,决定对股票进行1∶2的分割,即每股分割为2股,则公司股份数量将增加一倍,股票的每股面值从2美元降为1美元,表18-3反映了股票分割后的资产负债表。

表18-3　I公司股票分割后的资产负债表

普通股	
面值(2 000 000股,每股面值1元)	¥2 000 000
资本公积	8 000 000
留存收益	15 000 000
股东权益	¥25 000 000

与股票股利相同,股票分割后每股收益将按分割比例下降,如果市盈率保持不变的话,股票价格也将按比例下降。

三、股票股利和股票分割的意义

股票股利与股票分割的经济基础完全一样,都是给公司现有的股东增发额外的股票。通过前面的例子我们可以看到,在市盈率不变的前提下,它对公司的财务结构和公司价值未产生任何影响。那么在实务中为什么还有相当多的公司选择股票股利和股票分割政策呢?赞同该政策的人认为选择股票股利和股票分割具有以下益处:

1.股价通常不会因股份数量增加而同比例减少,从而使股东受益。例如,股票1∶2分割后,股价可能不会跌到原来的50%。因为当股价过高时,许多投资者无力购买，从而影响股票交易的活跃性和流动性，需求受到抑制，经过调整后，股价处于一个合理的范围，公司的股票价值可以达到最大。此外，股票股利和股票分割通常为利润正在增长的公司所采用，所以被视为利好消息，预示着未来盈利的增长，所以股价会上升，因此股东拥有的股票价值总额将会增加。

2. 股票股利和股票分割可以保留公司现金。当公司有好的投资机会而现金不足时，很有可能用股票股利来代替现金股利，此时股价也会上升，从而增加公司价值。

总而言之，在公司前景看好，尤其是股票价格远远超出正常水平的时候，实行股票分割和股票股利是非常有意义的。

但是过度使用股票股利和股票分割政策也会带来下面的一些不利影响：

1. 减少了每股收益，影响了企业的形象。近年来，在我国证券市场，大量企业持续采用股票股利政策，致使每股收益一降再降，最终降低了企业的价值，使股东利益受损。

2. 会造成股价的波动，损害股东的利益。在股票股利和股票分割政策实行后，如果公司的盈利状况和现金红利并没有出现预期的增长情况，则股价在短暂的上升后会迅速回落。同样，如果公司是因为财务困难而保留现金发放股利，股价也会随之跌落。

3. 交易费用较高，减少了流动性。低价股票的经纪费用占交易额的较高百分比，也就是说，经营低价股票交易比经营高价股票费用大，这也说明股票股利和股票分割减少了公司股票的流动性。

所以，对于股票股利和股票分割政策，应根据公司的具体情况具体分析决定是否采用，避免对公司价值产生不利的影响。

本章小结

股利支付与利润留存是此消彼长的关系，受到公司融资决策的影响。有两种基本股利政策理论，即相关和无关论。在相关理论中，又有高股利政策和低股利政策之说，这也正是股利政策令人迷惑之处。在理论上，股利的形式可以有现金股利、股票股利、财产股利和负债股利，股利支付的政策有剩余股利政策、稳定股利政策及固定股利支付率政策等。但在实务中，公司通常采用稳定股利政策，并且支付现金股利和股票股利。股票股利和股票分割也是公司常采用的手段之一，作用是降低了股价，增加了股份流通数；而股票回购的作用基本相反，减少了股份流通数，抬升了股价。

复习思考题

1.解释股利支付和内部利润留存之间的权衡关系。

2.在完美市场中,股利政策对股价有何影响?

3.为什么稳定的红利政策是最广泛使用的股利政策?

4.股票分割或股票股利对于现金股利的优势是什么?

5.公司为什么回购股票?

本章习题

1.某公司的股利支付率保持在40%,去年每股净收益为2.5元,预期净收益将以12%的速度增长。今年每股红利是多少?3年后呢?

2.某公司需融资1 600万元,假设每股发行价为20元,承销费用为发行价的12%,共需要发行多少新股?发行总额是多少?

3.某公司正考虑4项投资项目,有关信息见下表。公司资本成本为14%,融资结构为:债务40%,普通股权益资本60%,可用于再投资的内部资金总额为75万元。

(1)应进行哪项投资?根据剩余股利理论,还剩多少可用于支付现金红利?

(2)如果资本成本为10%,上题答案如何变化?

项目	投资规模(元)	内部收益率
A	275 000	17.50
B	325 000	15.72
C	550 000	14.25
D	400 000	11.65

4.某公司资产负债表上债务和权益部分如下。普通股市场价格为每股20元,假设:(1)公司派发15%的股票股利;(2)进行1∶2股票分割。编制两种股票股利政策实施后的会计报表。

债务	¥1 800 000
普通股	
面值(100 000股,每股面值2元)	200 000
资本公积	400 000
留存收益	900 000
	¥3 300 000

5.某公司计划支付现金股利550 000元，公司现有275 000股外部流通股，每股净收益为6元，除权日后股票价格为45元。如果公司管理层决定用股票回购代替现金股利，计算：

(1)回购价格应为多少？

(2)应回购多少股？

(3)如果回购价格低于或高于a中的价格，怎么办？

(4)假设你有100股，你愿意选择现金股利还是股票回购？

附录　货币时间价值表

复利将来值(终值表)

一元的终值$=(1+i)^n$

I,n	1	2	3	4	5	6	7	8	9	10
1%	1.010 00	1.020 10	1.030 30	1.040 60	1.051 01	1.061 52	1.072 14	1.082 86	1.093 69	1.104 62
2%	1.020 00	1.040 40	1.061 21	1.082 43	1.104 08	1.126 16	1.148 69	1.171 66	1.195 09	1.218 99
3%	1.030 00	1.060 90	1.092 73	1.125 51	1.159 27	1.194 05	1.229 87	1.266 77	1.304 77	1.343 92
4%	1.040 00	1.081 60	1.124 86	1.169 86	1.216 65	1.265 32	1.315 93	1.368 57	1.423 31	1.480 24
5%	1.050 00	1.102 50	1.157 63	1.215 51	1.276 28	1.340 10	1.407 10	1.477 46	1.551 33	1.628 89
6%	1.060 00	1.123 60	1.191 02	1.262 48	1.338 23	1.418 52	1.503 63	1.593 85	1.689 48	1.790 85
7%	1.070 00	1.144 90	1.225 04	1.310 80	1.402 55	1.500 73	1.605 78	1.718 19	1.838 46	1.967 15
8%	1.080 00	1.166 40	1.259 71	1.360 49	1.469 33	1.586 87	1.713 82	1.850 93	1.999 00	2.158 92
9%	1.090 00	1.188 10	1.295 03	1.411 58	1.538 62	1.677 10	1.828 04	1.992 56	2.171 89	2.367 36
10%	1.100 00	1.210 00	1.331 00	1.464 10	1.610 51	1.771 56	1.948 72	2.143 59	2.357 95	2.593 74
12%	1.120 00	1.254 40	1.404 93	1.573 52	1.762 34	1.973 82	2.210 68	2.475 96	2.773 08	3.105 85
14%	1.140 00	1.299 60	1.481 54	1.688 96	1.925 41	2.194 97	2.502 27	2.852 59	3.251 95	3.707 22
16%	1.160 00	1.345 60	1.560 90	1.810 64	2.100 34	2.436 40	2.826 22	3.278 41	3.802 96	4.411 44
18%	1.180 00	1.392 40	1.643 03	1.938 78	2.287 76	2.699 55	3.185 47	3.758 86	4.435 45	5.233 84
20%	1.200 00	1.440 00	1.728 00	2.073 60	2.488 32	2.985 98	3.583 18	4.299 82	5.159 78	6.191 74
22%	1.220 00	1.488 40	1.815 85	2.215 33	2.702 71	3.297 30	4.022 71	4.907 71	5.987 40	7.304 63
24%	1.240 00	1.537 60	1.906 62	2.364 21	2.931 63	3.635 22	4.507 67	5.589 51	6.930 99	8.594 43
26%	1.260 00	1.587 60	2.000 38	2.520 47	3.175 80	4.001 50	5.041 90	6.352 79	8.004 51	10.085 69
28%	1.280 00	1.638 40	2.097 15	2.684 35	3.435 97	4.398 05	5.629 50	7.205 76	9.223 37	11.805 92
30%	1.300 00	1.690 00	2.197 00	2.856 10	3.712 93	4.826 81	6.274 85	8.157 31	10.604 50	13.785 85
32%	1.320 00	1.742 40	2.299 97	3.035 96	4.007 46	5.289 85	6.982 61	9.217 04	12.166 49	16.059 77

续表

一元的终值＝$(1+i)^n$

I,n	11	12	13	14	15	16	17	18	19	20
1%	1.115 7	1.126 8	1.138 1	1.149 5	1.161 0	1.172 6	1.184 3	1.196 1	1.208 1	1.220 2
2%	1.243 4	1.268 2	1.293 6	1.319 5	1.345 9	1.372 8	1.400 2	1.428 2	1.456 8	1.485 9
3%	1.384 2	1.425 8	1.468 5	1.512 6	1.558 0	1.604 7	1.652 8	1.702 4	1.753 5	1.806 1
4%	1.539 5	1.601 0	1.665 1	1.731 7	1.800 9	1.873 0	1.947 9	2.025 8	2.106 8	2.191 1
5%	1.710 3	1.795 9	1.885 6	1.979 9	2.078 9	2.182 9	2.292 0	2.406 6	2.527 0	2.653 3
6%	1.898 3	2.012 2	2.132 9	2.260 9	2.396 6	2.540 4	2.692 8	2.854 3	3.025 6	3.207 1
7%	2.104 9	2.252 2	2.409 8	2.578 5	2.759 0	2.952 2	3.158 8	3.379 9	3.616 5	3.869 7
8%	2.331 6	2.518 2	2.719 6	2.937 2	3.172 2	3.425 9	3.700 0	3.996 0	4.315 7	4.661 0
9%	2.580 4	2.812 7	3.065 8	3.341 7	3.642 5	3.970 3	4.327 6	4.717 1	5.141 7	5.604 4
10%	2.853 1	3.138 4	3.452 3	3.797 5	4.177 2	4.595 0	5.054 5	5.559 9	6.115 9	6.727 5
12%	3.478 5	3.896 0	4.363 5	4.887 1	5.473 6	6.130 4	6.866 0	7.690 0	8.612 8	9.646 3
14%	4.226 2	4.817 9	5.492 4	6.261 3	7.137 9	8.137 2	9.276 5	10.575 2	12.055 7	13.743 5
16%	5.117 3	5.936 0	6.885 8	7.987 5	9.265 5	10.748 0	12.467 7	14.462 5	16.776 5	19.460 8
18%	6.175 9	7.287 6	8.599 4	10.147 2	11.973 7	14.129 0	16.672 2	19.673 3	23.214 4	27.393 0
20%	7.430 1	8.916 1	10.699 3	12.839 2	15.407 0	18.488 4	22.186 1	26.623 3	31.948 0	38.337 6
22%	8.911 7	10.872 2	13.264 1	16.182 2	19.742 3	24.085 6	29.384 4	35.849 0	43.735 8	53.357 6
24%	10.657 1	13.214 8	16.386 3	20.319 1	25.195 6	31.242 6	38.740 8	48.038 6	59.567 9	73.864 1
26%	12.708 0	16.012 0	20.175 2	25.420 7	32.030 1	40.357 9	50.851 0	64.072 2	80.731 0	101.721 1
28%	15.111 6	19.342 8	24.758 8	31.691 3	40.564 8	51.923 0	66.461 4	85.070 6	108.890 4	139.379 7
30%	17.921 6	23.298 1	30.287 5	39.373 8	51.185 9	66.541 7	86.504 2	112.455 4	146.192 0	190.049 6
32%	21.198 9	27.982 5	36.937 0	48.756 8	64.359 0	84.953 8	112.139 0	148.023 5	195.391 1	257.916 2

续表

一元的终值＝$(1+i)^n$										
I,n	21	22	23	24	25	26	27	28	29	30
1%	1.232 4	1.244 7	1.257 2	1.269 7	1.282 4	1.295 3	1.308 2	1.321 3	1.334 5	1.347 8
2%	1.515 7	1.546 0	1.576 9	1.608 4	1.640 6	1.673 4	1.706 9	1.741 0	1.775 8	1.811 4
3%	1.860 3	1.916 1	1.973 6	2.032 8	2.093 8	2.156 6	2.221 3	2.287 9	2.356 6	2.427 3
4%	2.278 8	2.369 9	2.464 7	2.563 3	2.665 8	2.772 5	2.883 4	2.998 7	3.118 7	3.243 4
5%	2.786 0	2.925 3	3.071 5	3.225 1	3.386 4	3.555 7	3.733 5	3.920 1	4.116 1	4.321 9
6%	3.399 6	3.603 5	3.819 7	4.048 9	4.291 9	4.549 4	4.822 3	5.111 7	5.418 4	5.743 5
7%	4.140 6	4.430 4	4.740 5	5.072 4	5.427 4	5.807 4	6.213 9	6.648 8	7.114 3	7.612 3
8%	5.033 8	5.436 5	5.871 5	6.341 2	6.848 5	7.396 4	7.988 1	8.627 1	9.317 3	10.062 7
9%	6.108 8	6.658 6	7.257 9	7.911 1	8.623 1	9.399 2	10.245 1	11.167 1	12.172 2	13.267 7
10%	7.400 2	8.140 3	8.954 3	9.849 7	10.834 7	11.918 2	13.110 0	14.421 0	15.863 1	17.449 4
12%	10.803 8	12.100 3	13.552 3	15.178 6	17.000 1	19.040 1	21.324 9	23.883 9	26.749 9	29.959 9
14%	15.667 6	17.861 0	20.361 6	23.212 2	26.461 9	30.166 6	34.389 9	39.204 5	44.693 1	50.950 2
16%	22.574 5	26.186 4	30.376 2	35.236 4	40.874 2	47.414 1	55.000 4	63.800 4	74.008 5	85.849 9
18%	32.323 8	38.142 1	45.007 6	53.109 0	62.668 6	73.949 0	87.259 8	102.966 6	121.500 5	143.370 6
20%	46.005 1	55.206 1	66.247 4	79.496 8	95.396 2	114.475 5	137.370 6	164.844 7	197.813 6	237.376 3
22%	65.096 3	79.417 5	96.889 4	118.205 0	144.210 1	175.936 4	214.642 4	261.863 7	319.473 7	389.757 9
24%	91.591 5	113.573 5	140.831 2	174.630 6	216.542 0	268.512 1	332.955 0	412.864 2	511.951 6	634.819 9
26%	128.168 5	161.492 4	203.480 4	256.385 3	323.045 4	407.037 3	512.867 0	646.212 4	814.227 6	1 025.926 7
28%	178.406 0	228.359 6	292.300 3	374.144 4	478.904 9	612.998 2	784.637 7	1 004.336 3	1 285.550 4	1 645.504 6
30%	247.064 5	321.183 9	417.539 1	542.800 8	705.641 0	917.333 3	1 192.533 3	1 550.293 3	2 015.381 3	2 619.995 6
32%	340.449 4	449.393 2	593.199 0	783.022 7	1 033.590 0	1 364.338 7	1 800.927 1	2 377.223 8	3 137.935 4	4 142.074 8

现值表

一元的现值$=1/(1+i)^n$

I,n	1	2	3	4	5	6	7	8	9	10
1%	0.990 10	0.980 30	0.970 59	0.960 98	0.951 47	0.942 05	0.932 72	0.923 48	0.914 34	0.905 29
2%	0.980 39	0.961 17	0.942 32	0.923 85	0.905 73	0.887 97	0.870 56	0.853 49	0.836 76	0.820 35
3%	0.970 87	0.942 60	0.915 14	0.888 49	0.862 61	0.837 48	0.813 09	0.789 41	0.766 42	0.744 09
4%	0.961 54	0.924 56	0.889 00	0.854 80	0.821 93	0.790 31	0.759 92	0.730 69	0.702 59	0.675 56
5%	0.952 38	0.907 03	0.863 84	0.822 70	0.783 53	0.746 22	0.710 68	0.676 84	0.644 61	0.613 91
6%	0.943 40	0.890 00	0.839 62	0.792 09	0.747 26	0.704 96	0.665 06	0.627 41	0.591 90	0.558 39
7%	0.934 58	0.873 44	0.816 30	0.762 90	0.712 99	0.666 34	0.622 75	0.582 01	0.543 93	0.508 35
8%	0.925 93	0.857 34	0.793 83	0.735 03	0.680 58	0.630 17	0.583 49	0.540 27	0.500 25	0.463 19
9%	0.917 43	0.841 68	0.772 18	0.708 43	0.649 93	0.596 27	0.547 03	0.501 87	0.460 43	0.422 41
10%	0.909 09	0.826 45	0.751 31	0.683 01	0.620 92	0.564 47	0.513 16	0.466 51	0.424 10	0.385 54
12%	0.892 86	0.797 19	0.711 78	0.635 52	0.567 43	0.506 63	0.452 35	0.403 88	0.360 61	0.321 97
14%	0.877 19	0.769 47	0.674 97	0.592 08	0.519 37	0.455 59	0.399 64	0.350 56	0.307 51	0.269 74
16%	0.862 07	0.743 16	0.640 66	0.552 29	0.476 11	0.410 44	0.353 83	0.305 03	0.262 95	0.226 68
18%	0.847 46	0.718 18	0.608 63	0.515 79	0.437 11	0.370 43	0.313 93	0.266 04	0.225 46	0.191 06
20%	0.833 33	0.694 44	0.578 70	0.482 25	0.401 88	0.334 90	0.279 08	0.232 57	0.193 81	0.161 51
22%	0.819 67	0.671 86	0.550 71	0.451 40	0.370 00	0.303 28	0.248 59	0.203 76	0.167 02	0.136 90
24%	0.806 45	0.650 36	0.524 49	0.422 97	0.341 11	0.275 09	0.221 84	0.178 91	0.144 28	0.116 35
26%	0.793 65	0.629 88	0.499 91	0.396 75	0.314 88	0.249 91	0.198 34	0.157 41	0.124 93	0.099 15
28%	0.781 25	0.610 35	0.476 84	0.372 53	0.291 04	0.227 37	0.177 64	0.138 78	0.108 42	0.084 70
30%	0.769 23	0.591 72	0.455 17	0.350 13	0.269 33	0.207 18	0.159 37	0.122 59	0.094 30	0.072 54
32%	0.757 58	0.573 92	0.434 79	0.329 39	0.249 53	0.189 04	0.143 21	0.108 49	0.082 19	0.062 27

续表

一元的现值 $=1/(1+i)^n$

I,n	11	12	13	14	15	16	17	18	19	20
1%	0.896 32	0.887 45	0.878 66	0.869 96	0.861 35	0.852 82	0.844 38	0.836 02	0.827 74	0.819 54
2%	0.804 26	0.788 49	0.773 03	0.757 88	0.743 01	0.728 45	0.714 16	0.700 16	0.686 43	0.672 97
3%	0.722 42	0.701 38	0.680 95	0.661 12	0.641 86	0.623 17	0.605 02	0.587 39	0.570 29	0.553 68
4%	0.649 58	0.624 60	0.600 57	0.577 48	0.555 26	0.533 91	0.513 37	0.493 63	0.474 64	0.456 39
5%	0.584 68	0.556 84	0.530 32	0.505 07	0.481 02	0.458 11	0.436 30	0.415 52	0.395 73	0.376 89
6%	0.526 79	0.496 97	0.468 84	0.442 30	0.417 27	0.393 65	0.371 36	0.350 34	0.330 51	0.311 80
7%	0.475 09	0.444 01	0.414 96	0.387 82	0.362 45	0.338 73	0.316 57	0.295 86	0.276 51	0.258 42
8%	0.428 88	0.397 11	0.367 70	0.340 46	0.315 24	0.291 89	0.270 27	0.250 25	0.231 71	0.214 55
9%	0.387 53	0.355 53	0.326 18	0.299 25	0.274 54	0.251 87	0.231 07	0.211 99	0.194 49	0.178 43
10%	0.350 49	0.318 63	0.289 66	0.263 33	0.239 39	0.217 63	0.197 84	0.179 86	0.163 51	0.148 64
12%	0.287 48	0.256 68	0.229 17	0.204 62	0.182 70	0.163 12	0.145 64	0.130 04	0.116 11	0.103 67
14%	0.236 62	0.207 56	0.182 07	0.159 71	0.140 10	0.122 89	0.107 80	0.094 56	0.082 95	0.072 76
16%	0.195 42	0.168 46	0.145 23	0.125 20	0.107 93	0.093 04	0.080 21	0.069 14	0.059 61	0.051 39
18%	0.161 92	0.137 22	0.116 29	0.098 55	0.083 52	0.070 78	0.059 98	0.050 83	0.043 08	0.036 51
20%	0.134 59	0.112 16	0.093 46	0.077 89	0.064 91	0.054 09	0.045 07	0.037 56	0.031 30	0.026 08
22%	0.112 21	0.091 98	0.075 39	0.061 80	0.050 65	0.041 52	0.034 03	0.027 89	0.022 86	0.018 74
24%	0.093 83	0.075 67	0.061 03	0.049 21	0.039 69	0.032 01	0.025 81	0.020 82	0.016 79	0.013 54
26%	0.078 69	0.062 45	0.049 57	0.039 34	0.031 22	0.024 78	0.019 67	0.015 61	0.012 39	0.009 83
28%	0.066 17	0.051 70	0.040 39	0.031 55	0.024 65	0.019 26	0.015 05	0.011 75	0.009 18	0.007 17
30%	0.055 80	0.042 92	0.033 02	0.025 40	0.019 54	0.015 03	0.011 56	0.008 89	0.006 84	0.005 26
32%	0.047 17	0.035 74	0.027 07	0.020 51	0.015 54	0.011 77	0.008 92	0.006 76	0.005 12	0.003 88

续表

一元的现值$=1/(1+i)^n$										
I,n	21	22	23	24	25	26	27	28	29	30
1%	0.811 43	0.803 40	0.795 44	0.787 57	0.779 77	0.772 05	0.764 40	0.756 84	0.749 34	0.741 92
2%	0.659 78	0.646 84	0.634 16	0.621 72	0.609 53	0.597 58	0.585 86	0.574 37	0.563 11	0.552 07
3%	0.537 55	0.521 89	0.506 69	0.491 93	0.477 61	0.463 69	0.450 19	0.437 08	0.424 35	0.411 99
4%	0.438 83	0.421 96	0.405 73	0.390 12	0.375 12	0.360 69	0.346 82	0.333 48	0.320 65	0.308 32
5%	0.358 94	0.341 85	0.325 57	0.310 07	0.295 30	0.281 24	0.267 85	0.255 09	0.242 95	0.231 38
6%	0.294 16	0.277 51	0.261 80	0.246 98	0.233 00	0.219 81	0.207 37	0.195 63	0.184 56	0.174 11
7%	0.241 51	0.225 71	0.210 95	0.197 15	0.184 25	0.172 20	0.160 93	0.150 40	0.140 56	0.131 37
8%	0.198 66	0.183 94	0.170 32	0.157 70	0.146 02	0.135 20	0.125 19	0.115 91	0.107 33	0.099 38
9%	0.163 70	0.150 18	0.137 78	0.126 40	0.115 97	0.106 39	0.097 61	0.089 55	0.082 15	0.075 37
10%	0.135 13	0.122 85	0.111 68	0.101 53	0.092 30	0.083 91	0.076 28	0.069 34	0.063 04	0.057 31
12%	0.092 56	0.082 64	0.073 79	0.065 88	0.058 82	0.052 52	0.046 89	0.041 87	0.037 38	0.033 38
14%	0.063 83	0.055 99	0.049 11	0.043 08	0.037 79	0.033 15	0.029 08	0.025 51	0.022 37	0.019 63
16%	0.044 30	0.038 19	0.032 92	0.028 38	0.024 47	0.021 09	0.018 18	0.015 67	0.013 51	0.011 65
18%	0.030 94	0.026 22	0.022 22	0.018 83	0.015 96	0.013 52	0.011 46	0.009 71	0.008 23	0.006 97
20%	0.021 74	0.018 11	0.015 09	0.012 58	0.010 48	0.008 74	0.007 28	0.006 07	0.005 06	0.004 21
22%	0.015 36	0.012 59	0.010 32	0.008 46	0.006 93	0.005 68	0.004 66	0.003 82	0.003 13	0.002 57
24%	0.010 92	0.008 80	0.007 10	0.005 73	0.004 62	0.003 72	0.003 00	0.002 42	0.001 95	0.001 58
26%	0.007 80	0.006 19	0.004 91	0.003 90	0.003 10	0.002 46	0.001 95	0.001 55	0.001 23	0.000 97
28%	0.005 61	0.004 38	0.003 42	0.002 67	0.002 09	0.001 63	0.001 27	0.001 00	0.000 78	0.000 61
30%	0.004 05	0.003 11	0.002 39	0.001 84	0.001 42	0.001 09	0.000 84	0.000 65	0.000 50	0.000 38
32%	0.002 94	0.002 23	0.001 69	0.001 28	0.000 97	0.000 73	0.000 56	0.000 42	0.000 32	0.000 24

年金终值表

一元的年金终值$=[(1+i)^n-1]/i$

I,n	1	2	3	4	5	6	7	8	9	10
1%	1.000 00	2.010 00	3.030 10	4.060 40	5.101 01	6.152 02	7.213 54	8.285 67	9.368 53	10.462 21
2%	1.000 00	2.020 00	3.060 40	4.121 61	5.204 04	6.308 12	7.434 28	8.582 97	9.754 63	10.949 72
3%	1.000 00	2.030 00	3.090 90	4.183 63	5.309 14	6.468 41	7.662 46	8.892 34	10.159 11	11.463 88
4%	1.000 00	2.040 00	3.121 60	4.246 46	5.416 32	6.632 98	7.898 29	9.214 23	10.582 80	12.006 11
5%	1.000 00	2.050 00	3.152 50	4.310 13	5.525 63	6.801 91	8.142 01	9.549 11	11.026 56	12.577 89
6%	1.000 00	2.060 00	3.183 60	4.374 62	5.637 09	6.975 32	8.393 84	9.897 47	11.491 32	13.180 79
7%	1.000 00	2.070 00	3.214 90	4.439 94	5.750 74	7.153 29	8.654 02	10.259 80	11.977 99	13.816 45
8%	1.000 00	2.080 00	3.246 40	4.506 11	5.866 60	7.335 93	8.922 80	10.636 63	12.487 56	14.486 56
9%	1.000 00	2.090 00	3.278 10	4.573 13	5.984 71	7.523 33	9.200 43	11.028 47	13.021 04	15.192 93
10%	1.000 00	2.100 00	3.310 00	4.641 00	6.105 10	7.715 61	9.487 17	11.435 89	13.579 48	15.937 42
12%	1.000 00	2.120 00	3.374 40	4.779 33	6.352 85	8.115 19	10.089 01	12.299 69	14.775 66	17.548 74
14%	1.000 00	2.140 00	3.439 60	4.921 14	6.610 10	8.535 52	10.730 49	13.232 76	16.085 35	19.337 30
16%	1.000 00	2.160 00	3.505 60	5.066 50	6.877 14	8.977 48	11.413 87	14.240 09	17.518 51	21.321 47
18%	1.000 00	2.180 00	3.572 40	5.215 43	7.154 21	9.441 97	12.141 52	15.327 00	19.085 85	23.521 31
20%	1.000 00	2.200 00	3.640 00	5.368 00	7.441 60	9.929 92	12.915 90	16.499 08	20.798 90	25.958 68
22%	1.000 00	2.220 00	3.708 40	5.524 25	7.739 58	10.442 29	13.739 59	17.762 31	22.670 01	28.657 42
24%	1.000 00	2.240 00	3.777 60	5.684 22	8.048 44	10.980 06	14.615 28	19.122 94	24.712 45	31.643 44
26%	1.000 00	2.260 00	3.847 60	5.847 98	8.368 45	11.544 25	15.545 75	20.587 65	26.940 43	34.944 95
28%	1.000 00	2.280 00	3.918 40	6.015 55	8.699 91	12.135 88	16.533 93	22.163 43	29.369 19	38.592 56
30%	1.000 00	2.300 00	3.990 00	6.187 00	9.043 10	12.756 03	17.582 84	23.857 69	32.015 00	42.619 50
32%	1.000 00	2.320 00	4.062 40	6.362 37	9.398 33	13.405 79	18.695 64	25.678 25	34.895 29	47.061 78

续表

一元的年金终值=[(1+i)ⁿ−1]/i

I,n	11	12	13	14	15	16	17	18	19	20
1%	11.566 8	12.682 5	13.809 3	14.947 4	16.096 9	17.257 9	18.430 4	19.614 7	20.810 9	22.019 0
2%	12.168 7	13.412 1	14.680 3	15.973 9	17.293 4	18.639 3	20.012 1	21.412 3	22.840 6	24.297 4
3%	12.807 8	14.192 0	15.617 8	17.086 3	18.598 9	20.156 9	21.761 6	23.414 4	25.116 9	26.870 4
4%	13.486 4	15.025 8	16.626 8	18.291 9	20.023 6	21.824 5	23.697 5	25.645 4	27.671 2	29.778 1
5%	14.206 8	15.917 1	17.713 0	19.598 6	21.578 6	23.657 5	25.840 4	28.132 4	30.539 0	33.066 0
6%	14.971 6	16.869 9	18.882 1	21.015 1	23.276 0	25.672 5	28.212 9	30.905 7	33.760 0	36.785 6
7%	15.783 6	17.888 5	20.140 6	22.550 5	25.129 0	27.888 1	30.840 2	33.999 0	37.379 0	40.995 5
8%	16.645 5	18.977 1	21.495 3	24.214 9	27.152 1	30.324 3	33.750 2	37.450 2	41.446 3	45.762 0
9%	17.560 3	20.140 7	22.953 4	26.019 2	29.360 9	33.003 4	36.973 7	41.301 3	46.018 5	51.160 1
10%	18.531 2	21.384 3	24.522 7	27.975 0	31.772 5	35.949 7	40.544 7	45.599 2	51.159 1	57.275 0
12%	20.654 6	24.133 1	28.029 1	32.392 6	37.279 7	42.753 3	48.883 7	55.749 7	63.439 7	72.052 4
14%	23.044 5	27.270 7	32.088 7	37.581 1	43.842 4	50.980 4	59.117 6	68.394 1	78.969 2	91.024 9
16%	25.732 9	30.850 2	36.786 2	43.672 0	51.659 5	60.925 0	71.673 0	84.140 7	98.603 2	115.379 7
18%	28.755 1	34.931 1	42.218 7	50.818 0	60.965 3	72.939 0	87.068 0	103.740 3	123.413 5	146.628 0
20%	32.150 4	39.580 5	48.496 6	59.195 9	72.035 1	87.442 1	105.930 6	128.116 7	154.740 0	186.688 0
22%	35.962 0	44.873 7	55.745 9	69.010 0	85.192 2	104.934 5	129.020 1	158.404 5	194.253 5	237.989 3
24%	40.237 9	50.895 0	64.109 7	80.496 1	100.815 1	126.010 8	157.253 4	195.994 2	244.032 8	303.600 6
26%	45.030 6	57.738 6	73.750 6	93.925 8	119.346 5	151.376 6	191.734 5	242.585 5	306.657 7	387.388 7
28%	50.398 5	65.510 0	84.852 9	109.611 7	141.302 9	181.867 7	233.790 7	300.252 1	385.322 7	494.213 1
30%	56.405 3	74.327 0	97.625 0	127.912 5	167.286 3	218.472 2	285.013 9	371.518 0	483.973 4	630.165 5
32%	63.121 5	84.320 4	112.303 0	149.239 9	197.996 7	262.355 7	347.309 5	459.448 5	607.472 1	802.863 1

续表

一元的年金终值=[(1+i)ⁿ−1]/i										
I,n	21	22	23	24	25	26	27	28	29	30
1%	23.239 2	24.471 6	25.716 3	26.973 5	28.243 2	29.525 6	30.820 9	32.129 1	33.450 4	34.784 9
2%	25.783 3	27.299 0	28.845 0	30.421 9	32.030 3	33.670 9	35.344 3	37.051 2	38.792 2	40.568 1
3%	28.676 5	30.536 8	32.452 9	34.426 5	36.459 3	38.553 0	40.709 6	42.930 9	45.218 9	47.575 4
4%	31.969 2	34.248 0	36.617 9	39.082 6	41.645 9	44.311 7	47.084 2	49.967 6	52.966 3	56.084 9
5%	35.719 3	38.505 2	41.430 5	44.502 0	47.727 1	51.113 5	54.669 1	58.402 6	62.322 7	66.438 8
6%	39.992 7	43.392 3	46.995 8	50.815 6	54.864 5	59.156 4	63.705 8	68.528 1	73.639 8	79.058 2
7%	44.865 2	49.005 7	53.436 1	58.176 7	63.249 0	68.676 5	74.483 8	80.697 7	87.346 5	94.460 8
8%	50.422 9	55.456 8	60.893 3	66.764 8	73.105 9	79.954 4	87.350 8	95.338 8	103.965 9	113.283 2
9%	56.764 5	62.873 3	69.531 9	76.789 8	84.700 9	93.324 0	102.723 1	112.968 2	124.135 4	136.307 5
10%	64.002 5	71.402 7	79.543 0	88.497 3	98.347 1	109.181 8	121.099 9	134.209 9	148.630 9	164.494 0
12%	81.698 7	92.502 6	104.602 9	118.155 2	133.333 9	150.333 9	169.374 0	190.698 9	214.582 8	241.332 7
14%	104.768 4	120.436 0	138.297 0	158.658 6	181.870 8	208.332 7	238.499 3	272.889 2	312.093 7	356.786 8
16%	134.840 5	157.415 0	183.601 4	213.977 6	249.214 0	290.088 3	337.502 4	392.502 8	456.303 2	530.311 7
18%	174.021 0	206.344 8	244.486 8	289.494 5	342.603 5	405.272 1	479.221 1	566.480 9	669.447 5	790.948 0
20%	225.025 6	271.030 7	326.236 9	392.484 2	471.981 1	567.377 3	681.852 8	819.223 3	984.068 0	1 181.881 6
22%	291.346 9	356.443 2	435.860 7	532.750 1	650.955 1	795.165 3	971.101 6	1 185.744 0	1 447.607 7	1 767.081 3
24%	377.464 8	469.056 3	582.629 8	723.461 0	898.091 6	1 114.633 6	1 383.145 7	1 716.100 7	2 128.964 8	2 640.916 4
26%	489.109 8	617.278 3	778.770 7	982.251 1	1 238.636 3	1 561.681 8	1 968.719 1	2 481.586 0	3 127.798 4	3 942.026 0
28%	633.592 7	811.998 7	1 040.358 3	1 332.658 6	1 706.803 1	2 185.707 9	2 798.706 1	3 583.343 8	4 587.680 1	5 873.230 6
30%	820.215 1	1 067.279 6	1 388.463 5	1 806.002 6	2 348.803 3	3 054.444 3	3 971.777 6	5 164.310 9	6 714.604 2	8 729.985 5
32%	1 060.779 3	1 401.228 7	1 850.621 9	2 443.820 9	3 226.843 6	4 260.433 6	5 624.772 3	7 425.699 4	9 802.923 3	12 940.858 7

年金现值表

一元的年金现值$=[1-1/(1+i)^n]/i$

I,n	1	2	3	4	5	6	7	8	9	10
1%	0.990 10	1.970 40	2.940 99	3.901 97	4.853 43	5.795 48	6.728 19	7.651 68	8.566 02	9.471 30
2%	0.980 39	1.941 56	2.883 88	3.807 73	4.713 46	5.601 43	6.471 99	7.325 48	8.162 24	8.982 59
3%	0.970 87	1.913 47	2.828 61	3.717 10	4.579 71	5.417 19	6.230 28	7.019 69	7.786 11	8.530 20
4%	0.961 54	1.886 09	2.775 09	3.629 90	4.451 82	5.242 14	6.002 05	6.732 74	7.435 33	8.110 90
5%	0.952 38	1.859 41	2.723 25	3.545 95	4.329 48	5.075 69	5.786 37	6.463 21	7.107 82	7.721 73
6%	0.943 40	1.833 39	2.673 01	3.465 11	4.212 36	4.917 32	5.582 38	6.209 79	6.801 69	7.360 09
7%	0.934 58	1.808 02	2.624 32	3.387 21	4.100 20	4.766 54	5.389 29	5.971 30	6.515 23	7.023 58
8%	0.925 93	1.783 26	2.577 10	3.312 13	3.992 71	4.622 88	5.206 37	5.746 64	6.246 89	6.710 08
9%	0.917 43	1.759 11	2.531 29	3.239 72	3.889 65	4.485 92	5.032 95	5.534 82	5.995 25	6.417 66
10%	0.909 09	1.735 54	2.486 85	3.169 87	3.790 79	4.355 26	4.868 42	5.334 93	5.759 02	6.144 57
12%	0.892 86	1.690 05	2.401 83	3.037 35	3.604 78	4.111 41	4.563 76	4.967 64	5.328 25	5.650 22
14%	0.877 19	1.646 66	2.321 63	2.913 71	3.433 08	3.888 67	4.288 30	4.638 86	4.946 37	5.216 12
16%	0.862 07	1.605 23	2.245 89	2.798 18	3.274 29	3.684 74	4.038 57	4.343 59	4.606 54	4.833 23
18%	0.847 46	1.565 64	2.174 27	2.690 06	3.127 17	3.497 60	3.811 53	4.077 57	4.303 02	4.494 09
20%	0.833 33	1.527 78	2.106 48	2.588 73	2.990 61	3.325 51	3.604 59	3.837 16	4.030 97	4.192 47
22%	0.819 67	1.491 53	2.042 24	2.493 64	2.863 64	3.166 92	3.415 51	3.619 27	3.786 28	3.923 18
24%	0.806 45	1.456 82	1.981 30	2.404 28	2.745 38	3.020 47	3.242 32	3.421 22	3.565 50	3.681 86
26%	0.793 65	1.423 53	1.923 44	2.320 19	2.635 07	2.884 98	3.083 31	3.240 73	3.365 66	3.464 81
28%	0.781 25	1.391 60	1.868 44	2.240 97	2.532 01	2.759 38	2.937 02	3.075 79	3.184 21	3.268 92
30%	0.769 23	1.360 95	1.816 11	2.166 24	2.435 57	2.642 75	2.802 11	2.924 70	3.019 00	3.091 54
32%	0.757 58	1.331 50	1.766 29	2.095 67	2.345 21	2.534 25	2.677 46	2.785 95	2.868 15	2.930 41

续表

一元的年金现值=[1−1/(1+i)ⁿ]/i										
I,n	11	12	13	14	15	16	17	18	19	20
1%	10.367 6	11.255 1	12.133 7	13.003 7	13.865 1	14.717 9	15.562 3	16.398 3	17.226 0	18.045 6
2%	9.786 8	10.575 3	11.348 4	12.106 2	12.849 3	13.577 7	14.291 9	14.992 0	15.678 5	16.351 4
3%	9.252 6	9.954 0	10.635 0	11.296 1	11.937 9	12.561 1	13.166 1	13.753 5	14.323 8	14.877 5
4%	8.760 5	9.385 1	9.985 6	10.563 1	11.118 4	11.652 3	12.165 7	12.659 3	13.133 9	13.590 3
5%	8.306 4	8.863 3	9.393 6	9.898 6	10.379 7	10.837 8	11.274 1	11.689 6	12.085 3	12.462 2
6%	7.886 9	8.383 8	8.852 7	9.295 0	9.712 2	10.105 9	10.477 3	10.827 6	11.158 1	11.469 9
7%	7.498 7	7.942 7	8.357 7	8.745 5	9.107 9	9.446 6	9.763 2	10.059 1	10.335 6	10.594 0
8%	7.139 0	7.536 1	7.903 8	8.244 2	8.559 5	8.851 4	9.121 6	9.371 9	9.603 6	9.818 1
9%	6.805 2	7.160 7	7.486 9	7.786 2	8.060 7	8.312 6	8.543 6	8.755 6	8.950 1	9.128 5
10%	6.495 1	6.813 7	7.103 4	7.366 7	7.606 1	7.823 7	8.021 6	8.201 4	8.364 9	8.513 6
12%	5.937 7	6.194 4	6.423 5	6.628 2	6.810 9	6.974 0	7.119 6	7.249 7	7.365 8	7.469 4
14%	5.452 7	5.660 3	5.842 4	6.002 1	6.142 2	6.265 1	6.372 9	6.467 4	6.550 4	6.623 1
16%	5.028 6	5.197 1	5.342 3	5.467 5	5.575 5	5.668 5	5.748 7	5.817 8	5.877 5	5.928 8
18%	4.656 0	4.793 2	4.909 5	5.008 1	5.091 6	5.162 4	5.222 3	5.273 2	5.316 2	5.352 7
20%	4.327 1	4.439 2	4.532 7	4.610 6	4.675 5	4.729 6	4.774 6	4.812 2	4.843 5	4.869 6
22%	4.035 4	4.127 4	4.202 8	4.264 6	4.315 2	4.356 7	4.390 8	4.418 7	4.441 5	4.460 3
24%	3.775 7	3.851 4	3.912 4	3.961 6	4.001 3	4.033 3	4.059 1	4.079 9	4.096 7	4.110 3
26%	3.543 5	3.605 9	3.655 5	3.694 9	3.726 1	3.750 9	3.770 5	3.786 1	3.798 5	3.808 3
28%	3.335 1	3.386 8	3.427 2	3.458 7	3.483 4	3.502 6	3.517 7	3.529 4	3.538 6	3.545 8
30%	3.147 3	3.190 3	3.223 3	3.248 7	3.268 2	3.283 2	3.294 8	3.303 7	3.310 5	3.315 8
32%	2.977 6	3.013 3	3.040 4	3.060 9	3.076 4	3.088 2	3.097 1	3.103 9	3.109 0	3.112 9

续表

一元的年金现值$=[1-1/(1+i)^n]/i$

I,n	21	22	23	24	25	26	27	28	29	30
1%	18.857 0	19.660 4	20.455 8	21.243 4	22.023 2	22.795 2	23.559 6	24.316 4	25.065 8	25.807 7
2%	17.011 2	17.658 0	18.292 2	18.913 9	19.523 5	20.121 0	20.706 9	21.281 3	21.844 4	22.396 5
3%	15.415 0	15.936 9	16.443 6	16.935 5	17.413 1	17.876 8	18.327 0	18.764 1	19.188 5	19.600 4
4%	14.029 2	14.451 1	14.856 8	15.247 0	15.622 1	15.982 8	16.329 6	16.663 1	16.983 7	17.292 0
5%	12.821 2	13.163 0	13.488 6	13.798 6	14.093 9	14.375 2	14.643 0	14.898 1	15.141 1	15.372 5
6%	11.764 1	12.041 6	12.303 4	12.550 4	12.783 4	13.003 2	13.210 5	13.406 2	13.590 7	13.764 8
7%	10.835 5	11.061 2	11.272 2	11.469 3	11.653 6	11.825 8	11.986 7	12.137 1	12.277 7	12.409 0
8%	10.016 8	10.200 7	10.371 1	10.528 8	10.674 8	10.810 0	10.935 2	11.051 1	11.158 4	11.257 8
9%	9.292 2	9.442 4	9.580 2	9.706 6	9.822 6	9.929 0	10.026 6	10.116 1	10.198 3	10.273 7
10%	8.648 7	8.771 5	8.883 2	8.984 7	9.077 0	9.160 9	9.237 2	9.306 6	9.369 6	9.426 9
12%	7.562 0	7.644 6	7.718 4	7.784 3	7.843 1	7.895 7	7.942 6	7.984 4	8.021 8	8.055 2
14%	6.687 0	6.742 9	6.792 1	6.835 1	6.872 9	6.906 1	6.935 2	6.960 7	6.983 0	7.002 7
16%	5.973 1	6.011 3	6.044 2	6.072 6	6.097 1	6.118 2	6.136 4	6.152 0	6.165 6	6.177 2
18%	5.383 7	5.409 9	5.432 1	5.450 9	5.466 9	5.480 4	5.491 9	5.501 6	5.509 8	5.516 8
20%	4.891 3	4.909 4	4.924 5	4.937 1	4.947 6	4.956 3	4.963 6	4.969 7	4.974 7	4.978 9
22%	4.475 6	4.488 2	4.498 5	4.507 0	4.513 9	4.519 6	4.524 3	4.528 1	4.531 2	4.533 8
24%	4.121 2	4.130 0	4.137 1	4.142 8	4.147 4	4.151 1	4.154 2	4.156 6	4.158 5	4.160 1
26%	3.816 1	3.822 3	3.827 3	3.831 2	3.834 2	3.836 7	3.838 7	3.840 2	3.841 4	3.842 4
28%	3.551 4	3.555 8	3.559 2	3.561 9	3.564 0	3.565 6	3.566 9	3.567 9	3.568 7	3.569 3
30%	3.319 8	3.323 0	3.325 4	3.327 2	3.328 6	3.329 7	3.330 5	3.331 2	3.331 7	3.332 1
32%	3.115 8	3.118 0	3.119 7	3.121 0	3.122 0	3.122 7	3.123 3	3.123 7	3.124 0	3.124 2

参考文献

1. Brealey, Myers and Allen, *Principle of Corporate Finance*, McGraw-Hill, 2006.

2. Brealey & Myers, *Principle of Corporate Finance*, McGraw-Hill, 2000.

3. Damodaran, Aswath 著,朱武祥等译:《投资估价》,清华大学出版社,1999。

4. Eugene, F. Brigham, Joel F. Houston 著,胡玉明主译:《财务管理基础》,东北财经大学出版社,2004。

5. Gallagher, Timothy J., Joseph D. Andrew, Jr. *Financial Management: Principles and Practice*, Prentice Hall, 1997.

6. Horne, Van, James C., John M. Wachowicz, Jr.:《财务管理基础(英文版)》,清华大学出版社,1999。

7. David F. Scott, John D. Martin, William J. Petty, Arthur J. Keown,金马译:《现代财务管理基础》,清华大学出版社,2004。

8. 阿斯瓦斯·达摩达兰著,郑振龙等译:《应用公司理财》,机械工业出版社,2000。

9. 财政部注册会计师考试委员会办公室:《财务成本管理》,经济科学出版社,2006。

10. 傅元略:《财务管理》,厦门大学出版社,2003。

11. 傅元略:《企业资本结构优化理论研究》,东北财经大学出版社,1999。

12. 傅元略等:《中级财务管理》,复旦大学出版社,2005。

13. 蒋屏:《公司财务管理》,对外经济贸易大学出版社,2001。

14. 斯蒂芬·A. 罗斯等著,吴世农、沈艺峰等译:《公司理财》,机械工业出版社,2002。

15. 詹姆士·范霍恩著,宋逢明等译:《财务管理与政策教程》,华夏出版社,

2000。

16.詹姆士·T. 格里森著,宋炳颖、王建南译:《财务风险管理》,中华工商联合出版社,2000。

17.余绪缨:《企业理财学》,辽宁人民出版社,1996。

18.约翰·赫尔著,张陶伟译:《期权、期货和衍生证券》,华夏出版社,1997。

图书在版编目(CIP)数据

财务管理基础/傅元略主编. —厦门:厦门大学出版社,2008.8(2013.8 重印)
(21 世纪财务管理系列教材)
ISBN 978-7-5615-2928-7

Ⅰ.财… Ⅱ.傅… Ⅲ.财务管理-高等学校-教材 Ⅳ.F275

中国版本图书馆 CIP 数据核字(2008)第 002305 号

厦门大学出版社出版发行
(地址:厦门市软件园二期望海路 39 号 邮编:361008)
http://www.xmupress.com
xmup @ xmupress.com
厦门集大印刷厂印刷
(地址:厦门市集美石鼓路 9 号 邮编:361021)
2008 年 8 月第 1 版 2013 年 8 月第 3 次印刷
开本:787×960 1/16 印张:24.75
字数:478 千字 印数:9 000～13 000 册
定价:32.00 元